[운명의 수레바퀴]

이 그림은 인간의 탄생과 죽음의 과정을 유기적으로 암시하는데, 탄생하는 아이에게 천사가 생명의 기운을 쏟아주고 있고, 한편 생명이 끝나는 사람이 관에 실려 무덤에 내려가서 유골이 되고 다시 태어나는 무시무종의 운명적인 수레바퀴로 묘사되고 있다. (그림 출처 : 네이버 블로그 "BARA STUDIO")

[사탄을 짓밟는 미카엘 천사의 승리]

뒤러의 목판화중 일부

성서 속의 윤회와 환생

40년을 기록한 영감의
일기와 성서

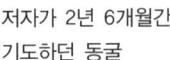

저자가 2년 6개월간
기도하던 동굴

성서 속의 윤회와 환생

장 석 열 지음

도서출판 청진

머리말

나는 틀림없는 기독교(基督敎, 터를 지키다) 목사다.

35년 동안 말로 다 할 수 없는 경험과 이론 무장을 한 58세의 힘 있는 중년이다. 두 권의 성경을 낡게 하면서 35년 이상 잠 못 이루고 성경을 연구 봉독했다. 어느 날부터 비교종교에 저절로 눈이 떠졌다. 나의 의식은 지구촌 구석구석을 뒤지며 여행하기 시작했다.

저마다 이론을 갖고 포교(布敎)를 하는 수천 개의 종파들, 내세(來世)의 천국(天國)과 평화, 이웃사랑을 말하는 기독교 역사를 넘나들며 나는 고뇌의 여행을 해야만 했다. 그것은 기독교 신앙의 확신이나 이념이 흔들려서가 아니라, 객관적 시각이 발달하면서 이 땅에 자라나는 종교적 교리들과 사악한 인간의 피 냄새나는 다중적(多衆的)인 구조들을 바라보면서 의심이 일어나기 시작했기 때문이었다.

이를테면 살인하지 말라는 교리를 가진 유일신 교리를 내세우는 기독교국에서 200여 년이나 이어진 십자군전쟁, 장미전쟁, 기타 전쟁으로 1억 명의 군인이 죽었고, 그것도 모자라 소년십자군 수도사들이 검을 들어야 했던 템플기사단 같은 역사는 두렵다 못해 소름이 끼치는 상처들이다. 여기에서 파생된 볼셰비키 멘셰비키 혁명으로 생지옥보다 더 처참한 대학살에 이천사백만 명 이상이 죽었다.

인도의 크리슈나 전쟁이나 공자, 노자, 장자, 열자, 한비자 등 성인과 무수한 사상가를 배출한 대국을 자랑하는 중국이 영토 확장 목적으로 티베트를 짓밟고 수천 명의 승려들을 처형하는 행위 등은 인간 속에 서식하는 맹수의 영혼이 날뛰는 악행이다. 어찌 고급 교리를 자랑하는 종교들이 맹수들도 않는 살생을 일삼으며 무슨 평화니 영친 운동이니 자비니 운운하면서 교세 확장을 하는지 두렵다. 모두가 독선(獨善)뿐이며 흑(黑) 아니면 백(白)이다.*

---

* 중국으로부터 받는 티베트의 박해는 사실상 카르마로 연결된다. 고대 티베트인

근사한 교리를 자랑하는 종교들이 이같이 따로국밥처럼 생활하는 사실에 첫 번째 의심을 품고 나는 한없이 방황했다.

또 하나의 의심은 기독교에서 말하는 육체의 부활(復活)과 불교의 근본교리인 윤회(輪廻)와 환생에 대하여 단 하루도 편히 잠을 자지 못했다. 그것은 아마 병약하고 심약한 내 자신이 생명에 대한 욕구가 강렬했기에 집착이 남달라서 그랬을 것이다. 그러한 방황과 의심과 탐구의 시간들이 수십 년 세월로 흘렀다.

10세에 천애 고아가 되어 이불 없이 잠을 자고 얼어 죽을 고비, 굶어 죽을 고비, 9가지 병을 앓으며 죽을 고비를 수도 없이 겪으며 나는 이 땅에 소망이라고는 한 조각도 없었다. 저 유명한 톨스토이의 명언대로 죽음만이 영원한 휴식이며 죽음만이 위대한 의사인줄 알았다.

사실 그랬다. 정확히 4번 자살을 과감히 시도했었다. 기관지 확장으로 밤새 기침을 하고 앓다가 견딜 수 없어 강물에 몸을 던져 떠내려가면서 거의 죽게 되는데 나보다 네 살 위인 인수라는 분이 (지금 청주에 거주함) 뛰어들어 살려냈다.

머슴살이가 너무 힘이 들고 극도의 영양실조에 소망이 끊어져 밀려오는 미래에 대한 강박과 불안과 고독이 무섭고 두려워 정말 살고 싶은데도 더 이상 이 세상에서 살아갈 자신감이라고는 한 쪽도 없어 눈을 감고 벼랑에서 몸을 날렸다.

도토리 따러 온 같은 마을의 상호 씨 할아버지에게 발견돼 목숨이 끊어지지 않았다. 70년 9월 초 아버님 산소에 마지막 벌초를 마치고 "스미치온" 살충제 300cc를 막 뚜껑을 따고 마시려는 찰나 집안 조부님 장두희 어른께 들키고 말았다. 돈 없고 집 없고 일가친척 없는

들은 중국 당나라와, 인도의 여러 부족을 쳐서 학살하고 잔혹하게 핍박했었다.

머리말

두려움에 9가지 병에 시달리던 내게 그 마지막 방법이 죽음이었다. 항상 상여나 초상집을 보면 부러워했고 상여 나가는 광경을 눈여겨 보면 언젠가는 저렇게 죽을 거 차라리 이렇게 집도 절도 없이 병마에 시달리느니 일찍 죽는 게 소원이었다.

어렵게 소주 4병과 수면제 60알을 구해서 모았다. 한꺼번에 다 털어 마시고 원통골이라는 굴천 재밀 골짜기 형석(螢石) 채굴 광산 동굴에 들어갔다. 71년도 8월이었다. 실패였다. 심한 구토로 똥물까지 토했다. 나흘을 앓고 다시 살아났다.

이 비극적인 얘기는 내가 신앙에 귀의하기 전 아주 힘들었을 때의 사건들 중에서 반추한 기억들이다.

세월이 흘렀다. 죽음으로써 모든 것이 정리되는 것이 아님을 알아냈다.

3차례의 40일 금식, 99년도의 100일 기도(64일 이후에 채소와 죽염 섭취) 등으로 영계(靈界)의 모든 비밀과 환생(還生)과 부활(復活)의 모든 신비가 정리되고 해결되었다. 천국이나 극락, 지옥은 입으로 가는 것이 아니라 심은 대로 거두는 진리 즉, 이치에 입각한 삶의 결과를 통해서만 인간의 길흉화복과 구원이 이루어진다는 것을 확실히 터득했다. 머리말에 "왜?" 이토록 엉뚱한 말을 늘어놔야 하는지는 나도 모른다. 독자들은 이 책의 목차를 보면서 관심이 내키면 천천히 읽고 그렇지 않으면 덮으라. 그러나 마지막 장을 덮는다면 그대는 확실히 느낄 것이다.

아! 진리만이 인간을 자유케 하는구나!

진리! 참된 이치란 뜻이다.

인생은 왔기에 가야하고 갔기에 다시 와야 한다.

가고오고, 오고가고 물레바퀴처럼 무시무종(無始無終)으로 끝없이 돌아치는 것이다. 구원, 즉 자유의 해탈을 얻기까지는 남녀노소를 막론하고 빈부귀천을 막론하고 지위고하 없이 이 생사윤회를 벗어날 수 없다.

심령과학, 최면술, 고승들의 견해, 명상가들, 기타 견해를 모아보면 인간은 대개 700-1000생을 윤회하면서 나고 죽음을 거듭한다고 한다.

필자는 성격이 즉흥적이고 단순하면서 흑백논리이다. 꾸밀 줄도 모르고 글이나 편지를 쓰되 다듬을 줄도 모르며 수정도 하지 않는다. 그러니까 이글은 어떤 작품이 아니다.

그러니까 이 책은 〈장석열 복음(福音)〉이라 할 수 있다. 시대가 바뀌어 가고 있다. 잠에서 깨어나는 사람들이 많아지고 있다. 때가 되어 이 책을 세상에 내어 놓는다. 천재 피아니스트 명상음악의 대가 임동창 선생의 권유에 힘을 얻어 이 글을 쓴다. 단 몇 사람이라도 영혼이 자유로워지길 바라면서 본서 중간 중간에서 만나보자.

이제는 우리가 만들어진 신에게 절하고 재산을 헌납하고 종노릇해서는 안 된다. 혹세무민이 아직도 먹혀들어가는 이 무지한 인간사에 어두운 터널을 비추는 한 가닥 촛불이라도 밝혀주는 편지가 됐으면 더 바랄 것이 없겠다.

정말 인연이 있다면 언젠가 "추억의 소야곡"을 부르며 차나 포도주 비슷한 거라도 한 잔 할 날을 기약 하면서 지구촌 우리 가족들 모두 형제임을 자각하며 제발 싸우지 말고 편히 살기를 거듭 나는 기도해야겠다. 할렐루야!

錦山 錦江변에서 2010년 겨울
마지막 생을 사는 사람 장석열

차례

머리말 …………………………………………………… 6
서론 ……………………………………………………… 15
제1장 기독교신학의 어제와 오늘 ……………………… 17
  1. 기독교신학의 변천과 현대신학의 동향! …………… 17
  2. 교리와 신학의 변천 ………………………………… 20
  3. 기독교의 부활과 윤회 환생은 다른가? …………… 25
  4. 천국의 양상들 ……………………………………… 50
  5. 살아서 천국을 본 사람들 ………………………… 64
  6. 세대주의(世代主義)에 빠진 각 종교들의 천국관 …… 69
  7. 불교의 미륵 재림과 지상 천국 …………………… 71
  8. 정도령 재림과 지상 낙원 ………………………… 72
  9. 노광공의 동방교(東方敎) ………………………… 74
  10. 사이비 교주들의 가짜 천국에 속지 말라. ……… 75

제2장 윤회(輪回) 환생(還生) revival에 대하여 ……… 82
  1. 윤회의 종식은 의식혁명(意識革命)으로 …………… 87
  2. 전생(轉生)의 원인 ………………………………… 93

제3장 귀신이 되어 떠도는 영들 ……………………… 103
  1. 오관대왕(五官大王)의 심판 ………………………… 112
  2. 염라대왕(閻羅大王)의 심판 ………………………… 113
  3. 변성대왕(變成大王)의 심판 ………………………… 113
  4. 태산대왕(泰山大王)의 심판 ………………………… 114
  5. 평등대왕(平等大王)의 심판 ………………………… 115

6. 도시대왕(都市大王)의 심판 ··· 115
7. 전륜대왕(轉輪大王)의 심판 ··· 116
8. 진광대왕(眞廣大王)의 심판 ··· 116
9. 초강대왕의 심판 ··· 117
10. 송제대왕의 심판 ··· 117

제4장 예수그리스도는 윤회(환생)의 교리를 가르쳤다 ·········· 124
1. 마태복음에 기록된 환생의 힌트 ··· 124
2. 현대신학과 교회가 간과한 엘리아의 환생 ·························· 125
3. 엘리야의 심령과 능력 ·· 127
4. 그 당시의 시대적 상황 ·· 129
5. 세례요한과 엘리야의 관계 ··· 130
6. 세례요한의 행적 ··· 131
7. 아브라함 이전의 예수 ·· 139
8. 환생을 가르친 예수 ·· 142

제5장 신학자들의 고뇌 ··· 150
1. 칼빈의 그리스도 선재설(先在說) ·· 152
2. 영혼선재설(先在說)의 확실한 성서적 근거 ·························· 155
3. 기독교 신학자 대부 오리겐(Origen)의 윤회관 ·················· 156
4. 자유로운 신앙과 뒤따른 불행 ··· 164
5. 유대교 신비주의 카발라파의 윤회 환생설 ························· 172
6. 노스틱, 그노시스 영지주의(靈知主義) 자들의 윤회관 ····· 179
7. 기독교 각파에서 환생을 믿는 놀라운 퍼센티지 ·············· 182
8. 존 웨슬리(John Wesley)를 변화시킨 모라비안 교도들 ······ 184

차례

제6장 성경에서 윤회전생의 교훈이 삭제된 이유 ·············· 188
1. 성서의 여러 번역본과 외경들 ································ 193
2. 기독교 신앙에서 환생에 대한 언급이 사라진
   또 다른 이유 ·· 194
3. 지옥의 장소개념 ·· 207
4. 예수께서 상징적으로 언급한 지옥 ······················· 212
5. 오늘의 종교인들 너무 착각한다 ··························· 216
6. 환생이 정립되지 않은 무지로 인한 엄청난 시행착오 ········ 220

제7장 플라톤의 이데아(Idea)의 뉘앙스(還生說) ················ 225
1. 에드가 케이시의 윤회관 ······································· 226
2. 중국 운남성 공죽사(笻竹寺)에 소장된 예수 나한상 ······· 238

제8장 전생을 기억하는 사람들 ······································· 241
1. 성철 스님 이야기(性徹 1912-1993) ····················· 241
2. 전생을 보는 이상한 소년 ····································· 242
3. 오쇼 라즈니쉬의 이야기 ······································· 244
4. 바라나시 갠지스로 떠나는 평화스런 죽음 여행 ·········· 252
5. 해씨의 혼이 왕씨의 몸에 들어감 ························· 255
6. 김대성의 양세 부모와 석굴암 ······························ 257
7. 진주 김재희 씨의 환생 ··· 259
8. 선율의 환생설 ·· 260
9. 재생한 부부 ·· 261
10. 김성근 대감의 전생사 ··· 263

11. 왕수인(王守仁)의 전생 사 ·· 264
12. 달마대사의 총령(葱嶺)의 신비 ································· 266
13. 범어사 명학동의 전신 설화 ······································ 267
14. 전생의 잃어버린 가락지를 찾다. ································ 270
15. 윤웅열 대감의 삼생일 ·· 271
16. 내 인생의 갈림길 이었던 1974년 ······························ 275
17. 인민군 장교의 영혼과 유골 ······································ 278
18. 치료한 뱀이 인간이 되다 - 약왕(藥王) 손사막(孫思邈) ····· 281
19. 소로 태어난 왕중주(王中孚) ····································· 283
20. 백성을 학대한 죄로 돼지로 환생한 조한(曹翰) ············ 285

[부록] 역경을 물리친 나의 유년 시절 그 천형(天刑) ············ 287
 1. 출생에 얽힌 이야기 ··· 289
 2. 유년 시절 ··· 292
 3. 귀신을 보다 ··· 295
 4. 찢겨진 가슴들 ·· 300
 5. 쑥으로 연명을 하다 ··· 309
 6. 아버지의 죽음 ·· 310
 7. 어머니를 만나다 ··· 321
 8. 죽을 고비를 넘기다 ··· 333
 9. 또 한 번의 이별 ·· 334
10. 감 씨를 주워 먹다 ·· 337
11. 더런 놈의 개 같은 세상! ··· 342
12. 천사가 준 고구마 ··· 342

성서 속의 윤회

서론

칸트는 그의 저서 『실천이성비판』에서 다음과 같은 글을 남겼다. "속일 수 없는 두 가지 사실이 있으니 하나는 밤하늘 은하계의 무수한 별자리와 질서 있는 유성들의 운행이며 또 하나는 인간의 마음속 깊은 곳을 지배하는 양심이다."

그러나 칸트도 생사의 문제는 고민하였다. 사람의 영혼은 언제 만들어졌으며 왜 태어나며 어디로 갈까? 저 별들의 처소는 어디며 인간의 본향은 어디며 아무도 가보지 못한 사후는 어떤 곳일까?

칸트가 말한 양심을 철학에서는 신의 위치로 본다. 예수는 마음이 밝은 사람은 신을 본다 했는데 마음은 "즉" 진리를 깨달은 사람의 마음눈을 의미한다.

마음의 눈이 열린 사람은 반드시 구도여행(求道旅行)을 하게 되며 미구에의 종착역에 다다르면 방황과 삶의 배신을 잠재우는 종지부를 찍게 된다.

숨 쉬는 사람은 누구나 밤하늘의 별을 보며 삼라만상의 자연계를 보며 그 신성과 신비를 느끼게 된다.

이러한 관심이 진보하여 신학, 과학, 철학, 문학 등 형이상학, 형이하학 등 이데올로기가 발달되어 왔다. 기독교 신학에서는 신이 우주만물 인류를 창조했다고 가르치고 믿는다. 알파 오메가의 권한이 신께 있으므로 반드시 오메가적 역사의 단절, 즉 오메가에 속하는 종말이 있으리라고 신앙한다.

예수가 재림할 때에 억조창생의 인류가 부활한다. 무덤이 갈라지고 죽은 자가 살아나리라고 기다린다.

여기서 천국이라는 장소개념이 뒤따른다. 구체적 얘기는 각 장에서 이어질 것이다. 불교의 종말관은 현저히 다르다. 대부분의 동양사상처럼 개인 종말을 중요시 하는데 즉, "A"는 "Ω"도 될 수 있다는 것이며 오메가는 다시 알파가 될 수도 있다는 것이다.

역사의 임박한 단절보다는 시작이 곧 끝이고 끝이 곧 시작인 우주적 차원의 영원성을 중요시 한다. 그러다 보니 사후 세계관이 서로 다를 수밖에 없다. 은하계 하나에 별들이 대략 1천억에서 많게는 수천억이나 되는데 그 은하계가 대우주 공간에는 또 칠천조 개가 넘는다. 우리가 살고 있는 지구란 별은 그 대우주 차원에서 본다면 미립자에 불과하다.

작은 은단 알갱이보다 작은 별에서 수천 개의 종파가 있고 그 중에 서로 교리가 다르다고 끝없이 싸우고 전쟁한다. 이 지구는 그런고로 생사윤회에 매인 인간을 훈련시키는 지옥의 별이나 마찬가지다.

내가 읽고 느끼고 깨달은 성경에서는 윤회와 전생이 틀림없이 언급되어 있으며 환생도 언급되어 있다. 요한복음 8:57~58절을 보자.

"유대인들이 가로되 네가 아직 나이 오십도 못되었는데 아브라함을 보았다 하니 무슨 말이냐? 예수께서 가라사대 진실로 진실로 너희에게 이르노니 아브라함이 나기 전부터 내가 있었느니라."

영혼선재설(靈魂先在說)이나 기타 복잡한 이론들은 각 장에서 쉽게 풀어 쓸 것이다. 분명히 말해서 진리란 복잡한 것이 아니라는 얘기다. 콩 심으면 콩 나고 팥 심으면 팥 나는 것이 진리다. 그리고 참된 이치이며 존재 가치이다.

존재에는 반드시 근원이 있고 환생은 좀 더 성숙한 사람이 되기 위해 거듭 태어난다고 좋게 말하고 싶다. 환생의 문제가 걸리는 것은 성서를 잘못 해석한 신학과 교회뿐이다.

마음을 비우고 제발 객관적 시각이 열려 문자주의 미몽에서 깨어나길 바라는 마음으로 이제 쉽고도 진지하게 말해 볼까한다.

제1장 기독교신학과 현대신학

1. 기독교신학의 변천과 현대신학의 동향!

기독교란 말의 의미는 터를 지킨다는 뜻으로 즉 땅을 지키는 가르침을 전파하는 모임이라 할 수 있다. 그 땅은 두 가지로 해석할 수 있는데
  1. 산과 들과 바다 그리고 전답들이다. 이 땅에서 인류는 호흡하며 생성소멸(生成消滅)하며 살아왔다. 구약성경 창세기 2:7절에서는 신이 인간을 흙으로 창조했다고 기록되어 있다. 그렇다면 인간의 근본 모체는 대지, 땅이라는 터를 말할 수 있다. 그렇다면 인간은 이 신이 주신 땅을 잘 보존하고 가꾸고 지키는 것이 최고의 율법일 것이다. 기독교 신학은 본시 히브리 민족의 기원에서 출발하여 유대교, 그리스도교, 프로테스탄트를 거쳐 오늘에 이르게 되었다.
  2. 마음의 땅을 지켜야 산다(마태복음 5장 참조). 예수는 온유한 자는 땅을 기업으로 선물을 받는다고 했다.
  마음 작용이 우리 삶에 있어서 얼마나 중요한가는 설명하지 않아도 우리는 잘 안다(一切唯心造). 문명도 패망도 흥망성쇠도 마음 작용의 설계도대로 결정된다.
  3. 흙은 어머니며 아버지이고 하나님이다. (창세기 3;19 전도서 12;7)
  육신의 부모는 나를 낳아주고 기르시고 먹이고 입히고 가르치며 양육함으로 의무를 다한다. 성경은 단적으로 부모형제를 통해서 하나님의 사랑과 자비를 수도 없이 계시했다. 이토록 부모님이 이 땅에 사는 동안 절대로 감사하고 소중한 존재인 만큼 우리에게는 더 크고 더 위대한 어머니와 아버지 (근원을 말함)가 있는데 그 분이 바로 대지, 흙인 것이다. 더 나아가서는 대우주며

더 나아가서는 하나님의 몸인데 삼라만상 전체인 귀결체이며 그 어떤 것과도 분리할 수 없는 하나뿐인 그 하나, 우주가 곧 하나님의 몸인데 우리가 숨 쉬고 뿌리내려 살고 있는 이 지구도 하나님의 몸이며 그분의 품인 것이다. 이 진리는 세대주의적 범신론 이론과는 그 원리가 다른 그 어떤 것과도 분리할 수 없는 하나님의 품으로 합일되는 포도나무와 접목되는 원리인 것이다.

이 흙에 살며 우리는 산소, 온갖 동식물의 양식, 땅이 주는 소산물로 생명을 이어가며, 자연계의 혜택을 통해서 천수를 누리며 살아가는 것이다.

그러므로 흙에서 와서 흙으로 돌아간다 해서 결코 그것은 죽음이 아니다. 다시 말하면 어머니의 품속으로 돌아가는 것이기 때문이다. 이것을 나지도 죽지도 않는 영생이라 하며 불가에서 고승들이 일평생을 외치던 대열반이라 한다. 이것이 대 생명의 노래, 구원의 마하무드라의 노래가 되는 것이며 여기에 못 미치는 의식계(意識界)에서 장소 개념의 천국과 부활사상 윤회 환생에 대한 교리가 파생된 것이다.

*AD 380년 데살로니가 칙령은 황제들의 박해가 극에 달하였다. 데오드시우스, 유스티니아우스, 갈바, 오토, 가리큘라, 네로 등이며 요한 4세, 요한 11세, 콘스탄틴 황제, 등은 기독교의 근본이념을 어지럽힌 사람들이다. 본래 경전은 90권이 넘었으나 553년 지금의 동로마 콘스탄티노플에서의 대 종교회의는 기독교 역사에

---

* 초기 기독교는 사랑의 영친운동(靈親運動)에 앞장섰고 부지런했으며 분배의 법칙이 확실했으며 맘모스 교회 사업에 교인들이 휘둘리지도 않았다.(사도행전 2:45-46, 4:32) 예수에게 직접 가르침을 받은 수제자들의 교훈에 당시 교인들의 신앙은 뜨겁고 확실했으며 내세관이 분명하여 무모하리만큼 정직하여 순교를 감당하면서까지 신앙의 절개를 지켰다.
  신약성서 전체를 볼 때 당시에는 교회가 모임 형식이었음을 말해주고 있다. 헌금 강요나 건물 세우는데 물질을 허비하지도 않았다. 제자들은 이름 없이 일했고 별도의 노동과 직업을 가진 이도 있었다.
  세월이 흘러 사도들이 순교로 세상을 떠나고 (로마 황제들의 박해로) 교부 감독 시대로 들어오면서 교회는 현저히 세속화되기 시작하였다.

어둠이 층겨 내린 날이 되어 버렸고 성경을 편집하는 과정이 문제를 야기하기 시작한 것이다.

투표를 통해서 성경이 66권으로 편집 되면서 상당 부분이 외경으로 버림을 받았다.

마리아 복음, 베드로 복음, 바울 묵시록, 니고데모 복음, 도마의 복음, 예수의 유년 기록, 그노시스 복음, 등은 제외 시켜버렸다. 환생에 대한 기록과 윤회에 관한 문구는 모조리 거세시켜 버렸다. 그들은 영혼이 구원을 받아 천상에 태어날 것과 아니면 분명히 이 땅에 환생할 것을 의심치 않았다. 그런 사람들은 황제들이 좋아할 리가 없었다. 그러므로 박해가 다시 시작되었다.

교회는 결국 두 파로 갈라지게 되었다.*

66권의 성서 편집에 반대하는 자들은 즉각 파문을 당하였다. 기독교의 대부로 불리는 "오리겐"은 600 여권의 책을 저술하고 6개 신학교를 세우고 수천 명의 제자를 배출하였으나 환생을 믿는다는 이유로 파문당하였다. 지금도 교회에서는 오리겐의 권위를 높이 평가함에는 변함이 없다. 이 사람처럼 교회사에 찬란한 공을 세운 사람은 사도 이후 없었다.

전쟁가 콘스탄틴 황제가 기독교를 국교로 임명한 뒤 교회는 늘어진 거문고 줄처럼 맛을 잃기 시작했다. 그는 미트라 교와 밀접했고 태양신을 숭배하던 사람이었다. 12월 25일 SUN축제일을 예수 탄생일로 바꾸고 토요일 안식일을 태양의 날로 바꿨으며 교회의 전반적인 일들을 황제는 일일이 간섭하였다.

권력을 좋아하며 정치와 아부하는 자들은 황제 편에서 시녀 노릇을 하면서 교세를 확장했고 땅을 사들이고 부를 누렸다. 그러나 진리를 탐구하며 의에 주린 구도자들은 결국 이들과 하나가 될 수가 없었다.

예수 그리스도의 가르침과는 너무나 멀어진 타락한 교회를 뒤

---

* 황제 숭배와 수도원 운동(修道院 運動)

로하고 가난한 구도자들은 불가피 속세를 떠나 정처 없이 광야로 사막으로 유리하며 자급자족 했고 금욕적 삶을 꾸려 나갈 수밖에 없었다. 여기서 성자들이 나왔으니 그들이 베네딕토, 프렌치스코 등이다(영화 〈장미의 이름〉을 참조). 이 수도원들은 오늘날의 기복에 찌든 기도원이나 돈벌이 부흥사, 최면술 부흥사, 코미디 목회자들, 인기관리 콘서트장이나, 병을 고치려고 모여드는 군중들이 아니었다.

이들의 삶은 절실했고 인간 최후의 소망과 궁극의 사명과 이 땅에 살면서 어떻게 자기를 던져 이타의 삶을 채울까에 목마른 진정 마음이 가난한 자들이었으며 사나 죽으나 예수의 사랑뿐이었다.

세월이 그로부터 많이 흘렀다. 200년 십자군전쟁, 오월의 꽃을 타고 영국을 떠난 청교도들 원주민 살상, 러시아의 정교회였던 국교에서 공산주의의 시초가 1917년에 교회에서 파생됨, 오늘날의 한국교회 예배당 수 3만개 돌파, 마을은 5만 마을, 목사 전도사 약 8만여 명, 한국 부자 1백 명 뽑았더니 교회에서 70여 명, 우리는 이제 생각해야 한다.

그리스도인은 예수의 말씀을 배우고 삶에 적용함이지 권력이나 전쟁이나 부의 축적이 아니다. 이 땅을 잘 지키고 가꾸고 서로 사랑하는 것만이 기독교의 근본정신이다.

2. 교리와 신학의 변천

초기 기독교가 탄생하기 전에는 미트라교라는 종교가 신비한 종교로 영향을 끼치고 있었다.

미트라경(조로아스터교의 로마판, BC 3세기경)에 따르면,

1. 미트라는 12월 25일 처녀의 몸에서 태어났다.
2. 미트라는 태양신의 아들이며 중재자로서 미트라 성 삼위일

체설을 형성하고 지구를 지키는 신은 태양이라 하였고 모든 생명을 태양이 다스린다 하였다.

3. 미트라를 기리는 날은 예수 탄생 수백 년 전부터 일요일이였다. 태양신을 숭배하기 때문에 SUNDAY가 성스러운 날이 된 것이다.
4. 미트라에게는 12제자가 있었다.
5. 미트라는 기적을 행하였고 물 위를 걸으며 병자를 고쳤다.
6. 그는 죽어 무덤에 묻혔으나 3일 후에 다시 살아났다. 그의 부활은 주기적으로 기독교의 부활과 방불하다.
7. 미트라 교인들은 그가 부활한 날에 축제를 베풀었는데 나중에는 기독교의 부활절이 되었다.
8. 사람들은 그가 곧 메시아 구세주 혹은 길이요 진리요 생명이라고 불렀고 미트라 자신도 자기가 세상의 빛이요 선한목자라고 선언하며 자기를 따르라고 하였다
9. 그들의 예배당엔 미트라가 세상 죄를 위해 어깨에 무거운 짐을 지고 가는 사람으로 묘사된 그림들이 있었다.
10. 미트라는 사자상으로도 묘사되었는데 그 입에는 벌(BEE)이 물려져있고 LOGOS(로고스)란 문구가 새겨져있다. 로고스는 말씀을 상징하는 기호였다.
11. 이 세상은 종말까지 선과 악의 끊임없는 전쟁터로서 항상 깨어 있어야 한다고 하였다.
12. 천국과 지옥, 마귀, 마지막 심판, 구원, 부활 등의 교리를 만들었다.*
13. 가톨릭의 성직자계급 제도와 예배의 형식 및 예배 때에 쓰이는 도구들과 향불, 예배 의복, 십자가 목걸이, 염주알 등등은 모두 미트라교와 거의 같다.**

---

* 미트라의 교리와 의식이 가톨릭교회에 조용히 스며들었고 이원론적인 조로아스터 교리도 희석되었다.
** 12월 25일 성탄절을 기념하는 기독교 이전의 종교들

이러한 유사 종교 역사의 변천과 문화 속에서 가장 번창했던 미트라 교(太陽神)는 후기 종교에 영향을 끼치지 않았다고 할 수는 없을 것이다.*

이제 신학과 교리의 변천을 더듬어 보기로 하자. 역사적 사건의 배경은 AD 이후로 시작된다.

대체로 신약성서는 AD 70년에서 100년 사이에 기록되었다. 세월이 지나 172년에 티티안 통합 복음서를 만들었다. 이 책에는 예수나 그리스도, 크리스천이라는 단어조차 등장하지 않고 많은 부분을 로고스의 설명에 할당하고 있음을 주목해야 한다.

AD 165년에 져스틴 활동 시기에는 기초 경전을 복음서라 부르지 않고 사도들의 회고라고 칭하였으며 Logos가 형상을 받아 사람이 되고 예수 그리스도라 칭함을 받았다고 서술 하였으며 지저스(Jesus)는 하나님의 구원이라는 말이며 예수는 하늘에 있는 영적 그리스도였다고 져스틴은 말했다.

AD 220년경에 삼위일체 신학자 터툴리안 활동시작, 그의 남긴

세계의 신들 페르시아의 미트라 말고도 세계적으로 퍼져있는 유사한 신들과 종교가 많다.
1. 호러스; 태양의 신 BC. 3000년(이집트) 12월 25일 처녀 아이시스의 몸에서 탄생하였고 세 명의 박사가 동쪽에서 하늘의 별을 보고 태어난 곳을 찾았다고 하며 호러스는 12세 때에 선교를 시작하였고 30세가 되어서는 나일강에서 세례를 받았으며 12제자를 거느리고 병자를 고치고 기적을 행하였고 물위를 걸었다고 한다. 타이폰이라 하는 제자에게 배신을 당하여 십자가에 못 박혀 죽었으나 3일 뒤에 부활했다고 기록되어 있고 하늘로 승천했다고 전해온다.
2. 아티스; 그리스의 신. BC 1200년 12월 25일 처녀 나난 의 몸에서 탄생하였고 병든 자들을 고치고 선교하다 제자의 배신으로 형주에 못 박혀 죽었는데 3일 만에 부활했다.
3. 크리슈나(인도 BC 900년); 12월 25일 처녀 드바키의 몸에서 탄생하였고 12제자를 거느리고 여행을 하며 병든 자를 고치고 기적을 행하였으며 죽은 뒤 3일 만에 부활했다고 전해진다.
4. 디오니소스(그리스 BC 500년); 여행을 다니며 많은 기적을 일으켰고 물을 포도주로 바꾸는 기적으로 알려졌고 왕중 왕, 알파와 오메가라는 칭호를 사용하였고 죽은 뒤 3일 만에 부활했다고 한다.
* 초기 교회는 미트라교 + 조로아스터교의 영향을 받은 종교임을 역사의식이 있는 사람들은 부인할 수 없다.

말 "너희들이 우리가 태양신을 숭배한다 하지만 너희들도 그러하지 않느냐?"라는 논쟁의 말이 유행했었다 한다. 그렇다면 그 당시 얼마나 많은 사람들이 미트라 즉 태양신의 문화에 용해되었는지 감이 잡힌다.

300년 죽은 자를 위한 기도와 성 십자가 긋기
321년 일요일 법령과 강제준수로 안식일 제도가 바뀜
325년 제1차 종교 회의(니케아)*
381년 제2차 종교회의 동로마 콘스탄티노플에서 삼위일체 교리를 체결 하였고 이교도들의 매일 미사를 도입하게 되었다.
400년 성경적 안식일(토요일) 준수자들에게 무서운 박해가 시작되었다.
431년 제3차 종교회의가 에페소스에서 열림. 회의 내용은 마리아를 신(神)의 어머니로 숭배할 것을 투표로 결의하였다.
450년 토요일 안식일 준수자들에게 살인하지 말라는 종교가 사형을 언도하는 결과를 초래하게 되었다.
451년 제4차 종교회의 칼케톤의 회의내용은 예수의 이중성과 (칼케트 신조) 로마교황 탄생의 빌미가 되는 교리작업과 신부들의 옷이 신도들의 옷과 구별되었고 임종 미사제도를 시작하게 되었다.
553년 제5차 종교 회의(장소 콘스탄티노플)
예수 십자형이 인류를 대속 했다는 교리 결정과 원죄론 (타락한 천사) 사탄이 인간을 유혹하여 죄를 짓게 했다는 교리를 성립시켰다. 윤회설을 주장하던 오리겐의 학설은 왕권에 대한 도전이라고 판단한 뒤 이단으로 정죄하고 파문시켜 버렸다.
593년 연옥설을 도입하였다. (조로아스터교의 하밍 스타간)
607년 만민의 주교란 교황의 칭호가 처음으로 사용되었다.
680년 제6차 종교 회의가 콘스탄티노플에서 열렸다.**

---

* 회의 내용: 찬반론이 팽팽한 가운데에 투표에 의해서 예수를 신으로 칭하게 되었으며 여러 복음서와 경전에서 윤회나 환생설을 대부분 없애 버렸다.

709년 교황의 발에 입 맞추는 전통이 시작되었다.
786년 십자가 형상과 유물 및 유골 숭배를 시작하였다.
787년 제7차 공의회가 니케아에서 열렸다.*
유물숭배 성자숭배 및 죽은 교인이나 순교자들에 대한 기도가 공인되었다.
896년 제8차 공의회(콘스탄티노플). 성 화상 숭배에 대한 논쟁으로 결국은 동서교회가 대립되었다.
1090년 묵주와 기계적인 묵주가 도입되었다.
1184년 악명 높은 종교 재판이 시작되었다.
1190년 면죄부 판매를 시작하였다. 헌금을 많이 낼수록 죽은 조상들의 영혼이 지옥형벌에서 천국으로 구원받아 올라온다는 설을 주장함으로 교회는 부를 축적했고 맘모스 교회들을 건립함
1215년 신부에게 고해성사하는 제도가 시작되었다.
1229년 평신도가 성경을 소유할 시 불법으로 간주되었고 구속되었다. 물론 설교나 선교도 할 수 없었다.
1517년 M.루터가 개혁의 횃불을 들고 타락한 교회의 죄악상을 공개하는 한편 면죄부에 대한 죄상과 기타 95개조 논제를 공개하고 교황에게 공개장을 보내고 수많은 저서들을 모아 불태우고 교황을 저주하며 장례식노래를 부르며 개혁의 횃불을 높이 들었다.
1545년 교회의 유전과 전통이 성경과 동등한 권위를 가진 것으로 선언하였다. 이 해에 아우스크 종교 회의가 있었는데 신교와 구교의 종교 전쟁을 중지하자는 안건이었다.
1546년 외경들이 가감되었다.
1582년 교회가 마녀 재판을 시작하였다. 여자들은 성령운동을 하거나 예언이나 교회활동이나 리더를 할 수 없었다. 물론 주술이나 심령술이나 복술도 포함되었으나 48명이나 되는 여인들이

** 회의 내용 : 예수의 單性說(단성설)을 배척하였고 단성설을 주장하던 교황 호노리우스는 이단으로 정죄당하였다. 요1서 4:1~4참고바람
* 이콘 (성 화상숭배)

화형을 당하였다.

1782년 (마지막 마녀재판) 스위스 게갈스에서 아인나 겔트라는 여성을 참수형으로 죽였다.

1854년 마리아의 무염수태설(無厭受胎說)을 주장하게 되었고 종교, 언론, 양심선언, 출판의 자유, 과학적 발견과 학문의 자유를 정죄하는 암흑시대를 조장하였다.

1870년 교황은 하나님의 대리자로서 오류가 없다는 무오설 (無誤說)을 주장하였다.

1950년 마리아 승천설을 주장하였다.

1965년 마리아를 교회의 어머니로 승격 하게 되었다.

이 역사적 자료들은 대개 가톨릭교회의 유산이지만 루터의 개혁 이후에도 그릇된 종교 의식이나 개념들이 그대로 남아있는 실정이다.

3. 기독교의 부활과 윤회 환생은 다른가?

성경 요한복음 5장과, 사도 바울서신, 고린도전서 15장에는 죽은 자의 부활에 대하여 분명한 기록이 있다.

"내가 진실로 진실로 너희에게 이르노니 내말을 듣고 나 보내신 이를 믿는 자는 영생을 얻었고 심판에 이르지 아니하나니 사망에서 생명으로 옮겼느니라. (요5:24)"

이 예수의 설교는 깨어 근신하여 신앙 즉 합일의 원리를 깨달은 사람들의 현재사적인 약속이며 위안이었다.

마치 미국을 갈 사람이 어학, 비자, 항공티켓, 거주지가 정해지면 어떤 두려움도 없이 즉시 떠날 수가 있는 것과 같다. 영혼을 인도하는 스승을 만난 사람은 생사 문제부터 해결한다.

사망 권세를 이기는 것은 단순한 용기로 해결 되는 것이 아니고 궁금증이나 의심이 온전히 사라진 절대 확신에서만 가능하다.

참된 스승의 말씀을 믿고 그 스승을 보내신 신을 믿는 자(의식이 전환됨)는 뒤따라오던 죽음의 그림자에서 해방된다는 예수의 가르침이다.

예수 그리스도의 십자가상 고난과 그의 죽음에 동참한 사람들을 보라. 연약한 몇 명의 여인들과 19-20세 정도 나이에 일심으로 목숨을, 성품을, 뜻을 다하여 따르던 사도 요한 한 명밖에 누가 있었는가? 입에 달콤한 떡을 먹이고 병을 고쳐주고 위로해 줄 때는 5천여 명씩 따르던 무리들이 EGO를 매장하고 사탄, 마귀를 멸하고 영원한 삶의 비밀을 교훈하려 할 때에는 모두 돌아갔다.

생각지도 않은 강도 한 사람이 뜻하지 않은 깨달음을 얻는다. 그 강도는 말했다

"주여! 당신의 나라가 오거든 나를 좀 생각해 주십시오."

쓸쓸하고 몸서리치도록 고독한 형틀 십자가상에서 예수는 눈이 번쩍 뜨였다. 이 강도는 죽음을 앞두고 깨닫게 된다. 예수는 약속했다.

"오늘 그대는 나와 함께 즉시 낙원으로 들어갈 것이다."

이 강도는 예수처럼 살아났다는 기록은 없다. 어느 별에 태어났는지 품격 있는 사람으로 태어났는지는 모른다. 그 강도는 첫째 부활을 경험한 사람이다. 이것이 즉 구원이다. 그들은 죽음을 두려워하지 않았고 생명의 세계로 옮기는 중생의 거듭남을 체험한 이들이다. 이것을 부활이라고 한다.

성서 누가복음 15장에는 방탕한 생활을 하다가 문득 깨닫고 크게 뉘우치면서 아버지 품에 돌아오는 유명한 탕아의 이야기가 기록되어 있다. 아버지는 자아가 죽고 크게 뉘우쳐 결단을 내리고 아들이 아니라 종의 모습과 의식으로 돌아온 둘째아들을 위해 큰 잔치를 베풀며 다음과 같이 말한다.

"이는 죽었다가 다시 살아났으며 내가 잃었다가 다시 얻은 나의 아들이니라." (눅 15:24)

참된 부활은 자각과 결단, 뼈에 사무치는 깨달음에서만 가능한 것이다. 이 탕자의 귀향을 첫째 부활이라고 칭한다.

즉, 의식 부활인 것이다. 이 아들은 이제 육체의 죽음 따윈 두렵지 않을 것이다. 이 첫째 부활에 참여한 자가 둘째 부활 (육체 죽음)에 들어간다.

둘째 사망의 해(고통)를 받지 않고 말이다. 사람은 죽는 날 갑자기 의식이 밝아진다. 그러나 행위가 악한 사람은 카르마의 힘이 커서 빛의 인도를 받기 어렵다. 성경 요한 계시록 20:6절에는 다음과 같은 구절이 기록 되어 있다.

"이 첫째 부활에(의식과 감정의 변화) 참예하는 자들은 복이 있고 거룩하도다. 둘째 사망이 그들을 다스리는 권세가 없고(생사문제에서 벗어남) 도리어 그들이 하나님과 그리스도의 제사장이 되어 천 년 동안 그리스도로 더불어 왕 노릇 하리라"

위 구절에서 제사장이란 말이 언급 되는데 제사장은 무지와 죄책감, 기타 신앙적 문제들을 신에게 중매 역할을 하는 매니저인데 인간이 가장 두려워하는 죽음 문제를 해결한 사람은 예수 그리스도와 더불어 왕 노릇 하리라고 약속된 이 구절은 무덤 속에 갇힌 생활을 하는 자들에게 자유와 구원을 베푸는 첫째 부활을 의미한다. 그러므로 둘째 사망이란 어느 날 육신의 죽음을 말하는데 운명의 이치를 알아버린 사람의 준비된 의식 앞에는 죽음문제가 두려운 고통이나 해가 되지 못한다는 것이다. 죽음 문제를 해결한 사람은 이 땅에 나고 죽음 오고감에 대하여 공포가 없으니 자유롭다.

죽음 문제를 해결한 사람은 이 땅에 다시는 태어나지 않는다. 보라, 사람들의 신앙 상태를… 천국이 정말 있다고 믿는다면 정말 의심이 없다면 차마 자살은 못해도 어서 속히 이 땅을 떠날 방법을 모색해야 하지 않을까?

암이나 기타 중병에 걸리면 하나님을 잘못 믿어서, 부처님을 잘못 믿어서 저주 내린 줄 알고 전 재산을 다 털어다가 병원 현금 수납 창고에 아주 착한 맘으로 에누리 없이 헌금을 하지 않는가?

단 몇 분이라도 더 살아 보려고 여기서 그들이 얼마나 허상에 끌려 다녔으며 관념적 신앙에 그것도 수십 년씩 거짓된 삶을 살았는가 증명된다.

죽음을 두려워 않는다는 것은 어떤 일반적인 용병의 용기나 사무라이적 오기로 되는 것은 아니다.

나고 죽음의 덧없는 생의 고뇌와 과거 현재 미래의 톱니바퀴에 얽힌 인과의 오랏줄을 끊어버리고 사도 바울처럼 자타가 인정하는 거듭남이 있어야 가능하다. 다윗의 노래를 보라.

시편 23편
신이 목자가 되시니 부족함이 없고
신인 합일된 사람에게는
푸른 초원과 쉴만한 물가로 인도하시고
영혼을 소생시키시고
바른 진리의 길로 반드시 인도하시고
사망의 음침하고도 무서운 골짜기에서도 두려워 않음은
하나님이 함께 곁에 계시기 때문이다.
이는 신의 지팡이와 막대기가 이 부활한 사람을
안위하시기 때문이다.
원수의 목전에서 상을 베풀어 주시고
머리에 기름을 발라 주시고
잔을 넘치게 채우시고 일평생 동안 선하고 인자하신
신의 은총이 구원받은 이 백성들을 보호하시니
하나님의 집에 영원히 거하리라고 노래한다.
(시편 23장 전장을 풀어쓰기 했음)

누가 우리를 그리스도의 사랑에서 끊으리요. 환난이나 곤고나 핍박이나 기근이나 적신이나 위험이나 칼이랴! 우리가 종일 진리를 위하여 죽임을 당케 되며 도살할 양같이 여김을 받았나이다. 그러나 이 모든 일에 우리를 사랑하시는 이로 말미암아 우리가 넉넉히 이기느니라. (로마서 8:35-37)

위 구절은 해석을 하지 않아도 신앙인에게 무엇을 요구하는지 생각하는 사람이라면 금방 알아차릴 것이다. 목숨을 각오 하는 것은 더 나은 생명을 바라보기 때문이다. 예수의 죽음과 부활은 그를 신앙하는 자들로 하여금 죽음의 공포에서 해방시키기 위한 카리스마였다. 성경 히브리서 2:14~15절은 의미심장한 구절이 기록되어있다.

예수께서 혈육에 속하심은 사망으로 말미암아 사망의 세력을 잡은 자 곧, 마귀[t go]를 세서시키고 또 죽기를 무서워하므로 일병생 매여 송 노릇 하는 자들을 해방시키기 위함이라. (히브리서 2:14~15)

이 구절은 죽음이 두려워 비겁하고 거짓말하고 꾸미고 위선 떠는 사람의 눈에 보이지 않는 말씀이다. 이러한 구절이 인간의 부활을 촉구하는 교훈인 것이다. 이 말씀을 깨닫는 것이 그 동안 갇혀 있었던 무덤이 갈라지는 부활이다.
무덤이란 꽉 막힌 곳이며, 어두운 곳이며, 그늘진 곳이며, 빛이 없는 곳이며, 죽은 시체가 누워있는 곳이며, 마른 뼈와 해골들이 혹은 부패 되어가는 육신이 묻혀있는 곳이다. 앞에 말한 탕자가 이러한 무덤 생활을 하였다.
이곳을 땅에서 갇힌 자들이 생활하는 지옥이라 한다.
獄= 犭: 사랑이 랑 (늑대과 동물) + 言: 말씀언 + 犬: 개견
부정한 동물 같은 가짜 성직자들이 말씀과 신의 진리와 사랑을 잘못 전달하여 수많은 사람들을 목에다가 연자 맷돌을 달아 깊고 깊은 썩어 오염된 시궁창에 빠뜨린다.

술에 취한 개목자 몰지각한 파수꾼들을 삼가야한다. 반드시 참고하라 분명하고도 놀라운 예시적 교훈이 예언되어 있다.(사 65:10-12)

1) 부활이란 무엇인가?

무덤 같은 삶에서 神의 음성을 듣는 것이며 삼라만상의 자연계시를 통하여 의식이 깨어남이며 죽음의 원인을 깨달아 다시는 생사문제에 헛갈려 죽음의 노예가 되지 않는 것이다. 이 죽음의 강을 건너버리는 것이 곧 부활인 것이다. 죽음이라는 존재가 낯설지 않도록 준비해야 한다.

"욕심이 잉태되어 죄를 낳았고, 죄가 커져서 사망이 뒤따른다." (약 1:15)
"모든 사람에게 용기를 주기 위하여 죽음의 종노릇하는 연약한 인간을 위하여 죽음을 맛보신 그리스도를 보라." (히 2:9)

"믿을만하도다 이 말이여 우리가 예수와 함께 죽었으면 함께 살 것이요. 참으면 또한 함께 왕 노릇 하리라." (디모데후서 2:11~12)

우리는 이 구절에서 바울의 뜻을 헤아릴 수 있다. 역사 속에서 예수의 죽음과 그의 부활은 그를 따르는 신앙인들로 하여금 예수가 겪은 수난과 죽음을 온전히 동참해야 하는 바른 진리를 깨우치고 있다. 예수는 분명히 말했다.
"너희가 나를 따르려거든 날마다 자기를 인정하지 말고 오히려 부정하고 날마다 나를 쫓을 것이니라."
수난과 치욕의 형틀인 자기 십자가를 지고 따르라고 분명히 언급했다. 십자가는 단순한 형틀이 아니다. 혈과 육을 온전히 못 박아 자아를 장례식 하는 고난의 용광로인 것이며 따라서 이것이 예수가 바라는 세례인 것이다.

"누구든지 자기 목숨을 구하려 아끼면 잃게 되고 누구든지 나를(진리와 정의를) 위하여 제 목숨을 잃으면 구원하리라." (눅 9:24)

"귀 있는 자들은 들으라! 내가 참으로 너희에게 이르노니 여기 섰는 사람 중에 죽기 전에 하나님의 나라를 볼 자들도 있느니라." (눅 9:27)

귀가 열리고, 눈이 뜨이고 마음이 열리고 사망 권세를 이긴 사람들이다.

"주의 죽은 자들은 살아나고 우리의 시체들은 일어나리이다. 티끌에 거하는 자들아 깨어 노래하라. 주의 이슬(처소)은 빛난 이슬(처소)이니 땅이 죽은 자를 내어 놓으리로다. (이사야 26:19)

위 문자를 얼핏 보면 땅이 죽은 자들을 내어놓으리라는 문구가 있다. 마치 묘지(무덤) 속에 썩어 없어진 육체(시체)들이 일어나는 듯한 느낌을 줄 것이다. 조용히 생각해보자. 죽은 자 하면 일단 생각나는 것이 장례식, 무덤, 공동묘지 등을 연상할 것이다. 마찬가지로 성서에서 말해주는 교훈과 예수 그리스도의 1차 부활은 영적 즉 의식 부활을 말하는 것이다.

그러니까 진리를 찾아 헤매던 구도자들을 생각해보라. 세상에서 할일 다 해보고 소망도 궁금증도, 하고 싶은 일도 없고 궁금증도 사라진 도를 찾는 한 나그네. 그는 진리에 목말랐고, 하늘 소리가 듣고 싶어 두 귀는 긴장되어 있다. 가도 가도 끝없는 미로 같은 헛갈림, 수많은 종교들, 그리고 경전들, 저마다 그럴싸한 말들과 말들이 수도 없이 뒤엉키고 자기들만의 이론무장으로 거기서 또 다른 이론으로 저급 초급 중급 고급 단계들을 만들어 어느 신흥종교는 30단계의 개론을 만들어 그물과 초망(草莽)을 치고 영혼을 사냥하는데 인간을 사고파는 시장을 방불케 한다. 장망성 같은 천국을 위하여 자기는 못 먹고 못 입고 아꼈던 재물을 어지간히도 퍼다 주고 시행착오를 밥 먹듯 했다. 그러나 피로 얼룩진 종교역사는 동서남북, 동서고금 교회는 평화보다는 분열과 전쟁을 더 많이 남겼다. 유태인은 종교로 망했고 로마는 스포츠로, 봄베이는 환락으로 망해버렸다.

국교를 자랑하던 러시아 교회는 볼셰비키를 일으키게 했고, 결국 붉은 용을 등장시켜 이데올로기를 낳게 하였다.

진리를 찾아 나선 구도자는 고독하다. 바르게 살고 싶어 의에 굶주리고 목마른데 사람이 만든 종교에서 진리를 찾기란 바다에서 바늘 건지기보다 어렵다. 이 의에 주리고 진리에 목말라 지친 나그네는 어느 날 문득 깨닫는다.

진리는 밖에서 찾는 게 아니라 내 자신의 가슴속에서 발견하는 즉, 잠에서 깨어나는 것임을 절감한다. 신약성경 누가복음 15장의 돌아온 탕자처럼 스스로 자각과 결단을 통해서 거듭난다.

집단의식이나 군중의식과 상관없이 홀로 준비된 사람에게 신의 은총이 때를 따라 다가온다. 그러니까 반드시 준비된 사람에게는 스승이 찾아오는데 그 스승의 메시지는 다양한 형태로 나타나는 것이다. 씨앗 속에 감춰진 생명은 좋은 땅에 묻히면 반드시 싹이 난다. 장미의 봉우리는 시간이 지나면 스스로 터지고 꽃이 핀다. 한 인간이 새로 태어나는 데는 우주의 만물이 동원된다. 성경 요한 계시록 3:1-2절에 다음과 같은 구절이 있다.

"내가 네 행위를 아노니 네가 살았다 하는 이름은 가졌으나 죽은 자로다. 너는 일깨워 그 남은바 죽게 된 것을 굳게 하라. 내 하나님 앞에서 네 행위의 온전한 것을 찾지 못하였노니"

위 성구는 예수 그리스도께서 아시아 7교회들에게 칭찬과 책망을 하는 내용인데 행위가 온전치 못한 사람들을 살았다 하는 이름을 가졌으나 그 의식이 죽은 자들로 간주해 버렸다.

마음을 비워 가난한자

애통하는 자
온유한 자
의에 주리고 목마른 영혼
연민의 가슴으로 타인을 긍휼이 여기는 자
마음이 청결한 자들
늘 평화를 위하는 자들
의롭게 살며 박해 받는 사람들

이 사람들을 성경마태복음 5장에서 살아 있는 사람으로 하여금 가장 복 있는 자로 묘사된 천국백성들인데, 혹은 부활한 사람들로 간주해 예수는 이렇게 말했다.

"너희에게 이르노니 여기 섰는 사람 중에 죽기 전에 하나님의 나라를 볼 자들도 있느니라." (눅 9:27)

죽음의 공포 때문에 겉치레 종교에게 일평생 속아 노예 생활을 하는 것이다. 진정한 부활은 사망 권세를 실제적으로 떨쳐 버리는 것이며 수천 년 몽롱히 살아오던 문자주의의 미몽과 잠에서 홀연히 깨어남이다.

예수를 박해하다 어느 날 다메섹이란 곳에서 환상 중에 그리스도를 만나고 선교사가 된 바울이란 지성인이 있다. 그는 정통 바리새인으로 율법 학자였고 당시 로마의 시민권을 갖고 있던 사람이었다. 그의 부활에 대한 개념을 살펴보자.

"보라 내가 너희에게 비밀을 말하노니 우리가 다 잠잘 것이 아니라 마지막 나팔에 순식간에 홀연히 다 변화하리니 나팔소리가 나매 죽은 자들이 썩지 아니할 것으로 다시 살고 우리도 변화하리라." (고전 15:51-52)

비밀이란 의미는 본시 매우 단순하고 간단한 걸 의미한다. 의식이 죽은 이들을 잠자는 사람으로 간주한 것이다. 마지막 나팔이란 사람을 변화시키는 파워맨의 스피치를 의미한다. 다시 말하면 맨 마지막 차원 "즉" 대학원 교육의(개혁의 횃불) 진리의 소리를 듣고 큰 감동으로 새롭게 태어나는 것을 의미한다. 여기서 말하는 나팔은 절대로 악기가 아니며 큰 소식을 전하는 복음이다. 죽은 자들이 썩지 않고 다시 살고 변화 된다는 것은 생명은 썩거나 죽거나 퇴색 되거나 없어지거나 멸망하는 것이 아니기 때문이다.
"변화되리라"=새사람 된 모습을 말한다.
이 비밀을 깨달은 이의 노래를 살펴보자.

"사망아! 죽음아! 너의 이기는 것이 어디 있느냐?
너의 쏘는 것이 어디 있느냐? 사망의 쏘는 것은 죄요. 죄의 권능은 율법이니라 우리에게 이김을 주시는 하나님께 감사하노니" (고전 15:55-57)

罪 = 無知가 가장 큰 죄임을 알아야 한다.(진리와 자유를 모르는 죄)
선지자 호세아는 이렇게 말한다.

"내 백성이 지식이 없어 망하는 도다. 네가 지식을 버렸으니 나도 너를 버려 내 제사장이 되지 못하게 하리라." (호세아 4:6)

여기서 말하는 지식은 특별한 지식을 의미하는데 히브리어로 "하따하트" 즉, 신을 아는 특별한 지식을 의미한다.
어느 날 예수께서 선교 여행 중에 어느 젊은 제자에게 다음과 같은 이야기를 들었다. (마태복음 8:21-22)
"선생님! 방금 전에 슬픈 소식을 들었습니다. 어젯밤 저의 부친께서 사망하셨다는 연락이 방금 왔어요. 저를 보내주시면 장례식 마치고 다시 찾아오겠습니다."선생님 허락해 주십시오.
예수는 말했다.
"안 돼."

한마디로 잘랐다.

"죽은 자들은 죽은 자들이 장사하게 내버려두고 너는 나를 따르라. 만일 네가 오늘 나를 떠나 장례식에 가면 마음이 흔들려 다시는 나를 따를 수가 없다. 인간은 흙에서 와서 흙으로 돌아간다. 형식 좋아하고 이벤트, 세레모니, 겉치레 좋아하는 죽은 자들에게 죽은 자는 맡기고 나를 너는 따르라.

왜? 예수는 제자들에게 이토록 냉정 했을까? 피도 눈물도 없는 잔인한 사람이라서 그럴까? 이외에도 위와 같은 성서 구절이 40여 구절이 넘는다.

다 열거하지 않아도 예수께서 말씀하신 부활이 과연 어떤 것인지 독자들은 느낄 것이다. 다시 말해서 변화된 삶이 곧 부활이다. 이것을 첫째 부활이라 한다. 그대들 가슴에 손을 얹고 생각해보라 필자가 화형당할 이단인가?

내가 성경에 없는 말을 지어내서 뇌까리는가?

공감한다면 우리 이제 달라져야 되지 않는가? 문자주의 꿈에서어서 깨어나 첫째 부활에(意識革命) 참여해야 하지 않겠는가?

2) 둘째 부활

의식 있는 선객(禪客)들은 한 구절이면 다 통하지만 그러지 못한 사람들 때문에 설명이 길어진다. 성경 요한계시록 20:4 -5절을 참고해보자.

"거기 앉은 자들이 있어 심판하는 권세를 받았더라. 또 내가 보니 예수의 증거와 하나님의 말씀을 인하여 목 베임을 받은 자의 영혼들과 또 짐승과 그의 우상에게 경배하지도 아니하고 이마와 손에 그의 표를 받지도 아니한 자들이 살아서 그리스도와 더불어 천년 동안 왕 노릇 하니 그 나머지 죽은 자들은 그 천년이 차기까지 살지 못하더라."

이것이 첫째 부활이라. 이 첫째 부활에 참여하는 자가 복이 있고 거룩하도다. 둘째 사망이(육신의 죽음) 그들을 다스리는 권세가 없고 도리어 그들이 하나님과 예수 그리스도의 제사장(신앙의 주인)들이 되어 천년 동안 그리스도로 더불어 왕 노릇 하리라.

새롭게 거듭난 삶은 과거의 목이 떨어져 나갔다(사상의 목 베임). 돌감람나무를 잘라내어 버리고 참감람나무(올리브나무)에 접을 붙였다.
짐승 = 성경에서는 존귀에 처하나 깨닫지 못한 자들을 짐승이라 한다.
다음 성경 구절을 조사해보자.

"어떤 선지자가 말하되 그레데 인들은 항상 거짓말쟁이며 악한 짐승이며 배만 위하는 게으름뱅이라." (디도서 1:12)

"개들을 삼가고 손 할례 당을 삼가라 (빌립보서 3:2)

"존귀에 처하나 깨닫지 못하는 자들은 멸망하는 짐승과 같다. (시편 49:20)

"그 파수꾼들은 벙어리요 개들이라. 능히 짖지 못하는 자요. 소경이요 다 무지하며 꿈꾸는 자요. 잠자기를 좋아하는 자니, 이 개들은 탐욕이 심하여 족한 줄을 알지 못하는 자요. 그들은 몰지각한 목자들이요 성직자라. 다 진리의 길보다는 자기 길로만 치우치고 돌이켜 어디 있는 자이든지 자기 이익만 도모하는 자들이다" (이사야 56:10-11)

이런 짐승들은 얼굴은 사람의 형태로 존귀의 관을 썼으나 짐승의 영혼들이다. 이러한 짐승들을 분별하여 그들을 벗어나서 그들을 섬기지도 않고 경배(예배)하지도 않고 자기를 지킨 사람들은 이마와 오른손에 표를 받지도 않은 자들 즉 이마 = 사상에 인박

히지 않고 세뇌당하지 않음, 오른손의 표 = 우선권, 봉사, 헌금, 과잉 충성 등으로 해석된다.

"이스라엘아 너의 선지자들은 황무지에 있는 여우 같으니라." (에스겔 13:4)

간사히 속이고 거짓된 점괘로 혹세무민 하는 성직자들을 두고 비유한 말이다. 이런 짐승의 유혹에서 벗어나 하늘에서 내려오는 신령한 지혜를 통하여 깨달은 성도는 죄와 사망의 법에서 해방되어 이미 첫째 부활을 경험한 자들이다. 둘째부활이란 문자는 기독교의 유산인 성경에만 기록된 단어다. 태어나면 언젠가는 반드시 죽는 것이 인간의 육체다.

말 잘하던 소진장이도 죽었고 항우장사도 죽었고 현종을 사로잡던 양귀비도 죽었고 케네디를 유혹하던 마릴린먼로도, 진시황도, 온 세상의 영웅호걸들도 홍안을 뒤로하고 그토록 떠나기 싫은 일평생 정든 세상과 가족과 이웃을 버리고 북망산천의 황톳재에 돌아가 흙에 묻혔다.

흙에서 빚어져 흙으로 돌아가는 것이 성경 언어로는 창조의 원리요, 이치적인 진리다. 우주적인 용어로는 생성소멸(生成消滅), 지수화풍(地水火風)의 원리다. 성경 창세기의 성구를 참고해보자.

"너는 얼굴에 땀을 흘려야 식물을 먹고 필경은 흙으로 돌아가리니 그 속에서 네가 취함을 입었음이라. 너는 흙이니 흙으로 돌아갈 것이니라." (창 3:19)

솔로몬의 지혜서 구약성서 전도서 12장에는 인간의 여정 즉, 무덤에 들어가기까지의 육체적 수명을 언급한 내용이 상세히 기록되어 있다. 물론 비유로 기록되어 있다. 그중에 다음과 같은 구절에 우리는 주목한다.

흙(인간의 육체)은 과거나 현재나 여전히 땅으로 돌아가고 신(靈魂)은 그 주신 하나님께로 돌아가기 전에 기억하라.

흙은 여전히 땅으로 돌아간다.
지수화풍으로 나뉘어져 어김없이 돌아간다. 이 불가항력 적 창조의 섭리는 육체가 흙으로 사라진다 해서 허망하거나 허무한 것이 아니다. 사후세계는 반드시 존재한다. 둘째 부활은 인간의 최후의 종점인 육체의 죽음 뒤의 사건인데 거기에는 또 다른 의식세계가 이어지는 것이다.
사후세계(死後世界)란 어떤 이에게는 매우 복잡하고 어떤 이에게는 간단하다. 성경 고린도전서 15장에는 부활에 대해 길게 언급하고 있다.
씨앗이나 곡식 알갱이로 예를 들어 설명하기도 하였는데 그렇다고 하자. 충실한 씨앗이면 틀림없이 싹이 나고 자라 다음 생에 열매를 맺을 것이다.
곡식의 씨앗 속에는 알곡일 경우 씨눈이 있어 좋은 땅에 심기우면 발아가 되어 싹이 난다. 마치 계란의 무정란과 유정란의 차이와 같다. 진리의 영의 인도를 받아 삶을 헷갈리거나 끌려 다니거나 속이거나 속거나 하지 않고 보람되고 알차고 영광되게 살다가 육체를 마친 사람은 육체만 흙에 보냈을 뿐 둘째 사망, 즉 육체의 죽음을 두려워할 이유가 없다. 두려워해도 죽음은 피할 수 없고 기뻐하거나 수용해도 피할 수 없다. 어찌해야 하는가. 이 큰 홍역보다도 더 큰 환란을.
친숙해야 한다. 죽음의 그림자 정말 사귀기 어려운 친구다.
몇 년 전의 일이다. 인도의 갠지스강 화장터에서 오 일 동안을 지낸 적이 있는데 수많은 시신을 장작불에 태우면서도 유가족들의 표정은 그리 슬퍼 보이질 않았고 슬퍼 우는 사람은 한 사람도 없었다. 흙을 먹던 육체는 흙이니 흙으로 돌아간다.
아래 성경 구절을 참고하자. (유념해야 할 성경 구절)

"네가 들어갈 곳인 무덤에는 일도 없고 계획도 없고 지식도 없고 지혜도 없기 때문이니 무엇이든 네 힘을 다하여 하여라. (전도서 9:10)

"그의 영이 나가면 그는 그 흙으로 돌아가고 그 생각도 그날로 소멸되고 마느니라." (시편 146:4)

"살아있는 자들은 자기들이 죽을 것임을 의식하지만 죽은 자들은 아무것도 모르느니라." (육체를 말함) (전도서 9:5절)

"방백은 의지하지 말며 도울 힘이 없는 인생도 의지하지 말라 그 호흡이 끊어지면 흙으로 돌아가서 당일에 그 도모가 소멸하느니라. (시편 146:3~4)

"주께서 그 호흡을 취하신 즉 저희가 죽어 그 본 흙으로 돌아가나이다. 주의 영을 보내어 저희를 창조하사(환생) 지면을 새롭게 하시나이다. (시편 104편:29~30)

"주께서 내 놈을 지으시기를 흙을 뭉치듯 하셨거늘 다시 나를 티끌로 돌려보내시려 하시나이까?" (욥기10:9)

"다 흙으로 말미암았으므로 다 흙으로 돌아가나니 다 한 곳으로 가거니와 인생의 영혼은 위로 올라가고 짐승의 혼은 아래 곧 땅으로 내려가는 줄을 누가 알랴?" (전도서 3:20 12;7 창 3:19)

3) 사후세계의 상태는 3단계로 결정된다

그 순서를 말하면 다음과 같다.
생전의 의식 상태에 따라서 천국 극락 윤회, 천국 극락, 환생, 귀신 등으로 남게 된다. 그러니까 카르마의 업력에 따라서 길흉화복(吉凶禍福)의 생사윤회가 결정된다.

"스스로 속이지 말라 하나님은 만홀히 여김을(무심하고 소홀함) 받지 아니하시나니 사람이 무엇으로 심든지 그대로 거두리라 자기의 영혼을 위하여 심는 자는 성령으로부터 영생을 거두리라. 우리가 선을 행하되 낙심하지 말지니 피곤하지 않으면 때가 되면 거두리라." (갈라디아서 6:7-9)

우리가 이 땅에서 태어나 일평생 살면서 주변을 돌아보라. 부자로 건강히 살면서 베풀며 여유 있는 사람과 과도히 절약하고 물 한 방울 함부로 쓰지 않는데도 가난과 병고와 우환 등으로 시달리는 사람들이 엉켜 산다.
대개 다 이유가 있다.
생각과 집념은 그 사람의 행위를 지배한다. 하룻밤 스케치한 설계도 한 장에 몇 천만 원에서 몇 억까지 받는 사람들이 있고 하루 종일 흙먼지 기름에 묻혀 살면서도 셋방을 면하지 못하는 사람들이 있다.
모든 길흉화복은 마음에서 만들어지며 삶의 척도와 기준도 마음으로 조작되는 것은 사실이지만, 그 투영되는 삶을 조용히 살펴보면 이유가 있다는 것이다. 그 이유가 씨앗인 것이다.
어떤 씨앗을 인생의 밭에 뿌리느냐가 그 사람의 삶을 지배한다. 책상 모서리에 정강이를 부딪쳐 상처가 나는 것, 의자가 삐걱하는 것도 반드시 원인이 있는 것이다. 반드시 심은 대로 거둔다.
콩 심으면 콩 나고 팥 심으면 팥 나는 것이 자연 법칙이고 위로는 하늘을, 아래로는 땅과 거기 존재하는 모든 것에 감사하고 순응하며 목마른 사슴처럼 한눈팔지 않고 구하면 반드시 생각지 않은 날에 그 영혼은 무르익고 거듭나는 것이 진리의 법칙인 것이다.
정신의 성숙도에 따라 가치관 변화가 뒤따르는 것이다.

4) 낙원 천상(樂園天上)에 태어나는 사람

앞에 말한 첫째 부활에 참예한 사람들, 죽음을 친구처럼 가까이 안고 살아온 사람들, 거듭난 사람들, 해탈된 자유인들, 땅에 속한 소망이나 미련, 궁금증이 사라진 희귀조(稀貴鳥)들은 다시는 윤회의 그물에 걸려들지 않는다.

"귀 있는 자는 성령이 교회들에게 하시는 말씀을 들을지어다. 이기는 그에게는 내가 하나님의 낙원에 있는 생명나무의 과실을 주어 먹게 하리라." (요한계시록 2:7)

"네가 죽도록(自記否認) 충성하라. 그리하면 내가 생명의 면류관을 주리라." (요한계시록 2:10)

"귀 있는 자는 성령이 교회들에게 하시는 말씀을 들을지어다. 이기는 자는 둘째 사망(육신의 죽음)의 고통을 받지 않게 하리라." (요한계시록 2:11)

위 말씀들은 사도요한이라는 예수 생전의 젊은 제자가 빋은 게시다.

이 젊은 예수의 제자, 사도 요한은 예수가 처형될 때 십자가 밑에서 스승의 죽음을 목전에서 지켜보며 자신의 운명도 미구에 체포될 것을 예감했다. 문제는 로마의 악정 때인 고로 박해가 문제였다. 갈바, 오토, 가리 쿨라, 트라쟌, 네로, 등은 기독교를 무섭게 박해했다.

이 사도요한이 AD.90 년쯤 소아시아 밧모 섬에서 귀양살이를 하면서 기록한 예언서인데 그는 귀양살이를 하기 전 체포되어 굴복하지 않자 황제의 명령으로 끓는 기름 가마에 던져진다. 그런데 기적이 일어나 그가 멀쩡하자 황제는 그를 체포하여 즉시 밧모 섬으로 추방해 버렸다.

이토록 죽음을 무릅쓰고 죽음을 이긴 이 제자를 통해서 요한계시록이 남은 것이다. 그는 약 80세까지 살았고 조용히 침묵하며 어느 날 둘째 부활에 들어갔다. 때는 로마의 도미시안(Domitian)

황제 통치 시대였다.

박해자 도미시안 황제의 죽음으로 요한은 풀려났다. 그러나 이미 요한은 늙고, 천신만고로 고생을 벗 삼아 살아오다 육체를 벗을 시기가 임박해서였다. Domitian은 자신이 신으로 숭배받기를 좋아하던 사람이었다. 요한이 자기에게 경배하지 않자 체포한 것이다.

이와 같이 진리를 거슬러 방해하는 모든 시험과 문제들을 부딪쳐 싸워 이긴 사람들은 생명의 면류관을 얻는다. 월계관은 승리자에게 씌워주는 영광의 상징으로 생명 그 자체, 영혼 불멸의 구원을 의미한다.

"시험을 참는 자는 복이 있도다. 이 시험에 옳다 인정하심을 받은 후에 주께서 자기를 사랑하는 자들에게 약속하신 생명의 면류관을 얻을 것임이니라." (야고보서 1:12)

이 시험이란 기독교식으로 말하면 혈과 육을 못 박아 자아를 매장하는 십자가의 죽음이다. 예수는 값없이 공짜로 천국을 보내주는 싸구려 구멍가게가 아니라 영원한 생명을 얻을 수 있는, 값없이 돈 받지 않고 안내해 주신 분이시다. 그것이 자기 십자가 즉 자기가 지고 모든 시험 유혹을 이기는 길이다. 이러한 교리의 주소를 안내하시고 모범을 보이신 예수 그리스도시다. 가장 큰 죄는 무지이다.

필자가 1999년 겨울 100일 단식 중 여러 차례 영계와 은하계를 다녀온 적이 있다. 몇 마디만 기록하고 생략할까 한다. 우리 지구가 속해 있는 은하계 하나에만도 수십 개의 별에 인간이 살고 있다. 수명과 환경, 과학, 어떤 분야든 지구보다 아름답다. 전쟁, 기아, 흉년, 몹쓸 질병도 없다. 믿어지지 않는 이들은 소설로 생각하길 바란다.

이해를 돕기 위해서 성경 구절과 불교와 타 종교의 하늘(천국)

을 인용해보기로 한다. 진정한 존재의 이유를 모르고 사는 사람들은 눈에 보이는 현상계도 살펴보지 않는다. 그저 밥 먹고 옷 입고 짝짓기 잘해서 자식 잘 낳으면 성공한 줄로 자부하고 자고 깨고 자고 깨기를 거듭한다. 병들면 그제야 죽음이 두려워 때늦은 신앙생활, 철학관, 무당, 도사들을 찾아가서 일평생 모은 금전을 다 날리는 이도 있고, 어떤 이들은 입으로는 제법 사후세계도 말하고 마음을 비우느니 깨달아야 되느니 너스레를 떨면서 삶을 돌이켜보면 손톱만큼도 변함이 없다.

말과 행위가 따로 국밥이며 하나님도 부처님도 어떤 존경의 대상도 스승도 내세우지 않으며 자기중심 외에는 아무도 없으며 보이지 않는 세계에 대해서는 아예 관심도 없고 시간을 투자하지 않는다. 대개의 이러한 겉치레 종교인들을 보면 보이는 세계에 대한 축복의 가치관이 분명하다.

기름진 생활 호화스런 상류사회를 꿈꾸며 기복신앙의 장막터를 넓혀간다. 구구단 외우듯이 책 몇 권 읽고는 자기가 주인공인 줄 착각하고 자기도 모르는 것을 가르치려는 이들에게 예수 그리스도는 다음과 같이 말했다.

"천국은 마치 밭에 감추인 보화와 같으니 사람이 이를 발견한 후에 숨겨두고 기뻐하여 돌아가서 자기의 전 재산과 소유를 다 팔아 그 밭을 샀느니라." (마태복음 13:44)

오늘을 사는 신앙인들 큰일이다. 십중팔구 이상이 너무나 막연한 생각으로 교회 문턱을 밟고 다닌다. 완전히 공짜로 하나님과 예수 이름 부르면 천당 가는 줄로 알고 자기 생각대로 행동한다. 무엇이 종말이며 무엇이 부활이며 믿음의 도리인지 관심 없다. 그저 세례 받고 한 1년쯤 있다 출석 잘하여 집사직을 받으면 하늘나라에 이름이 기록되는 줄 안다.

미취학 아동들 동화처럼 참 편히도 산다. 진정 더 낮은 세계를 발견한 사람은 투영(投影)된 삶이 다르며 그 정신의 기류가 변형된다. 그 사람의 생활을 보라. 삶은 단순하고 그 무엇에도 연연하지 않는다. 오직 자유로운 삶과 더 큰 자유에 늘상 몸을 던진다. 보이는 존재계는 더 이상 그를 묶어둘 수 없다. 만족할 줄 알기에 애착하는 곳이 없다. 조용히 앉아 있어도 그는 우주라는 바다를 항해하는 사람처럼 미지와 불가지의 세계에 대한 설렘과 환희심에 혈관이 전율한다. 그는 전 존재인 재산, Ego, 기타 자기라는 이름, 모든 소유를 다 팔아 이 영생의 자유와 썩지 않을 보화와 바꿨다.

"또 천국은 마치 좋은 진주를 구하는 장사와 같으니 극히 값진 진주 하나를 만나매 가서 자기 소유를 다 팔아 그 진주를 샀느니라." (마태복음 13:45~46)

한 조각이라도 땅에 대한 소망, 욕심, 숨겨둔 부차적 소유들, 미련들 다 팔아서 더 나은 세계에 투자해야 한다. 아내 몰래 남편 몰래 숨겨뒀던 소유들, 전부 정신계의 재수생들이다. 정말 천국이 있다면 사람이 비겁해질 수 없다. 정말 낙원과 극락이 있다면 그토록 소유욕에 이익 살피기를 하지 않는다. 영계에서는 개인 재산이나 Ego나 기타 이유로 얽매이거나 핑계는 허락되지 않는다. 아나니아와 삽비라라는 이중인격의 신앙인이 있었다.

사도행전 2장에 보면 그리스도교 초기 당시는 수천 명의 신도들이 재산과 소유를 팔아 서로의 필요에 따라 나누어 주고 마음을 같이하여 사랑하며 살았으므로 그들 중에는 핍절한 자들이 없었다고 기록되어 있다. 지금은 전설이 되었지만 한때 초기 기독교 때에는 그렇게 살았다. 아마 지구 종말이 와도 그러한 교회는 찾아보기는 어려울 것이다.(사도행전 2:44-45)

가장 아까운 것이 세상에서는 개인 소유와 재산이다. 그보다 더욱 아까운 것은 목숨이다. 예수는 분명히 말했다. 친구를 위하여 목숨을 버리는 사랑보다 더 큰 사랑은 없다고. 진리를 위해 자기 소유와 자아를 버린 사람은 천상에 태어난다. 이 진리가 믿어지지 않으니까 세상에 소망을 두고 인간의 수명 7~80을 살면서도 죽음의 문제를 해결하지 못하고 죽고 어김없이 태어난다. 부활하고 싶은가? 그러면 먼저 소유욕을 버리라.

다음 구절을 살펴보자

"믿는 무리가 한마음과 한뜻이 되어(난하주에는 한 영혼으로 기록되어 있다.) 모든 물건을 서로 통용하고 제 재물을 조금이라도 제 것이라고 하는 이가 없더라. 사도들이 큰 권능으로 주 예수의 부활을 증거하니 무리가 큰 은혜를 얻어 그중에 핍절한 사람이 없더라. 이는 밭과 집 있는 자는 팔아서 그 판 것의 값을 사도들의 발 앞에 두매 저희가 각 사람의 필요를 따라 나눠 주니라." (사도행전 4:32-35)

부자가 천국에 들어가기는 약대가 바늘귀를 통과하기보다 어렵다고 예수가 말했다. 예수가 말한 부자는 단순히 재물 많은 부르주아를 말한 게 아니다. 자기만 위해 사는 자들과 그와 비슷하게 마음속 깊은 곳에 잡동사니처럼 뭔가 꽉 차 있는 이들, 그리고 실제로 소중한 것을 버릴 줄 모르는 이들을 말한다.

당시 초대교회에 아나니아라는 남편과 삽비라 하는 부인이 있었다. 그들은 전 재산을 팔아 사도들의 발 앞에 놓고 이 공동생활에 입단하였다. 그때 베드로가 일어서서 두 부부를 책망하였다.

"어찌하여 마음이 변하여 땅값 얼마를 감추었느냐? 그대들은 왜 성령을 속이느냐, 왜 처음과 마음이 다르냐? 미래가 그리도 염려되느냐?"

그러나 그들은 끝까지 자신들의 행위를 돌이키지 않았다. 그 아내도 역시 거짓말을 해서 베드로를 속였다. 결국 두 사람은 그 자리에서 쓰러져 혼이 떠나 사람들이 그들의 시신을 장례식 하였다. (사도행전 5:1-9)

이것은 단순한 이야기가 아니라, 나와 내 것이라는 소유물이 궁극적으로 얼마나 허망한가를 단적으로 보여주는 동시에 더 나은 천국 하늘나라가 보인다면 가차 없이 모든 걸 버리고 떠날 준비를 해야 한다는 것이다.

베드로도 갈릴리 바닷가에 배 한척을 두고 예수를 따르다가 그 스승이 십자가에서 죽자, 나는 물고기를 잡으러 가겠노라고 옛 추억과 미련에 사로잡혔다. 만감이 교차하던 어느 날 밤 그는 멀찍이 잡혀가는 예수 뒤를 번뇌하며 따라가다가 로마 군인들에게 검문을 당하자 나는 예수 그 사람을 모른다고 부인했다. 그는 소유와 아내가 있었기 때문이었다. 그러므로 소유라는 걸림돌이 있는 사람은 기적을 경험하지 못한다. 왜냐하면 기적은 절실한 사람, 한 가지 일에 전체를 바치는 사람에게만 일어난다.

자기의 소중한 것을 버릴 줄 아는 사람은, 진리를 위해 목숨을 아끼지 않는 이는 육체 눈 감는 날 즉시 천상에 태어난다. 이제 그 낙원에 대해서 간략히 기록해 보기로 한다.

5) 사도바울이 본 천상낙원

이 사도바울이란 인물은 본시 지성인이었다. 로마의 시민권을 갖고 있었고 가말리엘 문하에서 학문을 터득했고 국회의원 정도 되는 명성도 있었다. 유태교 율법사로 보수적 신앙인이었기에 유대교 외에는 이교도나 어떤 종교도 용납지 않던 사람이었다.

어느 날 그는 새로운 예수교 모임에 대해서 소문을 듣고 접수된 공문들을 보며 고소된 내용들을 조사하였다. 문제는 나사렛 예수란 청년이 처형된 뒤에도 수많은 사람이 그를 예배하고 열광적으로 모이고 서로 사랑하며 유대교보다 이 새로운 교회를 찾는 사람이 많아진다는 것이었다. 장로들과 서기관들은 비상에 걸렸다. 유일신을 숭배하는 유대교가 흔들려서는 안 되겠다는 결의를 한 뒤 예수를 따르는 무리들을 체포하기로 한 것이다. 바울은 이 새로운 교회를 심하게 박해하였다.

어느 날 대제사장들의 권세와 위임을 받고 다메섹, 지금 현재 다메세커스 도성으로 마차를 달려 그리스도인들을 체포하러 떠나는 중이었다.

바울은 이 다메섹에서 놀라운 일을 경험했다. 갑자기 하늘로부터 태양보다 더 밝은 빛이 함께 했던 동행들을 비추었다. 빛을 본 사람들은 그 자리에 엎드러졌다. 그 뒤 삼 일 동안 앞을 보지 못하였다.

사도 바울의 본래 이름은 사울이란 이름이었다. 이 기이한 빛을 보고 충격적인 예수의 음성을 듣고 장차 될 일과 기타 신비한 계시를 받는다. 그 뒤 이름을 바울, 즉 낮은 자라는 이름으로 개명하였다(사도행전 26장 참고). 고린도후서 11장에 보면 그는 자기를 3인칭으로 묘사하며 자기가 경험한 신비적인 영계의 경험을 말을 아껴가며 영지주의적 차원으로 기록하여 편지를 전달했다. 내용을 살펴보면 당대의 최고 지성인으로서의 바울, 학문과 권위로 볼 때에도 그의 신비 경험은 비과학적이었으나 변화 받은 뒤의 바울은 생각과 몸, 이데올로기뿐 아니라 인생관 전체가 크게 변형되어 놀라우리만큼 전향했다.

당시 아그립바 왕과 기타 관원들에게 예수의 사상을 전하게 되었다. 왕은 바울의 많은 학문이 머리를 어지럽게 해서 미쳤다고 책망하기에 이른다. 자세히 기록되진 않았으나 설명 불가한 신비적인 영계를 경험한 듯하다.

그가 본 낙원 천상세계의 경험을 기록해본다.

"무익하나마 내가 부득불 자랑하노니 주의 환상과 계시를 말하리라. 내가 예수 그리스도를 따르는 한 사람을 아노니 14년 전에 그가 셋째 하늘에 이끌려간 자라. 그가 몸 안에 있었는지 몸 밖에 있었는지 나는 모르거니와 하나님은 아시느니라. 내가 이런 사람을 아노니 그가 낙원으로 이끌려가서 말할 수 없는 말을 들었으니 사람이 가히 이르지 못할 말이로다.

여러 계시를 받은 것이 지극히 크므로 너무 자만하지 않게 하려고 내 육체에 사탄의 가시를 주셨도다." (고린도후서 12:1-7)

바울은 여기서 자기 자신을 3인칭을 쓰며 잠시 언급했다. 〈내가 한 사람을 아노니〉〈그가〉 등이다.

그러나 낙원의 비디오적 상태는 생략했다. 그는 그 말로 다할 수 없는 낙원의 상태를 생략하는 이유를 남겼다. 자세한 내용은 외경 바울 묵시록을 참고하기 바란다.

"누가 내 말을 듣고 지나치게 집착하고 생각할까봐 두려워 그만두노라"

그러나 뒤늦게 발견된 자료에 따르면 (바울이 로마 원형극장에서 목이 잘려 참수형을 당한 뒤) 바울이 생전에 계시를 받아 기록한 바울묵시록이 남아 있는데 지금은 외경으로 간주한다. 그 자료는 바울이 죽은 뒤 어느 신도 집에 맡겨 두었던 그의 소지품이 보관된 나무상자에서 발견되었다.

세월이 지나 조심스레 열어보니 거기에는 바울이 아시아 전역을 돌아다니며 선교할 때 신던 낡은 가죽 신발과 그동안 늘 하나님과 교감하던 계시를 기록한 두루마리 책이 발견되었다. 거기는 사후세계의 생활상태, 심판, 책망, 농사, 수명 등이 자세히 기록되어 있다.

분명한 것은 장소 개념으로도, 이 지구 말고도 분명히 더 나은 세계가 있다는 것이다. 현실적인 사람은 항상 초현실세계를 말하면 미친 광인으로 오인했다. 갈릴레오가 그러했고, 소크라테스가 그러했으며 오쇼 라즈니쉬를, 예수를 현 세대는 죽였다. 진리로 자유함을 얻은 사람이 사는 곳은 어디나 천국이다. 그러나 육체 이후의 낙원은, 다시 말해서 이긴 사람들이 들어가는 곳이다.

성경 사도행전 7:55에는 스데반이라는 진리의 성령이 충만한 젊은 집사가 당시 유태인들의 거짓과 죄악을 꾸짖는 내용이 나온다. 그의 올바른 설교에 찔림을 받고 도전을 받은 군중들은 그를 재판에 회부하지도 않고 현장에서 돌로 사정없이 때려서 죽였다. 기록된 성경 자료에는 그가 숨지기 전에 영계가 열려 '천국이 보이며 하늘의 영광과 예수 그리스도가 하나님 우편에 서신 것이 보이도다' 하면서 그의 얼굴이 천사처럼 평안해 보였다고 했다. 이 충격적인 사건은 바울이 개종하기 전이었다.

사람들이 스데반의 시체를 사울의 목전에 던졌다. 생명의 실상과 인간 최후의 소망을 깨달은 사람들은 요동치 않는 반석과도 같다. 생명은 그 누가 박해하거나 돌로 치거나 포탄을 던져도 타협하지 않는다. 스데반이 어떤 낙원의 실상을 보았는지 자세한 기록은 없으나 분명한 것은 먼저 부활된 예수의 모습을 보고 하늘이 열려 말할 수 없는 낙원을 보았다는 것이다.

그는 순간 자신의 선택이 결코 무모하지 않았음을 즉시 돈오(頓悟)하였다. 초기 기독교 신도들이나 예수의 제자들은 모두가 한결같이 더 나은 부활과 더 나은 미래의 삶을 위해 영원한 생명을 위해 목숨을 아끼지 않았다.

"보라 내가 새 하늘과 새 땅을 창조하나니 이전 것은 기억되거나 마음에 생각나지 아니할 것이라. 너희는 나의 창조하는 것을 인하여 영원히 기뻐하며 즐거워할지어다. 내가 예루살렘을 즐거워하며 나의 백성을 기뻐하리니 우는 소리와 부르짖는 소리가 그 가운데서 다시는 들리지 아니할 것이며 거기는 수명이 적어 죽는 유아와 수한이 차지 못한 노인이 다시는 없을 것이라. 백세에 죽는 자가 아이겠고 백세 못되어 죽는 자는 저주받은 것이리라. (이사야 65:17-20)

"내 백성의 수명이 나무의 수명과 같겠고 나의 택한 자가 그 손으로 일한 것을 길게 누릴 것임이니라" (이사야 65:22)

이 예언의 말씀은 영적으로 해석해야 되며 상징이며 동시에 승리자들이 앞으로 누리고 살 행복한 왕국의 상징이다. 백세 못되어 죽는 자는 저주 받은 자라는 구절을 보아 비유가 아님을 우리는 깨닫는다.
 이 새 하늘 새 땅은 새 마음, 새 생명을 얻어야 들어간다.

 "그들이 부르기 전에 내가 응답하겠고 그들이 말을 마치기 전에 내가 들을 것임이니라." (이사야 65:24)

 진리의 바다에 이미 살고 있으니 따로 어떤 소원이나 욕망을 기도하거나 원한이나 어떤 바람도 다 끝이 나고 모든 것이 각각 필요에 따라 생각의 힘으로 응답되는 천국이다.

4. 천국의 양상들

 성경 마태복음 5장 전체는 천국을 차지하는 방법을 아주 분명하게 가르쳤다. 예수 그리스도께서 설교하신 요구를 기록해본다.
 천국에 들어가는 방법
 ① 마음을 비워 늘 가난한 자(재산 없는 자를 말함이 아님)
 ② 애통하는 자(자기 부족한 무지에 우는 선한 자들)
 ③ 온유한 자(시 37:11)
 ④ 의에 주리고 목마른 자들
 ⑤ 이웃에 대하여 긍휼히 여기는 자들
 ⑥ 마음이 청결한 자들(시 24:1-5)
 ⑦ 늘 평화를 위해 힘쓰는 자들
 ⑧ 의를 위하여 핍박을 받는 자(정직, 정의, 의로움, 마태복음 5:24)
 위에 기록된 예수의 산상수훈은 1차 거듭난 사람이 갖춰야할 기본적인 인격관이다. 이렇게 사는 사람들은 첫째 하늘, 천국에 들어간다.
 2층천, 둘째 하늘은 더 나은 부활을 위해 모든 소유를 버리고 성경 고린도전서 13장을 자연스럽게 수행하는 자들이 들어간다.

사랑을 깨달아야 하는데 오래 참고, 온유하고, 투기하지 말 것이며, 자랑하지 말 것이며, 교만하지 말 것이며, 무례한 행동을 말아야 하며, 자기 유익을 구하지 말며, 성내지 않으며, 악한 것을 생각지 않으며, 불의를 기뻐하지 않으며, 진리를 항상 기뻐하며, 모든 것을 참고, 모든 것을 믿으며, 예수의 모든 말씀을 바라며, 모든 것을 견디는 사람들은 더 나은 천국, 2층 천국에 들어간다.

바울이 말한 셋째 하늘(천국)은 세속에서 온전히 벗어나 진리를 위해 목숨을 바친 순교자들과 의를 위하여 전체를 바쳐버린 선지자들이 들어간다. 반드시 차별은 없으나 구별되어진다. 마치 이 세상에도 왕과 그 밑의 신하 백성들이 있듯, 영계도 복잡하게 얽혀 있는 듯하나 질서 있게 운행되고 있다.

하루는 어떤 부자 청년이 예수를 찾아와 물었다.
"선하신 선생님! 제가 어찌해야 영생을 얻고 천국에 들어갈 수 있습니까?"
하고 정색으로 바라보았다.
예수는 다음과 같이 말했다.
"너는 관원으로서 진정 방법을 몰라서 내게 묻느냐?
네가 계명을 알지 않느냐, 율법에 뭐라 했느냐? 간음하지 말며, 살인하지 말고, 도적질하지 말고, 부모를 공경하라. 아무리 초신자라도 이 계명은 기본적으로 지켜야 하느니라."
이렇게 말하자, 이 관원은 다음과 같이 말했다.
"선생님! 이 계명들은 제가 어려서부터 다 지켰습니다."
예수는 다시 말했다.
"더 나은 천국을 위해서 길을 안내하겠다. 재산을 다 팔아 가난한 이웃에게 나눠주라. 그리고 와서 그 다음에 나를 따르라."
이 말을 들은 이 관원은 재산이 많은 고로 심히 근심하였다.
예수는 다시 말했다.
"부자가 천국에 들어가기란 약대가 바늘귀 통과하기보다 어렵다."
그때 군중들이 쑥덕거렸다.

"아참! 이렇게 어려운 천국을 누가 가겠으며 과연 누가 구원을 얻을 수 있나이까?"
예수는 다시 말씀하셨다.
"무릇 사람이 못하는 것을 하나님의 영을 받으면 할 수 있다. 더 나은 세계를 본 사람은 그곳에 투자를 망설이지 않는다. 예수의 늙은 제자 베드로가 말했다.
"보옵소서! 우리가 우리 모든 것을 버리고 주를 좇았습니다."
예수는 대답했다.
"내가 분명히 말한다. 하나님의 나라(천국)를 위해서 집이나, 아내나, 형제나, 부모나 자녀를 버린 자는 금세에 있어 여러 배를 받고 내세에 영생을 받지 못할 자가 없느니라." (누가복음 18:18-30)

그러나 위 성구는 전반적인 예수의 가르침을 종합해 볼 때 부양이 힘들어 가족을 버리는 행위와는 근본 차원이 다르다. 성 개방과 성매매, 이혼, 간접이혼, 파고다 공원의 버려진 노인들, 주색잡기로 재산 날림, 형제간의 절교, 그런 것이 아니다. 하나만 예를 들자. 예수 그리스도 역시 청년시절 요셉의 목수 일을 도왔다. 친아버지는 아니지만 자기를 돌보고 길러준 양친 밑에서 순종하였다. 자기 때가 되어 부모를 떠나 하늘나라와 그 복음 진리를 전하기 위하여 길 찾아 헤매는 영혼들을 천국 문으로 인도하기 위해 집을 떠났다. 약 18년 동안 구도여행을 하였다. 자료에 보면 예수께서도 천신만고 고생을 하셨다. 쿠무란 동굴에서 엣세네파 신도들과 금욕적 수도에 전념하시고 인도 캐시미르 사원에서 안 죽을 만큼만 마른 빵으로 요기하고 매도 맞고 박해도 수도 없이 받았다.
이러한 분위기와 고통의 순간들을 뒤집어 반전시켜 산상설교 마태복음 5장의 명설교가 산출된 것이다.
성 프렌치스코 역시 모든 것을 다 팔아 가난한 형제들을 위해 바치고 아버지에게 쫓겨나 문둥병 형제들과 지냈다. 맨발과 양손에 늘 피가 마르지 않는 예수 십자가의 흔적을 안고 두 벌 옷을 갖지 않았다.

어찌하면 단 한 명이라도 이 세상 고통의 바다에서 저 평화로운 세상으로 인도할까 염려하며 일생을 금욕하며 자유의 날개를 내면으로 돌리고 세상에서는 못 박혀 버리고 모든 걸 버렸다. 이런 성자들이 들어가는 곳이 셋째 하늘 천국이다. 신약성경 히브리서를 참고해보자.

"어떤 이들은 더 좋은 부활과 영생을 얻고자 하여 악형을 받되 구차히 면하지 않았으며, 또 어떤 이들은 희롱과, 채찍질뿐 아니라 결박과 옥에 갇히는 시험도 받았으며, 돌로 얻어맞음과, 톱으로 자르는 것과, 시험과 칼에 죽는 것을 당하고, 양과 염소 가죽을 쓰고 유리하여 궁핍과 환란과 학대를 받았으니, 이런 사람들은 세상이 감당치 못하도다. 이들은 광야와 산중과 암혈과 토굴에 유리하였느니라." (히브리서 11:35-38)

기름진 음식에 기름진 생활, 기름진 육체는 천국이라는 세계가 믿어지지도 않고 보이지도 않고 알 수도 없다.

그러나 항상 좋은 것을 나누며 나를 비워 낮은 데로 처하는 겸손을 익히고 일부러 고행하는 건 아니나 그리스도의 고난에 동참하는 마음으로 금욕의 아름다움을 몸에 이식하는 구도자가 될 때에 점차적으로 하늘이 열리고 세상 지식을 초월하는 신비한 세계로 밀월여행이 시작될 것이다.

그러면 잠시 불교에서 말하는 천당을 살펴보자.(33 천국의 양상)

천당은 33천인데 각 천국마다 천주님이 계시며 이 천주님 밑에 약 2만 명 정도의 천사들이 있는데 이 천사들은 저마다 이 천주님의 통치에 순종하며 맡겨진 분업을 완수한다. 이 33천국은 크게 3층천(3등급)으로 대별할 수 있는데 욕계(欲界), 색계(色界), 무색계(無色界)로 대별된다.

1) 욕계 6천당에는 육체가 있고 애욕이 조금 있는 영혼들이 살고 있으며 인간 사회처럼 농사도 짓고 일도 한다.(스위든봄의 天國과 地獄 참고)
2) 색계 18천당은 애욕을 초월한 사람들이 살고 있으며
3) 무색계 9천당에는 애욕도 없고, 육체도 없는 신령한 몸 즉, 자유자재 하는 영인(靈人)들이 살고 있다.

1) 욕계천(欲界天)

욕계천(欲界天)은 기본적으로 5계를 지키고 열 가지 선업을 닦고 애욕이 적은 자들이 들어간다. 애욕이 생사윤회의 근본이기 때문에 이 애욕의 정도에 따라 상 하급 천당이 결정되는 것이다.

착한 일을 많이 해도 욕심(그 중에 애욕)이 많으면 번뇌를 불러들이기 때문에 결단코 천국에 못 들어간다. 오해가 될까봐 설명을 덧붙이면 다음과 같다. 여행 중 처녀 총각이 혹은 그와 비슷한 사람들이 마음이 맞아 정을 통했다 하자. 하룻밤 사랑을 나누고 서로 헤어졌다고 가정하자. 이 행위는 분명히 언급하는데 간음은 아니다. 다만 정조를 아끼지 않은 것뿐이다.

그러나 사랑도 없는데 애착하는 건 더 큰 화근이 된다. 예수는 "여자를 보기만 하고 마음으로 음욕을 품으면 생각으로 이미 간음한 자니라."라고 설교했다.

음욕! 그렇다. 여자의 아름다움을 성적 매력에만 기준을 두는 경우다. 변태성욕자들은 통나무만 봐도 성욕을 느낀다 한다. 경남 하동 지리산 자락에 살던 M 처사란 사람에 대하여 얘기를 좀 할까 한다.

그는 7세 된 여아에서부터 80세 된 할머니까지 섹스를 했다고 자랑삼아 늘어놓는다. 승려 생활을 하다 수행이 자신 없어서 하산하였다.

이 불건전한 습을 고치지 못하고 어느 날 약초 팔아서 돈을 준

비해 여자를 사서 밤새 육체를 공양하다 안개 길을 오토바이 타고 오다가 중앙선을 넘자 앞에서 오던 트럭에 치어 그 자리에서 숨졌다. 필자도 M 처사가 공부하며 약초를 연구한다는 토굴을 그의 친구 한의사와 가본 적이 있는데 고독과 외로움을 못 이겨 마음의 안정이라고는 전혀 없었다. 그렇다면 혼인을 해서 평범한 가정을 꾸리고 자식 낳고 기르며 보통사람으로 살아야지 무슨 도를 닦는다고 들, 산에 웅크리고 앉아 엉뚱한 생각들을 했는지 참 딱하다. 사고로 죽은 이 처사 말고도 수많은 존재불명의 사람들이 억지로 성을 거세시키고 고행을 하다 실패하여 맛 잃은 소금이 되는지 모른다. 이 처사의 죽음에 대해 아는 사람들은 아무도 말이 없다. 이 글을 읽는 나의 지인들은 벌써 누구 이야길 하는지 알 것이다.

성적인 매력도 아름답지만 여성의 아름다움은 더 깊은 곳에 있다. 젖을 먹여 아이를 키우고 음식을 만들어 생명을 공양하고 집안을 살피고 꽃을 가꾸고, 온화한 심성으로 자신을 가꾸며, 손 대접을 하며 이웃과 평화를 유지하며 영성을 가꾸는 그림들은 종교보다 아름답다.

여자를 보고 음욕부터 품는 것이 간음이다. 어느 정원에 피어난 장미를 예쁘다. 아름답다! 하고 느끼는 것이 어찌 죄가 된단 말인가 그러나 장미를 꺾는다든가 상처를 내면 이미 자연을 훼손한 죄가 되는 것이다.

욕계천에 들어가려면 사음, 살생, 도적질, 거짓말을 의도적으로 해서는 안 되며 못 들어간다. 유머나 웃기기 위하여 장난친 걸 말하는 건 아니다. 10 가지 선업은 다음과 같다.

부모에게 효하고,
나라에 충성하고,
스승과 어른을 공경하고, 입에 발린 말하지 않고,
이간, 악담하지 않고,
탐욕 부리지 말고,

성 내지 않고,
삿된 말하지 말 것이며,
도덕을 늘 준수하고,
삼보 전에 공양하고
늘 선한 일에 힘을 써야 된다.

① 사왕천국
33천당 중 맨 아래 단계다.
동쪽은 지국천왕이 다스리고, 서쪽은 광목천왕이 다스리고 남쪽에는 증장천왕이 다스리고, 북쪽은 다문천왕이 천왕이 되어 각각 한 나라씩 다스린다.(성경의 분봉왕) 참조
이 천당은 오계(五戒)와 십선(十善)을 자연스럽게 지키고 건전한 부부 생활을 하되 음욕이 많지 않고 영성이 발달한 사람이 들어가는데 수명은 900-1000년 정도 된다. 식생활은 조금만 돌봐줘도 기막히게 맛있는 과일과 채소가 저절로 자라나서 마음대로 먹을 수 있다. 배설의 귀찮음과 화장실도 없다. 의복은 전혀 걱정하지 않아도 된다. 모든 것이 생각하는 대로 예비 된다.
집을 건축할 때도 땀 흘려 짓거나 사고파는 고뇌도 없다. 자기가 원하는 구조대로 생겨난다.* 남녀 교합은 일년 중 동짓날 한 번쯤 정사를 즐기나 인간들과 달라서 몸이 지치거나 에너지가 고갈되거나 피로하지 않고 항상 상쾌하며 여행은 언제나 자유롭고 여권이나 신분증 제시 같은 것은 전혀 필요 없다. 맹수나 해충, 귀신 따위는 존재하지 않는다. 영혼들과 얽히고설킨 싸움은 없고 마음만 먹으면 하늘에서 아름다운 음악소리가 들린다. 어떤 취미생활도 하고 싶은 대로 맘껏 즐길 수 있다.
도적질, 간음, 주정, 살생, 시기, 질투가 전혀 없고 기화요초가

---

* 그들이 부르기 전에 내가 응답하겠고 내 백성의 수명이 나무와 같겠고 백세는 어린아이며 백세 못 되어 죽는 자는 저주 받은 자이니라. 거기는 수명이 짧아 죽는 유아와 수명이 차지 못한 노인이 다시는 없을 것이라. (이사야 65:20, 24)

항상 만발하고 춥지도 덥지도 않으며 지구의 화창한 봄날같이 청명하고 강이나 개울물은 항상 투명하여 물속이 훤히 들여다보인다.

② 도리천

이 천당은 수명이 3000년 정도이며 의식주는 사왕천보다 더욱 풍성하고 성생활이 있으나 서로 포옹만 해도 쾌락이 넘친다. 오계와 십선을 자연스럽게 닦고 애욕이 적은 사람들이 들어간다. 이 천당과 사왕천에는 다른 항성에서 온 영혼들은 없다 한다. 고통이나 권태는 아예 없으며 어떤 아픔도 없으며 눈물이나 고통은 느낄 일들이 아예 없다.

③ 수렴마천

이 천국은 지상에 살면서 5계 10선을 닦고 남녀가 서로 인연이 닿으면 잠깐 정사를 행하고 이연의 경계가 없으며 무심한 사람들이 가는 곳이라 한다.

수명은 도리천과 비슷하나 문헌마다 조금씩 견해차가 있다. 남녀 관계는 가볍게 입을 맞추는 것만으로도 만족이며 충분히 희열을 느낀다. 이 천당은 영계의 태양빛으로 빛을 받으며 각자의 몸에서도 영광스러운 빛이 발산되어 연꽃이 벌어졌다 오므리는 것을 보며 밤낮을 구별할 수 있다. (찬송가 "거룩한 성" 요한계시록 22:5절 그곳은 다시 밤이 없겠고 등불과 햇빛이 필요 없으니 이는 하나님이 직접 비취심이라. 참조)*

---

* 지금도 수많은 구도자들이 공부 중 순간이동으로 유체이탈을 하여 말로 설명할 수 없는 낙원을 경험하고 있다. 물론 대개가 은둔하여 말없이 호연지기를 꿈꾸는 자들이며 자기들의 영성의 빛으로 세상을 밝히려 이타의 기도를 드리는 사람들이다. 내가 아는 이들만 해도 수십 명이 넘는데 이들은 지나치게 금욕주의자들도 아니고 도피자들도 아니고 세상 지식이나 학식이 부족한 사람들도 아니다. 그들의 삶이 곡예의 길이다 보니 자신을 드러내지 않을 뿐이며 자기들의 가는 길을 애써 권하지도 않으며 홀로의 길을 가는 것이다.

④ 도솔타천

이 천국은 5계 10선을 기본적으로 몸에 익히고 성(性)을 초월은 못해도 애착 없이 사랑하던 사람들이 들어가는 곳이다. 이곳에 사는 사람들은 서로 손만 잡고도 충분한 교감을 느낀다. 평균수명은 4천살 이상이며, 이 천당은 보살들의 정토로서 지구에 출현했던 각자(覺者)들, 부처가 머물면서 이곳 천인들을 가르치다 오는 곳이라 한다.

도솔천은 산스크리트어로 Tusita 별이라는 뜻이다.

석가모니 부처님은 생존 시 그의 십대 제장중 하나인 아난존자에게 이 천당에 대하여 자세히 설법하신 적이 있다. 이 도솔타천은 4계절은 뚜렷하나 춥지도 덥지도 않으며 아름다운 꽃들과 식물이 잘 자라고 향기롭고 아름다운 나무들이 사철 자라고 108가지의 질병이 없고(108가지의 번뇌를 이긴 사람들) 탐욕과 성낼이유가 생기지 않고, 온갖 금은보화 인체에 유익한 광물질로 집을 지을 수 있다. 이런 것들을 탐내거나 감추거나 아끼는 사람도 없다. (이사야 11장 천년왕국 참조)

⑤ 낙벽화천

이 천국은 5계 10선을 기본적으로 익히고 닦은 사람들이 가는 곳인데 성적 애착에 마음 팔지 않고 간혹 정사를 해도 담담한 마음으로 자기만족이나 욕심을 위해서가 아니고 상대방의 기쁨을 위해서 헌신하는 사람들의 천국이다. 서로 보고 웃으며 마주보기만 해도 온몸은 희열을 느끼며 남녀의 사랑은 충분하다. 이 천당의 수명은 8만세가 넘는다.

밤낮의 구별도 없고 각자의 후광으로 빛을 내며 질병이나 고통은 아예 없는 곳이다.

2) 색계천당(色界天堂)

색계천은 애욕에 매이지는 않으나 육체를 가지고 있기 때문에 색계천이라 한다. 색계천당은 애욕을 넘어서서 일체 정사를 단절하고도 선정에 들어갈 수 있어야 자격이 있다. 이 색계천은 깊고 얕은데 따라서 상하 급 천당이 결정되므로 초선 수행자가 가는 곳이 3개 천당이 있고,
 이선 수행자가 가는 곳이 3개 천당이 있고,
 삼선 수행자가 가는 곳이 3개 천당이 있고,
 사선 수행자가 가는 곳이 3개 천당이 있고,
 다시는 욕계로 떨어지지 않는 곳이 5개 천당으로 되어있다. 수명은 최소한 천만년 이상이며 궁전의 화려함이나 삶의 아름다움이나 환희 등이 욕계천과는 비교할 수도 없다.

① 범중천

수도(修道)하여 신정(神政)에 머물긴 했으나 바른 해탈법을 몰라 지혜는 나지 못했고 마음을 잘 다스려 다만 6가지 욕심을 이기고 굴복시켜 애욕이 생기지 않으므로 이성이 발달하여 마음이 고요해져서 욕계 천당을 넘어서서 가는 곳이 이 천국이다. 모든 생활환경은 앞의 천당보다 수승하여 비교할 수 없고 수명은 중겁(中劫)에 이른다.

② 범보천

이 천국은 계행과 율법이 몸에 익고 정각과 의로운 행동이 몸에 배어 자유스러워진 사람들이 가는 곳이며 수명은 중겁에 이르고 생활환경은 말로 다 할 수 없다.

③ 대범천

이 천당은 계행이 청정하고 온전하여 결함이 없고 지혜가 밝

아져 깨친 사람들이 가는 곳인데 앞의 천국에서 깨닫지 못한 영혼들을 지도하는 곳이다. 수명은 일중겁(一中劫)에 이른다.

④ 소광천(少光天)

이 천당은 모든 행이 원만하고 맑고 고요하여 심령이 요동치 않고 늘 고요한 사람들이 신의 경지에 도달하여 잠적한 빛이 생기는 신들이 대범천에서 승진해서 올라온 곳인데 그 빛이 아직 열등하기 때문에 소광천이라 한다. 수명은 이대겁(二大劫) 이상이다.

⑤ 무량광천

이 천당은 정혜(定慧)가 밝아 몸에서 기이하고 묘한 후광*이 환하게 비치는 사람들이 가는 곳으로 모든 궁전과 건물과 물건들이 맑은 유리로 이루어져 서기가 영롱하여 눈이 부시도록 아름답고 말할 수 없이 즐거우며 수명은 사대겁(四大劫)이나 되므로 엄청난 축복이다.**

⑥ 광음천

이 천국은 모든 교체가 청정하고 빛이 밝아 응용이 무진한 사람들이 가는 곳인데 사바세계와 은하계 외 각 세계에서 다 모이므로 사바세계에서 사용하던 언어나 문자나, 풍습은 사용치 않으며 밝은 빛으로 음성을 대신하기 때문에 광음천(光音天)이라 한다.

⑦ 소정천

이 천국은 밝은 빛으로 음성을 이루고 신령한 파장으로 이치를 나타내고 앞의 여러 천국처럼 기쁘고 즐거움이 경계를 따라 움직

---

* 후광 : 광배라고도 하며 예수님이나 달마 대사의 머리 부분 뒤에서 원을 형성하며 뿜어 나오는 발광체
** 요한 계시록 22장 수정 같은 유리바다 참조

이지 않고 고요한 낙을 즐기나 정적의 힘이 좀 모자라 소정천이라 한다. 여기는 수명의 끝이 없어 영생의 시작이다.

⑧ 무량정천
⑨ 변정천
이 두 천당은 허공같이 고요한 마음의 성품이 적멸을 즐기어 사물의 경계에 인연을 벗어나 정덕이 이루어진 천당으로, 수명은 끝이 없다.

⑩ 광과천
이 천당은 앞의 무량정천에서 선정을 더욱 많이 닦아 복덕이 원명하여 정복(定福)이 있는 고로 광과천이라 한다. 불교의 외도, 신선교의 외도(外道)* 요가, 명상 수행자들이 들어가는 천당이다.

⑪ 복생천
⑫ 복애천
이 두 천당은 사선정(四禪定)을 닦아 일체의 괴로움에서 벗어나 괴로움의 원인을 제거하고 낙(樂)도 상주하지 않는다는 이치를 깨쳐 고락을 함께 버려 고요한 성품이 원만하여 마음의 애증이나 구애가 없는 사람들이 가는 곳으로 수명과 복이 새는 선정 공부로부터 새지 않는 선정을 닦기 시작하는 천당이다.

⑬ 무상천
이 천당은 고락의 원인을 전부 버리고 적멸 성품 중에 일체의 무념무상(無念無想)의 각자(覺者)들이 들어가는 경지인데 해탈은 아니지만 성품이 적멸함으로 그 수명이 500겁까지 가는데 약 1천억 년 이상 가나 결국은 떨어져 내려온다고 한다.

---

* 외도 : 불교를 제외한 모든 교를 말함.

3) 오불환천

① 무변천
② 무열천
③ 성견천
④ 성현천
⑤ 색구경천

이 다섯 개의 천당은 혈과 육에 대한 습관을 전부 없애버리고 지혜의 근본인 아뢰야식(성품)만 남아 있는 사람들이 가는 천당인데, 이들은 다시는 욕계로 떨어지지 않으므로 오불환천(五不還天)이라 하며 인간의 형체인 유체까지 벗어 버리고 지혜의 성품만 남은 천당이라 한다.

그러나 여기도 무여 대열반은 못되며 어렵게 해탈의 경지에 입문한 정도다. 그러나 33천의 모든 천주님들도 오불환천이 어디 있는지 알 수 없으며 다만 천주님들은 오불환천의 소리만을 들을 수 있다.

4) 무색계(無色界) 천당

이 천당은 업과가 없고 유체도 없고 오직 성인의 품성이 정해진 분들이 가는 곳인데 광과천에서 사선정(四禪定)을 마치고 무색계에 들어오기도 한다. 이들도 무념무상으로 종국에 이르거나, 비상(非想)으로 종국에 이르나 비비상까지는 이르지 못하고 머물거나 아래로 내려간다.

① 공무변처천
이 천당은 남들이 그토록 애착하는 유체마저도 귀찮음을 깨닫고 희로애락과 유체와 모든 소유를 다 버리고 세상을 완전히 초월하여 올라왔으나 바른 지혜를 닦지 못하고 모든 구애를 싫어해

서 공에 의지한다 하여 공천(空天)이라고 한다.

② 식천(識天)
이 천국은 물처럼 바람처럼 걸림이 없다는 생각마저도 없고 어느 것 하나도 애착하지 않고 그냥 흘러가는 대로 사는 자들 모든 지식도 다 폐하고 이론이나 어떤 상도 없고 오직 아뢰야식(지혜체)과 약간의 말라식, 중성자적 전기 에너지만 가진 무위에 거하는 이들이 사는 곳이다.

③ 무소유천
이 천당은 식심(識心)까지는 멸하였으나 식의 바탕이 되는 성품은 다 없어지지 않은 사람들이 들어가는 천당으로 바른 해탈법을 닦았으나 결성한지가 오래지 않아 식성이 남은 곳이다.

④ 비상천, 비비상천
이 천국은 식성까지는 멸하였으나 진멸이 못되어 다 멸한 것 같으나 다하지 못했고, 있는 것 같으나 있지 아니한 해탈은 못되는 천당이다. 앞에 말한 오불환천당을 제외하고는 무색계 천당까지도 해탈에 이르지 못하였으나, 이 천당의 편안함은 이루 말할 수 없다.
이와 같이 여러 단계의 천국을 불교 고승들과 신선도(神仙道)의 도인들은 방안에 앉아서 우주와 영계 수많은 별들과 천상 세계를 보고 간혹 제자들의 보는 앞에서 기적으로 영안을 열어 보여주기도 한다. 이 자유하는 묘리(妙理)를 깨닫는 것이 종교와 도의 궁극적 목적인 것이다.
소위 도인이라는 사람들이 작두 타는 무당보다도 도력이 약해서야 되겠는가. 소강절 선생은 우주의 나이와 지구의 나이 시간을 알아내는 대 지혜를 명상을 통해서 알아냈다. 365일의 일 년을 우리가 인식하는 건 소강절 선생의 도력인 것이다.

5. 살아서 천국을 본 사람들

성경에는 모세, 에녹, 엘리야, 이사야, 다니엘, 사도요한, 바울 등은 특별한 계시를 통해서 지구 밖의 영계, 즉 천국을 분명히 보았던 사람들이다. 수많은 성경 구절이 증명하고 있다.

성 베네딕트, 프랜치스코, 수도사들, 그리스 아토스 신학교 수도사들은 전체(전교생)가 다 이 신비스러운 천국을 보고 경험한다고 한다.

서울 영락교회 고 한에녹 장로 역시 이 천국을 체험하고 도표와 자료를 남겼다. 1875년대에 찬송 시 600여곡을 남긴 패니제이 크로스비(Fanny J Crosby) 여사는 어린 시절에 실명하여 앞을 못 보던 중 신앙심으로 좌절을 극복하고 건전한 신비적 신앙생활에 몰두하였다.

불편하지 않느냐는 질문에 그녀는 늘 말했다.

"나는 천국과 나의 스승이며 신랑이신 예수 그리스도를 늘 보고 만납니다."

그것은 영적이나 상징적 차원이 아니라 그녀는 실제적으로 자신이 유체이탈 중 천국을 보았었다. 600여곡의 찬송시를 볼 때 그는 정신병자가 아닌 건전하고 온전한 아름다움을 소유한 신앙인이었고 경건한 여인이었고 명랑하고 신비스러운 여인이었다.

이 글을 쓰는 필자도 수십 번 죽음을 경험하면서 목숨처럼 성경을 소중히 여기고 남이 믿지 않을 정도로 성경을 독파했다. 지금은 물론 문자를 읽을 필요도 없게 됐다.

자주 여러 하늘을 보았고 천사들과 우주인도 만났다. 그러나 믿는 자가 없으니 지금은 그 누구에게도 입을 닫고 있다. 점차 나의 영적 교감이 깊어질수록 설교 요청 같은 것은 없다. 다만 170여명의 목사들에게 나는 이 하늘소식을 전했다. 대다수가 긍정하였다. 유명한 스웨덴 붉, 유럽에서 그의 학회가 창립된 지 오래다.

필자가 보기엔 좀 만족이 없으나 분명한 것은 그가 사후 세계와 다른 별(천국)을 자주 왕래한 내용을 기록한 자료를 보면 거짓이 아님을 알 수 있다. 그는 그의 제자들에게도 잔혹 특별한 영적 이벤트로 눈을 열어 천국을 보여주기도 했다. 그가 본 천국의 규모나 형태, 상, 중, 하 로 되어 있는 단계들은 성경 요한계시록이나 바울 묵시록이나 신선교(神仙敎)나 불교의 천국과 공동된 견해들이다. 삼라만상의 식물들 인간이 사는 건축 구조물들 수많은 꽃들과 자유로운 사람들의 아름다운 삶들을 그는 분명히 보았다.

영국의 감리교 창시자이며 신학자인 존 웨슬리(Jhon Wesley)는 프로테스탄트 중 감리교회 메도디스트(Methodist) 조직의 대부이다.

본래 그는 목사가 되고 나서도 사후세계와 구원의 확신과 천국이나 영계에 대하여 흔들리고 있었다.

미국으로 그의 동지 찰스 웨슬리(Charls Weslry)와 더불어 파견을 가던 도중 모라비안 교도들(독일인들로 구성된 경건한 개신교 단체)을 만나서 그의 신학과 신앙은 변화되었다.

그리스도의 가르침과 성서의 예언과 약속들, 사후 세계나 천국에 대하여 열렬하게 증언하고 믿었다. 어지럽던 영국 사회가 신사의 나라로 바뀌어 가고 있었다. 그러던 어느 날 스웨덴 볽*에 대한 소식을 전해 듣게 되었다.

이 신비주의자를 만나고 싶어 편지를 길게 써서 어느 날 방문하겠다고 부탁의 글을 보냈다. 그로부터 얼마 뒤에 답장이 왔다.

"친애하는 웨슬리 형제여! 그대의 방문을 환영하오. 당신의 열렬한 선교활동을 찬양합니다. 그러나 부탁컨대, 우리 집에 오시려면 1주일쯤 앞당겨 와 주십시오. 그대가 오신다는 날짜는 내가 천국(天國, 영계)으로 떠나는 날이기 때문입니다. 부디 그날은 피

---

* 스웨덴볽 : 스웨덴의 신비주의 신앙인. 유럽과 미국에 스웨덴 볽 학회가 있고, "천국과 지옥", "나는 영계를 다녀왔다." 등 다수의 저서가 있음.

해서 오십시요."라는 답장이 왔다.

웨슬리 목사는 의심이 일어났다. 그래서 일부러 오지 말라는 날짜, 그러니까 처음 가겠노라고 웨슬리가 편지 썼던 날짜로 맞춰서 방문하였다.

웨슬리가 스웨덴 볽의 집에 막 도착하자 사람들이 몇 명 모여 있고 얼굴에 미묘한 빛이 감도는 중년 지난 사나이가 낡은 침대에 비스듬히 누워서 "먼 길 오셨습니다. 웨슬리 선생!" 하면서 "나는 지금 막 떠나려고 합니다. 뜻있는 대화가 어렵겠습니다."라는 말을 마치면서 이 낯선 이방인을 통성명을 하지 않았는데도 한눈에 알아보았다. 스웨덴 볽은 가쁜 숨을 몰아쉬면서 아주 평안한 모습으로 그대로 잠들었다. 충격이었다. 웨슬리가 어떻게 변화되는지는 다음에 중간 장에서 좀 더 기술할 것이다.

6-70년대 전국의 기도원 운동에 횃불을 붙인 김천 금릉군 용문산의 나운몽* 장로의 글에도 영계 다녀온 내용이 기록되어 있다.

30만이 넘는 신도를 자랑한다는 사람이 뭐가 아쉬워 없는 얘길 지어내겠는가. 그의 저서는 20여권이 넘는다. 한때 장로교에서는 그를 이단으로 단죄하였고 나운몽 장로 조사위원회가 조직되어 그를 감시하는 피곤한 일을 한 적이 있다. 천국을 보고 온 사람은 사생활과 정신상태가 놀랍게 변화된다.

자기의 귀한 것을 분토같이 버리고, 진리를 위해서라면 목숨까지 버린다.

1) 한에녹 장로

전 서울 영락교회 장로였으나 지금은 고인이 되어있다. 사후에 대한 영계와 천국을 그림으로 그려 책을 남기기도 하였다. 2023년에 예수가 재림할 것이라고 예언하고 세상을 떠났다. 어떤 부

---

* 나운몽 : 한때 신비주의 운동에 몸 바치기도 하였으나 지금은 많은 사람이 떠나고 쇠퇴기에 접어들어 신학 지망생이 급속히 줄어 찾는 이가 드물게 되었다.

분은 아직도 세대주의적인 문자주의에 치우쳐 있으나 열렬한 그의 일편단심은 영계를 본 듯하다.

그의 도표를 보고 나는 느꼈다. 신앙생활은 깨끗했고, 도덕적 삶은 순결하였고, 열렬히 그리스도의 삶을 모방하여 그의 나라를 구하다가 소천하였다.

2023년에 예수 그리스도가 재림할 것이라고 예언한 것은 사람들의 의식이 확장되어 좀 더 평화스러운 세계가 도래할 것이라는 소망적 메시지로 필자는 해석하고 싶다. 아니면 예수 그리스도와 비슷한 성자가 태어나 성 프란시스코처럼 타락한 인간을 깨우치는 혁명적 부흥운동이 일어날지도 모른다고 긍정하고 싶다.

분명한 것은 성경에 예수가 다시 오신다는 문자적인 기록대로 2000년 전의 예수가 공중의 구름을 타고 오시는 일은 하나의 상징이기 때문이다.

2) 살아서 하나님의 나라(樂園을 볼 자들)에 들어갈 자들

변형된 삶이 아름다운 사람들은 만물이 새롭게 보인다. 썩은 퇴비를 먹고 곡식이 자라고 진흙탕에서 연꽃을 피우듯 세상의 어떤 어려움도 자신의 의식구조에 따라 달라진다. 잠깬 눈으로 보는 세상은 사실상 아름다운 것이다.

푸성귀 야채를 먹으면서도 기뻐하는 자가 있고, 살찐 소를 먹으면서도 불평하는 사람의 마음이 천국과 지옥을 만드는 것이다.

이민을 가려면 본인이 가고자 하는 그 나라와 그 의를 구하여 언어, 풍습, 기타 조건들을 두루 갖추고 그밖에도 VISA 여권을 준비하듯 삶이 그 사람을 보여주는 것이다.

기타 많은 사람들이 천국을 다녀왔다고 간증하는 사람들의 중언을 보면 대다수 자기 수준의 하늘을 꿈을 꾸었거나 수술중이나 기타 방법 기도나 입신(入神) 등인데, 권위가 없는 것은 그들의 삶이 문제다. 녹음테이프 제작을 해서 돈을 받고 장사하고 기도원 차려서 영업하고 외롭고 어리석은 초신자들과 상처받은 사람들을 대상으로 부를 축적한다. 단적으로 말해 전부 거짓말이며 돈벌이하는 술객들이다.

미국의 P.S 콜렛 의사는 〈내가 본 천국〉이란 책을 출간하기도 했는데 결국 이 의사를 한국교회에 끌어들인 다미선교회 이**목사는 10월 28일 휴거 등으로 말썽을 빚고 침대 밑에 돈을 모아 감추는 행위가 오히려 천국은커녕 경찰의 조사를 받는 등 한국을 떠들썩하게 했다.

그러니 마치 양치는 아이의 거짓말처럼 아무도 그들의 말에 귀를 기울이지 않는다. 경찰의 조사에 보면 그들은 돈뭉치나 숨겼지 하나님의 낙원이나 천국에 대한 소망의 일기 한편 없었다.

낙원을 본 사람들은 그들의 삶이 나물죽을 먹을망정 향기롭다. 성품이 변화되기 때문이다.

예수는 말했다.

"천국은 마치 밭에 감춰인 보화와 같으니 그 밭을 발견한 뒤에 돌아가서 자기의 모든 것을 다 팔아서 그 밭을 샀느니라." (마태복음 13:44)

이 교훈은 놀라운 삶의 변형이다. 자기 소유를 다 팔아서 천국이라는 밭을 샀다는 것은 결코 손해 보는 장사가 아니며 소유보다 썩어질 재물보다 더 소중한 곳에 투자한 지혜로운 사람인 것이다.

그 나무를 보아 그를 알 수 있다.

좋은 나무에는 좋은 열매가 열리고 병든 나무에는 해충이 기생한다. 천국은 죽은 자들이 꿈꾸는 곳이 아니고 살아 움직이는 평화로운 사람들과 근면하고 욕심 없는 자들이 모여 사는 곳이며, 희망이 넘치며 얼굴이 해와 같이 빛난다. 거짓과 불신, 고통이나 두려움은 존재하지 않는다. 이 자유는 자기 소유가 많고 Ego가 강한 자는 절대로 누릴 수 없는 천국 복음이다.

6. 세대주의(世代主義)에 빠진 각 종교들의 천국관

　신에 대한 개념과 영원성에 대한 시종을 모르는 막연한 종교의 문자주의 해석은 궁극적으로 한 가지 공통된 오류에 당황하게 된다. 그것은 영원이라는 우주적 하나님의 시간을 사람의 시간으로 계산하여 천지개벽이나 지상천국을 날짜까지 발표하여 예언하다 실패하여 거듭 맛 잃은 소금이 되는 수많은 양치는 아이의 종파를 보라. 이들의 공통적 주장은 역사의 단절을 말하며 현실 도피를 주장한다. 지나친 금식기도나 고행 등으로 인한 자기 최면이나 환각, 믿을 수 없는 꿈이나 그릇된 계시 등, 자아도취는 대단히 위험한 결말을 초래해왔다.
　고로 경전들은 눈에 보이는 대로 해석되어 왔으며 미녀들의 장신구처럼 이용되어 왔다. 툭하면 함부로 천년왕국, 신천지 낙원이 곧 도래한다고 날짜를 발표하여 빗나간 예언으로 고민하는 사람들이 수도 없이 많다.

1) 기독교의 세대주의(世代主義)의 종말관

　"윌리엄 휘스턴" 1736년 10월 12일 그리스도의 재림과 천국이 임할 것이라고 수많은 사람들 앞에서 확신 있게 발표하였으나 그의 예언은 빗나갔고 추종했던 사람들을 크게 실망시켰다.
　독일의 "벵 겔"이란 신학자가(오늘날도 그의 신학은 유명함) 1847년 종말 날짜를 외쳤으나 그의 예언 역시 빗나가고 말았다.
　"에즈워드 어빙"은 1825년에 예수의 재림과 종말이 임할 것이라고 하였다. 그밖에도 밀러, 녹스, 멜랑톤 등 중세 기독교 역사를 빛나게 했던 이들도 이러한 종말관이 세대주의적인 면에 치우쳐 있었다. 필자 역시도 70년대 2-3시간으로 설 잠을 자며 추호도 말을 보태거나 거짓 없이 하나님의 나라를 구하면서 이 죄 많은 세상을 떠나 속히 하늘나라로 휴거를 하고자 준비했었다.(마치 어린

아이 같이)

조용기 목사의 재림론이나(그의 요한 계시록 강해), 김형태 목사의 재림론도 지금은 다 빗나갔다. 신학자 "어니스트" "에어치엘 웰밍톤" "살렘 커르반" "메어리 S 렐프" "존 F 윌바아드" 모두 예감이 빗나갔다. 지금 나의 서재에 꽂혀있는 그들의 저서는 쓸모 없는 휴지가 되었다. 자기가 살아서 자기의 저서가 휴지가 된다니 얼마나 슬플까?

부산의 김 모 목사는 환란 날의 대피소를 자기 교리로 예비하고 부산대학 K 미술대학 교수는 2백억을 모금하여 미술 기념관을 종말이 오기 전에 세워야 한다고 송정 별관 세미나에서 호소하였다.(실로암 선교 부산 송정별관에서 세미나중 멘트) 아니 제 정신인가? 종말이 오는데, 세상 끝이 오는데 미술기념관을 건립해서 어디에 쓰려고….

시온산 기도원 원장 박 모 목사는 이미 예언이 빗나갔고, 부산 망미동 평화교회에서 종말이 오기 전에 피난처 기도원을 세워야 한다고 모금을 했는데 그날 금반지 귀금속 보석을 거둬들였다. 지금 그의 책*은 쓰레기가 되었다.

필자도 똑같은 위치의 사람이었기에 어떤 인신공격이나 권위를 침해하려는 의도가 아니라 어서 속히 문자주의 미몽에서 깨어나 이러한 아이러니에서 탈출하여 더 크고 영화로운 차원의 낙원을 보고 모나지 않는 원만한 하늘을 갈망하자는 것이다.

세상이 어지럽든 전쟁이 나든 내일 지구가 부서진다 해도 눈에 보이는 그 천지개벽이 무서운 게 아니라 죽음의 공포를 이기지 못하는 겉치레 신앙이 불쌍하며 자아와 세상 욕망을 이기지 못하는 마음이 더 무섭다는 것이다.

---

* 그의 책 제목 〈이 시대의 징조를 보라〉 지금 나의 서재에 꽂혀 있음.

7. 불교의 미륵 재림과 지상 천국

현재 불교는 약 50여 종단이 있는 것으로 나타났다. 교리는 기록하지 않겠다. 불교의 고대 밀교전집 같은 경전은 일반적 시각으로는 납득 못 할 교훈이 많다. 마음을 바꿔 지상천국을 만들고 사후 극락세계를 바라보는 학처럼 고고한 아름다움! 좋다. 그런데 해마다 종파가 늘어가는 것은 몇몇 사람들이 교주되고 싶어서 교단을 만드는 것 같다. ○○사에서 탑을 세우고 미륵 부처의 임재를 기다리고 있다. 미륵경에는 정법(正法), 상법(像法), 말법(末法)의 삼천세대(三千世代)가 끝이 나면 하나님의 경지에 계시는 성부(聖父) 법신(法神)께서 친히 강림하시어 이 땅이 낙원이 된다고 기록되어 있다.

[불교의 각 종단들]

대한불교 조계종	한국 애승 불교 여래종
니승종	대한불교 대불종
달마종	대한불교 일승종
통일 불교 법사종	세계불교 지장종
대한불교 조계선종	대한불교 천지종
미륵종	한국불교 법천종
미륵 조계선종	한국불교 나한종
극락정사종	한국불교 교화원
대한불교 태선종	한국불교 정토종
대한불교 대각종	대한불교 일산종
대한불교 해탈종	대한불교 무량종
우리불교	대한불교 조동종
한국불교 조계종	국제 불교 승가회
한일불교	대한불교 원효종
대한불교 태고종	대한불교 밀교종

진언불교
대한불교 일붕 선교 종
세심종
용화불교

진각종
현불종
대한불교 보문종
대한불교 천태종

위와 같은 종단들은 제각기 지상낙원과 용화세계를 꿈꾸며 어찌하면 축복을 받을까 열심히 기도하고 매달리고 영험 있다는 도사들을 찾아 지친 민중들은 헤매고 다닌다. 전국 명산마다 비단길 같이 매끄러운 도로 포장이 다 되어있다.

8. 정도령 재림과 지상 낙원

태백산, 지리산, 덕유산, 계룡산 등 전국 10개 명산에 도인촌을 만들고 이상낙원(理想樂園)을 기다리는 사람들이 정감록 신봉자들이다. 요즘 서점가에는 정감록에 대한 책들이 많이 쏟아져 나왔으나 예언 내용은 생략하기로 한다.

다만 현대 종교와 공통적인 내용은 정씨 성을 가진 도령이 나귀를 타고 임재하여 지상천국이 도래한다고 확신하며 흰옷을 입고 머리에는 상투를 하고 기다린다. 2000년 전후로 지상낙원이 이루어질 것을 믿고 한때 공주 계룡산은 새로운 왕국이 세워지리라고 수천 명의 기도꾼들이 모여들었었다. 고 박정희 통치당시 자연을 훼손시킨다 하여 무허가 건축물들을 일제히 철거하여 설거지 하였다. 지금은 2011년인데 정 도령은 몰래 재림했는지 아무 소식 없다. 혹자는 정씨 성을 가진 분이 대통령에 출마하자 그분이 정 도령이라고 확신한 적도 있었으나 그 예언도 빗나갔다.

혹자는 JMS 교주 정 목사가 정 도령이라고 따라다니는 이도 있으나 그는 현재 수감되어 활동이 중지되었으니 계명성의 결말이 되고 말았다.

강원도 영월 청년산 기도원 김재헌 전도사는 25년 전에 성경과 정감록을 번갈아 해석하며 84년도에 틀림없이 종말이 오며 이 땅이 낙원이 될 것이라고 입이 달도록 외쳤다. 그의 열심과 성경을 연구하는 심정을 순결하게 느껴 함께 공부를 해보기도 하였으나 지나치게 치우쳐 그는 가족을 부양하지 않고 결국은 집을 떠났고 자녀들은 빗나가고 부인은 우울증에 병이 나고 이 늙은 전도사는 종말을 기다리다가 경남 기장 기도원에서 얹혀살다가 중풍으로 고생하다 운명하였다.

보라. 지금은 2011년이 아닌가? 1930년대 한국 사교 사상 그 유래를 찾아볼 수 없었던 백백교(白白敎)를 보라 동학사상에 뿌리를 내리고 정감록 비결을 끌어들인 저들은 천지개벽설을 주장하여 위기의식을 조장하여 자기들의 무기로 사용하였다.

이러한 위협으로 우매한 민중을 사로잡는데 성공했다. 이 세대 주의자들의 종말관과 천국론은 항상 끝이 범죄행위로 연결된다. 과도한 헌금 강요, 재산 몰수, 성희롱 등 마치 깡패 집단 같은 폭력이다.

백백교(白白敎)는 1937년도에 세계를 떠들썩하게 하였다. 400명이 넘는 교인을 때려죽여 암매장해버려 사회를 발칵 뒤집었던 심장이 서늘한 얘기다.

악마에 씌운 철면피 교주 전용해는 수운 최재우 선생이 창교한 동학을 숭배하며 훌륭한 교리를 가지고 있었다.

① 하늘 아버지를 공경하고,
② 땅의 어머니에게 예를 갖추라
③ 임금에게 충성하라.
④ 스승의 가르침을 엄히 지키라.
⑤ 부모에게 효도하고
⑥ 형제와 화목하고

⑦ 처자를 잘 돌보고.
⑧ 이웃을 사랑하라.

위와 같은 좋은 교리가 있었지만 사람을 파리 죽이듯 하였다. 위의 8대 교리 외에도 7대 금법이 있었다. 이들의 술법은 신도에게 일평생 평안하고 축복되게 해주고 지상낙원과 사후 안락한 천국에 데려다 준다고 온갖 감언이설로 속이는데 성공했다. 여우처럼 유혹하고 뱀처럼 속인 뒤 가산을 정리시켰다. 그리고 기도실에서 기도할 때에 박달나무 방망이로 뒤통수를 내리쳐 기절시켜 죽여 버렸다. 이런 무시무시한 방법으로 재산을 헌납시킨 뒤 400명 이상을 죽였다.

천지개벽이나 지구 종말을 부르짖으며 지상낙원 운운하는 교주들과 그의 추종자들을 보면 틀림없이 재산을 탐낸다.

천지개벽의 종말이 오는데 무슨 재산이 필요하다고… 멍텅구리처럼 속는 인간들이 더 밉다. 신도들은 대개 가난한 사람들과 외롭고 병든 사람들이 많은 법이다. 그들은 삶에 지쳐 세상에 소망이 없기 때문에 감언이설이 먹혀 들어가는 것이다.

그들은 신도들이야 죽든 말든 교주들은 주지육림에서 막행 막식하며 성적 희생제물을 탐하면서 하늘 두려운 줄을 모른다.

9. 노광공의 동방교(東方敎)

천국복음전도회의 구인회, 껌팔이 행상 등 유재열의 과천 어린 양의 휴거 천국표 매매 사건, 박태선 신앙촌의 시집 못간 수천 명의 결혼금지 희생제물 할머니 처녀, 방문판매 강요, 재산 헌납으로 수천 억 확보하여 시온그룹 확장, 예루살렘 심정 교회의 부부교환 스와핑, 재산 헌납, 일월산 기도원, 팔영산 기도원, 시온산의 박동기 등 이미 신문 매스컴에 그들의 못된 행실이 다 알려진 사실이지만 신규 교주들은 인기 탤런트 출연처럼 나타나서 모자이크된 교리로 착한 사람들만 골라 그들의 영혼 위에 "네트워크" 방식으로 미끼를 던져 성경을 인용하여 고단수로 유혹한다.

1977년 남미 공화국 가이아나에서 짐 존스 목사가 이끄는 923명의 신도들 자살 사건을 우리는 매스컴에서 지켜봤다.

병들고 썩어가는 불신 사회와 권력층에 대한 불신감을 조장하였고 결국 박해를 이기지 못하여 코너에 몰려 지친 짐 존스 목사와 그의 교인들은 "우리는 아름다운 낙원으로 떠난다" 하며, 거리낌 없이 집단적으로 독약을 마시고 숨졌다. 이것은 한 부분밖에 안 되는 예이다.

종교인들은 모두가 한번쯤은 자기 신앙을 스스로 검토해 봐야 할 때다.

부산 감천의 태극도나, 전북 정읍을 신앙도성으로 잡은 보천교, 앞서 말한 박태선 장로를 따르던 재림예수 구인회, 백 만봉의 청계산 피난처, 유재열의 계열, 김종규의 충북 중원의 천등산 해발 640m 피난처 등을 맥 집어 보면 기가 막혀 가슴이 쓰라리다.

그들의 윤리관을 말하자는 것은 아니다. 뭔가 종말관과 그들의 천국관이 잘못되었다는 것이다.

10. 사이비 교주들의 가짜 천국에 속지 말라.

4만7천도의 유황불에 불타버릴 죽음의 장망성에서 어서 속히 가산을 정리하여 자기네들의 피난처로 오라는 식으로, 이혼은 기본이며 가정파괴와 가출을 요구하는 것은 100% 사교임에 틀림없다. 위 사람 중에는 현재까지 살아서 은둔하고 조용히 지내는 이도 있다. 집 떠난 자기 아내를 찾으러 합숙생활하는 그들의 기도원에 갔다가 수백 명의 신도들에게 짓밟혀 죽은 사람도 있으니 어디 이런 더러운 놈들의 종교가 있겠는가? 뉴스로 이미 세상에

다 알려졌으니 구체적으로 이름은 생략하겠다. 그들의 교주 수명도 쇠퇴하였다.

가장 두려운 것은 버젓하게 대한 예수교○○교회라는 간판 걸고 사이비로 군림하는 교주들과 대한 불교 ○○종이라는 간판 걸고 몇 천만 원에서 몇 백만 원 최저 몇 십만 원짜리 부적 장사하는 가짜 승려들이 문제다. 부적은 본시 도교의 수행자들이 쓰던 기호였다.(불교 유산이 아님)

사이비 교주들은 거의 90퍼센트가 말세심판과 날짜를 말한다. 심리적인 압박을 가하여 우울증과 삶의 의욕을 감퇴시키고 있고, 죄 많은 장망성에서 무슨 재산이 필요하냐며 즐겁게 헌납하도록 강요한다.

이러한 착취로 무슨 무슨 종교 대학을 짓고 신흥종교 사원을 건립하고 회관을 짓고 외국 승용차를 사들이고 면죄부를 신규로 만들어 판매한다. 이러한 착취방법으로 재산을 축적한다. 이들은 매스컴에 알려지는 걸 두려워 않는다. 교묘한 이론 무장으로 이미 철면피가 다 되어 있다.

스위스 은행을 제집 문턱 넘듯 하는 목사들, 인삼탕에서(1회 100만원짜리 6년근 인삼탕) 목욕하다 들킨 장위동의 ○○목사 서울 동대문 상봉동 화봉교회 K목사, 수십억 원을 빌려 버지니아로 줄행랑 친 사실은 우리에게 어떤 교훈을 주는가? S교단의 희대의 부흥사 외팔이 목사의 말로를 TV화면으로 지켜보지 않았는가? 마산에서 변사체로 발견되기까지 그 내막을 차마 추잡하여 기록할 수 없다. 나의 신앙일기를 간추려 쓰자면 이러한 사실이 수십 페이지에 달한다. 그밖에 인도의 힌두교나 몽고의 라마교에 대해서는 생략키로 한다.

국제도덕협회는 유불선(儒佛仙) 합일의 지상천국을 말하고 통일교회는 원리강론에 주역(周易), 음양오행설, 정감록 비결까지 말하며 재림예수 메시아가 세상을 통일시키면 그 뒤 사후 영계 천국에 들어간다고 가르친다. (지금은 가정교회로 명칭이 바뀜)

세계를 지배하려 몸부림치며 발돋움하는 최제우의 동학사상은 유불선의 교리를 주요 내용으로, 일본의 천리교는 그들의 본부 안에 교리 연구위원을 두어 각종 교의 좋은 면을 속속 발췌하여 저들의 교리로 흡수하고 있다. 이들도 제사 비용이나 천도제 비용 등 재산헌납 사건이 말썽을 일으키는데 무슨 제사 비용이 수천만 원이 필요하단 말인가?

주로 현세와 내세의 복을 받기 위해 몸부림치는 인간이 고난과 고뇌의 절정에서 피난처라고 찾은 곳에서 결국 인간들을 또다시 덫에 걸어 이중삼중으로 상처를 있는 대로 입히고, 가산을 탕진하게 하고 이혼을 하게 하는 등 세상을 정화시키기는커녕 추종자들의 마음을 오히려 더 어지럽히고 있다.

아무리 좋은 천국과 낙원을 설명해줘도 종교의 지도자가 인생의 시종(始終)을 모르면 바람잡는 허상에 불과하다. 자기 자아를 발견하지 못하면 인류를 지배한다는 마음 역시 허상에 불과하다.

이 땅에 살면서 고급 공무원 되기도 얼마나 어려운가. 남달리 공부하고 정직해야 되며 투표를 하고 피나는 노력을 통해 여러 차례 시험을 치르고 해도 어렵다. 하물며 하늘의 복음과 천국의 비밀을 아무 곳에나 간판 걸고 사람을 포섭한다고 되는 것이 아니고 깨달아지는 게 아니다. 수많은 기도와 불타는 정열과 사모하는 마음이 하늘에 사무치고, 5마차 이상 책을 읽든가 수많은 시행착오와 시련의 용광로에서 깨달아가는 것이 바른 진리이다.

자기 욕심이나 명예, 오욕이 추호라도 남아있으면 천국문은 닫힌다.

천도교에서 뻗어나간 10여개의 종파들을 보라. 천도교 본교 말고는 해도 해도 너무한다. (그 곁가지로 뻗어난 20 여개의 종파들) 이들은 비슷비슷한 교리로 유불선 기타 과학지 기독교 등 온갖 좋은 장르는 속속 발췌하여 모자이크된 혼합 사상으로 교리를 만들어 사람들을 포섭한다. 대학을 세우고 교세를 확장하여 저력을 과시하며 한반도에 하나님 상제께서 강림하셨다고 세뇌시키고 재산을 헌납하게 하고 귀신이 되어 떠도는 조상의 영들을 천도해야 한다며 제사를 지내는데 그 비용이 상상을 초월한다.

단학이니 무슨 무슨 명상이니 하는 단체들도 대개 장사꾼들이다. 제사 비용이 5백에서 몇 천만 원까지 하며 어느 명상 그룹에서는 1주일 코스에 대학 등록금 이상 돈을 받지 않고는 그 누구도 받아 주지 않는다.

내가 낱낱이 단체들 교주와 근거 자료 사진, 희생자들 증언을 전부 공개하면 그들이 날 죽일 것이다. 이들은 자기네 교리나 도덕성에 대한 비리를 아는 사람이나 거론하는 이들을 그냥두지 않는다. 영생교가 그랬고 백백교가 그랬다. 살인 집단으로 둔갑하면서도 양심의 가책 같은 건 아예 없고 수갑을 차면서도 그들은 고개를 숙이지 않고 교리를 합리화했다. 김지하 시인의 위협 사건이 바로 그런 것이다. 아직 좀 더 살아야 하겠기에 좀 생략키로 한다.

내가 아는 고명한 스님 한 분은 마음 무슨 수련원에서 회비 500만원 지불하면 부활시켜준다 하여 미국으로 교주 만나러 가는 걸 직접 보았다. 이 수련원에 바친 돈이 시골 땅 열 마지기 값이 넘었다. 40년씩 도를 닦은 결과가 돈 주고 부활을 사는 해프닝이라는 건가?

나는 이 모자이크화 된 종파를 비난할 마음은 없다. 미구에 이 감언이설의 결말을 알기 때문이다. 스승을 기만하고 여기저기서 발췌한 교리 도둑질을 하여 혼합 사상을 빌려온 지식에 접목하여 사업을 확장하며 깨알 왕국을 확장하고 있는 걸 필자는 기자의 눈으로 분명히 보았고 교주와 토론해보고 강연도 들어보고 음식도 같이 먹어보며 나에게 배우던 우리 신도들이 소수가 교주들의 품으로 떠나기도 했고 이모저모를 알기 때문이다. 현재 수많은 구도자들이 이 감언이설의 단체를 크게 우려하고 있다.

자칭 하나님 조희성이 해도해도 너무한다 싶더니 감옥에서 싸늘한 시체가 되었다. 현대 불교와 성철 스님과 타 종파를 어지간히도 비난하고 자기 밑에 와야만 산다고 포교에 힘을 쓰던 한당, 〈천서〉의 저자, 성철 허준 인산(仁山) 김일훈 선생 등 역대 이름 있는 성인들을 있는 대로 비난하던 부산 스사만 도장의 교주 (검도관)오픈 하는 날 나는 그의 건방짐을 지적하다 필자와 타투고 있는데 그의 형님 되는 수행자 무무스님의 만류로 격투를 면했으나 이러한 혈기를 주체 못하는 교주들 다 요절하여 40대 나이에 저승길로 떠났다.

나는 개인적으로 원한이 없기에 비난할 마음은 없다.

천국은 겸손히 자기를 비워 흔들리지 않고 고난을 수용하며 가난을 부끄러워 말고 열심히 일하며 주야로 진리를 사모하며 지혜가 충만하여 미혹 되지 않고 부지런하여 자기를 이긴 자들이 만들어 들어가는 곳이다. 성경을 옆에 끼고 다니면서 열심히 전도하는 몰몬교도(말일성도 예수 그리스도 교회) 예외는 아니다

성경은 1900년 전 사람의 역사라고 무시하면서도 유이한 곳은 천 군데 이상 인용하면서도 성경을 부정하는 사람들이다.*

교주 죠셉 스미스는 84명의 다처를 거느리고 무수한 자녀를 낳고 후계자 브리암 영은 25명의 처첩을 얻어 56명의 자녀를 낳았다. 그들의 교리는 사실상 복잡한 미로 같다. 은근히 일부다처의 교리를 통하여 성적 만족을 구하고 자식을 많이 낳아 자기들의 세상을 만들어 자기네들만의 낙원을 꿈꾸고 있다. 그들의 불공평을 생각해보라. 일처다부는 절대로 허용되지 않는다.

1973년 11월 10일 오전 9시에 유황불 심판이 온다고 골목마다 포스터를 붙이고 목이 터지게 외치던 자칭 재림예수 구인회는 "재림예수"라는 명함이 무효가 됐고 1970년에 지구 종말을 고하며 위기의식을 이용하여 자기만족을 채워 나가던 몬타니스(Montanis)의 예언은 참으로 허망하게 끝났다. 그날 지진 한 건 없었으니까 말이다.

---

* 〈교리와 성약〉 참고

1975년 10월 1일이었다. 1972년 6월 25일로 아마겟돈과 종말이 온다던 팔영산 기도원 전병도 씨는 어찌 지내는지 모르겠다. 일월산의 김성복은 1971년 8월 15일로 종말이 온다고 외치고, 장막성전의 어린양 유재열은 1969년 11월 1일로 말세 심판을 받아 종말이 온다고 천국 열차표를 팔았는데 그날 날씨 맑았다. 동방교의 노광공 교주는 1965년 8월 15일로 말세 심판을 설교했다. 가슴 아프게도 수많은 사람이 재산을 정리하여 천국 티켓을 샀으나 그 날짜와 그 시간들 이상한 구름 한 조각 없었다. 그들이 꿈꾸던 지구 청소 후 지상천국은 무효가 되었다.

　이와 같은 사교 왕국의 주역들은 다 기록하자면 우리 한국만 해도 80명이 넘는다. 지루해서 생략키로 한다.

　산성(부산 산성기도원) 영부(靈父) 계정열 교주(남장했음, 선배 문종석 목사님과 교주를 만나 보았음), 화명산 기도원(부산 구포 화명동) 김순옥 전도사, 태양을 입은 여인과(필자와 길창원 목사와 여러 차례 만나 토론했음) 자칭 하나님으로 육체가 죽지 않는다던 신앙촌 박태선 장로, 그의 곁가지 영생교의 조희성 자칭 주님(감옥에서 옥사했음), 거기서 파생된 10여명의 새끼 하나님들! 지금은 거의 죽고 몇은 살아남았으나 교세는 쇠퇴기다. 목숨을 아끼느라 그들의 행실을 다 기록하지 않겠다. 필자가 가슴 아프게 생각하는 것은 그들이 입으로는 천국과 낙원을 말하면서도 추종자들에게는 낙원을 안내하지 않고 있다는 것이며 행위를 보면 사후세계를 전혀 믿지 않았다는 것이 백일하에 드러난 것이다.

　영생교 교주를 조사하던 형사의 얘기를 들었다. 4일 동안을 주야로 잠을 재우지 않고 구둣발로 정강이를 간헐적으로 내리 차며 고문하자, 사실은 자기는 하나님이 아니라고 고백했다. 아! 정말 이제 그만 쓰겠다.

　이와 같이 세대주의에 치우쳐 빠졌던 교주들의 천국관은 과거 현재 미래에 무시무종으로 독버섯처럼 정기적으로 돋아나 연약한 민중의 마음을 미혹하였으며 앞으로도 현혹할 것이다. 설사 약간의 방종과 자유를 준다 해도 맛 잃은 소금처럼 생을 저주로 마감 하더라는 것이다. 지금까지 그리 했으니 말이다. 이것이 종교계의 현주소며 영혼의 마피아들이며, 정신계의 양아치, 좀비, 걸인, 깡패들의 소행이다.

아! 교주는 많은데 구도자는 귀하다. 미구에 성직자도 사라지고 교주들도 사라지고 사람들이 숲과 나무, 새와 같이 자유롭게 살 시대가 올 것이라던 저 일본의 "우찌무라 간조"의 설교 한토막이 생각난다.

이상 언급한 교주들은 거의가 70년~80년 혹은 그 뒤로 만나보거나 그들의 설교를 들어보거나 함으로 충분히 접해본 경우임을 밝혀둔다.

제2장 윤회(輪回) 환생(還生) revival에 대하여

윤회란 차례로 돌아간다는 말로 아직도 너무 어렵게 꼭 불교 용어로만 생각하여 많은 사람들이 낯설게 느끼고 있다. 사전적인 용어로는 transmigration 차례로 돌아간다는 얘기다.
푸르던 잔디가 말라 죽으면 그 뿌리가 살아 있다가 그 이듬해 봄이면 다시 싹을 내고 겨울에 잎을 버린 나무들이 봄이면 다시 살아나듯 어떤 우주의 기운에 의하여 물레바퀴처럼 돌아가는 원리를 말한다.
이 윤회생사를 범어로는 smasara라고 한다.
인간도 육체는 나뭇잎처럼 옷을 벗고 춘하추동, 소년 · 청년 · 장년 · 노년을 거쳐 육체는 반드시 흙으로 돌아가 완전히 소멸된다.
모세의 기도를 참고해 본다.

"주께서 사람을 티끌로 돌아가게 하시고 말씀하시기를 너희 인생들은 돌아가라 하셨사오니 주의 목전에는 천년이 지나간 어제 같으며 밤의 한 경점 같을 뿐임이니이다. 주께서 저희를 홍수처럼 쓸어 가시나이다. 저희의 삶은 잠깐 자는 것 같고 아침에 돋는 풀과 같고 저녁에 지는 꽃과 같아 마르나이다. 우리의 모든 날이 신의 분노 중에 형벌처럼 지나가며 인생의 평생이 일식 간에 다하였나이다.
인간의 수명이 강건하면 80인데 그 년 수의 자랑은 수고와 슬픔뿐이요 신속히 날아가니 우리가 새처럼 날아가나이다.(시편 90편모세의 기도 中에서 풀어쓰기 함)

위 모세의 기도처럼 인생의 수명이 70이나 강건하면 80인데 그것도 일식 간에 초 · 청 · 장 · 노년기가 지나가버린다. 허망하게 끝이 나며 "왜" 어디서 와서 어디로 가는지 관심 없이 그냥 사그라지고 이 덧없는 나고 죽음이 거듭된다.
목적지가 뚜렷하고 주소를 터득한 여행자는 여유가 있어 헛갈리지 않는다. 나무 그늘에 쉬어도 쫓기거나 급하지 않다. 그러기에 그 여가로 마음은 더욱 이완되어 소망이 넘친다.

아! 길을 찾아야 한다.

다윗의 기도문에 다음과 같은 구절이 있다.

"나의 일생이 신 앞에는 없는 것 같사오며 사람마다 홀로 섰다하나 진실로 허사뿐이니이다. 진실로 사람들은 그림자 같이 다니고 헛된 일에 너무 바빠 (분요하여) 재물을 쌓으니 누가 취할는지 알지 못하나이다." (시 39:5-6)

해 아래 인간의 옷을 입고 살아가는 이들 대다수가 헛된 일에 바쁘게 허덕인다. 뱃속의 태아도 너무나 바빠서 쉴 수 없다. 이상 야릇한 태교니 뭐니 해도 태어나는 날부터 고생이다. 3-4세부터 헛갈리는 교육이니 뭐니 하면서 그들의 자유를 유린하기 시작한다. 아이들을 강제저 무슨무슨 영재 교육이니, 대안학교니, 학원 지옥을 경험하면서 비상구를 찾는다.

헌정사상 매스컴에 보도했던 천재 아동들이나 신동들의 장년기나 더 낳은 그들의 현재 모습을 뉴스나 다큐로 혹은 소문으로 들어보지 못했다.

기성세대들의 성적순 교육열에 따른 부작용은 심각하다. 그것은 그들 청소년들의 현재문화를 보면 알 수 있지 않을까? 가난하고 어려웠던 60년대나 70년대보다 도덕성은 말할 수 없이 땅에 떨어졌다. 이것은 뭘 말해주는가? 그만큼 종교는 아무런 힘도 없는 거짓말만 늘어놓고 교세 확장에만 정신을 쏟아 부어 자기들만의 왕국을 꿈꾸고 있었다는 것을 반영 하는 것이다. 필자의 말이 틀렸다면 지금의 젊은 세대들 특히 10대들의 문화를 보면 금방 알 것이다. 누가 저들을 가르쳤는가? 과학의 힘으로 진보했다는 현대 지성인들의 후예들이 아닌가 하늘의 별도 보지 못하고 산과 들의 자라나는 풀 한포기도 제대로 보지 못하고 해질녘 황혼의 산 그림자 아침 안개 한 조각을 못보고 경쟁과 과시, 시샘, 미모,

관능적이며 섹시함, 화려함, 일확천금, 폭력, 전쟁과 승부욕을 배우고 이 매너리즘의 쳇바퀴를 돌리기 시작한다.

　어느 날 때가 되어 결혼을 하고 살림을 꾸린다. 그러나 더욱 힘들어진다.

　헤어지고 만나고 방황하고 재산을 정신없이 모았다가 하루아침에 날리고 병을 얻고 병원을 찾고 정말 숨가빠 그날그날 살아간다. 어떤 때는 너무 쫓겨서 음식도 제대로 못 먹고 잠도 못 잔다. 막상 돈을 많이 써도 만족도 없고 고달픈 건 예전이나 마찬가지며 풍족해질수록 죄를 더 받아 싸움의 횟수는 잦아진다. 그나마 의식 있는 이들이라는 사람들이 간혹 투자하는 것이 여름 정기휴가라는 것인데 오고가는 차량 행렬에 소요되는 시간, 이름 있는 명산 계곡마다 수북하게 쌓인 쓰레기, 배설물, 오염만 시키고 돌아온다. 이것이 우리의 어머니인 대지와 우주를 아프게 하는 대책 없는 인간들의 최선의 삶이다.

　이 이상을 벗어나서 여가와 여유를 동시에 누리며 사는 사람은 정말 귀하다. 이 글을 읽는 사람 중 이렇게 말할 것이다.

　"뭐야? 자식 웃기고 있네. 임마! 뭐 그럼 뾰족한 수가 있나?"

　인간은 수천 년 동안 어떤 유전과 전통, 그리고 폐습을 지키며 살아왔다. 자연 발생적인 에너지 흐름 같은 것은 안중에도 없고 남을 의식하며 생각 없이 살아간다. 간혹 생각한다는 것은 눈에 보이는 부귀영화에 마음을 쓴다.

　그리하여 죽기 살기로 재물을 모은다. 상당히 많은 돈을 벌었다 치자. 그 돈이 정말 자기 것일까?

　나는 흑삼이라는 기능성 인삼을 세계 최초로 개발한 본인이다. 그동안 노력과 수고에 비하면 수입이 많진 않지만 옛날 재래식 농사지을 때보다는 훨씬 부자가 되었고 경제적 자립이 되었다. 기독교에서 말하는 수입의 십일조를 초월하여 10의 5조는 어디론가 보낸다. 그것은 의무감에서가 아닌 감사함에서인데 이를테면 퍽이나 존재적인 면을 절감했기 때문이다.

말하자면 내가 머리 쓰고 연구하고 노동은 했으나 나를 일하도록 만들어준 내 주변 환경에 감사하고 질 좋은 인삼을 재배해준 삼포 경작자에게 감사하고 산에 자라난 나무를 땔감으로 하니 자연에 감사하고, 가마솥과 증삼기, 태양열로 건조시키니 햇볕에 감사하고, 물로 씻으니 수돗물, 전기, 세척기, 일하는 사람들 그리고 우리 제품을 돈 주고 구매하는 사람들에게 감사한다.

이것이 말하자면 내가 잘 했다는 것이 아니라 여유 있는 마음가짐의 기본자세이다. 이웃이 비로소 소중하게 보인다. 이러한 감사가 입에 발린 말이 아니라 뼛속에서 우러나와야 한다. 이러한 유기적 '메커니즘"에서 자유가 발생한다. 이런 여유 있는 행위는 메아리로 부메랑처럼 돌아온다. 물질이든 정신이든 기운이든 나눔의 원리와 분배의 법칙을 배워야 세상이 아름답다. 이 사랑과 정의가 그리고 신뢰가 메말라 세상은 윤회의 도장이 되고 있다. 나와 내 것, 내 가족 내 삶의 터전만 윤택하면 사람 하나 죽는 건 관심 없는 세상이 되고 말았다.

지금은 세기말이다. 인생 입동이 실제적으로 눈앞에 다가 오고 있다. 우리는 지금 지구의 격변기에 살고 있다. 인생의 갈림길, 혼란과 절망의 순간이 오고 있다. 피할 수 없는 임박한 호흡의 순간이 오고 있다. 집에 불이 났는데 처마 끝의 제비가 지지배배 놀고 있다.

아! 폼페이 도시가 그랬다.

"버스베이스" 화산이 터지는 그 순간까지도 그들은 먹고 마시는 일, 시집 장가가는 일, 좋은 파트너 만나 짜릿한 생을 즐기는 일, 으리으리한 사우나에서 뽐내고 과시하며 즐기는 일로 생을 허비했다. 그러나 갑자기 그날이 왔다. 갑자기 땅이 그들을 삼켰다.

저~ 소돔이 그랬다.

유황불이 쏟아지는 그날까지 용암이 마당을 덮는 순간까지 저들은 먹고 마시는 일과 환락의 유흥이 그들의 최후 소망이었다. 욕망이나 욕심 버릴 마음이 추호도 없다. 비단결처럼 매끄러운

도로 위로 최고급 승용차가 질주한다. 내일은 어떤 애인을 옆에 태우고 어디 가서 어떤 음식을 먹을까 고민한다. 드넓은 정원, 그 옆에 저수지에 잉어 떼가 놀고 있다. 호화저택, 승마장, 정원사, 요리사, 개인 안마사, 값진 회춘음식, 기타 물방울 다이아. 곰쓸개, 비아그라, 에로그라, 인삼녹용, 이태리가구, 행복해 보인다. 그리고 더 나은 행복을 기다린다. 이들에게 금욕이나 수행은 저주로 보이며 금욕적 삶을 권면하면 오늘의 교회는 망하며 성직자들은 다른 직업을 찾아야 한다. 그렇게 가르치는 성직자도 물론 몇 명 없다.

현자 솔로몬은 부인이 60명이요, 뽑혀온 최고의 8등신 미녀가 수천 명이었고 여러 가지 순금으로 장식한 침대에서 잠을 자고 마차는 황금마차였고 주변에 경호원(검 잘 쓰는 이들) 60인이 있었고 모든 게 부족함이 없었다. 그러던 그는 어느 날 해 아래 모든 게 헛된 바람 잡는 거라고 그의 저서 전도서에 고백한다.

"사람이 해 아래서 수고하는 모든 수고와 마음에 애쓰는 것으로 소득이 무엇이랴. 일평생에 근심하며 수고하는 것이 슬픔뿐이다. 그 마음이 밤에도 쉬지 못하나니 이것도 헛되도다." (전도서 2:22-23)

이것이 바로 윤회다. 인생은 모름지기 어떤 동식물보다도 우월하다면 동식물보다 오래살고 기쁘고 건강하고 잘 쉬고 보람찬 영광의 삶을 살아야만 만물의 영장이라 할 수 있다.

"사람이 비록 일백 자녀를 낳고 또 장수하여 사는 날이 많을지라도 그 심령에 낙이 족하지 아니하면 또 그 몸이 평안히 매장되지 못하면 낙태된 자만도 못하니라." (전도서 6:3)

"은을 사랑하는 사람은 은으로 만족함이 없고, 풍부를 사랑하는 자는 소득으로 만족함이 없나니 이것도 헛되도다. 재산이 많으면 먹는 자도 더하나니 그 소유주가 눈으로 보는 것 외에 무엇이 유익하랴? (전도서 5:10)

1. 윤회의 종식은 의식혁명(意識革命)으로

석가모니 부처는 오히려 부와 권력을 버렸다.
혈통을 버리고 육체마저 버리고 인간의 "생로고병사(生老苦病死)"의 원인을 깨달았다. 남은 시간 일평생을 약간의 음식으로 시장기만 면하고 자유의 묘리(妙理)를 전하는데 몸 바쳤다. 석가의 80평생은 간략히 일축하면 중도의 사상이라 할 수 있다. 청년기에 병든 노인을 보고, 흉측한 주름살투성이의 백발노인을 보고 시체를 운반하는 상여를 보고, 생로병사의 무상을 깨달아 아내와 궁전을 뒤에 두고 출가하여 구도의 길을 떠난다.
그는 여러 명의 스승들을 만나고 배웠으나 근본적인 생로병사의 문제는 해결하지 못했다. 고행만이 모든 죄와 생각을 끊어 버리는 유일한 수도라고 생각한 그는 뼈만 남은 모습으로 6년이란 세월을 죽음을 각오하고 후회와 굶주림을 이겨내고 명상에 전념했다. 그러나 그리하면 할수록 번뇌만 더하였고 해탈이 아닌 인간 본성과의 싸움만 더욱 치열하였다. 어느 날 그는 젊은 처녀가 건네준 우유죽 한잔과 쌀 한줌으로 기운을 회복하고 흐르는 물에 몸을 씻었다. 며칠 뒤 그는 보리수나무 아래서 마음에 들리는 소리를 들었다.
"사람이 나면 죽고 꽃도 피어나면 반드시 시들어 죽는다. 세상에 이것을 피할 육체나 존재는 없다."
그는 귀가 번쩍 뜨였다. 한 가닥 마음의 물줄기 같은 어떤 것이 전신을 설레게 했다. 그러나 좀 더 확연한 진리를 깨닫고 싶었다. 그리하여 일심으로 기도며 정진하였다. 순간 어디선가 고약한 냄새가 나며 음산한 기운이 엄습하였다. 눈을 떠보니 웬 무시무시한 악마 나찰 형상이 날카로운 이빨을 드러내고 입으로는 검붉은 피를 흘리며 혀를 날름거리며 덤비려고 하였다.
그는 두려움을 가까스로 극복하고 공손히 인사를 하며 자기 몸에 걸쳤던 낡은 사슴 가죽을 땅에 펼쳐 주었다. 그러자 악마 나찰은 "나는 아무것도 싫다. 나는 사람의 고기와 피를 먹어야 산다. 나는 지금 배가 고프다. 나는 지금 너를 먹으러 왔다."

석가는 순간 생각했다. '아까 들려온 소리는 어디서 왔는가?, 이 악마가 혹시 천상의 보살은 아닐까?' 석가는 다시 말을 공손히 건넸다. 나머지 말을 좀 들려주시오. 그리하면 나의 몸을 당신의 먹이로 드리겠습니다.

그러자 악마 나찰은 날카로운 발톱으로 할퀼 듯 바싹 다가와서 덮칠 듯하였다. 석가는 눈을 감았다. 그리고 말했다. 나머지 말씀을 들려주십시오. 그리고 제 몸을 받으십시오.

"뭐라고? 말씀과 생명을 바꾸겠다고?"

악마는 한바탕 웃었다.

"녀석 참 태연하군, 좋아! 눈을 감으라."

석가는 눈을 감았다. 그러자 어디선가 소리가 분명하게 들렸다. 생사에 관한 생각을 버리면 쓸데없는 욕심이나 공포가 사라진다.

이것을 중도(中道)라 한다. 석가는 미칠 듯 뛰었다. 손가락을 깨물어 흰 돌에 기록하고 나무껍질에 기록하였다. 자기가 죽더라도 후일 길을 찾는 고행의 방랑자들에게 깨달음의 지침이 되게 하기 위함이었다. 그는 순간 모든 마음의 짐이 벗겨진 듯 가벼웠다. 어쩐지 죽음이 두렵지도 않았다. 죽음이 사라진 느낌이었다. 그는 나무 위로 올라갔다. 나무 밑의 악마는 성이 난 듯 날뛰고 있었다. 석가는 다시 말했다.

"내 몸을 던질 테니 나의 몸을 잡수시오." 라는 말을 남기고 그는 몸을 던졌다.

순간, 어디선가 인계(人界)에서는 들을 수 없는 음악 소리와 함께 하늘에서 꽃비가 내렸다. 아까 그 악마는 돌연 고상한 제석천으로 변하여 석가를 받아서 앉혀 놓고는 공손히 절을 하였다. 수많은 천사들이 주위에서 음악을 연주하였다. 이것이 젊은 시절의 석가가 모든 것을 버리고 목숨까지 던지며 체험한 구도의 절정이었다.

자유와 해탈은 극도의 고행도 극도의 쾌락도 아니다. 기회주의

나 해바라기식도 아니다. 중도적 사고방식으로 사고를 전환하지 않는 한 도를 깨닫기는 어렵고 윤회의 수레바퀴를 절대로 벗어날 수 없다.*

인류학자들의 견해를 살펴보면 지구는 약 천년 정도 간격으로 지구촌 구석구석에서 종말 비슷한 격변의 홍역을 치르었다고 한다. 몹쓸 괴질 같은 것이 창궐하여 인구가 몽땅 줄어들기도 하고, 찬란했던 문화가 어느 일식 간에 무너지기도 하였다. 폼페이 화산 이후, 화석의 발견, 당시의 목욕탕, 건축 구조물, 사람들의 문화는 상당히 현대적이고 과학적이었다 한다.

성경에는 노아의 대홍수가 기록되어 있다. 홍수 이전을 조사해본 자료에 따르면 상당한 수준의 문명에 도달하고 있었음이 과학자들에 의하여 확증되었다(바벨탑 사건). 물질문명에 속한 모든 것이 창세기(11:1~9, 4:22)에 언급되어 있다. 음악과 예술 기계와 공업이 상당히 발달 되었던 것으로 기록되어 있다.

우르, 기스, 바라의 3개 도시에서 홍수 때 남겨진 진흙층이 영국 박물관 및 펜실베니아 대학의 고고학자들에 의하여 발견되었다. 우르지방 홍수가 덮쳤던 그 밑에서 석축과 석기 그리고 채석된 도기류와 도장, 장신구들을 상당수 찾아볼 수 있었다 한다.(고고학자 울리 교수의 발견 자료에서)

티베트 어느 고산지대 성자마을을 다녀온 탐험가의 글을 읽은 적이 있다. 자기가 머물면서 잠시 가르침을 주던 한 도인의 안내로 어느 동굴을 구경했는데 동굴 입구는 마차 한대가 들어갈 정도였는데 안으로 들어갈수록 점차 넓어지면서 그 동굴 안에는 설명할 수 없는 금속으로 만들어지고 연결된 알 수 없는 기계들이 녹 한 점 슬지 않고 보존되어 있었다고 하였다. 약 3000년 전에 쓰던

---

* 죽음은 가장 두려운 순간이며 동시에 어떤 이는 가장 아늑한 휴식일 수도 있다. 생사 문제는 어떤 이론보다도 개인적인 경험과 예수 같은 고난과 미라레파 같은 절실한 삶을 통해서 어느 날 홀연히 깨닫는다. 육체의 죽음은 나뭇잎처럼 털어 버리는 것을….

기계인데 때가 되면 다시 이 기계들이 작동될 것이라고 했다.

티베트란 나라는 사실상 지금 중국과의 문제로 심각한 갈등을 겪고 있다. 의식주, 문화적인 면에서 초라하고 뒤떨어졌지만 그 나라가 한때 화려한 과학적 혜택으로 끝 간 데까지 올라갔다가 원시시대로 원시반본(原始反本)했다는 얘기다. 눈에 보이는 문화적 모습은 비록 초라하나 정신문화는 신비의 절정이다. 히말라야 만년설 백두산의 정기를 마시며 살아가는 그들은 북방 불교의 원시적이며 신비적인 오르가즘에 오늘도 끊임없이 중국의 박해에도 불구하고 정신을 불태우고 있다. 어떤 미래가 어떻게 그들을 인도할지 문화가 다시 꽃필지 더 어려워질지는 예언자도 모르고 망명 중인 달라이라마도 아무도 모른다.

저 유명한 솔로몬 왕의 노래를 참고해보자.

"전도자가 가로되 헛되고 헛되며 헛되고 헛되니 모든 것이 헛되도다.
사람이 해 아래서 수고하는 모든 수고가 자기에게 무엇이 유익한고, 한 세대는 가고 한 세대는 오되 땅은 영원히 있도다.
해는 떴다가 지며 그 떴던 곳으로 빨리 돌아가고 바람은 남으로 불다가 북으로 돌이키며 이리 돌며 저리 돌아 불던 곳으로 돌아가고 모든 강물은 다 바다로 흐르되 바다를 채우지 못하며 어느 곳으로 흐르든지 그리로 연하여 흐르느니라.
만물의 피곤함을 사람이 말로 다 할 수 없나니 눈은 보아도 족함이 없고 귀는 들어도 차지 아니하는 도다.
이미 있던 것이 후에 다시 있겠고 이미 한 일을 후에 다시 할지라. 해 아래는 새것이 없나니 무엇을 가리켜 이것이 새것이라 할 수 있으랴? 우리 오래 전 세대에도 있었느니라. 이전 세대를 기억함이 없으니 장래 세대도 그후 세대가 기억함이 없으리라.
내가 예루살렘에서 이스라엘의 왕이 되어 마음을 다하며 지혜를 써서 하늘 아래 행하는 모든 일을 궁구하며 살핀즉 이는 괴로운 것이니 하나님이 인생들에게 주사 수고하게 하신 것이라. 내가 해 아래서 행하는 모든 일을 본즉 다 헛되어 바람을 잡으려는 것이로다. 구부러진 것을 곧게 할 수 없고 이지러진 것을 셀 수 없도다. 내가 마음 가운데 말하여 이르기를 내가 큰 지혜를 많이 얻었으므로 나보다 먼저 있던 왕들 보다 낫다 하였나니 곧 내 마음이 지혜와 지식을 많이 만나 보았음이라.
내가 다시 지혜를 알고자 하며 미친 것과 미련한 것을 알고자 하여 마음을 썼으나 이것도 바람을 잡으려는 것인 줄 깨달았도다.
지혜가 많으면 번뇌도 많으니 지식을 더 하는 자는 근심을 더 하느니라." (전도서 1:1-18절 구약성서 948쪽)

위 솔로몬 왕의 노래는 허망한 인생의 극치를 말해주고 있다. 돌고 돌아가는 역사의 수레바퀴 안에 물려 깨닫지 못하고 무시무종(無始無終)으로 흥하다가 망하다가 허덕이다가 쓰러지고 사라지는 피곤한 인간의 전면을 풍자가 아닌 사실적으로 지적한 애가(哀歌) 같은 노래다. 다시 말해서 지혜 없는 인간, 절대적 진리, 신의 실체, 영혼의 구원이 안 된 인생의 방황을 노래한 것이다.
전도서 1장 9절을 보자.

"이미 있던 것이 후에 다시 있겠고 이미 한 일을 후에 다시 할지라."

"해 아래는 새것이 없고 현재 우리 인류가 누리는 모든 것들을
오래전 세대도 다 만지고 갖고 누리고 있었다."

그렇다. 인간 세상은 돌고 돌며 흘러가고 흘러온다. 흥하다가 쓰러지고 찬란하다 쇠락하고 상대적으로 운기 따라 변화하며 한 세대는 가고 한 세대는 온다. 오래전 세대를 기억하는 자도 없고 장래 세대를 그 후 세대가 기억하지 않는다. 간혹 역사학자나 고고학자들이나 고대유물과 유적을 보고 대략 추측한다. 잘 알지도 못하면서….
다시 솔로몬의 교훈을 참고해 보자.
"천하에 범사가 기한이 있고 모든 목적이 이룰 때가 있나니
날 때가 있고 죽을 때가 있으며
심을 때가 있고 심은 것을 뽑을 때가 있으며

죽일 때가 있고 치료할 때가 있으며
헐 때가 있고 세울 때가 있으며
울 때가 있고 웃을 때가 있으며
슬퍼할 때가 있고 춤출 때가 있으며
돌을 던져 버릴 때가 있고 돌을 취할 때가 있으며
안을 때가 있고 안는 일을 멀리 할 때가 있으며
찾을 때가 있고 잃을 때가 있으며
지킬 때가 있고 버릴 때가 있으며
찢을 때가 있고 꿰맬 때가 있으며
잠잠할 때가 있고 말할 때가 있으며
사랑할 때가 있고 미워할 때가 있으며
전쟁할 때가 있고 평화할 때가 있느니라." (전도서 3:1-8)

이와 같은 기한의 오랏줄 속에서 끊임없이 나고 죽고 생을 거듭하는 것이 인생이다.

"이제 있는 것이 옛적에 있었고 장래에 있을 것도 옛적에 있었나니 하나님은 이미 지난 것을 다시 찾으시느니라." (전도서 3:15)

현자 솔로몬은 말했다. 지혜로운 자는 상대적 존재계에서 혹은 흑백 논리의 시비에서 벗어난다고 역설한다. 신을 경외하는 자는 이 모든 일에서 벗어나리라고 전도서 3:16-18에 언급했다.

"무릇 명령을 지키는 자는 화를 모르리라 지혜자의 마음은 시기와 판단을 분변하나니." (전도서 8:5-6)

여기서 명령을 지킨다는 것은 어떤 카르마의 조작이나 인위도 없는 청정한 마음의 구원이다. 자연계의 동식물 모두 윤회의 범주 안에서 생성소멸 되고 있다. 이 돌고 도는 전생(轉生)의 원인을 알아보자.

2. 전생(轉生)의 원인

불교적 관점에서 보면 세속에 휩싸여 살아가는 중생의 사집(邪執), 유견(謬見), 번뇌(煩惱), 업(業), 카르마 등으로 인하여 삼계육도(三界六道)에 죽어서는 다시 나고, 덧없이 또 죽고 하면서 생사를 끝없이 반복하며 벗어날 수 없음을 의미한다.

"대저 사람은 자기시기를 알지 못하나니 물고기가 재앙의 그물에 걸리듯 새가 올무의 걸림 같이 인생도 재앙의 날이 홀연히 임하면 거기 걸리느니라." (전도서 9:12)

중도에 머물지 못하고 좌우로 치우쳐 지혜롭지 못한 인생들의 어리석은 결과를 말함이라. 사람이 사람다워지려면 육체와 정신의 완전한 자유가 보장되어야 한다. 기독교에서는 자유를, 불교에서는 해탈을 위해 힘쓰는 것은 인간이 인간답게 살다가 더 나은 현재와 사후의 천상에 태어나는 것을 최고의 영광이라 소망하기 때문이다.

"저가 비록 천년의 갑절을 산다 해도 낙을 누리지 못하면 마침내 다 한곳으로 돌아가는 것뿐이라." (전도서 6:6)

인간의 번뇌(煩惱)나 카르마의 원인은 대게 지나친 욕심으로 잉태된다. 강물이 한없이 바다로 연하여 흐르되 바닷물을 채울 수 없듯 인간의 마음은 존재의 근원을 깨닫기 전에는 천 번을 태어나도 채울 수 없다. 눈은 보아도 만족이 없고 귀로 듣는 것도 어느 날 채울 수 없다.
예수는 분명하게 말했다. 살면서 이것만은 지켜라
"옳다! 옳다! 아니다! 아니다!" 하라. 이에 지나는 것은 다 악이니라.

전생(前生)이 궁금한가? 지금의 삶이 전생의 결실이다.
어리석은 질문이다. 바울은 말했다.

"사람이 무엇을 심든지 그대로 거두리라. 자기 육체를 위하여 심는 자는 육체로부터 썩어질 것을 거두고 성스러운 영혼을 위하여 심는 자는 영생을 거두리로다." (갈라디아서 6:8)

"눈물로 씨를 뿌리는 자는 기쁨으로 거두리로다. 울며 씨를 뿌리러 나가는 자는 정녕 기쁨으로 그 단을 가지고 돌아오리로다. (시편 126:5-6)

전생의 뿌린 대로 내가 현재 생을 사는 것이다. 이 간단하고도 분명한 원리를 누가 부인 하겠는가? 이 이치는 존재계의 저울 눈금처럼 분명하다.

내생 역시 현재 내가 뿌린 대로 거두는 것이다. 본인 자신만이 안다. 남을 속일 수는 있어도 자신의 마음을 속일 수 없으니까 말이다. "마스터"들은 알고 있으나 상관하지 않는다. 초대교회 순교자들은 남의 죄와 무지몽매를 간섭하다 맞아 죽었다.

"선을 행하다 낙심하지 말라.
피곤하지 아니하면 때가 이르매 거두리로다." (갈라디아서 6:9)

"착한 일 많이 하시게 그대가 곧 부처일세." (경허스님)

이와 같이 무시무종으로 돌고 돌아가는 가운데에 간혹 혁명 의식적 삶을 사는 희귀조들이 나타나서 인간 세상을 잠시 잠시 가르쳤다.

여러 부분과 여러 모양으로 선지자들과 선지식(善知識) 자 들을 이 땅에 보내어 진리와 경건의 모델이 되게 하셨던 것이다. 각 세대마다 횃불을 들고 어둠을 밝히던 스승들이 분명히 있었다. 그들의 가르침은 한치 앞을 모르는 무지몽매한 형체만 갖춘 돼지 인생들에게는 도무지 말도 안 되는 소리였을지도 모른다. 이 하늘을 비상하는 갈매기는 "리쳐드 바크" 작품 〈갈매기의 꿈〉으로 상징해 보자. 부둣가의 생선 썩은 비늘과 지느러미 간혹 창자 찌꺼기 한 쪽씩 주워 먹다가 작은 섬 바위틈에서 둥지를 틀고 수천 년을 그렇게 살아왔고 살아간다.

바다가 얼마나 넓은지, 지구촌 땅 끝에는 무엇이 살고 있는지, 하늘 창공에는 누가 있는지 관심 없다. 구태의연하게 세월이 흘렀다. 이제는 이렇게 낳고 죽고 태어나고 바위틈에 배설한 똥이 산을 이룬다. 그 마른 똥 너머 위에서 새끼가 부화되고 또 한 세대가 오고 한 세대가 지나간다. 어느 날 이 똥무더기 사회에도 철학자가 한 사람 나타났다.

"현재 이렇게 살고 있는 것이 하나님의 뜻이니 감사하고 이 섬 지방의 작은 항구를 벗어나지 말고 높이 올라가지도 말고 다른 곳에 한눈팔지도 말라! 만일 이 사회 소박한 갈매기들을 유혹하거나 이단사설로 마음을 심란히 어지럽히는 자는 갈매기들 사회에서 영원히 추방할 것이다."라고 철조망 같은 율법과 거기 지켜야 할 계율들을 만들어 선포했다.

세월이 엄청 흘렀다. 어느 날 충격적인 소문이 퍼지기 시작했다. "조나단 리빙스턴"이라는 갈매기가 나타나서 동료 갈매기들을 모아놓고 설교를 했다. 그 설교는 신기하기도 했고 두렵기도 했다. 이야기 내용은 간단했다. 엄청난 곳으로 안내할 테니 용기 있는 자들은 자기를 따라 우리가 아직 알지 못했던 아름답고 환상적인 엄청난 세계를 관광하고, 이 좁은 철조망을 벗어나자는 내용이었다.

몇몇 갈매기들이 그의 신빙성 있는 설득에 조나단을 따라 나섰다. 여러 모션과 각도로 비행하여 갈매기 사회에서 금지된 구역을 완전히 벗어나서 뒤의 것은 잊어버리고 더 높이 더 높이 비상하여 올라갔다.

조나단 리빙스턴은 비행을 잠시 멈추고 동료 갈매기 몇몇 무리에게 아래와 좌우 멀리를 천천히 바라보라고 설득했다. 마천루 빌딩이 성냥갑만하고 자기들이 살던 갈매기 나라 섬은 손바닥만했다. 멀리 멀리 날았다. 그들은 이곳저곳을 보고 수천 년 동안 모르고 살아왔던 엄청난 세계를 보았다.

푸른 숲들, 다른 섬의 갈매기들, 피부색이 다른 동료들, 끝없는 바다, 끝없는 우주, 그동안 상상을 불허하던 세상을 보고 가슴이 뛰었다. 그러나 한편 그들은 걱정이었다.

갈매기 사회에 돌아가면 누가 이 사실을 믿어줄까, 그리고 어떤 처벌이 기다릴까 두려웠다. 이들은 고향에 돌아가서 지도자 갈매기와 다른 동료들에게 보고 느낀 세계에 대해 낱낱이 보고하고 설득하였다.

장로들은 분노하여 소리쳤다. 세상에 그런 곳은 없다. 헛소리 하지 말라. 결국 조나단은 추방당했고, 그를 따르던 동료들은 재판에 회부되어 이단자들로 규정되어 일정기간 중형을 선고 받는다. 조나단이 추방당하던 날, 그는 군중을 향해 소리쳤다.

"가장 높이 나는 자만이 가장 멀리 본다. 우물 안의 개구리들이여! 내가 그대들을 얼마나 사랑했는데… 날이 이르리니 그때는 너무 늦으리. 너무 늦으리. 너희들의 성벽이 벽돌 한 장 남김없이 무너질 날이 이르리니 늦기 전에 머리를 들어 하늘을 보라!"

세상은 이러한 유전으로 가는 곳마다 철조망이다. 그리고 무지를 깨우치는 혁명적인 사람을 대접하기는커녕 죽여버렸다.

바른 신앙으로 느부갓네살왕에게 진리를 전하던 다니엘은 사자굴에 던짐을 당했고, 눈물로 이스라엘의 운명을 예언하던 선지자 예레미야는 감옥에 던져져 죽어갈 즈음 이방인들이 발견하고 목숨을 구해주었다.

농부 이사야는 하늘의 영감을 받아 여러 강대국에 경고장을 보냈고, 권력자들을 호되게 나무랐다. 전설에는 어느 날 므낫세 왕의 그 악명 높은 고문 중 톱으로 온몸이 잘려 죽었다고 한다. 무지한 군중의식은 예수를 죽였고, 갈릴레오를 재판에 회부하였고, 아시아의 현자 오쇼 라즈니쉬를 고문하고 골수 칼슘을 말리는 주사를 투약해서 감옥에다 수용하였다. (미국 오리곤주에서 명상캠프 당시)

끊임없이 성자들을 왕따시키고 신비주의자인 아라비아 성자 만수르를 돌로 쳐 죽였다.

이것이 이 사회의 전통이며 뿌리 깊은 유전이다. 지혜 있는 자들이 은둔하는 이유가 바로 여기에 있다. 누가 마음의 눈이 열려 이러한 현자들을 가까이 하며 등용한 적 있는가?

"충신은 간신의 적이며 미인은 추부의 적"이란 격언이 있다. 충언이나 진리는 귀에 거슬리는 법이다.

노자는 법무부 장관쯤 되는 위치에서 왕을 도와 백성들을 깨우치려 했었다. 처음 등용될 때 약속과는 달리 왕은 노자의 충언을 무시하였다. 할일이 없게 된 중국의 사상가 노자는 관직에서 사임하고 제자들을 가르치는 것조차 허망하여 은둔해 버렸다. 노자를 생명처럼 존경하던 제자 하나가 천신만고 끝에 산에 숨어서 옥수수 죽으로 연명하는 스승을 찾아낸다. 몇 날 며칠을 문밖에서 세상으로 모셔 가려고 하소연하고 힘썼으나 허사였다. 이 늙은 스승은 이미 모든 눈에 보이는 것들을 분토처럼 버린 상태였기에 노자는 미동도 하지 않았다.

이 제자는 계속해서 머리를 조아려 간구하였다. 제자의 끈질긴 간구를 가상히 여긴 스승은 밤새워 인생의 지침서를 기록해서 전달해 주었는데 그것이 바로 도덕경(道德經)이다. 상편인 도경(道經)과 하편인 덕경(德經)인데 도편 37장과 덕편 44장을 합쳐서 5천여 언(言)인데 81장으로 구성되어 있다. 이 형이상학적인 동양사상의 진수인 도덕경은 만물과 생성소멸의 근원과 상대성 통일 원칙을 설화한 고상한 지침으로 전해지고 있다.

그나마 다행이다. 세속적 인간들은 이러한 동양의 고전 영혼의 지침서를 읽지 않는다. 특별한 수행자들 외에는 불경이나 성경

그리고 동양의 고전들을 가까이 하지 않는다. 유흥적인 것들, 폭력적인 스크린, 스포츠, 몸을 망가뜨리는 과도한 섹스, 폭식 쪽으로 발달되고 영원한 자유를 위해 속박에서 벗어날 생각은 꿈도 꾸지 않는다.

이 땅의 종교는 전쟁과 싸움만 일삼을 뿐 인류에게 아무런 도움도 되지 못하고 있다. 진정한 자유와 해탈은 어느 철조망이나 교리나 특별한 종교의 겉치레 두루마기를 입어서 되는 것이 아니기 때문이다. 예수의 가르침이나 붓다의 가르침을 배울진대 그분들의 뜻을 헤아리고 삶의 현장에서 뼛속 깊이 그 교훈을 이식하여 배우는 자세가 필요한 것이다.

필자는 예수 그리스도를 스승으로 믿되 교인은 아니다. 또한 부처님은 존경하되 불교인 또한 아님을 밝혀둔다. 드넓은 구중궁궐을 발견하고 죠나단 리빙스턴처럼 우물 안에서 살기 싫어 뛰쳐나온 사람이다.

내손으로 노동하고 애써 포교도 하지 않는다. 지구는 완전하다. 찌그러질 것은 찌그러진 대로 쓸모 있고, 떨어진 낙엽은 썩어 거름이 되고 또다시 싹이 난다.

수많은 시행착오와 명상, 그리고 추위와 더위, 기다림과 인내, 불면의 밤이 지나면서 굶주림과 집 없는 설움, 노예보다 힘들었던 머슴살이, 멸시 천대와 비소, 매 맞음을 겪으면서 필자는 굳세게 살아남아 예수를 친구 삼았다.

인간은 이렇게 성숙한다. 윤회, 전생, 환생의 속박, 그 반복의 매너리즘에서 해방되는 특별한 비법은 존재하나, 아무나 배우기 어렵다. 참된 스승을 만나기가 어려워서이다. 예수도 탄생부터 수난이었고 집 한 채도 없이 하루하루 떠돌면서 마른 떡 한쪽으로 연명하며 사람들이 던지는 돌을 피하여 유리하면서 복음을 전파했다. 저 북방불교의 대 성자 미라레빠도 처음에 여러 스승들을 만나면서 헷갈리기도 했으며 석가모니 부처님도 여러 스승들을 만나면서 헷갈리기도 했다. 아! 그러나 순결하고 맑은 사람은 설사 시행착오를 해도 언젠가는 반드시 성숙해지며 어린아이의 일을 버리게 된다.
 '선철(先哲)이 닦아 놓은 길은 묻지 말고 가라.' 톨스토이 인생론 첫 장에 나오는 말이다
 예수, 붓다, 노자, 공자, 라마나 마하리쉬, 오쇼 라즈니쉬. 위 성자들의 경전은 기본적으로 읽어 두는 것이 좋다. 그리고 가르침이나 교훈을 의심하지 말고 수용해야 한다. 맹신해도 좋다. 그러한 마음은 순수이기 때문이다. 시간이 흐르면서 점차 지혜가 생길 것이다. 자양분이란 정신적 소화력에 관련이 크기 때문이다.

> "분별력이 없는 사람, 마음이 불안정하고 가슴이 순결하지 못한 사람은 결코 목적지에 이르지 못하고 또다시 태어나고 또 태어날 것이다. 그러나 분별력을 가진 사람은, 마음이 순결하고 가슴이 안정된 사람은 목적지에 도달할 것이며 태어남이 없는 세계에 도달할 것이다."
> (우파니샤드)

 윤회, 환생의 실제적인 사건과 자료들은 중간 장에서 여러 유형의 예를 들어서 이해력을 도와 충분히 설명할 것이다.
 인간은 알아야 할 것이 있다.
 헬스 체육관에서 몇 년씩 땀 흘리고 마음을 모아 운동을 하고 수련을 하면 멋있고 아름다운 육체가 만들어진다. 여성들도 오랜 시간 운동과 체조를 하면 아주 아름다운 곡선의 탄력 있는 건강한 몸매가 만들어진다. 틀림없이 말이다. 이와 같이 영혼과 정신도 쉬지 않고 수련하고 사모하고 부지런하게 공부에 전념하면 (10-20년 기본적으로) 사물의 실체와 속박에 얽혀 있는 인간세상의 번뇌가 보일 것이다.
 그리고 권태로운 생의 굴레를 벗고 싶을 것이다. 정신이 건강해지고 영혼이 성숙해질수록 이 세상의 눈에 보이는 것들에 대하여 속된 애착이 끊어질 것이다. 이러한 것들은 1차적인 현상인데

소위 염세주의(厭世主義) 철학과는 그 본질이 다르다. 미원 맛이나 설탕, 소금 맛으로는 성숙된 영혼의 갈증을 풀 수가 없다. 점차적으로 성인들의 발자취를 유념해서 더듬어 보면서 구도여행이 시작된다.

그러니까 필자가 말하는 1차 구도여행은 모방에서 출발한다고 생각하는 것은 우리가 학문을 하고 위인전기를 읽고 영화를 보고 어떤 계기에 어떤 동기가 유발되어 결단하는 경우가 많기 때문이다. 성인들의 발자취나 고전은 반드시 우리가 산책해야 할 통로라 생각한다. 이러한 가운데에 Ego가 점차 사라지며 부질없는 욕망이 사라진다.

모든 것이 바뀐다. 의복, 잠자리, 삶의 방향, 가치관, 인생관, 종교관, 음식 모든 것이 바뀐다. 이 현상들은 인위적인 것이 아니라 저절로 그렇게 된다. 때가 되면 장미 봉우리가 터지듯 자연스러움이다. 그때 비로소 그곳에 환희로운 마음이 싹트기 시작한다. 불가에서는 이것을 보리심이라 하며 기독교에서는 이것을 십자가 동참이라 한다.

그러나 이러한 수행은 대개 모델에 의한 모방적 신앙과 신념에서 비롯되는 것이며 따라서 소위 말하는 대각(大覺)을 이루는 것은 아니다. 현자들의 발자취에서 경건을 배우자는 것이다.

"인간의 욕망이 바로 그의 운명이다.
왜냐하면 그의 욕망이 바로 그의 의지이기 때문이다. 그리고 그의 의지가 곧 그의 행위이며 그의 행위가 곧 그가 받게 될 결과이다. 그것이 좋은 것이든 나쁜 것이든 인간은 그가 집착하는 욕망에 따라 행동한다. 죽은 다음에 그는 그가 한 행위들의 미묘한 인상을 마음에 지니고서 다음 세상으로 간다. 그리고 그의 행위들의 수확을 그곳에서 거둔 다음에 그는 이 행위의 세계로 다시 돌아온다. 이와 같이 욕망을 가진 자는 환생을 계속할 수밖에 없다. (우파니샤드)

전생에 자신이 어떤 사람이었는지는 자신의 현재 성품과 생활

습관 삶의 질을 저울질 해보면 금방 알 수 있다. 콩 심으면 콩 나고 팥 심으면 팥이 난다. 심은 대로 거두는 진리는 자연 법칙이다. 따라서 자신이 다음생애 어떤 모습으로 태어날 것도 그 사람의 성향에 따라 생활습관에 따라 대부분 결정된다.

"나더러 주여주여 한다고 다 천국으로 가는 것이 아니라, 하나님의 뜻을 행하는 자라야 들어간다고 예수는 가르쳤다." (마태복음 7:21)

믿음이라는 것은 신앙의 대상과의 약속을 잘 지키고 절제하고 상당 부분 세속적인 것을 포기하고 자아를 죽이고 좁은 문으로 들어가야 하는 조건을 지켜야 하기 때문이다.
인간의 옷을 입고 태어난 사람은 누구나 그 속에 신성이 있다. 푸성귀 야채는 떡잎이 다르고 인간될 사람은 어려서부터 다르다. 성인들을 보라. 결코 그들의 유년 시절이 그리 화려하지 않았고 세상적으로도 성공한 이들을 보면 천신만고로 고생들을 했다. 이러한 고난의 용광로에서 인간은 거듭나고 성숙해지는 것이다.

"보라 내가 너를 연단하였으나 은처럼 하지 아니하고 고난의 풀무에서 택하였노라." (이사야 48:10)

금은보화가 저절로 반짝이며 화려하게 빛나는가? 그냥 화려한 게 아니다. 용광로를 통과하고 장인의 손에서 수백 번 담금질에 가공을 하여 비로소 보석으로 거듭나 영롱한 빛을 내는 것이다.
아름다운 비단이 그냥 비단이 아니다 비단이 되기까지는 베 짜는 여인의 허리 겹치는 그 섬세한 수고와 밤새워 물레를 돌리는 고통에서 그 부드러운 옷감이 만들어지는 것이다. 생활이 안락해지면 대개 인간은 게을러지고 나태해진다. 육신이 살찌고 편할수록 영혼은 병들기 시작한다. 돈, 명예, 예술혼, 사업성공 등 기타 정상에 오르는 길은 크게 험난하고 피 뿌리는 고난이 뒤따른다.
하물며 윤회를 종식시키고 생사에 매이지 않는 대 자유를 그냥 주여! 주여! 몇 번 한다고 공짜배기로 획득한단 말인가 세상에 그런 법이 어디 있는가?

성경은 대가를 지불해야 한다고 수백 구절 언급하고 있다. 입으로만 하나님을 부른 한국 교회를 보라. 분열된 조국 맘모스 교회가 늘어갈수록 도덕성은 다운되고 비만증 환자처럼 되어 맛 잃은 소금이 되고 있다.

"영혼이 병들고 곤고하고 가련하고 눈멀고 벌거벗은 것을 알지 못하는 자에게 내게서 불로 연단한 금을 사고 흰옷을 사서 수치를 가리우고 안약을 사서 보지 못하는 눈을 보게 하라." (요한 계시록 3:17-18)

산다는 것은 값나가는 물건을 교환하는 것으로써 결국 대가를 지불하는 거래를 의미한다.

제3장 귀신이 되어 떠도는 영들

세상에는 여러 가지 기술이 있다.

전기를 발명하여 생활을 돕는 사람, 자동차를 만들어 운송수단을 돕고 여러 가지 기계를 만들어 유익을 주는 사람, 병을 치료하는 사람, 보석을 만드는 연금술사, 노래를 짓고 시를 써서 평화를 공양하는 음유시인들과 웃음을 주는 사람, 그 밖에도 수많은 기술이 있다.

그러나 이 많은 기술들이 이생을 끝내고 다음 생을 맞이하는 죽음의 순간에는 아무런 도움이 못된다.

전장에 말했듯 생이 기쁘면 죽음도 기뻐해야 하지 않을까? 생명이 소중하면 죽음도 소중하다. 진정 거리낌 없이 살았다면 왜 죽음이 두려울까? 반드시 겪어야 할 관문인데 죽음을 친구 삼지 않는 한 절대로 영혼 구원은 어렵다.

성경에는 예수의 교훈 중에 제자들을 둘씩 짝 지워 선교지로 파견할 때 귀신을 쫓아내는 능력을 가르쳤다.*

마태복음에서만도 귀신에 대한 언급이 10여 차례 언급되었으나 그 중에 이해를 돕기 위해 다음 구절을 참고해 본다.

"예수께서 해안 지방 가다라란 마을을 지날 때에 귀신 들린 자 두 명이 무덤 사이에서 나와서 예수를 만나니 저희는 심히 사나와 아무도 그 길로 다닐 수 없더라. 그때 그들이 소리 질렀다.
하나님의 아들이여 우리가 당신과 무슨 상관이 있나이까? 때가 이르기 전에 우리를 괴롭게 하려고 이곳에 오셨나이까? 우리를 쫓아내시려거든 저 돼지 떼에 들여보내 주소서 한대 예수께서 명하시니 그 귀신들이 돼지 떼로 들어가니 놀란 돼지 떼들이 뛰쳐나가 바다로 들어가 몰사하였다." (마태복음 8:28-32)

---

* 돼지 몸에 들어간 귀신들을 참조

이러한 구절을 주목해 보면 불교에서 동물의 몸을 입는다는 설에 대하여 의문이 풀릴 것이다.

사도바울의 설교 중 고린도전서 성경구절을 참고해 보자.

"하나님이 그 뜻대로 저에게 형체를 주시되 각 종자에게 그 형체를 주시느니라. 육체는 다 같은 육체가 아니니 하나는 사람의 육체요 하나는 짐승의 육체요 하나는 새의 육체요 하나는 물고기의 육체라 하늘에 속한 육체도 있고 땅에 속한 육체도 있으나 하늘에 속한 자의 영광이 따로 있고 땅에 속한자의 영광이 따로 있도다." (고린도전서 15:38-40)

이 구절은 기독교 교리 중 무덤이 갈라지는 문자적 부활을 기다리는 사람들의 부활에 대한 언급이다. 결국 부활과 환생의 해석 차이일 뿐 다음 생에 대한 영혼 불멸에는 차이가 없는 셈이다.

사람은 죽음의 순간에 몇 단계로 나뉜다.
① 즉시 천상낙원에 영혼성숙도 급수에 따라 태어나는 이도 있고
② 49일 기간을 거쳐 환생하는 영혼도 있는데 영혼이 자궁에 태벽되어 안이비설신(眼耳鼻舌身)의 성별을 갖추는 기간이 49일이다. 의문이 나면 의사들에게 질문해보면 나의 이론을 믿을 것이다. 구체적인 이야기는 다음 장에서 언급하기로 한다. 이 기간 동안에 태어나는 영혼은 그나마 천만 다행이다. 임종하여 즉시 영혼이 구원되어 천상에 빛의 인도를 받지 못한 영혼은 혹독한 두려움에 정신을 잃을 정도로 떨게 된다. 두렵고 어리둥절한 상태에서는 현숙한 여인의 자궁을 발견할 수 없다. 안절부절 두려운 상태에서 세상에 대한 미련과 원한이 남아 있는 영혼은 원수의 집에 태어나기도 한다.

그 집 아들로 태어나 재산을 탕진하고 부모 속을 있는 대로 썩힌다. 그 탄생 과정이 천태만상이다.

어떤 영혼은 육체를 발견하지 못해 동물로도 몸을 받는다. 우매한 인간은 소의 몸으로, 절제 없이 먹기를 탐하는 영혼은 돼지의 영혼으로, 성적으로 문란한 사람은 개로 태어나고, 이중인격 쓰고 간교하고 음탕하면 뱀으로 태어난다. 이 이야기는 절대로 지어내는 얘기가 아니다. 〈불교실화집〉에 보면 소름끼치는 실화가 얼마든지 있다.

진리의 해탈법을 깨닫지는 못해도 애착과 욕심을 버리지 못한 사람은 그래도 사람의 성품이 남아서 다음 생에 인간으로 다시 태어날 확률이 있으나 사람의 탈을 쓰고 짐승처럼 마구잡이로 막 행막식하며 악한 일에 징벌이 금방 따르지 않는다하여 일평생을 함부로 살다가 죽으면 어떤 천사도 신장(神將)도 그 영혼을 돌보지 못하고 인도할 수 없다.

③ 영계의 검찰청에 끌려감

인간 세상에서도 죄가 없으면 아무리 중무장한 경찰이나 형사 그 이상 권력 있는 사람을 만나도 떳떳하듯이 인간이 이 세상에 살면서 성현들의 가르침을 도외시하고 황금보다 귀중한 시간들을 함부로 살다 못해 수백 가지 악업을 쌓으며 살다 죽는 영혼은 몹쓸 병을 얻어 아주 고생을 하다 결국 참회하지도 않고 말로 다할 수 없는 공포와 두려움에 죽는다.

임종하기 며칠 전부터 소리를 지르며 이를 갈기도 하고 80이 넘는 노인도 어머니를 부르기도 한다. 의지할 곳이 전혀 없기 때문이다. 대개 죽음을 앞두고 깨닫는다. 자신이 크게 잘못 살았음을. 그러나 소용없다 선악간의 행위에 의하여 또 다른 미래의 생이 준비된다.

금빛 찬란한 빛의 터널이 제3의 눈(양 눈썹 중앙) 미간에 뚜렷하게 보이지만 그 빛을 따라 발을 옮길 용기가 전혀 없으며 기운

또한 없다. 이와 같이 악한 영혼은 영계의 경찰들이 영계의 대왕들 앞에 데려간다.

두려움에 반항하면 철퇴로 머리 등짝 어깨를 사정없이 후려쳐서 기운을 빼서 데려간다. 반드시 심판을 받는데 각각 행위대로 보응을 받는다.

이 무서운 보응의 개인적인 심판은 틀림없이 진행되는데 이 사실을 농담으로 여기거나 무시한 자들은 반드시 이를 갈며 후회하게 된다. 기억해야 할 사실은 이 심판은 눈에 보이는 실제가 아니고 의념(疑念)으로 진행된다. 무슨 말인지 납득이 안 되거든 기도하라.

의념에 대해서는 〈死者의 書〉를 참고하고 요한계시록 20장을 찬찬히 읽어보면 도움이 될 것이다.

"또 내가 보니 죽은 자들이 무론대소하고 그 보좌 앞에 섰는데 책들이 펴 있고 또 다른 책이 펴졌으니 곧 생명책이라. 죽은 자들이 자기 행위를 따라 책들에 기록된 대로 심판을 받으니 바다가 그 가운데서 죽은 자들을 내어주고 또 사망과 음부도 그 가운데서 죽은 자들을 내어주매 각 사람이 자기의 행위대로 심판을 받고 사망과 음부도 불못에 던지우더라." (요한계시록 20:12-14)

심판받은 영혼들에 대해서는 다음으로 미루고 먼저 떠도는 영들에 대해 기록한다. 슬픔, 우울증, 시련, 상처 등으로 자살한 영들은 염라대왕 앞에도 못 간다. 대개 떠돌며 탄식하고 후회해도 소용이 없다.

육체를 버리면 끝나는 줄 알지만 전혀 잘못된 생각이다. 인간이 꿈을 꿔보면 필자의 말을 알 수 있을 것이다. 꿈속에서도 슬픔, 기쁨, 비애, 고통을 모두 의식할 수 있다. 그리고 정신은 감정을 그대로 갖고 미국도 가고 달나라도 가고 순간이동으로 못 가는 곳이 없다. 예를 들어 책상 모서리에 정강이를 부딪쳤다 가정하자. 통증을 느낄 것이다. 누가 통증을 느끼는가?

그것은 신경 조직을 통해서 자신이 느끼는 것이다. 그런데 모함을 당하고 누명을 쓰고 배신을 당했다 치자. 어디가 아픈가? 그 아픔은 신경 조직의 센서와는 관계없이 보이지도 않는 가슴속이 아프다. 즉, 영혼이 아픈 것이다.

이와 같이 사람이 함부로 힘들다고 이유를 만들어 목숨을 끊으면 천년 이상 공중이나 허공에서 떠돌며 고통을 받는다.

즉, 귀신이 되는 것이다. 신약성경 공관복음에 여러 차례 언급되는 귀신들이 바로 이와 같은 것들이다. 간혹 고승의 법문을 훔쳐듣고 깨달은 도인의 설교를 들으면 천에 하나씩 늦게나마 천도되는 경우도 있다

이 슬픈 귀신들은 육체가 없으니 연약하고, 의지가 약하고, 결단성 없고, 양명치 못하고, 음 기운 많은 인간들을 골라 대개 빙의되어 있으나 그 귀신들도 역시 불안하게 산다. 이 귀신이 빙의된 사람은 자신도 모른다.

이중 삼중 인격, 거짓말을 수시로 하는 영들, 속살거리는 영들, 쓸데없이 분노하며 공격하는 영들, 게으르고 태만한 영들, 포악한 영들, 이들의 종류는 수도 없다. 술 취하는 영들, 마약 하는 영들, 성스러운 육신의 성전에다 발암물질인 담배를 피워대는 영들, 절제 못하는 영들, 색에 빠지게 하여 패망케 하는 영들, 이 귀신들에게 빙의된 사람은 몸에서 냄새가 난다. 그 냄새의 공통점은 "능사"라는 뱀의 악취 비슷하다. 영분별 은사(영 능력자)를 갖고 있는 이들은 이 말은 안다.

기도하는 사람, 능력 있는 자들, 구도자들, 순결한 자들이 방문하거나 함께 잠을 자거나 할 땐 빙의된 귀신이 잠시 나간다. 그러다가 다시 들어간다. 왜냐하면 빙의된 자신들도 어느 정도 의지가 있기 때문에 자기보다 한 수 위인 도인들이나 윗사람 앞에서는 절제를 하며 점수를 따려고 잔꾀를 부리며 선행을 가장하나 그들이 없을 땐 즉시 자기들의 일상으로 돌아간다.

빙의된 사람이 대단한 결단력과 신심으로 24시간 깨어 있으면

서 밤에도 밝은 불을 밝히고 법제된 주사나 단약(丹藥)을 먹으며 성경이나 관음경, 옥추경을 읽으면 귀신은 범접을 못한다. 이 귀신들은 저주받은 상태라서 때가 차기까지는 어쩔 수가 없다.

1997년도 초봄이었다. 경북 영덕군 지품면에 수도중인 일중 선생이 소개 했다며 34세 된 청년이 찾아왔다. 당시에는 필자가 수도원(명상센터)을 운영하고 있을 때였다.

어차피 장을 폈으니 오는 사람 막지 않고 가는 사람 잡지 않는 곳이니 우리 수도원 영성 수칙을 읽어보고 수칙에 따를 수 있으면 이곳에서 지내도 좋다고 허락했다.

외관상 점잖고 말이 적어 괜찮아 보였다. 처음에는 며칠 동안 잘 지내는가 싶더니 하루하루가 지나면서 이 최씨 청년은 얼굴이 창백해지고 목소리가 임종하는 사람 같았다. 맥을 짚어 보면 90세 노인 같고 걸음도 아주 천천히 걷고 뭔가 말 못할 고통에 시달리는 사람 같았다. 몸은 수척하고 손발이 싸늘하고 옷을 몇 겹씩 껴입고 내 얼굴을 똑바로 보지 못했다.

어디가 아프냐고 물었다. 그 최씨 청년은 특별히 아픈 곳은 없고 그냥 기운이 없을 뿐이라고 했다. 그리고는 아침마다 수돗가에서 웅크리고 앉아 속옷 트렁크를 찬물로 세탁을 하고 있었다. 거의 매일 그리하였다. 나는 영문을 모르니까 퍽 정갈한 사람이라고 느꼈다. 1개월이 지났다. 자기에게도 뭔가 할일을 좀 분업해서 달라 하기에 공밥 먹기가 미안하거든 사슴 먹이를 좀 주고 멧돼지 밥을 좀 줄 수 있느냐고 했더니 좋다고 했다. 그 청년은 종종 사슴먹이와 멧돼지 사료를 더러 주면서 얼굴이 약간 밝아지는 듯했다.

다행이었다. 그러던 어느 날이었다.

사슴과 멧돼지 먹이를 주고 문을 닫지 않아 사슴과 멧돼지가 산으로 뛰쳐나가 버렸다. 왜, 어떻게 된 일이냐고 물었더니 야생동물을 가둬 키우는 게 아니라고 설교를 하였다. 기가 차서 말이 안 나왔다.
 별의 별 미친놈이 다 있구나 하고 혼자 생각하다가 저녁 식사를 같이 하였다. 그날 저녁 나는 오싹 소름이 끼치는 광경을 보았다. 벌거벗은 미녀 귀신 7-8명이 이 청년의 등 뒤에서 밥 수저를 헤아리며 음식의 기운을 흠향하고 있지 않은가? 나는 가까스로 단전에 기운을 집중하고 그 자리에서 꾸짖었다. 내가 명하노니 이 젊은이의 몸에서 물러가라! 하고 고함을 질렀다. 그리고 청년에게 꾸짖었다. 언제부터냐고. 이 젊은이는 알고 계시는군요. 하면서 고개를 떨구고 있다. 여자 귀신들은 일단 물러갔다.
 청년의 말을 들으니 다음과 같았다. 어느 날 〈한마음 선원〉의 비구니 대행 스님 문하에서 2년 동안 승려생활을 한 적 있는데 이성이 몹시도 그리워 방황했었다고 했다. 그러던 어느 날 밤 인간 세상에서는 볼 수 없을 정도로 아름다운 미녀들이 터질 듯한 알몸으로 7-8명 어떤 때는 10여명이 원을 그리며 가이 녹을 정두의 황홀경으로 이끌어 견딜 수 없는 유혹으로 마음대로 골라서 원하는 대로 가지라는 유혹을 하기에 그녀들과 차례로 밤마다 섹스를 했다는 것이다.
 처음에는 황홀하고 기분이 좋았지만 몇 개월이 지나면서 체중이 빠지고 목소리도 줄어들고 말할 기운까지 없어지더라는 것이었다. 밤마다 몇 차례씩 몽정을 하니 생명을 지키는 신기(腎氣)가 쇠진하여 병든 노인처럼 시달린 것이다. 그로 인하여 아침마다 수돗가에 앉아서 속옷을 힘없이 세탁을 하고 있었던 것이다.
 이제는 본인이 지치고 너무 힘들어 거부를 해도 나체 귀신들은 이 청년에게 강제로 달려들어 교합을 한다는 것이다. 그리하여 이제는 자신의 힘으로 어쩔 수 없는 지경까지 이르러 정말 심각한 병이었다.
 거칠고 날뛰는 귀신들은 금방 드러나서 분별하기 쉽지만 이 청년처럼 예의 있는 듯하고 점잖은 듯하면서 가끔 엉뚱한 짓을 하고 마음이 음성적인 사람들 속에 숨어 빙의된 귀신들은 분별하기 매우 어렵다. 본인이 아무에게도 입을 열지 않으니 더욱 어렵다. 기껏 한의사들이 맥을 짚어보고 기가 허해서 그렇다며 "육미지황탕"이나 기타 보약이나 달여 줄 정도다.

이렇듯 이 청년은 색녀 귀신들에게 시달리고 있었다. 그날 이후 나는 이 청년과 황토방에서 함께 잠을 자면서 처방을 썼다. 티베트산 주사 1근을 머리맡에 두고 흑삼으로 기운을 보충시키고 얼마 동안 예의주시하며 그 청년을 옆에서 지켰다. 그리고 몇 가지 수칙을 정해줬다.

1개월 동안 그는 약속을 잘 지켰다. 체중이 4~5kg 불어나면서 얼굴빛도 좋아졌고 몽정이 한 번도 없었다. 귀신들은 그 뒤 범접 못했다. 그가 몸이 좋아진 뒤 수연이라는 여동생을 내려오게 하더니 필자에게 인사를 시켰다. 서울에서 S명문대를 졸업한 자매인데 건강들이 좋지 않았다. 내가 만든 단약(丹藥)을 조금 나누어 준 뒤 침을 놓아 주었는데 몸이 완쾌됐다고 했다. 방명록에 "낙엽을 태우며"란 글을 남기고, "병원에서 몇 년 걸린 병이 단시일 내에 사라졌다. 이곳에는 고양이도 도를 깨치나 보다. 이제 병원 약 먹을 일 없겠구나. 그동안 군입들 먹여 주시느라 수고 많으셨습니다. 목사님! 감사합니다."란 글을 한참 뒤에 읽었는데 지금 두 남매들은 몇 년 동안 소식이 끊어졌다.

1995년 여름이었다. 수도원 예배당에서 10여명이 모여 성서 연구를 하고 있었다. 저녁 9시경 강론을 마무리하다가 나는 머리끝이 쭈뼛하며 흠칫 놀랐다. 30여살 된 낯모를 청년이 앉아서 나를 뚫어지도록 바라보고 앉아 있었다. 얼굴이 정면으로 마주쳐 자세히 살펴보니 얼굴 이목구비가 흐려지고 점차 사람의 형체가 사라져 버렸다. 저절로 단전에 기운이 모아졌다. 이 청년을 뒤늦게 다시 나의 공부방에서 만났는데 자살한 영혼이었다.

이 귀신은 그래도 운이 좋은 편이었다. 며칠씩 내 몸을 빌려주면 나의 양기운(陽氣運)으로 사람행세를 하려 했다. 나는 때로는 2-3인 분의 음식을 먹기도 했다. 설교를 듣기도 하고 사슴 농장의 문을 열고 닫기도 했다. 벽에 못을 박기도 하고 세숫대야를 움직이기도 했다.

마형석이라는 모임의 경건한 젊은 청년 몸에 들어가기도 했고, 강진수 목사와 마형석 형제가 수도원 강당에서 수도 할 때에 내가 전깃불을 끄고 작은 촛불만 켜놓고 그 영혼을 의념으로 부르자 유리 창문을 움직이며 뛰어내려 왔다. 분명히 여러 사람이 겪은 일이다. 5년 이상 내 주변을 맴돌며 피나는 고생을 하고 내가 100일 기도를 마치고 나던 2000년 봄에 그는 어렵게 빛을 따라 떠났다.

이와 같이 영들이 보이지 않는 마음만 남아서 말할 수 없는 고통을 받으며 우리 주변에 살아있는 인구보다 더 많이 헤매고 있는 것이다.

우리 집에는 아직도 도움을 호소하는 영들이 몇몇 살고 있다. 이들의 존재를 우리 가족들은 두려워하거나 놀라거나 귀찮아히지는 않는다. 독자들이 안 믿어 질수도 있겠지만 사실이다. 나의 가족들은 이들의 소리를 들으며 아무렇지도 않게 살아간다. 가스렌지 위의 냄비에서 우유병을 삶을 때에 불을 끄기도 하고 거실의 선풍기가 쓸데없이 돌아갈 때 끄기도 한다. 지금은 우리 집 누렁이의 눈에 보이게 하여 밤에 종종 짖어 인삼을 지키게도 한다.

이 영들은 예외로 죄 중에 떨어져 지옥고(地獄苦)를 겪고 있으나 나름대로 선한 영들이라 할 수 있다. 아무리 교회를 열심히 다니고 세례를 받고 직분을 받았어도 일순간 잘못 생각하면 이처럼 귀신이 된다.

나의 가까운 선배 몇 분도 실패하는 것을 직접 보았다. 교회를 건축해서 선한 일도 하고, 구제사업도 하고, 늘 앞서 일하던 사람들이었는데 그 공로를 인정해주지 않자 심한 우울증에 시달리다가 한 사람은 빙의되어 스스로 목매어 목숨을 끊었고 한 사람은 급성 암으로 빙의되어 쓸쓸하게 세상을 떠났다.

이와 같이 우리 주변에는 길 잃은 영들이 살아있는 사람보다 더 많이 헤매고 있다. 신념과 의지가 약하고 올바른 신앙으로 무장되지 않으면 종교인도 별수 없다. 성경책, 마태, 마가, 누가, 요한, 4복음서에는 귀신이야기와 사탄이야기, 그 빙의된 환자를 예수께서 쫓아내고 치료하시는 내용이 수십 건이 기록되어 있는데 현대 교회 목회자들은 이 귀신의 정체를 잘 모른다.

앞에 기록된 대로 임종 때 검찰청에 끌려가는 사람은 행위가 악하고 준비되지 않고 죽음의 공포가 많은 사람의 경우다. 대개 죽는 사람 자신도 알고 있다. 살면서 자기가 얻은 결실을… 본인이 상상하고 의념했던 세계가 실제로 펼쳐진다. 금빛 찬란한 터널이 보이기도 하고(구원의 길), 회색빛이나 검은빛을 띤 터널도 보인다. 그 길을 따라가면 대개의 경우 동물의 자궁으로 연결되는 경우가 많은데 그중에서도 성격에 따라 천태만상으로 세분화된다. 12지에 등장하는 동물은 그래도 인간과 친숙한 동물이니 환생해도 사람의 생활과 말을 알아듣고 다음 생을 기약할 수 있다 치자. 그러나 육체 없는 영혼들을 한번 생각해보라.

검찰청에 끌려간 영혼은 이생에 살면서 양심에 가책을 못 느끼고 무지 가운데 도무지 자각 못하고 살던 죄인들이다. 자신이 만들어낸 결과를 따라 영계의 경찰관에게 끌려들어가 심판을 받는다. 유죄 판결이 확정되면 대개 10개국 대왕의 명에 따라 카르마를 갚아야 된다.

1. 오관대왕(五官大王)의 심판

비록 죽은 자가 생전에 기도하지 않고 자기 방식대로 살면서도 그중 종종 덕을 심고 원천공덕인 문맹퇴치 사업에 기부금을 냈거나 불사를 했거나 예배당을 지었거나 구제 사업을 했다면 그 부분과 악행을 저울질해서 사람의 몸을 받기가 얼마나 어려운가를 공부하고 당분간 세미나에서 떨면서 교육을 받게 된다. 그리하여 한번 기회가 주어져 환생하기도 하며 오관대왕의 법도를 잘 따른 이는 태어나지 않고 낮은 천당에 태어나는 수도 있다.

그러나 흉악한 마음으로 음해를 많이 하였으면 자기가 당한 만큼 아주 좋지 않은 세상 지옥에 태어나 늘상 칼에 찔리고 빼앗기고 쉬지 못하고 고통스러운 병에 시달리게 하며 마치 감옥 같은 생을 살도록 태어난다. 그러다가 죽기 전에 알게 된다. 이러한 지옥은 의념(疑念) 지옥임을 독자들은 자각하기 바란다.

가장 정확한 심판은 티 없는 자신의 양심이다.

2. 염라대왕(閻羅大王)의 심판

살인을 하고 아니면, 살인을 하도록 일을 꾸미거나 동참했거나 남의 재물을 교묘하게 자기 것으로 만들고 혹 힘으로 빼앗거나 다른 방법으로 약탈하거나 노임을 떼먹었거나 유부녀를 꼬아 간음을 하거나 인신매매를 하거나 한 죄인은 혀가 잘리는 벌을 받도록 태어나든가 그와 비슷한 사지가 찢어지는 일을 당하며 사는 벌을 받게 된다. 그러니까 지옥은 자신이 만들어서 가는 곳이지 누가 보내는 곳이 아니다. 그러나 반면에 마음공부나 진리를 배우지 못했어도 정직한 마음으로 위에 해당하는 죄를 짓지 않고 살았으면 지옥은 면하게 되는데 반드시 환생하되 생전의 기억은 잊어버리고 태어나니 다시 무지(無知) 상태로 돌아가 어디서 와서 왜 사는지도 모르고 고통의 삶이 이어지는 것이다.

3. 변성대왕(變成大王)의 심판

사기 협잡을 일삼고 남을 억울하게 하거나 주색과 도박, 한없이 게으르고 마음이 강곽하고 공짜를 좋아하고, 지나친 오락으로 유흥을 일삼으며 사람을 꾀어 타락하게 하는 적악한 사람은 변성대왕의 심판을 받고 독사가 우글거리는 골짜기에 갇혀 비몽사몽간의 중간의식 속에서 하루에도 몇 차례씩 독사에 물리면서 독사의 독 기운이 자신의 몸에 퍼지는 것을 스스로 느끼며 말할 수 없는 고통을 당한다. 그러면서 지난날 살면서 지은 죄를 스크린으로 보며 가슴을 치며 통곡한다. 이 지옥은 의념으로 자기가 만든 지옥이다. 그러나 이러한 죄를 죽기 전에 크게 뉘우치고 재산을 팔아 어려운 사람을 말없이 돕고 활인공덕(活人功德)을 하였으면 다음 생에 태어나서 자선 사업가로 일하던가 아니면 낮은 하늘 천당으로 교육을 받아 갈 수도 있다.

4. 태산대왕(泰山大王)의 심판

이유 없이 부모를 거역하며 불효하고 시비송사를 일삼아 남에게 억울한 일을 많이 하였거나 살인이나 방화로 보복하고 음해한 죄인은 맷돌에 깔리는 고통을 맛보며 무엇 때문에 자기가 맷돌에 깔려 죽어 가는지 알기 때문에 그 양심의 고통은 말로 다할 수 없다. 그러나 그와 반대로 진리는 깨닫지 못했어도 부모에게 효도하고 선심 공덕한 일이 있으면 그 공덕의 씨앗만큼 다시 사람으로 태어나 신선이 되는 공부를 하도록 한다. 최고 학부를 공부하고 어느 날 속세를 떠나 명산에 입산하여 세상을 등지고 마음 공부하는 사람들이 거의가 그러한 사람들이다. 미친놈이니 학벌이 아깝다느니 하며 비난할 일이 절대 아니다. 인간은 언젠가는 반드시 참인간의 영장주권(靈長主權)을 회복해야만 한다. 짐승이 아닌 참사람의 실체 말이다.

5. 평등대왕(平等大王)의 심판

남을 이간질하여 사이를 벌어지게 하거나 또는 남을 궁지로 몰아넣고 누명을 씌우거나 사기 공갈을 많이 하여 사람을 괴롭히고 불안케 하여 잠을 못 이루도록 한 사람을 심판하여 송곳으로 찔리는 옥에 갇혀 무수한 고초를 당하며 자기 죄 값대로 받는다.

아무리 뉘우쳐도 소용이 없음은 영계의 마지막 대법원 판결이기 때문에 어쩔 수가 없다. 다만 장소개념 문제일 뿐 천국이 있다면 반드시 지옥이 있는 것이다. 이 지옥 역시 죄인 자신이 만든 것이다. 그러나 진리의 도를 깨우치진 못했어도 생전에 행한 선행 중 자기가 희생을 당하면서도 남을 구제하여준 사람은 자기가 당한 희생의 몇 배로 복을 받는 천당에 평등대왕의 추천으로 보내진다. 평등대왕은 이름대로 모든 사람을 평등하게 심판한다.

6. 도시대왕(都市大王)의 심판

공금을 가로채거나 남의 돈을 빌리고 갚지 않거나 남을 번뇌하게 하여 병을 나게 하거나 거기에 살생살인까지 하고 공격하고 모질게 학대하고 악행을 많이 했으면 빙산 지옥처럼 차가운 철벽 속에 갇혀 뚜렷한 의식으로 고통을 받게 된다. 그러면서 생전에 자신이 악행하던 광경을 눈으로 보게 된다. 그러기에 그 누구를 원망할 수가 없다. 여기서 나오려면 대게 천년에서 수천 년 인간 세상의 시간이 지나야 잠시 기회를 얻는다고 한다. 그러나 도시대왕의 심판 중 진리의 도를 깨우치진 못했어도 생전에 자기 나름대로 정직히 행하고 은덕을 끼친 일을 행한 사람은 일정기간 교육을 받고 자미원(紫薇園) 신선계에 보내져 수도를 하도록 한다고 한다.

7. 전륜대왕(轉輪大王)의 심판

　도무지 남이 잘사는 꼴을 못보고 오히려 시기하고 늘 미워하거나 숙덕거리면서 조종하고 친척과 화목하지 못하고 왕래하는 것을 싫어하며 나누기를 아까워하거나 친척을 속이고 생활의 여유가 있음에도 불구하고 부모를 학대하며 힘없는 노인을 버리거나 병든 노인을 돌보지 않고 해친 자는 이 전륜대왕의 심판을 받고 최소한 천년 이상 흑암지옥(黑暗地獄)에 갇혀 자기가 행한 악업을 생생히 기억하며 다음 생에 태어나서 착한 사람이 되겠다고 수천만 번 한없이 속죄해야 한다. 그러나 생전에 진리의 도를 깨닫지는 못했어도 항상 은혜를 베풀고 선행에 참예하고 일생을 산 사람은 생전에 마음공부 못함을 뼈저리게 뉘우치고 전륜대왕의 추천으로 맨 아래 천국이나 신선계 요지연에 보내진다고 한다.

8. 진광대왕(眞廣大王)의 심판

　이 대왕은 세상에서 살면서 걸핏하면 환경을 탓하고 난폭하며 남을 칼로 찌르거나 쇠파이프나 방망이등 흉기로 구타하고 잔인하게 피를 뿌린 사람, 주색잡기로 시간을 허비 하면서도 뉘우치거나 참회하거나 중단하지 않고 부모를 돌보지 않고 학대한 사람을 심판한다. 남을 찌르고 때린 몇 배 고통을 매일 느끼는 도산지옥(刀山地獄)에서 생전의 일을 뚜렷한 의식으로 보면서 자신도 똑같이 당하는 지옥이다. 이 지옥 역시 자신이 만든 의념의 지옥이다.

9. 초강대왕의 심판

 자기 재산이 있어 먹을 만큼 살고 사지가 건강한데도 불구하고 상습으로 도적질을 하거나 살인을 일삼고 남의 집이나 공장, 산이나 들에 방화를 하거나 막대한 피해를 의도적으로 입힌 죄인은 이 초강대왕의 심판을 받고 화탕지옥(鑊湯地獄)의 고초를 받게 되는 것은 생전에 죄인 자신이 심은 대로 거두는 것이니 이 죄를 받으면서도 자신이 누굴 원망할 수 없음은 자신의 죄과를 자신이 잘 알고 있기 때문이다. 불경에도 모르고 저지른 죄는 과보가 가볍다 했고 예수께서도 모르고 지은 죄는 매가 적다 하였다.
 화탕지옥은 끓는 기름에 몸이 삶아지는 진저리나는 곳이다. 이 지옥 역시 죄인 자신의 의념으로 만들어진 곳이니 독자들은 의념이 어떤 의미인지 장소개념이 아닌 이 지옥을 명상해 보도록 하라.

10. 송제대왕의 심판

 이 세상에 사는 동안 재산이 풍족한데도 불구하고 빈민 구제를 한 번도 하지 않고 물 한잔 나누는 것도 인색하고 옆에 사람이 병들어 죽어가고 배고파 죽어가는데도 나와 상관 없다하여 대문 앞에 사람이 쓰러져 있어도 모른 체하고 일절 돌아보지 않고 오히려 선행하며 남을 돕는 사람을 비난하고 생색낸다며 헐뜯고 자기 집의 음식이 썩어서 오히려 버려도 아까워서 남을 못주는 사람, 나와 내 물건밖에 모르며 누가 내 것을 만지기만 하여도 싫어하는 사람은 이 송제대왕이 심판하는데, 늘 춥고 배고프고 쓸쓸한 곳에 갇히게 되는데 죽고 싶어도 죽을 수 없는 고통을 이 대왕의 권한만이 아는 기간 동안 벌 받게 된다. 아무리 돌이켜 기도해도 소용없으며 애원하며 몸부림쳐 참회해도 소용없다 너무나 많은 기회가 지나갔기 때문이다.

예수께서도 사람마다 유황불 못에서 세세토록 소금에 절이듯 할 것이라 하셨고 그 고난의 연기가 세세토록 올라갈 것 이라고 명하셨다.

이상 십대왕들의 재판은 불교적인 교훈이며 누구나 이 땅에서도 죄를 지으면 감옥에서 값을 치루듯 사후에 무지하게 죽어가는 죄인들을 깨우치는 또 하나의 길이라 할 수 있다. 신의 뜻이란 평등과 공평이다.

현자 솔로몬 왕은 이렇게 말했다.

"악한 일에 징벌이 속히 실행되지 않으니 인생들이 악을 행하기에 마음이 담대하도다." (전도서 8:11)

나쁜 짓을 했다하여 즉시 하늘에서 날벼락이 떨어지거나, 즉시 어떤 형벌을 받거나 하지는 않는다. 오히려 어떤 이들은 더 잘되는 듯 보인다. 사업도 번창하고 건강해 보이기도 한다. 그러나 형벌은 반드시 받는다. 선의 열매든 악의 열매든 무르익는 기한이 있다. 솔로몬의 1천 잠언 중에는 인과응보에 대한 교훈으로 가득 채워져 있다. 이 땅에 살면서 모름지기 인간답게 사는 길은 늘 깨어서 마음 공부하여 바른길을 찾아 헛갈리지 말고 분명하고 멋진 삶을 사는 길 뿐이다.

성현들의 가르침을 반드시 묵상하면서 홀로서기 해야 한다.

※ 49일 동안의 靈들

필자는 불교의식 중 49제를 지내며 영가를 위해 기도하는 것과 가톨릭에서 죽은 자를 위한 미사를 드리는 것에 대하여 오랜 세월 상당한 의문을 갖고 살아왔다. 내가 이러한 의심을 품고 동서양의 종교의식과 비교종교에 묻혀 살아온 지가 35년이 지나고 있다. 어떤 사람도 명백히 이 문제를 속 시원히 말해준 적이 없다.

　조부님의 죽음, 아버지의 죽음(눈 감겨드림), 작은 아버지의 죽음 목도, 사촌 형님의 죽음, 제자 성옥이의 죽음, 선배들의 죽음, 친구들의 죽음, 친지들의 죽음, 교회 신도들의 죽음, 14회 정도 마을사람의 상여를 메고 시신을 운반하며 의심하던 문제들, 죽음은 어딘가 분명 낯설었다. 시신은 조용하고 평안한 듯한데 어쩐지 두렵고 신비롭고 엄숙하고 무거웠다. 상여를 메고 온 날은 항상 우울하고 몸이 아팠고 한없이 쓸쓸했다.

　1984년 5월 24일 저녁나절 오후 4시쯤 해운대 우2동 1119번지 마점락 씨 방 셋집에서 나는 육신과 영혼이 분리되는 죽음을 분명히 체험하였다.

　긴 이야기는 다 기록하지 않으려 한다. 기관지 확장으로 거의 **뼈**만 남아 헤매다가 그 동네 일진약국 임익진 약사께서 특이한 약을 제조해줘서 회복 중이었는데 내 육체에서 신비한 현상을 경험한 것이었다.

　분명한 것은 내게는 빛의 터널과 다른 빛들의 터널 외에는 어떤 천사도, 가이드도, 저승사자도 없었다. 이마에서 연결된 가늘고 탄력 있는 빛의 선 외에는 주변이 맑고 깨끗했다. 그 빛의 선은 한없이 늘어난 느낌이었고 한편 그 빛은 하나의 터널로 변하였다(공사장의 대형 주름관과 방불함). 원근감이 없는 시공에서 나는 초라한 골방에서 나의 큰아들(당시 2살짜리)을 왼팔에 안고 이마의 퍼런 정맥을 드러내 놓고 가냘픈 호흡으로 어깨 숨을 쉬고 있는 가련한 내 육체를 분명한 의식으로 관조하였다.

　얼마 후에 내 영혼은 물론 육체로 돌아왔다. 그 뒤 **빠른** 회복으로 건강을 찾았다. 모임을 시작하여 절실한 사람들에게 이 빛의 소식을 성서에 입각하여 열렬히 전하였다.

　그 뒤로 종종 의념이 강할 때는 이 경험을 하였다. 그리고 그 다음 20년이 지났다. 결과는 그렇다. 지금 사는 나는 그냥 덤으로 사는 것이라 할까. 나는 죽음을 친구 삼는데 실제적으로 성공했다. 수십 년 장좌불와한 적도 없고 청정한 계율을 지키지도 못했다. 그러나 죽음 뒤에 어떤 현상이 일어날 것을 나는 분명하게 알고 있다.

1986년 여름에 몇 년 동안 나의 문하생이었던 김동명 형제 (당시 부산대 경영학도)가 파드마 삼바바의 저서 〈티베트 사자의 서〉 한 권을 구해다가는 목사님께 맞을 것입니다 하며 건네줬다. 〈死者의 書〉 죽은 자를 위한 책이란 뜻이다.

이 단조로운 문구로 이어지는 이 책이 나를 사로잡았다. 한동안 성경을 덮고 읽고 또 읽었다. 이 책을 내가 너무 열심히 손에 끼고 다니고 있을 때 부산 거제리의 박상도 선생 부인인 이봉애 씨가 이 책을 보더니 나중에 사준다며 들고 가 버렸다. 그 뒤 부산에서 모임 식구들에게 이 책을 열심히 소개하였다 얼마 동안은 구하기가 힘들었는데 류시화 씨 번역 신간을 다시 구입했는데 서재에서 분실했다. 지리산에서 죽염작업을 하던 중 안영원 목사가 방문해서 본인이 두 권을 구입했다면서 한 권을 놓고 갔는데 일 년 뒤 최병창 목사에게 십자가의 비밀과 함께 선물하였다. 물론 지금도 서재에는 아내가 구입한 두 권의 〈死者의 書〉가 소장되어 있다. 책 속에서 살던 수십 년 세월을 이 책이 낙관 찍게 했다. "왜?" 49일 동안 고승들이 죽은 사람의 이름을 부르며 기도하는지, 어떤 상태로 남아 있는지, 나의 경험과 맞아 떨어졌다.

사람이 임종을 하게 되면 앞서 말했듯 여러 가지 현상들을 경험하게 된다. 대 자유인들은 즉시 빛을 따라서 자기들의 본향으로 귀향한다. 물론 지금 필자는 가장 쉬운 동화처럼 말하는 것이다. 이 사후 천국들은 순간 이동하는 고승들 외에는 현대과학으로 설명할 수 없다.

도교의 명상가들은 인체의 경락과 경혈을 발견해냈다. 이 보이지 않는 녹두알 정도의 경혈을 어떤 광선으로도 밝힐 수 없다. 이 경혈은 인체 구조중 형이상학적 존재로서 은하계에서 블랙홀까지 연결되는 놀라운 발견이다. 그 이름 하나하나가 진리의 문과 연결되는 신비다.
　마찬가지로 우주와 삼라만상의 진리를 터득한 고승들은 앉아서 천상 세계와 인간의 길흉화복을 다 들여다보는 것이다.
　예수의 예언과 말씀은 다 이루어졌고, 부처님의 말씀도 그 한마디 한마디가 과학적이며 틀림없이 이루어졌고 이루어지고 있다.
　지금 밝히는 죽은 자의 사후 상태 역시 대개 인간이 경험하지 않는 불가지의 세계에 대한 언급이다. 사실상 깨닫지 못하고 눈을 감은 영혼은 두려움에 떨게 된다. 육체가 많이 상하고 중병에 시달리던 사람은 더욱 소생할 수 없으니 절망적이며 여러 가지 두려운 환상을 보며 놀라게 된다.
　눈물을 흘리며 슬퍼하는 가족을 보기도 하며 자신도 본인이 죽었음을 느끼게 된다. 그러므로 더욱 두렵고 슬프고 무섭다. 이 두려워 떠는 자들은 생전에 준비되지 못한 사람들이다. 이 중간 상태를 중음(中陰), 티베트어로는 바르도(bardo)라고 한다. 기간은 49일인데 죽은 자의 생전의 카르마의 상태에 따라서 실제 49일로 느끼기도 하나 수십 년처럼 길게 느끼기도 한다.
　이 상태에서 진리를 아는 스승들이 망자를 위해 기도하고 인도해 줘야 한다. 다음과 같이 혹은 비슷하게 의식을 행한다.

　사랑하는 아무개여! 그대는 지금 죄 많은 세상을 떠나 영원한 빛의 천국으로 돌아갈 시간이 되었도다! 누구나 한번 태어나면 반드시 떠나는 육체의 옷을 벗는 시간이 왔도다. 정신을 차리고 당황하지 말라. 지금 그대 앞에는 여러 가지 현상들이 펼쳐지고 있을 것이다. 황금빛 터널과 혹은 회색빛 터널, 보랏빛 터널, 기타 여러 빛의 터널이 보일 것이다. 아무 빛이나 따라가지 말고 용기 있게 황금빛 터널로 향해 들어가라. 혹 이렇게 말하는 방해꾼의 해코지 소리도 들릴 것이다.
　'야 이 나쁜 놈아 너는 생전에 이런 저런 나쁜 짓을 한 놈 아냐? 무슨 낯짝으로 네가 천상의 빛을 따라가 이놈아! 너는 이제 죽어야해!'
　하면서 약점을 잡아 지옥으로 끌고 가려 할 것이다. 그러나 속지 말라! 너는 육체가 없으니 마음만 좋게 먹으면 아무도 너를 끌고 가지 못한다. 모든 것은 그대의 의념이 만들어낸 환상이니라.

그대 아무개여! 내말을 잘 듣고 반드시 빛을 따라 나서기 바라노라! 그리고 간절히 기도하라. 그대가 생전에 존경하던 스승들과 보살들, 아니면 하나님, 예수님, 부처님께 간절히 그대 영혼을 부디 인도해 달라고 기도하라. 추호라도 세상의 애착이나 미련은 갖지 말라. 용기 있게 빛을 따르라 그대여!

이와 같이 기도하고 인도하면 극악무도한 죄인이 아니고는 대개 인도가 된다. 극악무도 하다는 건 오계십선(五戒十善)은 거들떠보지도 않고 도무지 강퍅해서 구도의 심지가 없고 오로지 육신의 정욕대로 막행막식하며 사는 짐승의 영들을 말한다. 다만 이 중보기도를 하는 사람의 능력에 따라서 큰 차이가 있을 것이다.

이 외에도 자궁의 태벽과 환생에 대한 비밀은 〈死者의 書〉에 더욱 자세히 소개 하고 있으니 참고 하라.

※ 49일의 비밀

죽음의 예술을 터득한 스승들은 생사가 여여하니 세상에 머물러 있어도 사실은 세인이 아니다. 그들은 태어나려는 영혼을 붙잡아 자궁을 봉쇄시키기도 한다.

"오쇼 라즈니쉬"는(나의 스승) 자궁과, 환경, 시기, 세대 등을 기다리느라 무려 인간세상의 시간으로 700년이 걸렸다고 한다. "오쇼"는 자기 부친과 모친을 정수리 "백회"로 영혼을 인도해서 니르바나에 인도하였다.

49일은 완성의 시간이다.

자궁에 태벽된 생명은 처음엔 눈, 귀, 코, 입, 팔다리, 그리고 생각이 생성되는데 49일이 걸린다. 49일이 되면 남녀로 구분이 되는데 그것은 에너지가 강한 쪽으로 대개 기운다.

고승의 기도 역시 49일로 끝난다.

사찰에서는 대개 1주일에 한 번씩 도합 7회를 기도하고 의식을 행한다. 망자를 위해서 음식까지 만들어서 인도하며 49일이 지나면 최종 결정된다.

카르마가 너무나 두꺼운 사람은 도저히 빛의 세계에 들어가지 못하는 경우도 있다. 이러한 경우에는 최종적으로 자궁을 택해야 한다. 이 방법 역시 심사숙고하도록 스승이 인도해야 한다. 이것이 탄생의 비밀이다. 사후는 다음과 같이 4단계로 구별된다.

1. 천국, 극락으로 즉시 올라감
2. 즉시 탄생함
3. 사자(영계의 경찰관)의 인도로 심판을 받음
4. 귀신으로 떠돌거나 빙의를 택함(일정 기간 동안)

* **49일의 상징적 의미**

신성한 숫자 7의 제곱수인 49라는 상징적인 기호는 의미심장하다. 현상계 안에는 7세계 또는 7등급의 환영이 있다. 이것은 7개의 행성으로 이루어졌다고 한다. 그리고 각각의 행성에는 진화의 7단계가 있다. 모두 합해 49개(7×7)의 정거장이 존재한다. 윤회란 산스크리트어로 삼사리를 번역한 것으로 우주의 현상계를 뜻하며 그 반대어로는 니르바나(열반)이다.

니르바나는 현상을 초월한 곳이다. 또한 마야는 환영과 환상을 뜻한다. 도깨비 같은 신기루란 뜻이다.

인간은 완전한 사람의 형상을 갖추는 시간이 앞서 말했듯 49일이다. 어머니 자궁 속의 아메바에서 영장류인 인간에 이르기까지의 형태를 갖추는 신비적 진화를 거듭한다. 마찬가지로 인간이 죽음을 경험하고 사후세계에 들어가면 이 세상으로 환생하기 전에 비슷한 경험을 한다. 태아 상태일 때는 육체적으로 사후에는 영적으로 존재의 49정거장에 해당하는 진화와 퇴화의 과정을 거치는 것이다. 참으로 이것은 위대한 신비이다.

제4장 예수그리스도는 윤회(환생)의 교리를 가르쳤다

성경에는 여기저기서 환생에 대한 구절을 볼 수가 있는데 대개의 기독교인들은 신학자들의 유전이나 교리에 어긋나거나 이교도의 미혹이나 되는 것처럼 이 환생에 대한 진리가 변절되어 버렸고 환생이란 말조차 듣기 싫어하며 불교에 관한 것이라면 연꽃도 싫어하며 법당에는 마귀가 도사리고 앉아 있다고 하는 사람들도 있고 절 옆으로는 여행도 가기 싫어하는 이도 있으니 참 안됐다.

교황 요한 11세와, 존 4세, 콘스탄틴 대제는 성경에서 윤회나 환생 불교교리 비슷한 구절은 삭제하도록 명령했다.

그러나 이것을 알아야 한다. 죽어 흙이 되어 없어졌던 사람이 어느 날 기적으로 부활하는 것이나 중간 상태를 거쳐 다시 사람의 몸을 입고 환생(還生)을 하는 생명의 연속에 대한 교리는 공통적이다. 이제 머지않아 사람들의 의식이 확장되고 포괄적 시각이 발달되면서 점차 이 무지한 문자주의 미몽(文字主意迷夢)인 잠에서 깨어나는 사람들이 많아질 것이다.

성경은 구약성서 39권, 신약성서 27권으로 편집되어 있다. 구약성서에도 여기저기 사후세계와 환생에 대한 언급과 비유들이 기록되어 있지만 우선 신약성경 속에 은닉된 강한 메시지만을 간추려서 상고해보려 한다.

1. 마태복음에 기록된 환생의 힌트

마태복음은 AD.70년 로마의 티토 장군에 의해 예루살렘이 실제적으로 멸망한 다음 실제적 사건을 배경으로 영향을 받아 기록된 문서인데, AD.75년쯤 기록된 책으로 본다. 로마 식민지로 악정에 시달리던 유대민족을 위해 기록된 이 문서는 구름타고 오시는 왕과 왕국에 대한 언급이 강하게 부각된다.

비유와 상징으로 기록된 본서는 동식물, 자연, 구름, 여러 가지 다양한 기적들이 자세히 기록되어 있다.

헬라어로 천국(Kingdom Of Heaven)이란 단어가 33번 예수자신의 나이 숫자만큼 언급 되어있고 하나님의 나라(Kingdom Of God)에 대하여 4차례 기록되어 있으며, 17장에서는 영계에 있는 모세와 엘리야가 함께 동행하여 찬란한 빛으로 변형된 신령한 사건이 기록되기도 하였다.

이 유명한 구절은 일명 변화산 사건이라고 한다. 그렇다면 어찌 부활하지 않은 모세 엘리야가 변화산에 나타났는가?

우리는 복음서를 읽기 전에 유념해야 할 필요가 있는데 그것은 예수 자신이 비유와 상징으로 뜻을 전달했다는 것을 간과해서는 안 된다.

"예수께서 이 모든 것을 비유로 말씀하시고 비유가 아니면 아무것도 말씀하지 아니하셨으니" (마태복음13:34)

2. 현대신학과 교회가 간과한 엘리야의 환생

이제 수많은 세월동안 대수롭게 여겨오며 언급조차 하지 않은 마태복음 17장 속에 숨겨진 난해하고도 신기한 엘리야의 환생에 대한 문구를 좀 더 진지하고 자세히 언급해보자.

"제자들이 묻자와 가로되 그러면 어찌하여 서기관들이 엘리야가 먼저 와야 하리라 하나이까? 예수께서 대답하여 가라사대 엘리야가 과연 먼저 와서 모든 일을 회복하리라. 내가 너희에게 말하노니 엘리야가 이미 왔으되 사람들이 알지 못하고 임의로 대우하였도다. 인자도 이와 마찬가지로 나를 알아보는 이가 없으므로 고난을 받으리라 하시니 그제야 제자들이 예수의 말씀하신 것이 세례요한인 줄을 깨달으니라." (마태복음 17:10-13)

"모든 선지자와 및 율법의 예언한 것이 요한까지니 만일 너희가 즐겨 받아들일진대 오리라 한 엘리야가 곧 이 사람이니라." (마태복음 11:13-14)

"천사가 가로되 사가랴여 무서워 말라 너의 간구함이 들린지라. 네 아내 엘리사벳이 네게 아들을 낳아 주리니 그 이름을 요한이라 하라. 너도 기뻐하고 즐거워할 것이요 많은 사람도 그의 탄생을 기뻐하리니 이는 요한이 예수 그리스도보다 먼저 태어나 큰 자가 되며 포도주나 독주를 마시지 아니하며 모태로부터 성령이 충만하여 이스라엘 자손을 주 곧 저희 하나님께로 많이 돌아오게 하겠음이니라 저가 또 엘리아의 심령과 능력으로 주 앞에 앞서가서 아비의 마음을 자식에게 거슬리는 자를 의인의 슬기에 돌아오게 하고 주를 위하여 세운 백성을 예비하리라." (누가복음 1:13-17)

"보라 여호와의 크고 두려운 날이 이르기 전에 내가 선지자 엘리야를 너희에게 보내리니." (말라기 4:5)

　유대민족의 역사는 고난과 치욕의 역사이며 동시 900여회 전쟁을 통해서 수난을 겪은 피로 얼룩진 민족이다. 구약성서는 아가서를 빼 놓고는 전쟁백과사전을 방불케 한다. 우리나라의 전라도보다도 면적이 작은 이 나라는 소수민족의 용병들처럼 지금은 단합이 잘 되어있지만 그들의 역사 속으로 들어가 보면 피눈물 나는 수난사로밖에 볼 수 없다. 바벨론 강대국에 70년 동안 포로생활은 유명한 예이며 흩어진 철새들처럼 유리하다가 1945년 발포어선언 이후 그들은 기적적으로 나라를 다시 찾아 독립하였다.
　예수의 청년시절 유대민족은 로마의 악정에 시달리고 있었다. 그들은 기다리고 있었다. 그러니까 폐일언하고 정치적 메시아를 기다리고 있었다는 얘기다. 다시 말해서 전쟁에 능한 다윗왕 같은, 아니 그 이상의 능력 있는 지도자가 나타나 이스라엘을 하늘이 택한 선민으로 그 힘과 세력을 만방에 떨치고 시온산처럼 우뚝 세워지는 민족을 이끌어갈 지도자를 기다리고 있었던 것이다. 앞서 기록한 성경구절들은 엘리야라 하는 구약의 선지자가 환생하여 이스라엘을 회복할 것이라는 선지자들의 예언을 두고 유대민족은 기다리고 있었다. 그러나 그들은 수많은 정직하고 정의로운 선지자들을 죽였고 박해했다. 성경 전체에서 볼 때 이스라엘의 회복은 첫째로 타락한 인간성을 먼저 회복하는 것이었다.

3. 엘리야의 심령과 능력

엘리야는 BC.750년경 이스라엘의 치리자 아합왕 시대 사람이다.
백성들은 온갖 잡신 종교에 미혹되어 나라는 어지럽고 3년 동안 큰 가뭄으로 기근과 흉년에 시달렸다. 구약성서 열왕기상에는 이 능력 있는 선지자 엘리야에 대하여 그의 행적이 자세하게 기록되어 있다.
유다는, 다윗왕의 만년에 있어서 지혜의 왕 솔로몬이 즉위한 전말에서 붓을 시작하여 솔로몬 왕의 치세년간(治世年間)의 일, 솔로몬의 사후, 분리된 이스라엘과 양 왕국의 열왕들의 치세를 기록하고, 이스라엘이 앗수르로 인하여 멸망된 사실과 바벨론이란 강대국에 의해서 멸망된 일까지를 기록하여 마무리 되고 있다. 그중에 왕성한 활동으로 타락해가는 이스라엘을 영감 받은 정직한 엘리야란 선지자가 출현하여 뒤죽박죽인 사람들의 마음과 민심을 정화시키기 시작했다.
그가 활동하면서 일어났던 기적 같은 일들을 간추려서 기록해 보도록 한다. 너무 활동상황만 늘어놓으면 환생이란 테마의 주제에서 벗어날 것 같아 간략히 조사해 보도록 하자.

① 신의 영감을 크게 받아 예언의 능력이 정확했다.
3년 동안 비가 내리지 않을 것을 아합왕에게 고함.(열왕기상 17:1)
② 요단강 옆 그릿 시냇가에서 은둔하여 때를 기다림.
얼마 후에 시냇물이 다 말라 버림.
③ 까마귀들이 어디선가 고기와 떡을 물어다가 이 선지자를 아침저녁으로 먹임(17:22-23)
④ 바닥난 밀가루통과 기름병을 기도하여 3년 동안 넘치게 함 (가난하고 정직한 사르밧 과부의 모자를 위한 기적 이였음)
⑤ 죽은 아이를 간절한 기도로 살려냄(17:22-23)
⑥ 잡신 숭배로 타락한 백성을 왕과 함께 꾸짖음(17:21)
⑦ 거짓 선지자 사이비 성직자들(450명)과 영적으로 싸워 이김. 엘리야의 제단에는 신이 불로 응답하고, 바알 숭배자들의 제단에는 이슬 한 방울 내리지 않음.
⑧ 엘리야가 왕 앞에서 간절히 기도한즉 3년 만에 큰 비가 내리고 땅이 다 싹을 내고 씨앗을 냄.

이 외에도 크고 작은 기적들로 권능과 위엄을 보여주고 사교 왕국의 거짓 선지자들을 능력으로 멸하고 하늘에서 내려온 불 수레와 불 말을 타고 회오리바람 가운데 그의 생도 엘리사에게 겉옷 한 벌 남기고 하늘로 승천하였다.*

그의 특징은 털 가죽옷을 걸치고 허리에 가죽띠를 띠고 약대 털옷을 입은 것은 옛날 선지 엘리야의 광야생활을 재현함에 의심의 여지가 없다. (열왕기하 1:7-8)

---

* 승천하기 전 엘리사라 하는 젊은 제자에게 능력을 위임하고 떠났다.

4. 그 당시의 시대적 상황

나라가 어지럽고 경제적 시련에 백성들이 허덕이게 되면 대개 사교 종교가 일어나 혹세무민으로 도탄에 빠진 민심을 유혹하는 것은 동서고금의 공통적 예이다. 자타가 인정하던 엘리야의 능력과 도력은 대단하였다.

당시 악한 왕 아합은 율법에 금지된 순결을 버리고 바알신 을 숭배하고 목상을 만들고 송아지 형상을 섬기고 제단 앞에서 벌거 벗고 춤을 추는 등 사람을 제물로 바치기도 했는데 이러한 혼잡된 종교에 빠지게 됨은 아합왕이 시돈지방 출신 이방인인 이세벨이라는 이교도출신의 공주를 아내로 삼은 뒤 부터였다. 정치상황은 둘로 나뉘어 여야 당파싸움은 극심하였다. (16:21-22)

① 대대적으로 왕들이 타락함
② 남색(동성애)하는 자들이 많음 (왕상 14:24)
③ 정규 교육이나 종교적 예절을 모르는 사람들, "즉" 평민을 성직자로 삼아 송아지 두어 마리 값을 뇌물로 바치면 제사장이 되었다. 오랜 세월 모세 때부터 내려오던 전통을 깨고 절기를 임의로 정하고 금송아지 형상으로 우상을 만들어 숭배하게 하였다.
④ 거짓 성직자(선지자가 우글거렸다) 누구든지 자원하면 이 송아지 교회의 성직자가 되었다.*

엘리야는 이러한 어리석은 왕을 깨우치려고 애썼고 혼잡한 사

---

* 본래 이 제사장 성직을 맡으려면 선택된 12지파 중 레위지파에서 제사의 제도와 예배의 규범과 경건과 위엄, 신비의 능력, 탁월한 영감, 깨끗한 몸, 지정된 의상을 입고 육체노동을 금하고 오직 성전을 지키고 이 영적인 일에만 몰두하고 백성들의 속죄에 대한 의식과 여러 가지 제사들을 돕고 그들의 영혼의 아픔을 치유해주는 그야말로 성스러운 직업으로 자격을 분명히 갖춰야 함에도 불구하고, 보통 평민들을 제사장으로 삼는 행위로 멸망을 자초하였다. 이렇게 둘로 왕국이 분열된 이유가 왕들의 타락과 선지자들의 거짓과 혼잡한 사교 왕국의 미혹 때문이었다.

회 배경을 바로 잡으려 애썼다. 그 중에 남색하여 바알 신 앞에서 벌거벗고 춤을 추며 성적으로 타락한 행위들을 지적했고 거짓 선지자 450인을 가려모아 제단에 불이 내려와 제물을 태우는 신이 내기에서 이기는 시험을 하여 450대 1로 참과 거짓이 드러나는 승리를 보여줬다.

이 바알 선지자 450인은 아합의 아내 이세벨의 후예들이다. 엘리야는 도망치는 450인 거짓 선지자들을 하나도 남기지 않고 잡아 기손 시냇가에서 처형시켜 싹 쓸어 죽여 버렸다. 그리고는 하늘을 우러러 기도하고 선포하였다. 잠시 뒤에 큰 비가 내릴 것이라고 아합왕에게 고하였다. 왕은 그의 아내 이세벨에게 이와 같은 사실들을 낱낱이 말하였다. 450명의 거짓 선지자(바알신의 제사장들 포함)들은 칼로 쳐 죽여 버린 사실을 이세벨이 알게 되자 이튿날 엘리야를 죽이겠다고 사람을 보내 협박하였다. 엘리야는 그곳을 떠나 일단 피신하였다. 이와 같이 엘리야는 어지러운 시대에서 선지자로서의 본분을 다하여 백성을 보호하였다.

그는 충성스럽고 영감 있는 제자 엘리사라는 젊은이를 후계자로 지명해놓고 불수레와 불말을 타고 홀연히 하늘로 승천해 버렸다. 이것이 엘리야의 생애였다. 그가 승천하지 않았으면 이세벨 여인이 그를 죽였을 것이다.

5. 세례요한과 엘리야의 관계

① 광야 생활이 공통적이다.
② 약대 털옷을 입고 지낸 점과 허리에 가죽띠를 띠고 생활함이 똑같다.
③ 세례요한은 메뚜기와 석청을 먹고 지냈으며, 엘리야는 까마귀가 물어다 주는 떡과 고기를 먹고 지냈다.
④ 왕에게 죄를 지적하며 회개를 촉구했는데 엘리야는 아합왕

에게, 세례요한은 헤롯왕에게 정의로운 말로 외쳤다.(마태복음 14:1-12)
⑤ 엘리야는 이세벨 아합의 왕비에게 목숨을 위협받고, 세례요한은 헤롯왕의 제수씨, 그의 애인인 헤로디아란 탕녀에게 결국 순교 당하였다.
⑥ 엘리야는 하늘로 승천하여 자취를 감추고 요한은 목 베임을 당하여 세상에서 사라졌다. 요한은 마지막 선지자로서 지위 고하를 막론하고 진리와 정의를 전했고 예수의 구속 사업을 잠시 동안 예비하였다. 엘리야는 사악한 선지자들을 크게 꾸짖고 당시의 종교계를 정화 작업해나갔다.

이것이 두 선지자의 생애였는데 좀 더 구체적으로 참고 성경 구절을 인용해 나가면서 비교 검토 해보도록 하자.

6. 세례요한의 행적

요한은 유대와 헤롯시대에 제사장 사가랴와 그의 아내 엘리사벳 사이에서 태어났다. 일찍이 아이를 갖지 못해 기도하던 중 성전에서 천사의 계시를 받고 그의 아내 엘리사벳이 임신을 했고 요한이라는 이름도 지명 받았다고 기록되어 있다. (눅 1:13)

그들은 이미 나이가 많은 부부들로서 생산의 능력이 없는 때였다. 이렇게 희망이 절벽일 때, 인간의 소망이 다 끊어지고 절망 상태일 때 사가랴 제사장은 응답을 받았다.

마치 아브라함과 그의 아내 사라 사이에서 이삭이라는 늦둥이 아들이 태어남과 같이 신앙과 믿음으로 말미암은 큰 증거였다고 볼 수 있다.

요한의 모친 엘리사벳은 제사장의 아내로서 경건하고 온유한 심성을 지닌 여인으로 나사렛 마리아의 친척이었다. 만일 임신 중의 어머니가 출산하기 전에 방종하거나 이기적이고 조급하고 사나우면 그러한 기질과 에너지가 아기의 성질에 파장될 것은 말할 나위도 없다.

어머니가 확고한 원칙들을 따르고 절제하고 극기하면 또한 그가 친절하고 이타적이고 온유하면 이러한 품성과 성향이 대개 아기에게 전달된다. 세례요한은 이런 경건한 종교 지도자의 아들로 태어나서 특이하고도 특별한 방식으로 양육되었다.

① 교육에 대하여

선지자 요한은 뱃속에서부터 성령이 충만하였다. 이 사람을 가르칠만한 학교는 없었다. 그의 지식은 도시에서 멀리 떨어진 광야에서 습득되어야만 하였다. 구약성서와 율법, 그리고 신과의 교제, 삼라만상과 자연계시적 사고로 교과서를 삼았다.

어떤 스승도 물론 없었고 어떤 역사적 자료도, 힌트도 없었다. 그 누가 돌보아 줬다는 기록도 없고 몇 살 때 광야로 나갔다는 기록도 자세한 언급이 없다.

② 음식에 대하여

세례요한은 이 고독한 광야생활을 통하여 앞으로 어떤 메시아를 위해 예비적으로 혼탁한 인간들의 마음을 돌이켜 혁명 의식적 복음에 인도하기 위해 특별한 구도를 닦고 있는 중이었다.

음식으로는 콩 과 식물인 쥐엄열매와 메뚜기나 귀뚜라미 등을 채집하여 기력을 보충하였고 가끔씩 야생 꿀 석청을 섭취하기도 하였다.

세속적인 관습이나 장로들의 구차한 전통이나 겉치레 유전은 이 선지자에게 어떤 도움도 주지 못했다.

자기 아버지 집에는 포도주와 송아지, 염소, 양고기, 비둘기가 항상 제물로 남았으나 이 야인은 특별한 영적 사업을 위하여 엘리야의 심령과 능력으로 이 광야에서 포도주나 고기와 어떤 독주도 입에 대지 않고 맑은 마음으로 준비하고 있었다. 모태로 부터 성령이 충만한 그의 사역에 대한 준비 기간에는 어떤 사단도 그를 유혹할 수 없었다.

③ 광야의 훈련에 대하여

요한은 그의 품성과 신앙훈련은 그의 유년 시절의 기초교육을 그의 부모님에게서 받았다. 중년을 넘기지 못하고 짧은 생애를 마쳤지만 생애 대부분을 광야에서 보냈다. 이렇게 청빈한 생활을 하면서 제사장들과 랍비들의 경건치 못한 행위들을 보고 가슴 아파하면서 분노하였다. 그 시대의 종교 지도자들이 영적으로 매우 어리석었고, 어두웠기 때문에 하늘에 근원을 둔 진리의 소리를 분별하지 못하였다. 광야의 엄격한 훈련을 위해서 도시생활의 사치와 환락을 포기한 것은 요한 자신의 스스로 선택한 것이었다.

거친 음식과 몸에 걸친 가죽옷 한 벌, 허리를 동여 준 가죽 끈 하나 수염은 자라나고 머리를 길고 바람에 흩날리고, 눈은 움푹 패였고 성스러운 기운이 그의 품행에 흘러넘쳤다.

이 광야 생활은 단순한 환경이었다. 그는 여기서 자기 부정과 경건을 습관화시켰다. 그리고 어떤 메시아가 오면 그 분을 위해 일하려고 철저히 준비하였다. 세상의 시끄러운 소리에 방해받지 않고 하늘의 계시와 섭리의 가르침에 전념하였다. 하나님을 경외하던 그들의 부모는 요한의 탄생시에 하늘의 천사가 전해준 기이한 소식을 되풀이하여 들려줌으로 요한으로 하여금 경각심을 의식하여 사명감을 더하도록 도왔다. 사실상 이 광야는 불신과 싸움, 불순결이 만연했던 시대에 그 누구의 방해도 받지 않는 좋은 피난처가 되었던 것이었다.

그의 아버지 "사가랴" 제사장 역시 특이한 사람으로 간주된다. 제사장직을 수행하려면 교육을 받아야 할 것이었는데도 불구하고 성경해석이나 특수교육을 받게 하려고 신학교나 어떤 스승을 택하지 아니하고 그는 요한을 광야로 인도하여 지정하여준 곳은 황무한 언덕과 거친 계곡과 암굴로 둘러싸인 곳이었다. 이렇게 그는 엄격한 수양을 받기 위하여 세상의 향락과 사치를 버리고 소년기를 보내고 청년기를 보냈던 것이다.

④ 광야 생활의 신비

세례요한은 이 거친 광야에서 하나님을 배웠다. 물론 스승도 없었고 그의 가슴을 이끄는 성령의 감화만이 유일한 스승이었다. 천연계에 나타난 계시를 공부했고 선지자들의 글을 연구하며 특별히 열왕기상·하의 주역 엘리야에 대하여 조사함은 말할 것도 없다. 이 단순한 채식주의자는 물질로 타락해가는 못된 제사장들과는 그 색깔이 분명 달랐다. 몇 백만 원에서 천오백만 원 이상 월급을 받는 현대 교회 목회자들, 아무도 없는 광야에서 메뚜기 잡아먹고 풀을 뜯으며 가죽옷 한 벌 주고 10년쯤 기도하라 하면 1천 명 중 두 명도 견디지 못할 것이다. 오늘의 세상살이 습관은 어떠한가? 수십에서 수 백 벌의 가지각색의 의복, 이틀이 멀다하고 과식하는 술과 고기반찬, 사치와 낭비, 호사스런 친구들, 유흥적 탐닉, 시골 땅 수십 마지기 값의 외국산 승용차, 호화 별장 등 이것이 현세의 성직자들의 축복이다. 누가 광야의 선지자, 엘리야와 요한을 단 몇 달간이라도 모방한적 있는가? 3만여 성직자 중 단 30명도 없다.

> 요한 JOHN(사랑하는 자란 뜻)
> 그는 종종 저자거리에 나서 사람들과 섞이기도 하였으며 세속적 뉴스를 접하고 마음으로 세심히 준비해 나갔다.
> 사람들의 품성을 관조하며 타락해가는 이스라엘 민족을 개혁시킬 준비를 하나하나 하고 있었다.
> 그는 광야에서 고독과 궁핍에 자신을 굴복시켰다. 도덕적 수양을 쌓고 수련하는 곳은 광야나 외딴곳이 적합하다. 이 거친 환경은 그의 감각을 다행히도 왜곡시키지 않았고 적합한 야인으로 변형시키고 있었다.

⑤ 요한의 슬픈 생애

요한은 어느 날 자신의 개혁적 준비가 외었다고 생각하던 중 사람들 앞에 나타나서 외쳤다. 회개하라. 천국이 가까웠노라고. 그의 설교는 구태의연한 성직자들의 그것과는 달랐다. 외모에서 풍기는 기운도 예사롭지 않았다. 그의 설교는 옛날 선지자 엘리야처럼 유태인의 죄악상과 타락한 종교계를 엄중히 꾸짖었다. 설교는 단순했고 핵심적이고 확신에 차 있었다.

요단 강가에서 죄악을 씻고 죄와 사망의 몸을 매장시키는 세레모니인 물세례를 베풀었다(마 3:2). 그는 지위고하를 의식하지 않고 직접적이고도 날카롭게 죄를 지적하였다. 듣든지 아니 듣든지 열렬하게 외쳤다. 특별히 바리새인들과 위선자들을 호되게 책망하였다. 그를 따르는 백성도 많았지만 귀족들이나 왕족들은 그를 미워하였다. 자기 제수씨와 통정을 하고 방종한 왕을 꾸짖어 여인 헤로디아의 미움을 사서 결국 참수형을 당하기까지 요한은 짧은 생애 중 가장 비참한 생을 마감하기도 한다. (고금을 막론하고 충언은 언제나 귀에 거슬리는 법이다.)

옛날 은나라의 "탕왕(湯王)"은 성인이었고 "이윤(伊尹)"은 지혜자였다. 최고의 지혜자가 최고의 성인을 70회나 설득했으나 끝내 듣지 않았다. 할 수 없이 요리사로 가장하여 접근 했다. 어느 날 탕왕은 이윤의 현명함을 뒤늦게 알게 되어 그를 채용하였다. 지자(知者)가 우자(愚者)를 설득하기는 낚시 바늘로 악어를 잡기보다 어렵다.

주나라의 문왕이 주(紂)를 설득한 예가 그것이다. 문왕은 주의 못된 점을 자상히 깨우쳤으나 결국 그는 체포당했다. 익후라는 충신은 화형을 당했고 귀후(鬼候)라는 충신 역시 죽여 시체를 나무에 매달아 말렸고 비간(比干)은 앞가슴을 찔리었고, 매백은 소금에 절여 죽였으며, 관중은 새끼줄에 매달렸으며, 조기는 전쟁을 반대하다 추방당하였고, 진나라의 백리(伯里)는 바른말 하다가 재산을 몰수당하고 거지가 되었으며, 은나라의 재상 부열은 유배를 당했고, 손자(孫子)는 위나라에서 발목이 절단되었고, 오기(吳起)는 모함을 받고 쫓겨나 서하(西河)가 진의 영토가 된 것을 슬퍼하여 위를 떠나 초나라에서 사지를 찢겨 죽었다.

위나라의 공숙좌는 귀향을 떠났고, 관용봉은 참수형을 당했다. 장홍은 창자를 끄집어내어 죽였고, 윤자는 깊은 함정에 던져 죽이고, 초나라의 사마자기(司馬子期)는 강물에 시체를 띄워 전시했고, 조나라의 동안자는 개처럼 목을 매어 끌려 다녔으며, 재여는 사약을 받고, 범수는 모함을 당하고 뼈가 꺾이어 죽었다.

이상 열거한 사람들은 한비자가 기록에 남긴 중국의 충신들이다. 인의예지를 갖추고 도술과 무술에 통달한 선비였음에도 불구하고 어두운 군주를 만나 죽음을 당한 것이다.

이러한 슬픈 생애들은 지구촌의 점에 불과하다.

현자들과 선지자들이 이렇게 죽음을 당하는 이유가 뭘까?

그것은 미욱한 자를 설득하기가 얼마나 어려운 가를 단적으로 말해주는 것이다. 설사 충언과 지혜의 말을 순간적으로 깨닫고 느꼈다 해도 인정은 하면서 반겨 받아들이지 못하는 것이 우매자의 한계다. 구약의 위대한 예언자요 선지자인 이사야는 악명 높은 므낫세 왕에게 충언을 하다가 잡혀 톱으로 사지를 잘려 죽었다. 존 번연은 억울하게 12년 동안을 습기 찬 동굴에 갇혔으나 그 곳에서 영감을 받아『천로역정』이라는 위대한 신앙의 지침서를 기록하였다.

다니엘은 사자 굴에 던져졌고, 눈물의 선지자 예레미야는 유대민족이 70년 동안 바벨론이란 강대국에 포로가 될 것을 예언하고 왕의 비위를 거슬려 지하 감옥에 투옥되어 습기 찬 곳에서 잘 먹지도 마시지도 못하고 고통스럽게 죽어갈 때 오히려 이방인들이 그를 끄집어내어 구해줬다. 이러한 관점에서 나는 세례요한의 생애를 해석하고 싶다.

물론 그의 약점은 다음 페이지에서 살피려 한다. 광야에서 외치는 자의 소리로서 예수의 길을 예비하기 위해 왔다던 그가 나

중에 예수의 모임과 연합하지 않은 것은 그리스도를 의심한 것이었다.

물론 세례요한의 설교는 1차 성공적이었다. 각계각층의 사람들이 광야에 몰려와 그의 설교를 듣고 회개했다. 단순하고 무지한 농부에서 어부들 헤롯당의 병영에서 온 군인들, 세관에서 온 탐욕스런 세리들, 제사장들, 교리 주의자들, 율사들, 바리새인 사두개인들도 이 불같이 토하는 설교를 듣고 가슴을 찢었고 헤롯왕도 궁전에서 떨었다. 소문은 날로 더 해갔다. 사람들은 죽었던 선지자가 일어나서 사람들의 죄를 책망한다고 믿었다. 그의 말은 명백하고 직설적이고 확신에 넘쳤다. 온 나라는 들끓었고 백성들은 소문을 듣고 광야로 몰려들었다. 사람들은 요한이 메시아인줄로 알았다. 그러나 요한 자신은 본인은 메시아가 아니라고 명백히 말하였다.

⑥ 생전의 요한이 의심을 함

우레 같은 소리로 모든 사람의 죄를 지적하고 회개운동을 펼치다가 그는 체포되어 감옥생활을 하게 된다. 적극적인 생활로 깨끗하게 살던 그는 감옥생활의 음침함과 속상함과 낙심이 그를 괴롭혔다. 그가 아무리 정의로운 사람이었지만 30대의 피 끓는 젊은이였고 오랜 세월 광야생활의 준비와 거친 음식과 금욕과 극기로 살아온 삶의 나날들이 후회는 없다 하나 하잘것없는 탕녀에게 죽음을 당하는 순간에 분명 그는 낙담의 그림자가 마음을 덮었다.

광야생활의 준비와 이런저런 일들이 자기로서는 측량할 수 없는 꿈처럼 신비하게 느껴지기도 했다. 오랫동안 사모해오며 그리워하던 메시아 구주가 아직도 나타나시지 않으실 수 있을까? 그렇다면 자기가 지금껏 목청 높여 외친 소식은 무엇인가? 요한은 자기가 선교한 결과에 대해 깊은 상처를 입었다. 그는 옥중에서 예수의 소식을 접하였다. 그의 제자들이 면회를 통하여 상황을 보고하였다. 요한의 상황 역시 요한의 제자들은 예수께 보고하였다.

예수는 요한을 바람에 흔들리는 갈대라고 비유했으며, 요한은 예수께서 진정 메시아가 맞느냐고 감옥에서 제자들의 입을 의탁해서 물었다. 당시의 보여지는 상황을 볼 때 우리는 충분히 그럴 수 있으리라 느껴진다.

예수께서는 요한에게 연민은 가졌지만 분명하고도 냉담하였다.

"귀머거리가 들으며, 소경이 눈을 뜨며, 문둥이가 깨끗함을 입으며, 앉은뱅이가 걸으며, 가난한 자에게 복음이 전파된다" 라고 요한에게 전하라.

"여자가 낳은 자 중에 요한보다 큰 이가 없으나 천국에서는 지극히 작은 어린아이보다도 작은 자이다."

이 구절이 예수께서 요한에게 전달한(그의 제자를 통해서) 메시지다.

요단강가에서 세례를 받을 때는 "나는 당신의 신발을 들고 다니기에도 벅차서 감당할 수 없나이다"라고 분명한 어조로 메시아임을 고백하던 그가 순간 의심을 품었던 것이다. 그러나 상황이 좋지 않아 옥에 갇힌 그로서는 순간 의심할 수도 있었다. 정의사회가 실현되는 곳이 하나님의 나라이니 말이다.

요단강에서 세례를 베풀고 예수 머리위로 비둘기 같은 성령이 임하던 그즈음 빨리 연합을 해서 예수와 힘을 합쳤더라면 상황은 아마 달라졌을 것이다. 요한의 제자들은 참수형 당한 스승의 시신을 장례식하고 예수께 보고 하였다. 여기에는 여러 각도에서 바라 볼 수 있는 상징적 뉘앙스가 담겨 있다. 필자가 요한의 생애를 간추려 기록하는 의도는 환생에 대한 고찰이기에 다른 의미는 생략하기로 한다. 어찌됐던 그는 옛날 선지자가 돌아온 틀림없는 엘리야였고, 사람으로서 그 정도면 많은 일을 한 셈이다.

예수의 죽음이 요한 때문만은 아니다. 아쉬운 건 일찍 연합하지 않아 예수의 복음 사업이 발전되지 않은 점이다. 어쨌든 이것이 엘리야 즉, 세례요한의 슬픈 생애다. 육체는 물론 그 옛날 몸이 아니겠으나 심령과 능력은 틀림없는 엘리야였다.

7. 아브라함 이전의 예수

다음은 예수가 선교활동 중 유대인들에게 비난을 받으며 그들이 듣던지 아니 듣던지 전도한 설교 내용이다.

"유대인들이 가로되 우리가 너를 사마리아 사람이라 귀신이 들렸다 하는 말이 옳지 않냐?
예수께서 가라사대 나는 귀신 들린 것이 아니라 오직 내 아버지를 공경함이어늘 너희가 나를 무시하는도다. 나는 내 영광을 구하지 않으나 판단하시는 이가 계시니라. 진실로 진실로 너희에게 이르노니 사람이 내가 한 말을 지키면 죽음을 영원히 보지 아니하리라.
유대인들이 가로되 지금 네가 귀신들린 줄을 아노라. 아브라함과 선지자들도 죽었거늘 너는 이미 죽은 우리 조상 아브라함보다 크냐? 또 선지자들도 죽었거늘 너는 너를 누구라 하느냐?
예수께서 대답하시되 내가 내게 영광을 돌리면 내 영광이 아무것도 아니거니와 내게 영광을 돌리시는 이는 내 아버지시니 곧 너희가 하나님이라 칭하시는 그이시라. 너희는 그를 알지 못하되 나는 아노니 만일 내가 알지 못한다 하면 나도 너희같이 거짓말쟁이가 되리라. 나는 그를 알고 또 그의 말씀을 지키노라. 너희 조상 아브라함은 나의 때 볼 것을 즐거워하다가 보고 기뻐하였느니라.
유대인들이 네가 아직 나이 오십도 못되었는데 아브라함을 보았느냐
예수께서 가라사대 진실로 진실로 너희에게 이르노니 아브라함이 나기 전부터 내가 있느니라. 하시니 저희가 돌을 들어 치려하거늘 예수께서 숨어 성전에서 나가시니라." (요한복음 8:48-59)

생명의 실체는 본시 나이도 없고 죽지도 않고 죽일 수도 없는 것이다. 눈에 보이는 현상계는 무엇 하나 영원한 것이 없다. 어제의 홍안이 내일의 백발이 되고 백발은 백골만 남기고 지수화풍으로 사라지고 영혼은 유리하기도 하고 무시무종으로 태어나고 또 죽고 또 늙고 하는 것이 미완성 인생의 그림자다. 수많은 종교인이든가 종교 지도자들, 그리고 교리나 경전들을 들춰봐도 세인의

눈높이에 맞춰 인생 문제를, 죽음 문제를, 사후 세계와 생명의 실상에 대해서 자세히 언급한 적이 없다.

대개 지옥불이나 염라대왕의 심판 등 유황불에 대한 고통스러운 상징들로 무거운 짐과 부담감만 안겨주고 있다. 영혼의 스승들을 통해서 남겨진 경전들을 의지하다 보니 그 해석상의 문제로 교리들만 생겨나고 스승들의 근본 가르침에서 멀리 떠나 있는 형편이다. 다음 글은 이사야 선지자의 예언서이다.

"그러므로 모든 묵시가 너희에게는 봉한 책의 말이라.
그것을 유식한 자에게 주며 이르기를 그대에게 청하노니 이를 읽으라 하면 대답하기를 봉하였으니 못하겠노라 할 것이요. 또 무식한 자에게 주며 이르기를 이를 읽으라 하면 나는 무식하다 할 것이요. 주께서 가라사대 이 백성이 입술로는 나를 가까이하며 입으로는 존경하되 그 마음은 멀리 떠났으니 그들이 나를 경외함은 사람의 계명으로 가르침을 받았을 뿐이라. 그러므로 내가 이 백성 중에 기이한 일 곧 기이하고 가장 기이한 일을 다시 행하리니 그들 중 지혜자의 지혜가 없어지고 명철자의 총명이 가리워지니라." (이사야서 29:11-14)

각 시대마다 무지를 깨우치는 지도자들과 스승들이 있었다. 그러나 옳은 가르침에는 반드시 박해가 있었고 옳은 성자들은 그 따르는 이가 적었다.

설사 그 수효가 허다히 많다 해도 대개의 경우 자기 이욕으로 육신의 유익한대로 종교를 이용해왔고 때로는 전쟁과 살육도 마다하지 않았다. 입으로는 온갖 좋은 말을 다하면서 생활은 변화가 없다. 그 정확한 예는 현 시대를 보면 간단하다. 무너진 도덕, 무너진 윤리, 무너진 자유, 분열, 분쟁, 피 냄새가 지구촌 구석구석 아니 나는 곳이 없다.

종교는 사실상 아무 힘도 없다. 마음공부나 진리, 자유, 깨달음 등은 속세를 떠나 호연지기를 꿈꾸는 희귀조 같은 사람들의 개인적인 유산일 뿐이다. 재가출가란 말은 그저 말뿐이다.

불신사회의 업력이 너무나 크고 천지를 뒤엎고 있어 아무리 입으로 주여주여 하고 부처님 찾아도 마음은 진리의 근원에서 멀리 떠나 있다.

의인 10명이 없어 소돔과 고모라가 망했고 의인 두 명이 없어 폼페이 도시가 삽시간에 무너져 사라졌다. 부모도 없고 스승도 없고 경건의 모델도 없다. 현 세대는 TV가 하나님으로 둔갑했고, 황금이 성령이고, 유명 가수 젊은 연예인의 속살이나 쇼나 콘서트장에서 피 끓는 젊은이들이 에너지를 충전하고, 백화점이나 극장, 쇼핑에서 신의 계시를 받는다. 어디서 와서 어디로 가는지 왜 사는지 관심 없다.

대학에서는 신학이나 철학과 지망생이 급속히 줄고, 불교에서는 승려 지망생이 급격히 줄어들고 있다.

유대교는 구약의 수많은 성서와 수많은 선지자들의 교훈이 담긴 문서가 많았다. 민족의 기원에 대한 기록, 고난 극복에 대한 기록, 솔로몬의 지혜서, 포로 생활과 해방에 대한 기록, 과학적 근거, 삼라만상의 실체와 효행, 도덕, 윤리, 사랑, 평화, 고아나 과부에 대한 부탁 등 노인문제와 평등, 이웃 사랑과 원수 까지도 감당해야 하는 교훈과 부탁으로 과잉상태다.

그러나 올바른 선지자들을 다 죽였다. 그들은 예수마저 죽여 버렸다. 예수는 그들에게 정면 도전하였다. 그것은 죽음을 각오한 결단이었다.

그래서 흑백논리를 사용하면서 당시 지도자들에게 도전하면서 그들의 무지와 시행착오, 문자주의의 꿈에서 헤매는 위선자들에게 독설도 아끼지 않으며 회개를 촉구했다. 기적을 베풀고 병을 고치고 떡을 나누어 줄 때는 5000명씩 그를 따랐다. 그러던 어느 날 진정한 축복을 설교할 때는 다 흩어졌다.

지금도 더 나아진 건 없다. 기복에 찌들어버린 군중들 몇 백만 명이 모여도 이천 년 전의 떡 먹으러 모이는 군중이라면 뭐가 다를까? 소용없다.

뭔가 축복이나 당첨될까 해서 조건에 길들여진 사람들, 똑같은 벽돌 공장에서 대량 생산된 규격품같이 외관상 한 음성을 쓰고 똑같은 용어를 쓰면서 마음은 진리를 어지간히도 싫어한다. 성경을 찬찬히 보면 아직 신학에서 배우거나 듣지도 못한 말씀들이 감춰져 있는데 도무지 개인 연구를 하지 않는다. 오늘날 교인들의 집에 가면 바빠서 읽어 보지도 못하는 성경책 달랑 한 권과 구역예배 공과 한 권이 TV 밑에 휴식하고 있다. (대개의 경우)

무지몽매한 관념 신앙, 할례 받지 못한 성직자들의 노예들이다. 성직자에게 점수 따면 천당 티켓은 보장되는 줄 어지간히도 착각한다. 예수의 가르치신 수많은 비밀의 말씀이 깨달아질 시간과 기회가 없다. 양식 아닌 것들에 어지간히도 은금을 달아주고 별것 아닌 일에 주의 일이랍시고 너무너무 바빠서 성서 연구할 시간들이 없다.

그렇다면 예수가 말한 밭에 감춰인 보화를 누가 캘 것인가? 아! 공짜는 없다. 자기 있는 재산을 다 팔아 그 밭을 산다 해도 어려운데 성경구절 3군데 정도 가위질해서 믿습니다! 믿습니다! 하면 천국을 간다고 동화 같은 소리를 70세가 넘은 목사님과 장로님들이 하신다. 큰일이다.

국민교육헌장이나 혁명공약이나 구구단은 단 시일 내에 암송하고 유명가수의 노랫말들은 순식간에 암기 묵상하면서 성경말씀이나 경전은 어지간히도 멸시한다.

8. 환생을 가르친 예수

앞서 말했듯 예수는 아브라함보다 먼저 있었다는 말을 함으로 미치광이 취급을 받는다. 갇혀있는 군중들은 오랜 전통과 유전의 묵은 때가 찌들은 그들이, 이 예수의 비밀의 말씀을 알아들을 리가 없었다.

종교인들은 자기들이 제조한 함정의 사슬이 있다. 자기들이 정해놓은 그 법을 진리인 양 수천 년 혹은 그 이상 그 유전을 지키고 있다. 아니 지키는 체 한다.
　성경은 영감 받은 선지자들을 의탁하여 기록되었으므로 기도하는 마음으로 읽으면 그다지 어려운 경전이 아니다. 그런데 오늘날의 신학 교리는 성경보다 훨씬 복잡하고 잡다한 이론이 거미줄 같고 오히려 헛갈리는 미로 같다. 그러다 보니 정작 경전 본문 속에 감추어진 심오한 교훈들은 먼지 아닌 먼지 속에 묻혀서 간과 되어 왔다. 특별히 환생이나 영계(靈界), 사후세계(死後世界) 같은 교훈은 관념으로 그치고 오랜 세월 지나오면서 많이 삭제되고 여러 차례에 걸쳐 교황들의 지시로 수정되었다.
　예수는 말했다.

　"너희에게 이르노니 아브라함이 탄생하기 전부터 내가 있었노라."

　이 놀라운 구절을 교회에서 그냥 간과한다. 대개 삼위일체설(三位一體說)에 접목시켜 예수께서는 사람이 아니고 하나님이시기 때문에 태초부터 말씀 = 로고스로 존재해 왔다고 신학자들은 가르쳐 왔다. 만일 예수가 육체를 입은 한 인간이 아니라면 그리스도의 신성이 진짜 깨어진다는 걸 왜 모르는가?.
　생각해보라. 전지전능한 신이 무슨 고통을 느끼며 십자가를 메고 가면서 16차례나 쓰러지고 때로는 울고 배고파하고 병든 자를 보며 슬퍼한단 말인가? 유대교의 종교관과 교리, 전통, 장로들의 유전과, 그 위선에 도살장같이 제물을 죽이며 성전을 수천 년 동안 피로 물들여 오면서 겉치레 두루마기만 걸치고 의인을 죽이고 박해하던 제사장들과 바리새인들, 기타 율법사들의 죽은 세레모니 속에는 더 이상 어떤 희망도 생명도 없었다. 이때에 세례요한과 예수 그리스도께서 잠자던 인간의 내면을 두드렸다.
　속죄관이나 구원관이 어떤 제사의식에서 완성되는 게 아니라 마음을 찢고 회개해야 한다고 가르쳤다. 생명의 실상이나 사후 세계나 천국과 지옥 부활과 영생관이 모세 율법시대의 것과는 달리 직접적이고 구체적으로 그의 설교를 통해 기록 되어 있다.

예수 그리스도는 생명의 실체를 전달하려 애쓰셨다. 욕심과 에고의 사슬에 묶여 허덕이는 인생들을 무덤속의 죽은 사람으로 간주했으며 진리가 너희를 자유케 하리라고 설교했다.

"眞理가 너희를 자유케 하리라"

즉, 참된 이치를 깨달아야 자유로워진다는 것이다.

"진리를 알지니…"

진리를 아는 사람이면 예수께서 "아브라함이 나기 전부터 내가 있었느니라." 하신 뉘앙스를 알아차릴 것이다.

생명은 글자 그대로 생명인고로 죽을 수도 죽일 수도 없고 늙지도 병들지도 않는다. 육체를 버리는 것은 낡은 옷 갈아입는 것과 흡사하다.

"아브라함이 나기 전부터 내가 있었느니라."

이 구절은 현대 교회에서는 난제로 취급하고 있으며 신학자들은 예수님은 하나님의 아들이기 때문에 이 땅에 태어나기 전, 태초부터 하나님과 함께 계시다가 어느 날 마리아의 몸에 잉태되어 태어나신 것이라고 한다.

필자는 이 문제를 몇몇 지혜자들이 기록한 구약 지혜서를 인용해서 독자들에게 판단하도록 하려한다.

유치원생에게 수수께끼를 질문할 때에 "물만 먹고 사는 게 뭐냐?" 하면 아이들이 "몰라요." 대답하자, 아! 그것은 콩나물 이예요! 이러한 문답식 종교교육으로는 천년의 갑절이 흐른 오늘날도 깨달음 없는 종교로 회칠한 무덤이 되어 왔다. 혹자는 말한다. 무조건 믿는 것이 신앙이라고. 도대체 말이 되는 소리인가? 이런 무지한 이론이 만든 결과가 오늘날의 황야를 만들었다.

신앙이란 마치 수수께끼가 풀어지듯 이치가 터득되는 확신에서 출발하는 것이며 동시에 진리란 바른 이치를 말하는 것이다. 종교 지도자는 어떤 질문에도 분명한 깨우침으로 인도해야 되고 구도자는 항상 궁구하는 자세로 하늘의 명을 받기에 합당한 그릇을 준비해야 한다.

이것이 종교의 혼이며 지도자의 등불이다.

"주 여호와께서 학자의 혀를 내게 주사 나로 곤핍한 자를 말로 어떻게 도와줄 줄을 알게 하시고 아침마다 깨우치시되 나의 귀를 깨우치사 학자같이 알아듣게 하시도다." (이사야 50:4)

"너희 속에 있는 소망에 관한 이유를 묻는 자에게는 대답할 것을 항상 예비하되 온유와 두려움으로 하고 선한 양심을 가지라." (베드로전서 3:15)

진리란 비유도 아니고 상상이나 전설도 아니다 인간이 살아가는 이치며 밝은 법도며 틀에 박힌 전통이나 계율의 카테고리도 아니다. 진리란 얽매인 영혼의 족쇄를 풀어주며 마른땅 같은 마음에 단비가 내리듯 무한한 자유와 생명에도 변형되어 가는 과정이다. 진리를 물론 말로 다 설명하거나 전달할 수는 없다.

진리의 본질은 변함이 없으나 인간의 성숙도에 따라 전달 방식이 달라질 수 있다. 마치 파란고추가 어느 가을날 빨간 고추로 변형되듯 끝없이 성숙하여 만물과 온전히 하나 되고 일체 구별이나 차별이나 선택이 사라질 때 하나님의 몸이 되고 천지 만물과 연합의 이치를 터득할 수 있다.

진리란 눈에 보이는 물질이 아니다. 음료수나 빵처럼 마시거나 집어 먹을 수 있는 것이 아닌 의에 주리고 목마른 사람에게 생수 같은 정신과 영혼의 자양분이다. 위에 인용한 성경 구절은 목마른 영혼들에게 눈높이로 인도하는 깨우침을 언어의 한계를 느끼며 묘사한 내용이다.

선지식은 어떤 문제, 어떤 요구에도 막힘이 없어야 한다. 외국어나 수학문제 말고는 걸림이나 거침이 없어야 한다. 마스터는 가이드가 되어야 한다. 길을 묻는 나그네에게 길을 안내해야 한다. 마른땅에 물고를 틔워 영혼의 농사를 잘 지을 수 있도록 도와 줄 수 있어야 한다. 물론 열매를 맺고 꽃을 피우는 것은 자신들의 성숙도에 달려있다.

도무지 잠에서 깨어나지 못한 유대인들은 예수께서 하신 말씀 중에서, "내가 아브라함이 나기 전부터 있었느니라" 하신 이 설교가 신성 모독처럼 들렸고 도무지 건방지고 상식적으로 납득되지 않는 도전이었다. 이해를 돕기 위해서 솔로몬의 잠언 중 잘 읽혀지지 않는 말씀을 기록해 본다. 독자들께서 알아서 연구 궁구해 보기 바란다.

"여호와께서 그 조화의 시작 곧 태초에 일하시기 전에 나를 가지셨으며 만세 전부터 상고부터 땅이 생기기 전부터 내가 세움을 입었나니 아직 바다가 생기지 아니하였고 큰 샘들이 있기 전에 내가 이미 났으며 산이 세우심을 입기 전에 언덕이 생기기 전에 내가 이미 났으니 하나님이 아직 땅도 들도 세상 진토의 근원도 짓지 아니하셨을 때라. 그가 하늘을 지으시며 궁창으로 해면에 두르실 때에 내가 거기 있었고 그가 위로 구름 하늘을 견고하게 하시며 바다의 샘들을 힘 있게 하시며 바다의 한계를 정하여 물로 명령을 거스르지 못하게 하시며 또 땅의 기초를 정하실 때에 내가 그 곁에 있어서 창조자가 되어 (양육 받는 아이) 날마다 그 기뻐하시는 바가 되었으며 항상 그 앞에서 즐거워하였으며 사람이 거처할 땅에서 즐거워하며 인자들을 기뻐하였었느니라." (잠언 8:22-31)

위 구절은 지혜의 왕 솔로몬이 기록한 잠언에 나오는 말씀이다. 폐일언하고 세상 만물이 창조되기 이전, 그러니까 아주 먼 태초(太初)에 인간의 영혼이 창조되고 존재했다고 기록되어 있다. 삼라만상 우주만물이 생겨나기 전에 우주신과 동행했으며 지구와 은하가 생겨나기 전에 인간의 영혼은 창조되었다고 기록하고 있다.

다윗왕의 노래를 참고해 보자.

"내 형질이 이루기 전에 주의 눈이 보셨으며 나를 위하여 정한 날이 하루도 되기 전에 주의 책에 다 기록이 되었나이다.
주께서 나의 오장육부를 지으시고 나의 모태에서 나를 조직하셨나이다. 나를 지으심이 신묘막측하심이라.
주의 행사가 기이함을 내 영혼이 아나이다." (시 139:16, 13~14)

이와 비슷한 성경구절은 시편이나 욥기 등을 참고해보면 수백 구절이 넘는다. 분명한 것은 인간의 탄생이 모태에서 시작되는 단순한 문제가 아니라는 사실이다. 다윗은 말한다. 신의 계획이나 생각, 그리고 창조의 섭리는(그의 날 수는) 바닷가 모래알보다도 많아 측량할 수가 없다고! 어떤 명상가나 신통한 자도 창조의 원리와 영혼의 탄생과 우주의 질서와 만물의 이치를 손바닥 들여다보듯 통달한 자는 없다. 신약성경 히브리서 7장에는 멜기세덱이란 정체불명의 왕이 잠시 언급된다.
기독교 신앙의 주요 모델인 이브리함이 전쟁에 지쳐 돌아올 때 보살펴 주면서 축복을 해준 사람인데 그의 신분은 다음과 같다.
그 이름은 멜기-세덱 즉, 의와 평강이란 합성어다.

"멜기세덱" 그 이름을 번역하면 첫째, 의의 왕이요. 또 살렘 평강 왕이요. 아비도 없고 어미도 없고 족보도 없으며 시작한 날도 없고 생명의 끝도 없어 神의 아들과 비슷하여 항상 제사장으로 있느니라." (창 14:18-20, 히 7:1-3) *

아비도 없고, 어미도 없고, 족보도 없으며, 시작도 끝도 없고, 생명의 끝도 없다는 건 무슨 뜻일까?
인도 뿌나에 있는 "오쇼" 무덤 앞에는 다음과 같은 비문이 있다.
"나는 태어난 적도 없고 죽은 적도 없다."
그렇다. 생명이란 죽을 수도 죽일 수도 없는 영원한 에너지다.
유대교인들은 메시아나 신의 임재를 기다리면서도 어떤 선지자

---

* 전설의 인물 동방삭은 60×3000 = 180000년을 살았다.

들도 그들을 수용하지 못했다. 역사적으로 활동한 대다수의 선지자들은 죽이거나 박해했다. 아무리 이치적이고 올바른 진리를 전해도 자기들의 유전과 보수적 전통에서 조금만 이탈해도 여지없이 단죄하였다. 다음 구절을 보라.

"유대인들은 주 예수와 선지자들을 죽이고 우리를 쫓아내고 하나님을 기쁘시게 아니하고 모든 사람에게 대적이 되어 우리가 이방인에게 말하여 구원 얻게 함을 저희가 금하여 자기의 죄를 항상 채우매 노하심이 끝까지 저희에게 임하고 있느니라." (데살로니가 전서 2:15-16)

위 구절은 사도 바울이 자신의 개종하기 전의 입장과 연관하여 기록한 편지였다.

※ 예수와 先知者들의 답답한 가슴

갓난아이에게는 아주 부드러운 우유 외에는 달리 먹일 만한 식물이 없다. 그러나 성인에게는 수백 가지 다양한 영양소와 다양한 맛의 요리와 음료수가 있다. (로마서 8:1-6 참고)

한때, 예수교를 혹독히 박해하던 바울은 신앙인들의 수준을 음식과 자주 비교 비유하며 가르쳤다.

단단한 식물을 먹을 자와 연한 채소를 먹는 자들에게 교훈을 남겼다.

"먹는 자는 먹지 못하는 자를 업신여기지 말고, 먹지 못하는 자는 먹는 자를 판단하지 말라." (로마서 14;1-6)

모든 것은 때가 있다. 봄이 되면 장미나무에 눈이 트이고 그 다음 가시사이에서 싹이 나고 그 다음 꽃 봉우리가 생기고 그 다음엔 몽우리가 터진다.

인간의 정신세계도 복잡하고 다양하다.

어떤 이는 마치 곡예사처럼 히말라야 정상에서 킬리만자로 표범처럼 홀로 유유자적하며 살고 어떤 이들은 세발자전거도 힘겹게 타고 어떤 이들은 그나마 걷지도 못하는 장애인처럼 눈도 코도 없이 일평생 교회 문지방만 밟고 지나간다. 아무리 입으로 주여주여 하고 하나님의 성호를 긋고 기도해도 신의 뜻을 헤아리지 못하고 자기의 욕심만 채우려는 이욕적 기복신앙으로 애착을 갖고 사는 사람이 산을 이룬다.

모두가 사업이고 유물주의로 물들어 버린 지 오래다.

그들은 부드러운 우유와 달콤하고 듣기 좋은 칭찬과 연한 채소 같은 설교를 얻어먹어야 기분이 좋아 헌금을 많이 하는 거래에 예민한 군중들이다.

공산주의자들은 인간의 본성보다 물질을 앞세웠다. 옆 사람이 죽창에 찔려 죽어도 마치 빵조각이나 과일 쪽을 포크로 찍어 먹을 때 가책을 받지 않듯 그들의 가슴에는 인애(仁愛)가 없다.

오늘날 맘모스 교회 건물 세우는데 무수한 영혼들이 희생의 피라미드 아래 천국이라는 현실 저 너머 세상에 소망을 걸고 쓰러져 가고 있다. 성직자들은 후계자 문제로 안간힘을 쓰고 욕심을 채운다. 영성생활은 거의 없고 기도하는 태도 역시 물질을 구하는 욕심으로 가득하다.

예수 그리스도의 사상이나 문자 속에 감추어진 진리에 관심 없다. 교인 모아 큰 예배당 세우고 확장하여 단상에서 사자후를 토하고 외국을 문지방처럼 넘나들고 외국 승용차에 스타가 되어 박수 받고 인기 많으면 축복이고 프랜시스코처럼 살면 저주 받은 자요 이단자다. 20년 전 애기다 경남 양산 OO교회 연합집회가 있어서 버스를 타고 일찍 도착했는데 전날 과로가 겹쳤는지 멀미증세가 있어 약간 비척거렸다. 그때에 고급 승용차를 타고 연세 지긋한 선배 목사께서 도착했다. 내가 고개 숙여 인사를 드렸다. 선배 목사는 나의 안색을 보더니 "어디 아퍼?" "아닙니다. 버스에 냄새가 심하더니 멀미증세가 약간 있어서…." "허허! 이 사람아! 기도해 하나님한테 차 한 대 달라고. 목사가 축복도 못 받고 비실거려, 이 사람아!" 나는 기가 막혔다. 축복의 가치관에 대해서 변명하고 대들었다. 이론은 내가 이겼는데 큰 미움을 사서 1년간 근신 당하였다.

이러한 유물론은 전쟁과 분열을 일으켰고 맛 잃은 소금처럼 종교는 탁발승처럼 되어간다. 피 냄새가 아니 나는 곳이 없다. 이렇게 수천 년이 흐르고 있다. 아! 그러나 이것이 아니다.

제5장 신학자들의 고뇌

그리스도교 신학자 중 가장 위대한 인물의 하나인 어거스틴*의 신학과 철학을 간단히 말하기란 어렵다. 그의 수많은 시행착오와 변화, 그리고 열정적인 탐구정신은 어디서부터 설명해야 할지 판단하기 어렵다.

그는 생존 당시부터 현재까지 전 세계에 국한되는 세계적인 인물이다. 가톨릭이나 프로테스탄트를 막론하고 존경받는 신비주의 신학자며 구도자이다. 로마 가톨릭 교회의 싹은 그로부터 시작되었다고 말할 수 있다. 그는 중세의 스콜라 철학의 아버지였으며 동시에 신비주의 창설자였다.

그는 가톨릭 신학의 1위를 차지하고 있으므로 토마스 아퀴나스도 그로부터 권위 받았다. 그의 신학은 역사의 단절을 말했던 루터나, 져스틴 터툴리안, 벵겔, 알포드, 트렌취 등 기타 신학자들과는 달리 오리겐(Origen)과 더불어 무천 년 즉, (탈 세대주의적) 시간의 영원성을 말했다. (Amillenniaism)

어거스틴의 방황과 청년시절의 방랑에서 많은 학문과 종교적 탐구, 한편 그에 따른 시행착오 과정과 초기 그리스도교로 개종하기까지의 과정과 그의 업적에 대해서는 다음 페이지를 자세히 읽어 보기를 바란다.

우선 그의 기도문을 참조해보자.

---

* 어거스틴 - 아프리카 출신의 기독교 대신학자 : 성격이 난폭한 부친 파도리샤스와 영성이 지고한 그의 모친 모니카의 사이에서 출생하였다. 어려서부터 모험정신이 많고 변화무쌍하고 열정이 많았고 감정대로 움직였으며 부모의 속을 있는대로 썩혔고, 17세 때에 사생아를 낳기도 했고 여러 종교를 넘나들며 심취했으며 특별히 마니교에 심취했었다. 결국 기독교로 돌아와 대 신학자가 되었다. 그는 여러 종교와 철학과 학문을 비교하면서 터득하여 그의 신학은 탈 세대주의적인 영원성에 입각했다 할 수 있다.

"주여! 말씀해 주소서!
제 자신의 유년기는 전에 죽은 또 다른 삶을 계승한 것입니까?
그것이 제가 어머니의 자궁에서 보낸 시간입니까?
그리고 그 전에는 무엇이 있었습니까?
지금 서의 기쁨이신 주여! 제가 어느 장소 어느 몸 안에 있었습니까?
여기에 대해 어느 누구도 말해 주지 않습니다. 아버지나 어머니도 말씀해 주지 않고 다른 사람의 경험이나 제 자신의 기억에 비추어 보아도 알 길이 없습니다."(Augustine의 기도문 중 일부)

위에 열거한 신학자들을 비롯하여 수많은 개혁자들과 그리스도교 종파를 초월하여 선교에 앞장서던 성직자들 모두 사후세계나, 탄생의 신비, 천국에 대한 믿음과 신앙은 상당히 막연하였고, 의심이 풀린 사람은 거의 없었다.

의심하면서도 용맹한 듯 남을 가르쳤다. 수많은 신학자들이 문자주의적 신앙에 수박 겉핥기식으로 성서를 대하다가 그들의 예언은 100퍼센트 빗나갔다. 오히려 영감 있는 사람들을 박해했고 이단으로 규정하여 처형시켜 버렸다. 예수는 말했다.

"진리의 성령이 오시면 그가 너희를 인도하시리니 죄에 대하여, 의에 대하여, 진리에 대하여, 천국에 대하여, 환생에 대하여, 심판에 대하여, 모든 것에 대하여 말하시리라."(요한복음 16:8~13)

다음 구절을 상고해 보라.

"너희는 하나님께로부터 나서 그리스도 예수 안에 있고 예수는 하나님께로서 나와서 우리에게 지혜와 의로움과 거룩함과 구원함이 되셨도다." (고린도전서 1:30)

이 말씀은 하나님과 예수 그리스도 당시의 군중들 모두 동질성을 의미함과 동시에 하나님이 태초부터 존재하셨듯 인간도 그의 영원성과 함께 포도나무에 접붙인 가지처럼 하나라는 의미로 봐야한다. 이 지혜의 영원성이 모든 진리를 깨우칠 것이다.

1. 칼빈의 그리스도 선재설(先在說)

칼빈은 북부 프랑스 피칼디쥬 노용에서 출생하였다. 그의 부친 잔느루 프랑과 모친 수잔나 사이에서 경건한 신앙교육을 받고 자랐다. 16세 되던 해에는 법학을 공부하기 위해 대학을 갔다. 몸이 약하여 걸어 다니는 병원이라는 별명을 얻기도 했다. 훗날 스위스에서 종교정책의 대부로 알려지기까지 많은 일을 겪는다.

처녀작으로는 〈세네카의 관용론 주해〉를 썼고 장편 〈기독교 강요〉를 썼는데 이 책이 개신교의 교리 지침서로 유명하게 되었다. 책의 내용 중에는 다분히 법학 냄새가 흐르고 있다. 그것은 그가 법학도였기에 그렇다고 필자는 생각한다. 스위스에서 그의 업적과 실수, 화형 등 쓰라린 역사가 뒤따른다.

오늘날 개신교에서 첫째가는 신학자로 뽑히는 그도 역시 인간의 영혼 문제에 대해서는 많은 고민을 했다. 예수 그리스도를 경건과 능력, 지혜, 창조, 만물의 으뜸으로 믿는 독실한 신앙인으로서 모든 문제의 해결책을 예수 그리스도만을 통해서 답을 얻으려 그는 애썼다. 그래서 칼빈은 성경에서 다음과 같은 답을 얻어 결론에 이른다.

그리스도의 선재(先在)란 예수 그리스도께서 베들레헴에 탄생하기 전부터 하늘에 계셨다는 것이다.

"하늘에서 내려온 자 곧 인자 외에는 하늘에 올라간 자가 없느니라." (요 3:13)

"그러면 너희가 인자의 이전 있던 곳으로 올라가는 것을 볼 것 같으면 어찌 하려느냐?? (요 6:62)

구태여 전생이란 말을 쓰지 않아도 위 구절을 볼 때 이전 있던 곳, 또 하늘이란 말을 참고해보면 예수는 이전부터 존재하고 계셨다는 틀림없는 말이다.

그렇다면 그를 신앙하는 인간의 영혼도 마찬가지다. 예수가 하나님의 아들이면 그의 제자들도 하나님의 아들이고 그가 이전부터 선재해 계셨으면 인간의 영혼도 이전부터 존재 했던 것이다. 다음 성구를 보라.

"하나님이여! 주의 보좌가 영원하며 나라의 홀은 공평한 홀이니이다."
(시 45:6)

하나님의 보좌가 영원하다는 것은 어디까지나 그의 백성과 함께 존재하는 것이다. 영원이란 말의 의미는 생사와 관계없는 생명의 본성을 나타내는 전체성이다. Calvin은 그리스도의 교훈 중에서 혹은 신구약성서를 여기저기 참고하여 영혼 선재를 확신했으며 저서에 기록했다.

1) 솔로몬 왕이 말한 영혼 선재

"여호와께서 그 조화의 시작, 곧 태초에 일하시기 전에 나를 가지셨으며, 만세 전부터, 상고부터, 땅이 생기기 전부터 내가 세움을 입었나니 아직 바다가 생기기 전부터 내가 세움을 입었나니 아직 바다가 생기지 아니하였고, 큰 샘들이 있기 전에 내가 이미 났으며 산이 세우심을 입기 전에 언덕이 생기기 전에 내가 이미 났으니 하나님이 아직 땅도 들도 세상 진토의 근원도 짓지 않으셨을 때에라." (잠언 8:22-26)

이 솔로몬의 영감은 단지 솔로몬 혼자의 고백이 아니고 생명에 대한 끊임없는 탐구에 몰두하는 사람 모두가 도달해야 하는 궁극의 일치인 것이다. 솔로몬 왕의 젊은 시절 수많은 지혜의 업적은 아무도 부정할 수 없는 탁월한 경지에서 군중을 가르쳤다. 창조의 원리와 생명의 신비, 태초에 관한 비밀을 일깨우지 못한다면 어찌 지혜자라 할 수 있을까 환생과 죽음, 부활의 수수께끼가 풀리지 않는다면 그 어떤 지식인도, 학식 있는 지도자라도 허수아

비나 마찬가지이다. 그러기에 선생 된 자들이 훨씬 죄를 짓는다는 것이다. 왜냐?! 소경이 어찌 강 건너의 낙원을 볼 수 있을까?
예수는 말했다.

"너희가 보지 못한다 하면 죄 없으려니와 보노라 하면서 보지 못하니 너희 죄가 그냥 있느니라."

당시의 지도자들 곧 율사들, 제사장들, 장로들, 바리새인, 기타 지도자들을 예수는 꾸짖고 비판했다.
만물의 영장주권을 회복하는 길은 분명히 관념론이나 상상이나 자기 느낌이나 점괘나 소문으로 되는 것이 아님을 확실히 의식해야 된다.
만물의 영장이라면 "태초"의 진리를 저마다 확실히 깨우쳐 헛갈리지 않는 인생을 살아야 된다.

2) 세례요한이 본 예수 그리스도의 선재

"내가 전에 말하기를 내 뒤에 오는 사람이 있는데 나보다 앞선 것은 그가 나보다 먼저 계심이라 한 것이 이 사람을 가리킴이라." (요한복음 1:30)

예수와 세례요한의 탄생의 시간차는 6개월 정도 되는데 먼저는 요한이고 예수는 6개월 뒤에 태어나셨다. 그러나 영으로는 먼저 계셨다는 말이다. 참된 크리스천이라면 인간의 육신으로 탄생한 그리스도의 영혼 선재와 부활과 환생의 언어상의 차이란 걸 깨닫는 것이 올바른 기독관을 확립하는 데에 중요한 판가름이 될 것이다.

"나이 오십 세도 안 된 네가 어찌 아브라함이 나기 전부터 있었느냐고 반문하는 질문 같은 건 없을 것이다." (요 8:56-58)

성서학자 사무엘. G.크레이크 박사는 다음과 같이 밝혔다.

"우리가 그리스도의 말씀이 보존된 성서를 이해함에 있어서 그의 생애를 그 분의 선재의 빛 안에서 해석하는 것이 가장 중요하다. 이 해석만이 모든 그리스도인들의 열쇠가 될 것이기 때문이다."

이와 같이 영혼선재를 언급한다는 것은 환생과 윤회를 강하게 암시하는 것이다. 기독교에서 문자주의 종말이 실제적으로 와서 어느 한날 무덤 속에서 흙이 되어 버린 사람들이 한날한시에 다시 살아나는 부활이 아니라면 인간의 환생은 자연스러운 이치인 것이다.

2. 영혼선재설(先在說)의 확실한 성서적 근거

다음 구절을 참고로 깊이 상고 해보자.

"그때에 여호와께서 폭풍 가운데서 욥에게 말씀하여 가라사대 무지한 말로 이치를 어둡게 하는 자가 누구냐. 너는 대장부처럼 허리를 묶고 내가 네게 묻는 것을 대답하라. 내가 땅에 기초를 놓을 때에 네가 어디 있었느냐. 네가 깨달아 알았거든 말할지니라.
누가 그 도량을 정하였는지, 누가 먹줄을 그 위에 띄웠는지 네가 아느냐? 그 주초는 무엇 위에 띄웠는지, 그 모퉁이 돌을 누가 놓았었는지 아느냐?
그때에 새벽 별들이 함께 노래하며 하나님의 아들들이 다 기쁘게 소리하였느니라." (욥기 38:1-7)

위 구절은 두말 할 것도 없이 천지가 창조될 때에 태초부터 인간의 영혼들이 창조되어 이 땅에 태어나기 전부터 선재했다는 말이다. 하나님의 아들들이란 복수는 문자주의 해석자들은 천사들이라고 하는데 성경은 천사와 사람을 동일시했다. 즉, 구속받은 하나님의 아들들을 말함이다.

"사람의 척량 곧, 천사의 척량이라." (요한계시록 21:17)

창세기 19장 소돔성 멸망 때에 나타났던 천사들을 사람들이라고 번역하여 기록함은 적절한 표현이다.*

기독교 역사에서 왜? 윤회 이야기가 제외되었는가는 다음 장에서 언급할 것이다. 윤회를 부정할 수 없을 것이다.

3. 기독교 신학자 대부 오리겐(Origen)의 윤회관

오리게네스 아다만티스(Origenes Adamantius)는 A.D. 185년경에 알렉산드리아에서 경건한 그리스도인 가정에서 태어났다.

그의 아버지는 레오니다스(Leonidas) 수사학의 교사로 있었는데 A.D. 202년에 "셉티머스 세베러스" 황제 때에 일어난 기독교인 박해 때 죄인으로 몰려 옥에 갇혔다가 억울하게 참수형을 받는 비극을 겪었다. 이때에 오리겐은 신앙의 정조를 위하여 아버지를 뒤이어 옥에 가서 고생을 당하기로 결정을 했는데 그의 모친이 간곡히 말렸다. 그의 아버지가 남긴 재산은 몰수당했고 유가족은 가난에 시달리기 시작했다. 오리겐은 희랍철학과 문학을 가르치고 또는 원고를 베껴 생계를 유지하는 피나는 고생을 하였다.

이때에 나이 18세밖에 되지 않았지만 그의 학자다움과 경건함

---

* 기타 윤회와 환생을 간증하는 성경 구절들
  - 로마서 9:11-14
  - 시편 90편
  - 욥기 2:1-2
  - 요한계시록 3:12
  - 마태복음 17:10 , 16:13
  - 누가복음 9:7-8 , 24:36-41
  - 요한복음 20:19-20

시편 90편은 우리를 깊은 심연으로 명상을 일으킨다. 위에 요약한 성경 말고도 수많은 구절이 이를 뒷받침 하고 있다.

으로써 자격이 인정되어 문답교사로서의 직업을 갖게 되었다. 그는 학생들이 흩어진 폐교를 다시 열어 학교의 교장이 되었다. 그러나 보수가 없어 자기의 귀중한 책들을 팔아서 몇 년 동안 구차한 생계를 유지하는 시련을 겪었다.

그는 기독교 박해로 인하여 자기의 생명이 위험에 처함에도 불구하고 옥에 갇힌 제자들과 동지들을 심방하며 격려하였다. 재판정, 교수대, 사형장까지 가서 그들을 위로하고 끝까지 신앙을 지키라고 권고하였다.

오리겐의 성품은 열성적이었고 또한 성결하였다. 율법주의자는 아니었으나 금욕주의자였고 죽는 날까지 술을 입에 대지 않았고 한 번도 감정을 흐트러뜨린 적이 없었다. 이러한 인격은 그의 스승이었던 "클레멘트"보다도 훨씬 더 우월했다고 전해진다.

오리겐의 잠자리는 맨 마룻바닥이었고 신발도 없었고 가진 것이라고는 윗옷 한 벌 밖에 없었다. 너무나 젊은 이 청년은 완전한 그리스도인으로서의 순결한 생을 선택하여 하늘나라를 위하여 스스로 남성을 포기하고 단 한 번도 여인과 대화를 나눈 적이 없었고 스스로 상록수의 길을 택하였다.

그러한 동기는 마태복음 19:12의, 다음과 같은 문구를 문자적으로 해석했던 그 열성 때문이었다.

"어미의 태로부터 고자(鼓子) 된 자도 있고, 사람이 만든 고자도 있고, 천국을 위하여 스스로 고자 된 자도 있느니라. 이 말을 받을만한 자는 받아드리라."

그는 날 때부터 불구도 아니고 왕궁의 내시도 아니었다. 그는 스스로 고자가 되었다. 마치 인도의 성자 "라마나 마하리쉬"처럼 일평생 여자를 가까이 하지 않았다. 이러한 이유로 당시 정경에 의하여 목사 안수자격을 잃게 되었다고 전해진다. 그의 삶은 남들이 흉내조차 어려운 삶을 태연하고도 자연스러웠다.

1) 학문 탐구자로서의 오리겐

오리겐은 낮 동안에는 제자들을 교훈하고 밤 시간에는 대부분 성서연구에 몰두 했으며 히브리어를 깊이 연구하였다. 또한 그는 이교학파들과 철학자들의 그리스도교에 대한 반박과 논란을 더 잘 변박하기 위하여 네오플라톤주의 창시자인 Ammonius Saccas 의 강의를 들으러 다니기도 했다.

그는 당시 플라톤, 스토아학파, 그리고 다른 여러 학파의 저서를 넓게 읽고 고전과 다른 책들도 수도 없이 읽었다. 그리고 경험과 지식을 넓히기 위하여 여행도 많이 하였다. 그리하여 오리겐은 유식한 학자로 이름을 떨치기 시작했다. 그의 학파는 철학과 그리스도교의 철학에 있어서 유명한 학파가 되었고, 도덕적이나 서적들도 제자들에게 간결하고 정확히 전해주었다.

그리고 제자들로 하여금 참과 거짓을 구별할 수 있도록 통찰력을 길러주었고, 허상이나 관념론 같은 것에 시간을 허비 하지 않도록 확실히 가르쳤다. 이렇게 함으로서 정신적인 자유를 누리도록 인도하였던 것이다. 오리겐의 이러한 공헌으로 여러 학교들이 생겨나기 시작했다.

오리겐은 영적인 것과 세속적인 것을 다 가르쳤고 과학과 그 밖의 예비적이며 부차적인 학문도 가르쳤다. 당시의 가장 유명한 석학들과 철학자들은 전부가 오리겐의 문하생이었다.

그리스도인, 이교도들, 이단자 할 것 없이 누구나 그의 밑에 와서 교육을 받았다. 그는 학식이 별로 없는 사람에게도 눈높이로 보통 교육을 시켜 최소한 성서와 기타 지침서 정도는 이해하도록 가르쳐 문맹퇴치에도 앞장섰다.

이토록 오리겐은 젊음을 온전히 학문과 신학, 그리고 경건한 신앙에 바쳤고 그 누가 봐도 흠 잡을 곳 없는 교육의 대부로서 든든한 기틀을 마련하였다.

그의 문하생들도 이 지도자의 깊은 신학과 학문에 머리를 숙였으며, 반대파들조차 그의 박식하고 경건한 삶에 제압되었다.

2) 오리겐의 박해(迫害)

AD. 216년에 카라칼라(Cara Calla) 황제가 알렉산드리아를 방문하였을 때 그는 개인적인 원한을 가지고 알렉산드리아에 있는 그리스도인들과 교회의 문필가들을 박해하라고 명령을 하였다.

사태가 좋지 않자 오리겐은 예루살렘 감독들에게 찾아가 피신하였다. 예루살렘에서 잠시 머물면서 그는 성서를 기회가 만들어지는 대로 해석하였다.

그러자 알렉산드리아의 감독 데메트리우스(Demetrius)는 이것을 아주 못 마땅히 생각하여 그를 알렉산드리아로 불러 들였다. 오리겐은 명령대로 돌아갔으나 두 사람의 관계가 좋지 않게 되었다. 이로 인하여 오리겐은 어려움이 닥치는 시초가 된 것이었다.

AD. 219년경 오리겐은 어느 부한 친구의 도움으로 온전히 성서 주석을 위하여 시간을 바치게 되었다. 이 친구는 7명의 속기사와 많은 서기와 사자생(寫字生)들을 준비시켜 주었다.

오리겐은 힘을 얻어 온 정력을 기울여 저술에 힘썼다.

온갖 박해 속에서도 밤낮을 가리지 않고 힘쓴 결과 종교학자, 신학자, 변증자 및 성서 주석가로서 1위를 차지하게 되었다. 오리겐은 약 40여년 알렉산드리아에서 생활하면서 "가이샤라" 지방 방문 중 예루살렘 감독들이 그를 장로로 안수하였다.

이 일로 알렉산드리아의 감독은 심한 노여움을 샀다. 회의 소집에서 오리겐은 장로직을 박탈당하고 추방당하였다. 이러한 주 원인은 데메트리어스 감독의 질투에서 시작되었으나 그들이 내세운 이유는 오리겐이 그릇된 교리를 가르치고, 교회의 법을 무시한다는 것이었다. 이렇게 죄를 만들어 덮어 씌워 꼬투리를 만들었다. 그러므로 장로직을 박탈하고 추방해야 마땅하다고 결의문을 작성하여 온 교회에 발송하였다. 하지만 팔레스틴, 아라비아,

베니기아, 아카이아 등지에 있는 교회들은 그 사건을 인정하지 않았으며 반대 운동이 일어났다. 문제는 억지와 질투라는 것이 너무나 뻔했기 때문이었다.

오리겐은 품성이 매우 온순한 사람이었으므로 자기를 궁지에 몰아넣는 알렉산드라의 감독이 하는 행위를 온유한 태도로 대하였으나 조금도 굽히거나 애써 변명하지도 않았다. 알렉산드리아에서 추방당한 오리겐은 "가이사랴"에 은퇴해 있는 동안 신학교를 또 하나 설립하였는데 얼마 안가서 알렉산드리아의 신학교보다 더 커졌다. 그것은 오리겐의 탁월한 영성과 능력, 온유한 성품과 명성 때문이었다. 이러한 사람을 막시미너스 (Maximinus) 황제 재위 때에 또다시 박해를 받자 가바도기아로 피신을 했다. 거기서도 그는 또 일찍부터 시작했던 6개 국어 대역서 구약성서 지침서를 저술하였으니 그의 천재적 능력은 그 누구도 가로막지 못했다.

3) 오리겐의 위대한 업적

이렇듯 오리겐은 젊은 나이 18세 때부터 늙기까지 그리스도의 열렬한 제자로서 학식과 덕망, 경건에 이르기까지 온전히 그리스도를 모방한 삶이었다. 책잡힐 일을 하지 않고 무지와 편견으로 얼룩진 후배와 후학들에게 지식과 높은 덕으로 오히려 어거스틴 보다도 여러 방면에 깊은 감화를 끼쳤다.

아무리 악독한 그의 적일지라도 그의 인격에 오점을 찍을 수 없었으며 단독으로 대면했을 경우에는 모두가 한결같이 그의 높은 영 능력과 학식 앞에 아무도 도전하지 못했고 오히려 고개를 숙였다. 예수의 12제자 이후 오리겐 같은 위대한 인물은 없었다고 전해진다. 기독교 교회사에 오리겐같이 수많은 학교를 세우고 저서를 남긴 성자들은 아직까지는 없었다.

오리겐의 저술한 책은 놀랄 만큼 많다. 오리겐이 붓으로 기록한 책과 "팸플릿"의 수는 6000가지나 된다고 전해진다. 신학에서는 차마 믿을 수가 없어 600가지란 말이 와전된 것이라고 하는 이도 있다.

오리겐은 많은 성서주석을 썼다. 요한복음과 성서주석 32권 교리에 관한 저서 2권, 변증서 8권 원리에 관한 강론집 4권, 기타 6개 국어로 된 성서들 이외에도 수많은 글을 남겼으며 누구에게나 항상 감화를 끼치는 진정한 신앙의 경건과 능력을 갖춘 모델이었다.

4) 오리겐의 우주 신교적 신학(宇宙神敎的神學)

기독교 신학에서는 삼위일체설이 복잡한 위치를 차지하고 있다. 이 문제를 반증하던 셀베드가, 칼빈이 스위스에서 종교정책을 시도할 때에 그의 앞으로 경고장을 보냈다가 샴펠 사형장에서 화형을 당했다. 살인하지 말라는 최고의 율법을 가진 초기 기독교가 수많은 사람을 화형시켰다.

삼위일체란 성부 = 하나님, 성자(예수) = 하나님, 성령 = 하나님. 이 삼위일체의 교리는 각각 동일한 신격으로 여기는 교의 The Trinity, 즉 삼위가 서로 연관 통합하여 목적과 뜻이 동질성을 이룬다는 주요 교리이다. 오리겐의 신학에서는 예수 그리스도 성자는 성부 하나님에게 종속된 참 인간이며 성정이 우리와 같은 분이며 동시에 죄에 빠진 인간을 인도하시는 구세주로 묘사했다. 이러한 해석의 실마리는 후일 아리안 (Arian)설이 탄생하는 단서가 되었다.

아리안주의란 그리스도의 신성에 관한 문제인데, 예수는 성스러운 한 인간이지 우주의 절대자 즉, 하나님은 아니라는 설이다.

오리겐의 신학은 영감과 학문 탐구와 기도로 시작해서 성서를 주의 깊게 관찰하여 기록되었고 해석은 광범위하면서 초 풍류적이었고 다각 다원적이었다.

그는 어떤 지도자들의 유전이나 전통적 구전을 주워듣고 교리를 만들지 않았으며 어디까지나 깊은 심연에서 자기 스스로 탐구하고 갈고 닦아 위대한 학자가 되었던 것이다. 그는 가장 심오한 사상가였고 정확한 문법 학자로서 전해지고 가장 위대한 사업가였고 가장 열심있는 그리스도인으로서 그는 성서를 해석하여 토대를 세워 놓았다.

후세에 사람들이 그가 남긴 광범위한 자료들을 참고하여 많은 서적들이 쏟아져 나왔다. 세월이 지난 지금 아무도 그를 이단이라고 말하는 사람은 없다. 오히려 이 위대한 학자가 당시에 파문을 당한 수난을 가슴아파하며 간접 속죄를 하는 실정이다. 역사의 흐름이 바로 이런 것이다.

어제의 양지가 오늘의 음지가 되고 어제의 마녀로 심판받던 여인이 오늘의 성녀가 된다.

오리겐은 데시안(Decian) 황제 때에 박해를 심하게 받아 옥에 갇혀 말할 수 없는 박해와 고초를 당하였다. 습기 찬 감옥에서 단 한 번도 따뜻한 음식을 먹지 못했고 무엇보다도 그를 고독하게 만드는 것은 세속화 되어가는 교회와 권력자들의 쓸데없는 질투와 군림하는 교권주의에 그는 울었고 어지간히도 가슴 아파했다. 영양부족으로 몸이 많이 상하여 여러 가지 후유증으로 세상을 떠났는데 AD. 255년경 향년 69세의 나이로 엎드려서 두 손을 모으고 기도하는 자세로 조용히 세상을 떠났다. 그는 초기 기독교역사에 찬란한 샛별이었으며 초대 교회사에 있어서 오리겐처럼 탁월한 지도자는 없었다고 전해진다.

필자는 오리겐이야말로 예수 다음 위대한 지도자요 영적스승으로서 부족함이 없는 경건의 모델임을 가는 곳마다 증거하며 이 성자를 자랑한다.

5) 오리겐의 윤회관

기독교의 영혼 불멸설은 오리겐의 고향인 알렉산드리아를 당시 400년 이상 지배해온 플라톤 사상에서 산출되었다고 말할 수 있다. 신성한 영혼이 육체에 들어옴은 언젠가 썩어버릴 육체보다 자신이 더 우위임을 증명하기 위한 것이라는 플라톤의 주장에 오리겐은 크게 공감하였다. 오리겐은 니케아시대 교부들의 선집에 실린 서한문에 아래와 같이 기록하였다.

"만약 영적이고 이성적인 존재가 육체와는 별도로 생명을 갖고 있으며 육체 안에 있는 것이 육체밖에 있는 것보다 못하다는 것이 증명된다면 육체는 부차적인 의미를 지닐 뿐이며 단지 이성적 존재의 상황에 맞추기 위하여 때때로 일어나는 현상일 뿐이다. 육체가 필요한 사람은 육체를 걸치며 반대로 타락했던 사람의 영혼은 더 나은 존재로 상승하면 육체는 다시 무(無)로, 흙으로 돌아간다. 그래서 육체는 나타났다 다시 사라지곤 하는 것이다." *

"흙은 창세 이후로 땅에 돌아가고 신=영혼은 하나님께 돌아가기 전에 기억하라. 전도자가 가로되 헛되고 헛되도다. 모든 것이 헛되도다." (전 12:/-8)

위 전도서 성구는 진리를 깨닫지 못하고 무덤에 묻히는 허망한 육체에 대하여 기록한 솔로몬의 교훈이다.

오리겐은 최초의 체계적인 신학 작품인 그의 손꼽히는 저서 〈드 프린시피스 : De Principiis〉에서 이렇게 기록하고 있다.

"모든 영혼은 전생의 승리에 의해 강해지거나 또는 패배에 의하여 약해져서 이 세상에 돌아온다. 이 세상에서 명예나 불명예를 겪는 것은 전생의 선업이나 악업에 의해 결정된다. 이번 생에서 하는 일이 내생의 자리를 결정한다."

이와 같이 오리겐은 분명한 윤회관을 갖고 있었고 흔들리지 않았다. 성경은 은유와 비유, 상징으로 기록되어 있기 때문에 문자주의 미몽에 취해있는 어린아이 같은 사람들은 오늘날도 오리겐

---

* 필자 주 : "너는 흙이니 필경은 흙으로 돌아가리라." (창 3:19)

을 이해할 수 없고 그가 어떤 책을 저술했으며 초대교회에 무엇을 가르쳤는지도 모른다.

책을 좀 읽는다는 성직자들 중 극소수만이 교회사를 연구할 때에 겉핥기로 이름만 기억할 정도다. 성경을 문자 그대로 보는 학식이 깊지 않은 사람들에게 오리겐은 환영받는 인물이 아니었다. 이러한 교리문제로 로마인들에게 고문과 투옥을 당한 것이다. 기독교 신학이 환생설에 대하여 박해를 받기 시작한 것은 4세기 이후 교회가 신비롭고 비밀스런 모임에서 벗어나 정치권력을 거머쥔 공식기관으로 둔갑하면서 부터였다.

오순절 이후 초대교회는 천사와 대화를 하고 천사가 베드로 옆구리를 쳐서 발의 착고가 풀리기도 했으며 영 능력과 사후의 신비나 그 어떤 문제도 막힘이 없었고 사도들을 통해서 해결하였다. 환생에 대한 교리도 전혀 문제되지 않았다.

4. 자유로운 신앙과 뒤따른 불행

1) 콘스탄틴 대제

콘스탄틴 대제하면 누구나 상식적으로 어떤 인물인지 알 것이다. 그는 로마 황제로서는 처음으로 기독교인이 된 사람이다. AD. 312년 밀리안 다리의 전투에서 지친 그는 놀라운 환상을 보게 되었다. 태양 주변에 은빛 찬란한 십자가 모양의 빛을 보았는데, "너는 이것으로 승리하리라."는 음성을 들었던 예는 유명하다.

콘스탄틴은 그때 자신보다 우세한 막센티우스와 전투를 벌이던 중이었다. 이상한 용기를 얻은 그는 그날 전투에서 승리하였다. 미트라교의 신도였던 그는 환상을 보게 된 사건으로 인해 자신이 기독교의 수호자로 선택받았다는 믿음을 갖게 되었다. 이 전투에 대한 승리의 감사의 뜻으로 그는 종교의 자유를 선포하였다. 기독교인들은 어리둥절하여 도리어 의심하였다. 얼마 안 가서 기독교는 국교가 되었다.

불법적인 이교단체로 오인받고 처형당하고 투옥 당하던 기독교가 국교로 변한 것이다. 그러나 그 뒤 교회는 얼마 안가서 크나큰 대가를 치러야 했다.

교회의 기본 구조와 정치는 황제의 설계도와 지시에 따라서 만들어졌고 교회의 전반적인 일을 황제가 일일이 간섭을 하였고 신비적인 영적 진리운동은 서서히 약화되었고 신앙의 윤리와 헌신 보다는 개인적 이익과 권력의 유혹에 굴복하는 쪽으로 기울었다. 콘스탄틴은 신비적인 신앙적 인물보다는 사회정치, 경제문제, 명목상의 교인들 쪽에 관심을 갖고 사람을 모았다.

그리고 그는 자신의 이러한 정치가 교회의 정통 메시지라는 것을 확실히 조작하기 위해 325년 니케아회의를 소집했다. 그의 뜻대로 회의는 통과되었다 여기서 기독교의 정통교리는 다음과 같이 확정되었다.

[하나는 현재 육신 안에서의 생이며, 또 하나는 내세에서 부활한 생이다]

니케아회의 중 이 결정에 동의하지 않은 정통주의 주교들은 즉시 배척을 당하였다. 380년 국가에서 기독교인 중에 자유사상가들을 범죄자로 여겨 처벌하기 시작하면서 교회의 분열이 시작되었다. 교회의 세속화에 환멸을 느낀 기독교인들은 수도원 운동을 시작했다. 근본 동기는 세상을 멀리하기 위한 방법보다도 세속적인 교회에서 벗어나기 위하여 사막이나 산중을 찾아 정착하기 시작했다. 이들은 예수의 삶처럼 순수하고 소박하게 기독교의 본래 모습과 신비스러운 진리운동을 보존하려 애썼고 서로 사랑하고 자급자족하며 신앙을 지켜나갔다.

2) 테오도시우스 황제의 박해

이 테오도시우스 황제는 교회와는 아무 상의도 없이 칙령을 내렸다.

모든 국민은 자기들이 정한 전통적인 모습을 간직한 신앙을 따라야 한다. 그리고 이 신앙을 따르는 사람이라면 가톨릭교회가 어떤 이들을 광인으로 판결하여 이단으로 규정하더라도 받아들여야 한다.

이단자는 우선 신의 벌을 받아야 한다. 이단자는 사형까지도 받을 수 있는 범죄다. 이 황제의 재판부는 385년 프리실리안파(Priscillian Sect)에 속한 7명의 스페인 신도들을 유죄판결 했는데 이들은 타락한 교회와 가짜구교, 황제정치의 결탁으로 희생된 환생주의 기독교도들이었다. 그 뒤 알곡과 쭉정이는 갈라졌다. 150년이 넘도록 어떤 칙령도 없었다. 은둔하며 사막에서 산중에서 수도하던 사람들은 대부분 노스틱(그노시스) 주의자들 아니면 오리겐의 가르침을 따르던 사람들이다. 그들은 그 누구의 간섭도 받지 않고 교회에 속하지도 않고 그들의 삶을 꾸려 나갔다

노스틱주의 하면 그들은 기독교도들이 아닌 양 상당한 세월동안 이단시 해오다보니 학문탐구나 개인연구가 없는 사람들은 귀동냥해오던 폐습대로 들은 대로 정죄해버렸다. 이것이 겉치레종교의 숨겨진 슬픔이다.

3) 논쟁에 휘말린 오리겐의 가르침

이 은둔자들과 수도자들이 교회나 국가에 협조하지 않고도 자유로운 신앙생활을 하자 오리겐의 가르침에 대한 적대감은 점점 커졌다. "유스티니우스" 황제 때에는 극에 달했다. 황제는 팔레스타인에서 일어난 오리겐파와 반대파 간의 논쟁을 판결해 달라는 요청으로 534년 "콘스탄티노플"에서 종교회의를 소집했다. 그는

결국 오리겐의 가르침을 비난하는 판결을 내리는 죄를 짓고 말았다. 이 어리석은 황제에 요청을 한 것 자체가 뻔한 일이었다. 그는 플라톤의 환생설 연구 중심지로서의 그 마지막 보루였던 아테네 대학을 폐교시킨 잔인한 황제였기 때문이다.

"유스티니우스" 황제에 대한 교리는 서서히 사라졌고 열열한 신비주의 신앙은 비밀리에 전해졌고 공식적인 발언은 미움을 크게 초래하게 되었다.

4) 환생과 윤회설이 교회의 분노를 초래한 이유

"바울 신학이 말한 대로 사람이 무엇을 심던지 뿌린 대로 거두리라."는 말씀처럼 카르마의 법칙과 환생에 대한 믿음을 가진 자들은 첫째, 자신의 행위에 대하여 항상 순결했고, 두려움이 없으며 독재적인 지도자들의 영향력에 굴복하지 않았다. 환생을 믿는 사람들은 어떤 고난과 치욕적 박해도 먹혀들지 않았다. 화형이나 협박도 소용없었다. 또한 자신을 신에게로 인도해줄 성직자의 중보기도와 고해성사 같은 것도 원치 않았고 필요 없었으며 어떤 종교적 겉치레 행사에도 관심 없었고 스스로의 힘으로 의식주를 해결해 나갔으며 고독한 구도의 길을 가며 영적 평화를 찾아나갔다.

이 경건주의자들은 정치와 결탁한 세속적 교회에 굴복하지 않았던 것이 박해의 주원인이었던 것이다. 교회는 심판이라는 채찍을 만들어 미성숙한 교인들을 통제해가며 사업 확장에 힘을 썼다.

당시의 교회가 환생에 대한 믿음이 퍼져 나가는 것을 금지시킨 것은 교회 기득권 지도자들의 생존이 걸린 문제였기 때문이었다. 교회는 사실상 주객이 전도된 정통교리 문제로 황제교회의 공식 노선에서 조금만 빗나가면 정통 교리 수호자들에게 무참히 처형을 당하였다. 이토록 공개고문과 사형집행에도 불구하고 이 환생설을 믿는 신앙에 매료된 기독교 종파들을 억누르거나 근절시킬 수 없었다.

이러한 박해 속에서도 계속 번져나간 이 환생에 대한 믿음은 단호한 억압정책에도 전혀 굴하지 않아서 한때 기독교 자체의 영구적 존속이 위협받을 정도였다라고 〈중세 종교 재판의 역사〉 헨리 리(Henny Lea) 저서에 기록되어 있다. 왜냐하면 처형이나 고문 박해도 한계가 있기 때문이었으며 굽힐 줄 모르는 그들이 놀랍기도 하였다.

한편 성지 순례자들을 보호하기 위해 창설된 군사 조직인 템플 기사단과 11세기와 13세기 사이에 유럽을 방랑하면서 그들의 노래 속에 환생의 가르침을 대중화한 음유시인들의 여러 편의 연가 속에는 "현생에서 착하게 살면 내 생에는 영적 진보에 적합한 몸으로 태어나게 된다"는 가사 노랫말이 보편적이었다.

5) 교회의 살벌한 숙청 뒤에 환생설은 대중에서 떠나게 됨

교회의 피에 젖은 숙청이 형국으로 치달으면서 이단자로 몰린 환생주의자들에게는 유일한 희망이라고는 내생밖에 없었다.

1244년 알비주의파는 피레네에 있는 그들의 요새에서 환생을 믿는다는 죄로 마지막 남자, 여자, 어린이까지 수천 명이 모조리 학살당했다. 1274년 리옹의 종교회의와 1439년 플로렌스의 종교회의에서는 영혼이 곧장 천국이나 연옥 아니면 지옥으로 간다는 것을 인정하여 "유스티니아누스"의 파문칙령을 인가해주었다. 이단으로 몰린 저서들은 아주 철저히 파괴되고 불태웠으며 남아 있는 것이라곤 오리겐의 논쟁을 일으켰던 연설밖에 없다. 그것도 오리겐은 반대했던 사람들의 주장 속에 인용된 것이며 라틴어의 번역자인 루피누스(Rufinus)에 의해 부드럽게 수정된 것이다. 부드럽게 수정됐다는 것은 루피누스 자신이 살얼음을 딛는 심정으로 교회를 화나게 자극하고 싶지 않기 때문에 눈치를 살폈었다는 것이었다. 그러니까 교회의 눈치를 보느라 신경을 쓸 수밖에 없었던 것이다. 이토록 파란만장한 세월의 흐름 속에 16세기가 이르렀고, 환생에 대한 교리는 기독교 역사에서 거의 사라졌고 이 신앙이 현대까지 비밀리 보전하고 있는 책임을 연금술사들이나 장미십자회(Rosicrucians)같은 신비주의자들과 개인 연구가나 다원신학에 몰두한 사람들이나 관심을 갖게 되었다. 오늘날 환생하면 특정한 종교인 불교의 교리를 떠올리게 된다.*

6) Glanvil이 환생에 관한 청원서를 보냄

그랜빌은 영국의 국왕 찰스 2세의 전속 사제였다.

그는 일반적인 사제들과는 달리 학문탐구와 개인연구와 명상에 힘쓰던 사람으로 그랜빌이 교회에 환생을 인정해야 한다고 청원한 내용은 다음과 같다.

"환생은 본래 유대인들의 전통적인 견해였으며 따라서 예수와 그의 제자들은 자연스럽게 환생을 믿었다. 인간의 영혼은 다른 생에서 배운 여러 관념과 습관에 바탕을 둔 선입견에 의하여 현재의 몸 안으로 들어온다."

그의 설득과 이론에 공감하는 사람들도 있었지만 교회가 공식적으로 그랜빌의 탄원을 받아들이지는 않았다. 그 후 여러 차례 주장을 했지만 결국은 교회의 미움을 사자, 조용히 포기한 것 같다.

※ 영국 수상 데이비드 로이드조지(1916-1922)의 견해.

기독교 신앙을 수행하던 데이비드 수상은 종종 사색에 빠지는 습관이 있었고 인과응보의 법칙에 대하여 많은 명상을 했다고 한

---

* 환생이란 불교의 교리도 기독교의 교리도 아니다. 물레바퀴처럼 돌아가는 인류 역사와 더불어 생사에 얽힌 인간 내면의 생성소멸의 과정이며 원인과 결과의 결정체인 것이다. 따라서 현재는 과거의 내일이었고 오늘은 내일의 어제일 뿐이며 오늘은 과거생의 내일이었다. 이 분명한 이치를 불신할 사람은 없을 줄로 안다. 그 누구도 과학적인 이 환생의 법칙을 부인할 수 없는 것이다. 대 스승이며 대부인 오리겐님께 기도를 바치나이다. "아멘!"

다. 그의 연설문을 인용해보도록 하자.

"내 생각은 이렇다 우리 모두는 이 세상에 다시 태어날 거고 다음 생에서는 이 세상에서 행한 선악간의 결과에 따라 고통을 받든가 아니면 축복되고 건강한 생활을 하던가 할 것이다. 예컨대 약자들을 혹독하게 부려먹고 박해한 고용주는 그 자신 역시 똑같은 처지에 탄생할 것이다. 확실한 진리를 깨달아 성스러운 영혼과 육체가 되기까지 인간은 나고, 죽음이 계속 될 것이다."

위 연설문은 데이비드 수상의 단순한 생각이라기보다는 그가 그동안 접하고 터득하고 결정한 하나의 완성 체계였을 가능이 크다.

※ 로드 다우딩의 증언(영국의 전투를 지휘하던 공군대장)
로드 다우딩은 독실한 크리스천이었다. 중세 시대의 가혹한 종교재판과 화형제도, 면죄부 판매 등의 역사에 매우 갈등하며 가슴 아파한 사나이다.

그는 다음과 같이 말했다. 살인하지 말라는 고급 종교가 종교재판이란 걸 만들어 사람들에게 고문을 가하고 죽음에까지 이르게 한 자들은 분명히 다시 태어나 2차 세계대전시의 포로수용소에 갇혀서 그 만큼의 고통을 맛보았다고 믿었다. 1945년 11월 런던의 신지학회에서 모임에 참가한 대중 앞에서 다음과 같이 연설하였다.

"종교재판 시대에 잔학한 참상의 씨를 뿌렸던 자들은 벨슨과 부첸발드의 수용소에서 그 업보를 받았다고 나는 확실히 믿는다. 이 말은 나 개인의 상상이 아니라 거기에는 그럴만한 몇 가지 이유가 있다"

※ 만물은 영원히 존속되며 결코 죽지 않는다. 이것이 세상의 비밀이다. 만물은 시야에서 잠시 사라졌다가 다시 돌아올 뿐이다. 아무것도 죽일 수 없고 죽지 않는다. 그런데 인간은 짐짓 죽음을 가장한다. 그리고 창문 밖으로 거짓 장례식과 슬픔에 찬 조문객들을 내가 보는 것

이다. 약간의 낯설고 새로운 변장을 하고서 말이다.(랄프 왈도 에머슨의 기록中에서)

도토리나무는 씨앗을 남기고
금잔디는 뿌리를 통해서 다시 싹이 나고
꽃도 다시 피어나듯 인간의 환생도 마찬가지다
잠시 옷을 갈아입는 것을 보고 죽었다고 말하는 건 무지한 말이다.
환생이라는 신뢰는 단지 캐캐묵은 어리석은 소리가 아니다.
오늘날은 자기 전생을 정확히 기억해내는 전생요법 마스터들의 시술에 의해 놀라운 사실이 다큐멘타리로 방송도 자주한다. 누가 함부로, 알면 얼마나 안다고 그들을 악마의 집단이라고 말하겠는가?
학문이 발달하기 전에 채택된 믿음이라 하여 환생을 무시해서 되겠는가? 학문이라는 괴변은 인간의 마음과 영혼을 오히려 어지럽히고 허약하게 만들었으며 순수했던 신앙심을 병들게 한 면도 무수히 많다.
통찰력을 필요로 하는 문제에 있어서는 언제나 가장 최초에 택한 견해가 가장 개연성이 높다. 왜냐하면 그것은 다른 요소들에 의해 변질되거나 물들지 않았기 때문이며 건전한 이해로부터 직접 채택된 것이기 때문이다. (레싱 G.E.Lessing)

그러므로 탄생과 죽음은 생명이 더 이상적이고 적합한 형태를 취하기 위해 그 자신과의 벌이는 투쟁이다.
'토마스 카알라일'의 시를 참고해보자.

"죽음은 인간에게 잠자리에 들것을 권하는 저녁종이며 탄생은 새로운 진보를 위해 상쾌한 기분으로 일어나는 아침종이다."

"탄생하는 날이 생일이라면 호흡이 끊어져 숨지는 날 또한 또 다른 생일이다." 法山

5. 유대교 신비주의 카발라파의 윤회 환생설

이 카발라파들은 유대인 랍비들 중 신비주의자들의 단체인데 BC 300여년 이전부터 유대인 영지주의자들에게서 계승되어온 교리 중 환생을 분명히 믿는 단체다.

5-6세기를 걸쳐 12-13세기까지 이 사상은 맥을 이어왔다.

황제시대의 박해와 처형이 시작되고 종교재판이 극에 달하자 카발라파들은 세속을 떠나 사막으로 혹은 광야로 가서 토굴을 만들고 거기서 구속받지 않고 자기들의 신앙을 지켰다. 생활은 경건했고 금욕적이었으며 엣세네파와 비슷하였다. 예수그리스도의 가르침을 다 믿었으며 기도와 예배 신령한 노래를 부르며 더 나은 삶으로 태어나든가 영원한 천국에 태어나려면 금생(今生)에서 철저히 심신을 닦아야 한다고 믿었고 어떤 위협에도 흔들리지 않았다.

1) 카발라파의 교리

① 기도, 묵상, 명상의 불을 꺼트리지 말 것.
② 불필요한 말을 삼가 할 것.
③ 어떤 카르마의 흔적도 남기지 말 것.
④ 학식과 철학적 무장을 할 것.
⑤ 그 어떤 사상보다는 우월한 조직임을 인식하고 자부심을 가질 것.
⑥ 음식은 맛보다는 기력을 보호하는 마음으로 소식할 것.
⑦ 선지자들과 예수그리스도의 말씀을 지킬 것 등.

이들의 사상은 중세 르네상스 시대까지 기독교 사상가들에게 영향을 끼쳤으나 교회가 세속화 되면서 환생의 교리를 금지시키고 무섭게 박해하자 이단시비에 휩싸이는 것을 두려워한 나머지

서서히 사라지게 되었다.
 카발라파들의 신앙적 삶은 어디를 보아도 악한점이나 거슬리는 점이 없었다. 그들이 단지 환생(還生)이라는 믿음 하나를 더 갖고 있다는 것 외에는 그 누구도 공격한 적 없는 신비주의자들이다.

2) 카발라(Kabala)파 들의 경전과 기타 외경 위경들

 이들이 정경으로 묶인 신약성서 말고도 몇 가지 경전을 갖고 있었는데 그 책들은 다음과 같다.
 ① 도마의 복음서
 ② 마리아의 복음서
 ③ 니고데모 복음서
 ④ 바울 묵시록 등이며 그 외에도 다른 외전(外典)들이 있다.
 도마의 복음서는 지금도 금서로 취급하고 있으나 일부 신학자들은 참고서로 열어보는 듯하나 선입견에 머뭇거리는 정도다. 도마의 복음서 안에는 그리스도의 말씀과 복음은 마태의 기록과는 다를 바 없다. 물론 도마가 기록한 것으로 의견을 모았다.(신학자들)
 도마의 복음서는 1945년에 이집트 사막 동굴에서 발견 되었다. 이 복음서는 상형문자와 희랍문자로 기록되었고 114항목으로 되었으며 다른 복음서와 다른 점은 상세하고 분명하다는 점이다.
 1945년도에 이집트에서 발견된 것은 두말할 것도 없이 카발라파의 수도사들이 비밀리에 보관했던 것이 틀림없다.
 최근 프랑스 학자 필립드 슈레아는 기독교 성립에 관한 의문점을 푸는 열쇠를 이 복음서에서 발견했다고 했으며 많은 명상가들과 신비주의자들은 이 책을 갖고 있다.(최근 판은 〈사랑의 연금술〉 류시화 번역, 삼양사 출판)
 지금까지 통설로 울타리에 묶어두었던 기독교 사상과는 생소하고 다른 면이 확실하게 부각되는 책이다.
 마리아의 복음서는 예수의 발 아래 향유를 붓고 예수의 장례식을 준비한 아름다운 내용과 온전히 그리스도를 위하여 헌신한 내용, 이웃사람과 고난극복과 기타 내용들인데 4복음서와 크게 다르지 않다.

니고데모 복음서(The Gospel of Nicodemus)는 니고데모가 예수 십자가 처형 후에 기록한 서문 때문에 붙여진 이름이다. 니모데모는 예수그리스도가 활동 당시 유대인의 경건한 관원이었다.

다른 복음과는 달리 빌라도의 재판이 전반부의 중심을 이루고 있어 〈빌라도 행전〉이라는 명칭도 사용된다.

내용을 요약해보면 제1부 빌라도의 재판과 예수의 처형, 제2부 예수의 부활에 관한 유태교당국의 심문, 제3부 예수의 명부하강을 다루는 등 모두 3부로 나뉘어져 있다. 그리스어, 라틴어, 코부트어, 시리아어, 아르매니아어 등의 사본이 있다. 번역본이 있는데 약간씩 다르다. 아마 번역상의 지역적인 문제이었을 것으로 추정된다.

3) 줄거리의 대강

2천년 동안 지금 우리가 보는 66권의 성경을 보는 사람들 중 틀에 박힌 보수적인 기독교인들은 이 책을 보면 간혹 황당한 내용들이 있을 것이다.

왜냐하면 예수의 행적은 신약 4복음서를 볼 때에 병든 자를 고치고 눈물과 연민, 기도와 용서 등 성스러움을 생각나게 한다.

본 도마의 복음서는 인간적인 예수, 특별히 유년 시절에는 악동과 다를 바 없는 무서운 아이로 묘사되는 구절도 있다.

특징은 다음과 같다.

예수 유년 시절 5살 때의 일이다.

① 탁한 물이 깨끗해짐

어느 날 비가 내리고 흙탕물이 흘러내리는 얕은 물에서 예수는 다른 아이들과 함께 물장난을 즐기고 있었다. 그러던 중 예수는 구멍을 파서 흙탕물을 모으고 거기에 대고 무언가 소리를 한번 질렀다. 그러자 탁한 물이 깨끗해져 올라왔다.
② 진흙으로 공작을 만들었다.
예수는 서툰 솜씨로 진흙을 열심히 주물러서 땀을 흘리며 12마리의 공작인형을 만들었다. 그러나 안식일에 물건 만드는 것을 본 유대인 한 사람이 요셉에게 충고하러 갔다. "당신 아들이 진흙으로 12마리의 새를 만들어 안식일을 더럽혔소!" 요셉은 깜짝 놀라서 달려와 예수에게 금지시켰다. 그러자 예수는 공작을 손으로 때리며 "날아가라"고 외치자 공작은 날개를 펴 울면서 날아갔다.
③ 부모에게 대드는 문제 아이를 물속에 처박아 버릇을 고침.
④ 예수의 머리를 때린 가정교사를 저주하자 그 자리에서 기절함.
⑤ 동생 야고보가 살무사에게 물려 죽게 되었을 때 숨을 불어넣어 고쳐줌. (소년시절)
⑥ 전염병에 걸려 죽은 갓난아이를 안수하여 기도로 살리심.
⑦ 12세 되던 해 유월절쯤 율법 학자들과 토론을 하여 학자들을 놀라게 함. (4복음서에 기록되어 있음.)
이 밖에도 소년기의 놀라운 기록들이 많다.
도마의 복음서와 동일시 취급하는 이들도 있으나 이집트에서 나그함마디 문서가(도마의 복음서 1945-1946) 발견됨에 따라 양자는 다른 문서로 여겨지게 되었다.
보수적인 기독교인들은 예수의 인간적인 면과 유년기의 악동적인 면을 믿고 싶지 않을 것이다. 거기에는 신성문제가 제기되기 때문이다. 이것을 기억해야한다. 4복음서에는 예수의 행적 중에 중요한 사건만 기록했다는 것 말이다. 가령 그리스도께서 급하게 길을 가다가 나무 밑에서 소변을 보았다고 하자. 어떤 제자가 다음과 같이 기록하겠는가? "예수께서 사마리아 어느 산길을 걷다가 급히 나무 밑으로 달려가더니 드레스를 걷어 올리고 용변을 보시더니 "아~ 시원하다~!"라고. 복음서 기자들은 이러한 지엽적인 사건들은 간과했다는 것이다.

4복음서의 마태, 마가, 누가, 요한은 수제자들이였으며 성숙한 사람들로서 상당부분을 공감하며 기록했다 하여 공관복음이라 칭한다.

성전에서 탁자를 엎어버린 일이라든가 무화과나무를 저주해 버리자 나무가 죽어버린 일, 회개를 촉구할 때 그의 설교가 성난 사자 같던 일을 보라. "뱀들아! 독사의 새끼들아!" "양의 가죽을 쓴 늑대들아!" 이러한 언행은 예수가 온유한 성품의 소유자는 아니라는 느낌을 줄 수 있다.

입장을 바꿔 생각해 보라. 그대가 조금 잘못이 있을 때 어느 30대 청년이 나타나서 이렇게 분노 섞인 저주를 퍼부으면 그를 과연 신사대접 하겠는가?

오늘날 성서를 보는 시각들은 예수의 말씀을 사무적, 기계적, 율법적으로 혹은 무거운 약속, 부탁으로만 대하다 봄으로 드라마틱한 여유가 거세되다 보니 이해가 뒤따르지 않아 수박껍질 핥아 먹는 격이 되고 있다.

이러한 차원에서 본다면 니고데모 복음은 우리가 궁금했던 유년 시절의 예수에 대한 기록을 전해주는 역할을 어느 정도 담당하고 있다고 본다.

그 밖에도 이 책에는 알파와 오메가에 대한 소년예수의 정의, 환생의 열쇠와 카르마의 법칙 등 정경에 없는 상세한 내용들이 기록되어 있다.

카발라파들은 어찌 보면 더 많은 자료와 인간적인 예수를 더욱 숨어서 사랑한 금욕적 수행자들이었을 것이다. 이러한 단체에서 사회에 물의를 일으키거나 도덕적으로 결점이 있거나 반 기독교적인 행위를 한 적이 역사 속에서 아직 한 건도 발견되지 않는다. 이들이 악하게 살았다는 기록은 더욱 없다. 단순히 환생을 믿는다 해서 처형시키고 투옥시킨다는 것은 기독교의 죄악사였다고 볼 수밖에 없다.

　지나치게 영지주의자들과 오리겐파에 대한 편견을 가진 것으로 오해할까봐 중세의 이교도와 마녀들과 악마학에 대해서 주제에서 빗나가긴 하지만 잠시 언급하려한다.

　악마의 실재, 마녀의 생태, 마법, 요술의 일반론을 포함한 악마학은 사실상 기독교 신학이 낳은 곁가지라 할 수 있다. 신과 악마의 인간관계에 있는 이율배반의 파라독스며 악마의 필연성에 의해 신을 긍정하는 세계가 나타난다.

　거기에는 맹렬한 추구가 있었다.

※ 魔女의 모습

마녀란 구체적으로 어떤 것인가?

　우선 영국의 토마스 에이디가 1655년에 발표한 줄거리를 이미지와 함께 살펴보자.

1. 주술에 의해 사람을 죽이는 능력을 갖는다.
2. 부리는 마귀에게 자신의 피를 빨게 한다.
3. 마녀의 표지를 신체에 달고 혹은 지니고 있다.
4. 물에서 갑자기 솟구쳐 나온다.
5. 곡식을 시들게 하고 가축을 해코지 한다
6. 변신하는 힘(둔갑술)을 가지고 있다.
7. 머리카락으로 우유나 버터를 공중으로 매달아 올린다.
8. 뱃사람에게 바람 즉 폭풍을 판다.

　마녀들은 위에 기록된 비성서적이고 비도덕적인 주술로 무지한 사람을 유혹한 경우가 많았다. 부리는 마귀는 대개 가정에서 기르는 동물들인데 자신의 피를 뽑든가 흘릴 때에 빨아 먹여서 마음대로 나쁜 짓을 할 때 보조 역할로 이용되었다. 주로 고양이를 많이 사용하였다.

　짚으로 인형을 만들어 심장을 파내고 주문을 외우고 음란한 짓을 했다.

이와 같은 일들을 행하는 자들이 곧 이단들인 것이다.
프랑스의 철학자 장 보댕이 쓴 〈1580년 마녀론〉 기록을 밝혀본다.

① 신을 부정한다,
② 신을 저주하고 모독한다.
③ 악마를 숭배하고, 희생 제물을 바침으로서 악마를 찬양한다.
④ 아이를 악마에게 바친다.
⑤ 세례 받지 않은 아이를 죽인다.
⑥ 모태에서 악마에게 바치겠다는 서약을 한다.
⑦ 악마교를 크게 선전하며 전도한다.
⑧ 악마를 위해 맹세한 것을 영광으로 여긴다.
⑨ 근친상간을 한다.
⑩ 남녀노소를 불문하고 죽여서 스프를 끓인다.
⑪ 시체를 먹고 피를 마신다.
⑫ 독약이나 축문에 의해 사람을 죽인다.
⑬ 농지를 불모로 만들어 기근을 부른다.
⑭ 악마와 성교하고 가축을 죽인다.

이리하여 마녀사냥이 시작된 것이다.
1613년에 1차 19명이 교수형 당하고 18세기가 지나면서 점차 종식 되었다.
화란에서 1610년, 영국에서 1684년, 미국에서 1692년, 프랑스에서 1745년, 독일에서 1772년에 있었다. 물론 억울하게 죽은 사람들도 많다. 카발라파나 기타 영지주의자들은 위에 기록된 사악한 마녀들과는 아무런 관계도 없었다.
그들이 처형될 이유는 없다는 것이다. 그들 신비주의자들에겐 위에 항목들이 전혀 상관없다. "잔다르크"가 마녀로 오인 받은 일은 대표적인 예이다.
이러한 불경건한 이교들과 마녀 숭배는 교회에 위협을 주게 되었다. 어쩔 수 없는 탄핵의 대상이 되었다. 거슬러 올라가서 681년에 켄터베리 대승정 데오도르가 악마에게 희생을 바치거나 주문을 외우는 일을 금지시킨 사례는 여러 차례 되풀이 되었으나 교회가 이 마녀들보다도 더 위협을 느낀 것은 이원론 주의들과 영지주의자들, 오리겐을 신봉하는 사람들과 아르비파, 바르도파의 출현 등이다.

무섭게 그들을 탄압하여 1차 성공했으나 그 신봉자들은 끊이지 않아 마침내 1233년 그레고리우스 9세는 이단 재판소를 설립하고 철저한 섬멸에 나섰다.

그러므로 스페인은 피로 얼룩졌다. 초대 장관 토드케마다에 의해 9만 명이 종신형을 받고 8천명이 화형으로 타죽었다. 잔다르크는 1431년에 이단 심문 끝에 마녀로 몰린 것도 그 배후에는 커다란 정치적 책략이 숨어있었다.

기독교 역사는 이렇게 흘러흘러 여기까지 왔다. 이토록 신비적 체험과 확신 없는 교회는 그 수가 아무리 많아도 티끌처럼 날아가고 부서진다.

러시아 정교회(국교)가 망했고 독일교회, 미국 유럽 교회들이 현재 쇠퇴기를 맞고 있다. 그 수가 급속도로 줄어들고 오리엔트 문명과 동양사상과 환생에 대한 연구가 사실상 부활하고 있다.

6. 노스틱, 그노시스 영지주의(靈知主義) 자들의 윤회관

노스틱주의(Gnosticism)란 말은 지식을 뜻하는 희랍어 Gnosis(그노시스)란 말에서 유래 되었다. 그래서 이 주의는 아는 것을 원칙으로 주장하는데 종교적, 신학적으로도 막연한 믿음 보다는 지식적인 이론 무장을 중시하였다. 예수의 교훈 중에는 요한복음 17:3 절의 성구를 근거삼아 아는 것을 구원 "즉" 영생이라 하였다. 이들의 사변적(思辯的)인 철학사상과 포괄적인 우주관이나 신지학

(神知學) 사상은 보수적인 학자들에게는 인정받지 못하는 이단처럼 여겨 왔으나 이 사상의 추종자들은 열성으로 이를 주장했다.

이 영지 주의자들을 우리가 세밀히 조사해보면 다음과 같다. 일반적인 신학의 견해는 영지주의자들은 자기들의 사변적 관념론 사상에 예수 그리스도의 사상을 끌어들인 자태를 드러낸다고 하는데 그들의 주장은 다르다.

영지주의는 말 그대로 영적으로, 정신적으로, 철학적으로 진보하고, 우월하고, 고상하고, 신사적이고, 격조 있는 사상가로, 신앙인으로, 이 땅의 미신이나 막연함이나 무지를 깨우치고 신성이 충만해야 한다고 주장했다.

구약성서 호세아 선지자의 예언에
"내 백성이 지식이 없어 망하는 도다." (호세아 4:6)
히브리어로 "하따하트"인데 특별한 지식을 의미함이 아니고 신적인 지식 즉, 하나님을 잘 아는 지식이란 말이다.

1) 어떻게 인간이 신을 잘 알 수 있는가?

안다는 것은 결국 가까워지는 밀착이다.
감정과 정신, 영혼, 의지, 지식, 기타 밀착이다.
서울 63빌딩을 찾아가려면 정확한 위치와 주소가 필요하다. 그리고 주소를 찾아 분석하고 그리고는 모험적으로 찾아 나서야 된다. 그리고 그곳에 도착해서 확인해야 된다. 이것이 영지주의자들의 이론이다.

기독교 신학자 필립 샤프(Philip Schaff)의 말을 빌려보자

"영지주의는 가장 심오한 형이상학적(形而上學的)이며 신학적인 문제를 해결하기 위한 시도이다. 이것은 무신론과 세계정신과 물질, 관념과 형상에 관한 문제를 다루며 창조의 신비, 세계의 발생과 발전 및 종국에 관한 문제, 죄악의 근원에 관한 문제 등을 해결하려고 노력하며,

물질계의 창조와 악의 존재를 비물질적이며 완전히 선하신 절대 신의 관념과 조화시키려고 힘쏜다. 보수적인 그리스도교 신도들은 오직 그리스도로만 구원이 가능하다고 믿는데 영지주의는 이원론(二元論)을 근거 삼아서 해결하려 한다."

2) 영지주의가 정통파 기독교(보수단체)에게 박해받은 이유

① 구약성서중 전쟁이 언급된 책들은 삭제하고 참고하기만 했고 가르치지도 않았다.
② 신약성서 27권중 11권만을 선택해서 교훈 삼았다. 앞서 말한 오리겐과는 상관없는 단체들이다. 어쨌든 이 영지주의자들 중 여러 파가 있었는데 이들의 공통된 점은
  - 이원론(신과 물질, 정신과 물질 사이에는 반대성(Antagonism)이 있다고 가정하는 것)
  - 가현설(假現說) 등이다.

3) 영지주의의 여러 단체들

에비온파, 유대주의파, 발데산파, Manes파, 조로아스터주의, 바질파, 나사렛파, 그밖에도 여러 파들이 있다.
영지주의의 사상은 역사적으로 볼 때 알렉산드리아를 온상으로 삼았다. 알렉산드리아는 희랍인, 유대인, 애굽인, 로마인, 동양인들이 모이는 국제도시로서 이들이 만나서 자기들의 문화와 철학을 교환하고 서로 융합하기에 지리적으로 적합했던 곳이었기 때문이다.

4) 왜 이들이 교회에 위협적인 존재가 됐는가?

① 이들은 고해성사 같은 것을 하지 않았고, 신과 1대1의 신비

적 지식에 더 비중을 두었다.
② 이성의 깨어 있음을 주장했고
③ 환생을 믿었고 자연을 소중히 여겼으며
④ 종교적 통합(宗敎的統合)과 평화를 힘썼다.
⑤ 마시온(Marcion) 같은 사람은 구약성서에 나타난 유대인의 여호와는 급이 낮은 신으로 생각하기도 했다.(전쟁이 많이 언급되었기 때문이다.)
⑥ 감정보다는 이성주의(理性主義)가 우선이었다.

어쨌든 이 여러 파들은 그리스도를 스승으로 알고 교훈을 삼는 단체이므로 어떤 견해차이가 있어도 사교집단이라 할 수는 없다.

"내생에 신비를 얻을 수 있으리라는 믿음 때문에 오늘 일을 내일로 이생의 일을 내생으로 미루지 말라." (예수 그리스도) -그노시스 경전 피스티스 소피아 中에서

이들에게는 환생이 당연한 교리였으며 나뭇잎이 떨어지고 다시 옷을 갈아입듯 자연스럽게 환생을 믿었다. 이렇게 영혼의 윤회와 인간의 궁극적 완성을 믿으며 최고의 신성 모델인 예수 그리스도의 의식을 모방하려 했다.

7. 기독교 각파에서 환생을 믿는 놀라운 퍼센티지

필자가 수도원을 운영하면서 170여명의 각 교파 목회자들을 대상으로 진지하게 조사해 보았다. 21명의 목사님들이 무덤이 갈라지는 부활을 영적으로 해석하는 나의 신학에 공감을 했고 19명이 환생을 인정했다. 나머지 분들은 내가 매우 위험한 사상에 빠졌다며 충고했고 지금은 전부 연락이 끊어졌다. 함께 몇 년을 공부하던 후배 목회자들도 전부 멀어져 갔다. 3-5명 정도 목사들과의

안부를 묻고 지낸다.

　기독교 사상에서 환생을 무자비하게 추방함으로써 교회의 역사는 치욕적인 오점을 남겼고 시간이 흐름과 동시에 이제는 그 상처마저 아물어 버렸다. 대개 기독교 신앙인들은 역사 속에서 환생이 열렬하게 고조되던 때가 있었던 것도 모르고 있다. 현재는 독립교회가 늘어나고 박해시대도 아니고 종교재판도 없다. 한때 감리교의 변선환 교수와 홍 교수 문제로 기독교가 떠들썩했던 적이 있다. 불교적 구원론을 말했다는 이유로 이단 시비에 올랐다. 조직적인 교단에서 어느 용기 있는 사람이, 설사 환생 윤회를 믿는다 해도 아무리 진실된 자료와 증거가 많아도 따르겠는가? 예수 당시도 상당수가 "나사렛 예수당"이라 하는 예수모임을 속으로는 신뢰했지만 조직에서 출교될까봐 따르지 않았다고 기록되어 있다. 당시 예수를 나사렛 괴수라고 유태인들은 조롱했다.

※ 조지 갤럽 주이어 박사의 여론조사의 놀라움

조지 갤럽은 여러 해 동안 진지한 여론조사를 자세히 파악했다. 1982년은 미국 전역의 조사를 마치고 결과를 발표하였다.

미국 인구 성인 23%가 환생을 믿는 것으로 나타났고 기독교인 중에는 오히려 동양 교회들보다 더 높은 환생에 대한 믿음이 나타났다. 환생을 믿는 교파로는 다음과 같다.

감리교회 26%　　　　가톨릭교회 25%
개신교회 26%　　　　기타 신흥 종교 28%
의학도의 의사들 9%
과학자들은 8%로 가장 낮게 나타났다.

8. 존 웨슬리(John Wesley)를 변화 시킨 모라비안 교도들

존 웨슬리, 간략히 말하자면 17세기의 영국의 목사이자 신학자이다. 감리교회 창시자이기도하며 경건한 사람이었다. 당시의 영국은 어수선하고 종교는 부패하고 사회는 무법천지였다. 거리에는 부랑아들이 설치고 광부들의 폭동과 도덕적으로도 문제가 많고 해적들의 횡포도 심각했다.

존 웨슬리는 그의 동료 찰스 웨슬리와 함께 목사로 임명을 받은 후 선교사업을 위하여 미국으로 파견이 되어 떠나게 되었다.

그들은 모라비아 교도들과 일행이 되어 배를 타게 되었다. 그들은 항해 중에 심한 폭풍우를 만나 죽을 지경이 되었는데 존 웨슬리는 그때 두려움이 엄습했고 하나님에 대한 화평의 보증이 없었고 구원의 확신이 흔들림을 깨달았다. 그것과는 대조로 자기가 맛보지 못한 신뢰와 평안을 모라비아(독일인)교도들은 나눴다. 웨슬리의 말을 빌려본다.

"나는 오래전부터 그들의 진실한 태도를 관찰하였다. 그들은 다른 여행객들을 위하여 영국 사람은 아무도 하려고 하지 아니할 비천한 일들을 함으로 항상 겸손의 증거를 보여주었다. 그리고 그들은 그런 일에 대하여 아무런 보수도 원치 아니하였고 그것은 자기들의 교만한 마음에 유익하다고 말하였으며 사랑하는 하나님께서 자기들을 위하여 더욱 큰일을 행하셨다고 하였다. 그리고 그들은 매일 어떠한 장애를 만날지라도 거기에 동요되지 않는 유순함을 실제적으로 보여주는 특이한 사람들이었다. 만일 모함이나 밀침을 당하든지, 매를 맞든지 넘어뜨림을 당하게 되면 그들은 조용히 일어나서 피할 뿐 한마디의 불평도 입 밖에 내지 않았다.

그런데 이제 그들이 교만과 분노와 복수의 정신에서는 물론이요 공포심에서 초월했는지의 여부를 시험할 기회가 왔다. 그들은 평소에 예배를 시작할 때에 시편을 송영하던 그대로 시편을 읽고 있을 때였다. 갑자기 바다가 거칠어지고 큰 돛이 찢어지고, 파도는 배를 삼킬 듯

갑판 위를 휩쓸었다. 이때에 영국인들 사이에서는 떠들고 울부짖는 소리가 일어나기 시작했다.

그러나 독일인들은 조용히 송영을 계속하고 있었다. 나는 그들 중 한 사람에게 '당신들은 무섭지 않습니까?' 라고 물어보니 '하나님의 은혜로 조금도 두렵지 않습니다.' 라고 대답하였다. 나는 부인들과 아이들에게도 무섭지 않느냐고 물어보니 그들도 '아니요 우리는 죽는 것을 두려워하지 않습니다.' 라고 대답하며 인간의 생사는 하나님이 지배하신다고 말하였고 설사 오늘 우리는 죽어도 하나님의 품에 돌아가고 더 나은 곳에 태어날 것이라고 힘주어 말하였다.

파도는 여전히 거칠게 소용돌이 쳤다. 웨슬리 목사는 두려움을 느끼면서 이 독일인들과 합세하여 조용히 무릎을 꿇고 예배에 참예하였다. 예배를 마치자 바다는 신기하게 풍랑이 멎었다. 웨슬리는 큰 도전을 받고 사바나(Savanah)에 도착한 후 얼마동안 모라비아 교도들과 함께 지냈는데 그들의 경건하고 요동치 않은 행동에 큰 감동을 받았다.

그는 생명이 없는 영국 교회와는 달리 매우 단순하면서도 엄숙한 그들의 예배는 웨슬리로 하여금 1700년의 시간적 거리를 잊어버리게 하고 형식과 의식은 없을지라도 천막제조자 바울과 어부 베드로가 지도했지만 성령과 능력이 나타났던 초대교회의 어떤 집회에 참석한 듯한 느낌을 강하게 받게 되었다. 일찍 이러한 심령의 경험이나 변화를 맛보지 못하고 형식적인 삶을 살아온 관념적 신앙에서 웨슬리의 흥분된 가슴은 큰 파장을 겪게 되었다.

1) 존 웨슬리의 회심과 결단

영국으로 돌아온 웨슬리는 모라비아 교도들의 모임에서 영적 지식을 더 성숙시켰다. 그토록 하나님을 만나기 위해서 극기와 고행, 금식 등 외롭고 쓸쓸한 긴 세월을 엄격한 교훈아래 신앙생활을 했지만 궁극적으로 죽음문제를 해결 못하고 풍랑을 만난 배에서 불안에 떨며 구원이 흔들리던 자신과 다 같은 사람인데도 모라비안들은 얼굴 빛 하나 변함없이 신을 찬양하며 예배하던 사람들에게 그는 지금 큰 도전을 받고 새로운 경험을 하였다.

이들을 통하여 새로운 영적 체험을 한 웨슬리는 온전히 변화되었다. 죽음을 초월한 자신감과 영적 능력이 그를 변화로 이끌었다.

당시의 영국 교회는 소망이 없었고 형식적이었으며 광부들은 거리로 몰려나와 아녀자들을 희롱하고 해적들은 날로 급증하고 사회도덕은 말이 아니었고 온통 절망과 어둠뿐이었다. 웨슬리는 횟필드와 더불어 새롭게 복음을 전파하였다. 옥스퍼드 광장에서 "구원의 기쁜 소식"이란 주제로 역사적인 설교를 힘 있게 하였다.

변화를 겪은 웨슬리의 군중을 사랑하는 뜨겁고 진심어린 호소는 수많은 사람을 회심시켰다. 웨슬리가 가는 곳마다 많은 사람이 변화되었다. 그의 삶은 역시 검소했고, 근면하고, 경건했고 규칙적이었으므로 아무나 흉내 내지 못하였다.

물론 반대파들을 통하여 시련도 많았으나 인내하였다. 반대파들로부터 메도디스트(Methodists), 규칙 준수자라는 모멸적인 칭호를 받았다. 오늘날에는 그러나 그 칭호가 영국과 미국에서는 가장 세력 있는 교회의 하나로 명예로운 이름이 되어있다.

그 뒤 웨슬리는 새로운 교파를 만들지 않고 또한 그런 생각도 전혀 없었다. 그러나 감리교(Methodist Connection)라는 명칭으로 한 조직을 갖게 되었다. 오늘날 한국교회에서도 자유로운 신앙운동을 하는 사람 중 손꼽는 사람들이 이 교파에서 배출되었다.

이단 시비로 병을 앓다가 황해도 해주에서 돌에 맞아 죽은 이용도 목사, 희대의 부흥사(설교가) 이성봉 목사, 이승수 목사, 변선환 교수 등은 비교종교학과 폭 넓은 신학을 갖고 있었으며 열정적이었으며 가난했고, 헌신적이었다. 이들의 인격은 그리스도화 하는 삶으로 예수의 삶을 모델삼아 온전히 이식하려 애썼고 시간적 종말보다는 개인적 종말을 중시했고 역사의 단절보다는 무시무종의 영원성을 주장했다. 이러다 보니 불교적이라는 오인도 뒤따를 수밖에 없다. 변선환, 이용도 목사들은 어쩌면 희생양이었다.

　모라비아 교도들, 웨슬리, 한국 감리교회는 프로테스탄트 교회 중 가장 종교적 다원화를 수용하는 교단의 하나다.

"우리는 죽음이 두렵지 않습니다.
아내들이나 아이들도 죽음을 두려워하지 않습니다.
그리스도의 죽음은 곧 나의 죽음이기에 우리는 사나 죽으나 그리스도께 예속된 삶입니다.
오늘 이 풍랑이 우리를 휩쓸어 가면 더 나은 세계에 태어날 것이며 죄가 온전히 속죄된 자는 하나님의 낙원에 태어날 것을 확실히 믿습니다." (풍랑 만난 배에서 모라비아 교인들의 설교문 중 일부)

제6장 성경에서 윤회전생의 교훈이 삭제된 이유

앞장에서 언급했듯 초대 기독교 신앙은 박해 속에서도 죽음을 두려워하지 않고 번져 나갔다. 로마는 잔인하게 기독교인들에게 압박을 가했고 대부분 황제들이 잔인하였다. 콘스탄틴 대제의 기독교 수용정책 후 처음에는 자유가 보장되는 듯하였으나 황제정치의 시녀처럼 교회가 변질되고 세속화 되어나갔다. 정치는 교회를 간섭하고 모든 규율 역시 황제 지시 하에 이루어졌다. 이렇게 목을 조여오자 서서히 파가 나뉘었다.

하나는 정치와 아부하며 출세를 꿈꾸는 겉치레 종교인들과 하나는 그리스도의 경건을 준수하려는 신비주의자들이었다. 진실한 그리스도인들은 박해가 두려워서보다 세속적으로 타락한 교인이 되기 싫어 세상을 등지고 사막으로 광야로 토굴로 들어가 수도원 운동을 하면서 모든 부귀와 명예를 전부 버리고 구도생활에 전념하였던 것이다.

빛과 어둠이 하나 될 수 없고, 의와 불법이 하나 될 수 없었던 것이었다.

성경은 구약성서 39권과 신약27권으로 편집되어 있으며 구약은 모세5경, 역사서, 시가서, 예언서 등으로 나뉘어져 있으며, 신약성서는 대략 AD.70-80년경에 기록되었는데 예수가 십자가에서 죽은지 훨씬 세월이 지나 기록되었다. 신약성경은 4복음서(마태, 마가, 누가, 요한 등이 기록함)가 있고 역사서(사도행정)가 있고, 편지로 엮어진 13권이 있는데 로마서에서 요한3서까지 있다. 신약의 마지막 책인 요한 계시록이 있는데 예언서로 끝맺는다.

신약의 경우 27권외에도 후대에 혹은 AD. 60년 이전에 기록된 외경도 상당수가 있다.

현재 기독교는 구약 39권과 신약 27권외에는(기타 외경들) 인정하지 않는다.

아무리 인간의 잃어버린 세월과 진리를 깨우치는 비밀의 열쇠가 외경에도 상당부분이 숨겨져 있다 해도 오늘날의 교회는 인정할 수가 없는 지경까지 왔다. 오늘날 기독교는 천동설을 믿던 시대와 다를 바 없다. 창세기 1장에 기록된 천지 창조론의 궁창에 관한 해석이라든가 유황불 지옥의 개념 등은 영원히 돌이킬 수 없는 오류를 끌어안고 시간만 죽인다.

당시 교회는 갈릴레오를 심문하지 않았는가? 지구가 태양을 안고 돈다니 신의 창조원리를 부정하는 불경한 사람으로 낙인 찍혔다.

사도 바울*이 편지를 13통 썼다. 주로 감옥에서 여러 편을 자기 교회 신도들과, 형제들에게 썼다. 어떤 곳에는 본인이 정처 없이 숨어 다니며 피신한 이야기, 어느 부분에는 매 맞은 이야기, 굶주리고 위협받은 이야기, 어느 곳에는 눈물어린 애정, 혹은 문안의 글 혹은 본인이 신비적인 천국에 대한 환상을 본 이야기, 혹은 교회질서와 경건생활에 대한 교훈 등 결혼에 대한 이야기, "너희가 수준이 낮아서 단단한 식물과 밥을 먹지 못하니 세속 사람들에게 하듯 젖을 먹이노라" 라고 기록되어 있기도 하다.

이러한 사도 바울이 이런 글을 쓸 때에 이 편지가 미래 21세기에 성경책으로 편집 되리라고 생각했을까? 이 물음에 오늘날의 보수적인 교회들과 대학을 몇 개씩 다니고 학위를 받은 사람도 대답은 간단하다. 바울의 글은 당시 성령에 감동 받아 쓴 글이기 때문에 이미 성경으로 선택 되었다는 것이다. 그렇다면 무슨 근거로 그렇게 확신할 수 있는가? 갈릴레오는 악마가 씌어서 지동설을 주장했는가?

바울이 장편의 편지 13통을 써서 교회 신도들에게 보낼 때에는

---

* 바울 : 당시의 로마의 시민권을 가진 율법 학자였으며 초기 그리스도교를 박해했던 사람이었으나 다메섹에서 예수 그리스도의 음성과 강한 빛을 보고 3일 동안 눈이 실명하여 사물을 보지 못했다가 후에 개종하여 예수 그리스도의 사도가 됨.

그저 열렬한 사랑과 성숙한 정신으로 격려와 책망, 징계, 교훈 등을 기록하여 보냈던 순수한 편지였다. 후대까지 잘 보존되어 편집된 글들이 오늘의 성경으로 묶어진 것이다. 여기서 정경과 위경론이 대두된다.

바울의 설교는 하나님의 말씀이고 오리겐의 변증은 악마의 속삭임이란 흑백논쟁은 돌이킬 수 없는 기독교 역사의 오점을 남겼고 가장 신선해야 할 유일신교에서 피에 젖은 전쟁 백과사전을 중세 역사는 만들어 냈다.

분명 우리는 현재 21세기를 살고 있다. 천동설을 믿던 시대가 아니다. 그렇다면 그 당시 상식으로 해석하던 보수적 신학은 진보해야 하는 것이 이치적 아닌가? 믿음과 신앙은 변함없으되 신학은 발전해야 된다는 이야기다. 보수적인 전통과 유전 때문에 마치 머리에는 갓을 쓰고 의상은 양복에 넥타이를 매고 다니는 격이 되어버렸다. 역사를 거슬러 올라가 보자.

앞서 말했듯 정치적 공권력이 참된 신앙의 소유자들을 박해하자 교회는 황제들의 무대가 되어 버렸다. 존 4세, 존 11세는 성경에서 환생에 관한 언급들을 제거하도록 명령했다. 후에 콘스탄틴 역서 정서에서 환생에 관한 내용들을 사용 못하도록 명했고 그러한 믿음을 박해했고 거세시켜 버렸다. 구약 39, 신약 27권외에는 모두 외경으로 간주 해버렸다.

성경이 현재 우리 손에 오기까지 6차의 걸친 대종교 회의를 통하여 여러 차례 수정작업이 되었다는 얘기다 물론 예수의 복음이 크게 훼손되진 않았다 해도 기득권 권력자들의 손에서 상당부분이 삭감되었다고 진보주의 학자들과 비평가들은 말한다. 현재 우리가 가장 많이 소장하고 읽고 있는 번역본은 King James 바이블인데 영국의 국왕을 위해 번역된 책이다. 그러다보니 애매한 부분이 더러 있다. 예를 들어 지적한다면 다음과 같다.

우선 로마서 13:1-3절을 보라

"각 사람은 위에 있는 권세들에게 굴복하라. 권세는 하나님께 나지 않음이 없나니 모든 권세는 하나님의 정하신 바라.
그러므로 권세를 거스르는 자는 하나님의 명을 거스름이니 거스르는 자들은 심판을 자취하리라.
관원들은 선한 일에 대하여 두려움이 되지 않고 악한 일에 대하여 되나니 네가 권세를 두려워하지 아니 하려느냐 선을 행하라 그리하면 그에게 칭찬을 받으리라."

위 구절은 본래 영적인 스승들이나 하나님의 사자들, 정의를 행하는 권위자들에게 순종하고 배우라는 뜻인데 오늘날 위정자들과 정치깡패들과 혹세무민하는 교회 부흥사들 종교적 마피아들을 옹호하는 구절이 되어버렸다.*

---

* ※ 정경론에 대한 필자의 판단
꼭 논리를 들어 말하자면 4복음서만이 정경이라 할 수 있다. 왜냐하면 마태, 마가, 누가, 요한은 예수 그리스도의 생전에 함께 동고동락하던 인물들로서 측근에서 예수의 행적을 충분히 목도한 사람들이다. 그러므로 4복음서는 비슷한 내용으로 기록되어 있고 늘상 공관할 수 있었던 것이다. 요한복음은 예수를 사람의 아들로 묘사하는 특징이 새롭고 요한복음 15장 같은 기록은 포도나무와 가지의 동질성적인 비유가 형이상학적이다. 다시 말해서 4복음서 이상은 사도행전(역사) 말고 그 밖의 13권의 편지들은 사도 바울의 편지라고 보는 동시 영감 있는 설교였다.
그렇다면 좀 후대에 기록된 외경이라 해서 도외시되고 이단시 한다는 것은 문제가 있다고 본다. 예를 든다면 도마의 복음 같은 경우 누가 읽어도 4복음서와 크게 다르지 않다. 세계 기독교 성직자 수백만 명이 자기 입으로 설교를 할 때 하나님의 말씀이라고 하면서 강론한다. 바울이 전한 13권의 편지 역시 설교였다는 것이다. 엄밀히 따진다면 예수 생전 당시 제자들에게 전한 4복음서 외에는 예수 말씀이 아니지 않는가? 바울보다는 예수 그리스도의 12제자 중 하나였던 도마가 더 예수를 자세히 목도했지 않는가. 역사를 만드는 것도 인간이며, 성경을 편집한 것도 인간이고, 역사를 지배하고 왜곡하는 사람도 인간이고, 진리를 드러내는 것도 인간이며 감추고 인봉하는 것도 인간의 손에 의해서 계획된다.
60억 인구가 저마다 경전이 있고 수많은 종교가 있고 그들 종교마다 무장된 이론이 있다. 각자의 크고 작은 종교마다 역사가 있고 거기에 따른 교리와 문화가 있고 유전과 전통을 자랑하며 절대로 양보하지 않는다. 여기서 지나치면 전쟁도 불사한다. 어느 종교가 가장 전쟁을 많이 했고 그 전쟁에 가담하여 수천만 명, 아니 1억 명 이상 죽어 갔는지 필자가 말하지 않아도 독자들은 판단

위정자들이 박해하고 백성을 속이고 기만하고 잡아먹고 압제해도 불쌍한 종교인들은 그들을 위해 기도한다. "킹 제임스 바이블" 왕에게 선물한 성경이다. 만백성을 살리고 평화를 공양해야할 교회가 귀족 종교로 둔갑해서야 되겠는가? 예수의 가르침이 기록된 신약성경을 갇힌 자, 가난한 자, 병든 자, 눈먼 자, 마음이 가난한 자들에게 진리의 복음으로 역사하는 구원의 기쁜 소식이지 황제나 국왕에게 혹은 큰 교회 목사들에게 칭찬받기 위해 굴복하고 아부하라는 말은 절대 아니다.

모순 아닌가? 문제 아닌가? 그리고 뭔가 이게 아니라는 결론이 내려질 것이다. 진리와 자유란 깨달아져야 한다. 이 땅에서 하루빨리 종교가 사라지고 사랑과 빛의 후광만 남아 전쟁이 없고 국경도 없고 무지와 질병이 없는 세상이 와야 한다.

누가 세상을, 자연을, 인간의 마음을 황폐화시켰는가? 그것은 세력 있는 종교단체였다. 문맹퇴치, 민주주의, 아동복리와 평등이 주어지는 듯하나 결국은 '고시레기'라는 물고기가 자기 살 뜯어먹듯 멸망해 왔다. 유럽 교회가, 러시아 정교회가, 로마 교회가, 미국 교회가, 예수사랑을 실천하지 않았다.

예수는 검을 쓰는 자는 칼로 망하리라고 했다. 원수까지 사랑하고 왼뺨 치는 자에게 오른 뺨을 돌려대는 사람이 있다면 지금 바보 취급 받는다. 어찌하면 약한 자와 약소국을 압박해서 빼앗고 지배하여 영토를 확장할까 헐떡대는 발정 난 암약대의 헐떡댐처럼 오늘의 종교는 강대국이라는 힘을 어지간히도 악용해먹었다. 예수의 제자들, 슈바이처, 손양원, 주기철, 테레사, 간디, 라마나 마하리쉬, 오쇼 기타 이름 없이 사랑을 뿌리고 다녀간 사람들의 행위를 보라. 저들은 이데올로기가 없는 순수한 오직 사랑뿐이었다.

할 것이다.

내생에 태어나고 안 태어나고 관심도 없고 오직 이 땅에 살면서 사랑만 실천하였다. 잘 여문 밀알은 반드시 싹이 나고 자라게 되어있다. 콩 심은데 콩 나는 것은 자연 법칙이며 무엇을 심던지 그대로 거두는 것은 진리의 법칙이다.

1. 성서의 여러 번역본과 외경들

정경 27권의 목록 = 모세가 기록한 창세기, 출애굽기, 레위기, 민수기, 신명기 5경과 기타 역사서, 시가서, 예언서를 포함하여 39권과 신약성경 27권이 있다. 번역으로는 〈킹 제임스 바이블〉 〈리빙 바이블〉 〈흠정 역〉 〈굿 뉴스 바이블〉 〈톰슨성〉 〈아가페 성경〉 〈새 번역〉 〈공동번역〉 〈가톨릭 성경〉 등 많은 번역본이 있다.

외경 = 마리아 탄생복음, 야고보 최초의 복음, 예수 유년시절 복음, 도마의 복음, 마르코 비밀 복음, 베드로 복음, 가마리엘 복음, 곱트어 복음, 니고데모 복음, 압가루스 왕의 편지, 아리마데 요셉의 증언, 헤로데와 빌라도의 편지, 빌라도가 로마 황제들에게 보낸 편지, 베드로 행전, 베드로 묵시록, 바울 묵시록, 도마의 계시록, 야고보의 편지 등 이 외에도 수 백편의 편지들과 증언들이 있다. 사도들의 활동과 사도들의 편지, 여러 가지 증언들이 많고 빌라도가 재판을 받고 체포되는 일과 빌라도가 자살을 하는 내용들이 기록되어 있으며 성경을 크게 뒷받침하는 내용들이 알차다. 클레멘스가 고린도인들에게 보낸 편지에는 내세를 두려워 말라는 내용과 마태의 수난에서는 식인종을 개종시키는 내용이 기록되어 있다.

2. 기독교 신앙에서 환생에 대한 언급이 사라진 또 다른 이유

플라토니즘에서 기독교가 영향을 받았다는 것은 역사에 조금만 관심을 갖는 사람이라면 알고 있을 것이다. AD. 529년 환생설과 영혼불멸의 연구 중심이었던 아테네대학의 문을 닫아버린 황제 '유스티니아수스'는 자기들을 옹호하는 기득권 세력들과 독재를 행하기에 매우 불편한 걸림돌격인 사람들이 환생을 믿는 크리스천들이었다. 앞서 언급했듯 저들은 죽음을 두려워하지 않고 정의로웠다. 고해성사 같은 중보기도가 필요 없고 신과 1대1의 독실한 믿음으로 사람들의 성품이 대개 단순하고 순결하였다.

환생을 믿지 않는 소위 보수적 유전을 지키는 기독교인들 삶을 보라. 열매를 보아 나무를 알 수 있는 것 아닌가?

믿으면 즉시 낙원에, 천국에 들어가는가? 믿지 않는 사람은 유황불이 펄펄 끓는 지옥에 간다는 흑백논리는 문자적 성서 해석이다. 무서운 공포가 뒤따른다. 이러한 지옥불을 인용하여 면죄부 판매가 가능했던 것이다. 소위 무식한 말로 얼마나 해 먹었는지는 음란으로, 피로, 얼룩진 중세의 교회역사를 보면 필자의 심정을 납득할 것이다. 정치적 바벨론처럼 되어버린 원리주의 기독교인들은 전통적인 권력을 유지하려고 대중을 조종하기 위해서 옛날처럼 두려움, 지옥에 대한 형벌, 죄의식, 이단적인 미신이라는 고전적 술책으로 성벽을 지키고 있다.

일부 신학자들 중에는 다음과 같이 말하는 이들도 있다. 황제들과 초대교회 감독들은 환생을 믿고 있었지만 신도들이 조직이나 단체 활동보다는 개인적 사색과 조용한 명상에 몰입하고 뜨거운 가슴이 없는 듯하여 게을러 보일 수 있다고 판단한 나머지 현생에서 단번에 속죄를 마쳐서 영원한 천국이나 낙원에 들어가는 목표로 삼기에 성서에서 환생에 대한 언급이나 교훈을 제하여 버렸다는 것이다. 이 말은 어느 정도 긍정적일 수 있으나 중세시대의 교회 역사를 보면 교회가 진리의 실체를 감추고 있었다고 볼 수 있다.

막연한 삶은 진보가 없다. 정치권에 합류된 교회는 전적으로 역사라는 성벽을 지키기에 호위병들을 집합시켰다.

최근 환생이라는 물줄기가 기독교 안에서도 도도히 흐른다. 환생과 UFO 문제라면 교회가 사탄 대하듯 하는데 이 문제를 교회가 지혜롭게 대처하지 않는다면 머지않아 커다란 문제가 발생할 것이다. 캘리포니아 신학교수 파스칼 카플란 박사는 그의 논문에 (1972) 환생에 대한 박사논문을 쓰려고 자료를 충분히 모았으나 준비하다 거부당했다. 3세기 이후로는 누구도 용기 있게 환생에 대하여 진지하게 연구하는 사람이 없기 때문이다.

1990년대부터는 동양사상이 머리를 들고 있다. 교회는 독립교회가 늘어나고 초종교적인 도서들이 수도 없이 출간되고 윤회 환생에 대한 과학적 경험과 시험이 TV로 자주 방영되고 에드가 케이시의 환생에 관한 책은 1980년대 당시 미국에서만 180만부 이상 팔렸고 세계적으로 번역된 출판물은 1천 만부 이상이 넘는다. 한국에서 전생과 윤회 환생에 관한 도서만도 수십 종이 넘는다.

명상센터, 기 수련 등 신흥 종교도 많이 생겨났다. 이러한 운동은 기존 교회나 특정 종교에 부작용도 있겠지만 분명한 것은 21세기는 다양한 종교와 이념과 문화가 조화롭게 만난다는 것이다. 보수 기독교 목사들은 뉴에이지 운동이니 운운하면서 지나치게 전통과 유전을 지키기 위해 울타리를 치다가 많은 젊은이들을 놓치고 있다. 현재 환생에 대한 자료와 금서로 묶였던 책들이 밝혀지고 기독교 목사, 신부, 수녀들이 날이 갈수록 늘어나고 있다. 머지않아 억눌렸던 이 문제들이 한꺼번에 터지기 전에 교회는 그리고 지도자들은 밝혀야 한다. 현재 60억 인구 절반 이상이 환생을 당연히 믿는다. 이러한 문제가 드러나는 건 시간문제다.

가스켈(G.A. Gaskell) 그의 저서 '경전과 신화의 사전'에서 다음과 같이 말하고 있다.

"성경이 반복해서 환생을 많이 명시하지 않은 것은 환생이 음식의 소화과정이나 수면, 혹은 다른 생리현상처럼 너무나도 당연하고 자연스러운 일로 생각했기 때문이다."

가톨릭교회 신부와 수녀들이 불교와 가까운 관계를 유지하고 있는 데는 오랜 세월 흘러온 보이지 않는 혈맥 관계가 숨어있다.
바티칸 교황청 밀서 도서관에는 3세기-16세기를 거쳐 편찬된 도서들이 보관되어 있다. 중세 수도사들과 아쿠리안 복음서 19세기의 Levi 목사가 아카식 기록에서 복사했다는 영적으로 전수되어 왔다는 이 경전에는 환생에 대한 언급으로 구성되어 있다. 아래 노래를 참고해 보자.

"사람들은 젊지 않다.
천년이란 세월도 그들에게 신성한 표현
이런 순수한 목소리와 창법을 가져다 주기에는 부족하다
만 년 전에 이들은 하모니를 터득했다
오래전에 그들은 새들의 멜로디를 터득했고,
완벽하게 하프를 연주했다.
그리고 다른 과정을 배우기 위해 또다시 온 것이다."
(예수 그리스도 아쿠리안 복음서 37:13-15)

현재 교회가 환생을 교리로 가르치진 않는다 해도 자유로운 독서 문화와 의혹과 탐구정신에 진보적인 사람들이 영성생활을 통하여 공통적으로 흘러들어온 내면의 물줄기는 환생을 거역할 수 없는 단계까지 왔다.
그것은 과학의 발달과 최면술, 심령학, 기타 여러 가지 심령적 사례들로 자료와 증거로 넘쳐난다.

* 신학적(神學的) 차원에서 성서개론에 대한 자료
1) 신약의 정경(Canon of New Testament)
   정경은 구약성서 39권과 신약성서 27권을 말한다.

2) 正經이란 말의 의미
   정경(Canon)이란 말은 희랍어에서 유래되었고 그 어원의 뜻은 규칙, 법규, 표준 등의 뜻이다.

3) 정경목록의 완성
   ① 구약은 AD.90년과 118년 얌니아회의(Jamniaoowncils)에서 결정됐다.
   ② 신약은 AD.397년에 칼타코(Carthage) 공동회의에서 결정하였다.

4) 정경 결정의 원리
   ① 구약 = 그리스도와 그의 제자, 사도들이 하나님의 성문(成文) 말씀으로 인정한 책들을 편집하여 정경으로 간주될 자격을 가진다.
   ② 신약 = a. 사도성 (Apostolicity)
              b. 내용의 통일성 (Unity)
              c. 보편성 (Universality)
              d. 영감성 (Inspiration)

5) 신약의 정경이 27권으로 종결된 이유.
   ① 예수 그리스도가 지상에 있을 동안 사도들의 활동시기가 국한되었기 때문이었고
   ② 하나님이 그리스도를 증거하심이 영감된 기록의 말씀만 사용하신다면 영감의 신약은 정경의 종결이기 때문이라는데 중점을 둔다.

③ 신약성경 자체가 신약 정경의 종결성을 포함해서 가르치기 때문이었다. (요한 계시록 22:18-19)

6) 가경(假經) Apoorha
가경이란 말의 의미 'Apoorypha'란 말은 희랍어인데 '비밀, 감추인, 덮어둔'이란 뜻이며 엄밀히 말하면 숨겨진 것들이란 뜻이다.
제롬(Jerom AD.420년)은 Apooryha란 말을 비 성경적이란 의미로 사용하였다.

7) 신약의 가경 (기록된 때 : AD.100년~AD.500년 경)
① 마리아전   ② 야고보전   ③ 외경 마태복음
④ 요셉복음   ⑤ 도마의 복음 ⑥ 니고데모 복음
⑦ 바울과 데굴라 ⑧ 베드로전 ⑨ 요한전
⑩ 안드레전   ⑪ 그리스도와 압갈서 서신
⑫ 도마 전   ⑬ 바울과 라오디게아서
⑭ 클레멘트의 고린도 전후서   ⑮ 바나바서신
⑯ 익나시우스의 서신   ⑰ 폴리갑의 빌립보서
⑱ 허마스의 목양서

8) 신약 가경의 발생원인
① 그리스도의 생애와 사도들의 활동에 관하여 좀 더 자세히 지식적으로 알고 싶은 욕망에서
② 그리스도와 사도들의 허락을 받고 교회가 건립되었다는 생각의 전통적인 경향 때문이었다.

9) 가경이 정경이 될 수 없는 이유들
그것은 순수한 영감이 아니고 위작(僞作)이라고 생각하여 초대 교부들과 교회 지도자들이 가경을 정경으로 인정하지 않고 사용을 금지시켜 버렸다.

10) 구약의 가경
※ 기록된 시기 : BC.200년에서 AD.100년경으로 볼 수 있다.
- 구약가경의 목록들
① 에스드라에서 1서 (Esdras Ⅰ)
② 에스드라에서 2서 (Esdras Ⅱ)
③ 토빗 = Tobit
④ 유딧 = Judith
⑤ 에스데 잔부
⑥ 솔로몬의 지혜서
⑦ 시락의 아들 지혜문
⑧ 바룩
⑨ 세 소년의 노래
⑩ 수잔나의 역사
⑪ 벨과 용
⑫ 므낫세의 기도서
⑬ 마카비 1서
⑭ 마카비 2서 등이다.

11) 가경이 정경에 들지 못한 이유들
성경에는 사본과 역문이 있다.
자세한 내용은 아래에 열거하는 경전들을 참고하라.
① 사본(Manuscripts)으로는 파피루스 사본, 가죽 사본, 혹은 대서사본, 소서사본으로 나뉠 수 있다.
② 역문(Versous)으로는 헬라어 70인역, 수리아역, 라틴역 등이다.

12) 헬라어의 신약 출판 역사 및 근대 역
1520년 복합식 성경(Complutensian Polyglot)이 크시메넥스 (Ximenes)주교에 의해 인쇄되었고, 1546년부터 Stephanus

가 크시메네스 본문과 에라스무스 본문을 겸용하는 동시 15개 사본들을 참조하여 성경을 출판하였다.
1565년부터 베사(Theodore Bezae)가 헬라어 성경을 출판했다.
1624년부터 엘지비르(Elzevir)형제들이 화란에서 성경을 출판하였는데, 그것은 스데파너스와 페사어 본문에 논거한 것이었다.

13) 근대 번역사
① 요한 위클립 (John Wyoliff 1384)이 최초로 영역을 완성했다. 그것이 여러 해 동안 손으로 쓴 글이 되어 있다가 1831년에 비로소 인쇄되어 보존되었다.
② 틴달 (William Tyndale 1525)
③ 큰 성경 (The Great Bible 1539)
④ 제네바 성경 (1557)
⑤ 감독성경 (The Bishop. S Bible 1568)
⑥ 왕 역 (Authorizeo Version)
⑦ 영국 수정역 (Berised English Bible)
⑧ 미국 수정역 (American Kerised version)

14) 한국 역
이 번역은 헬라어 원문 그대로를 기초도 하고 영국 수정역을 참고 하였다.
① 초역 번역화(1887년) 선교사들로 구성, 신약 전서를 처음으로 인쇄한 것은 1900년이고 1910년에는 구약까지 마쳤다.
② 개역 : 1937년 5월에 구약이 개역되고 1937년 6월에 신약이 개역되었다.
③ 새 번역 : 신약성서 1967년에 번역 12월 15일에 출판함.

④ 신 구교 성서 : 공동번역 1968년 2월 25일 신 구교 성서 번역 공동위원회를 구성하여 1969년 1월 2일 신약성서 출판. 1977년 부활절에 신구약 합본을 발간하였다.

 이와 같이 기나긴 장도의 역사의 변천에 따라서 여러 사람 손에 거쳐 성경이 번역 또는 편집되어 왔다. 성령의 영감이라는 보수적 견해와 관념에 따라 문자 주의적 교리와 겉치레 종교적 의식만 남았다. 좀 더 자세히 성경을 관찰하고 주의 깊게 상고한다면 아직도 깊이 감춰진 "부활" 즉 환생의 비밀은 얼마든지 보화처럼 발견할 수 있다. 수많은 사람이 영감과 명상, 기타 경건한 기도 등으로 귀신이 놀랄 정도로 전생을 확실히 기억하는 사람들에 대한 자료는 사실상 과잉상태다. 외계 문명의 미확인 비행물체가 연간 수십 건씩 카메라에 담기고 뉴스와 잡지로 보도해도 오늘날 교회는 그들을 사탄으로 간주한다.
 그러다 어느 날 정말 외계 문명시대가 온다면 우리는 뭐라고 대답할 것인가? 부활! 절대로 흙으로 돌아간 육체가 살아난다는 얘기가 아니다.
 앞으로 1천년 아니라 1만년이 다시 만 번이 흘러도 그것은 상징적 교훈인 것이다.
 성서 해석상의 차이는 마치 천동설과 지동설의 차이다. 오늘날의 신학이 마치 천동설을 믿던 시대의 방식으로 그 보수적 낡은 유전을 지키고 있다. 하나도 변한 것이 없다. 은하계에서 볼 때 작은 은단 알에 불과한 지구를 생각한다면 창세기 1장 해석부터 고려해 봐야 한다.
 이러한 문제들과 오랜 전통과 유전을 지키려면 기독교는 66권의 정경 외엔 다른 이단적인 정보는 한 조각이라도 훔쳐 볼 수 없었던 것이다.
 전 세계 기독교가 똑같은 벽돌 공장처럼 그렇게 유지해 오고 있다. 물론 개인 연구를 하는 건 자유다. 별다른 신앙을 갖고 있다 해도 이단 심문도 없고 파문도 없다. 그러니까 결론적으로 말한다면 수십 세기를 지켜온 성벽 같은 조직이 흔들릴 수 없는 것이다. 참 이상하고 놀랍다.

초가지붕에서 낡은 건초를 걷어내고 기와나 슬레이트로 개량을 했다 해서 그 집터가 어디로 옮겨간 건 아닌데 무엇이 두려워 만고의 자연법칙을 외면하고 수백 번 종말과 휴거가 비켜가는 죄를 범할까? 마치 양 치는 아이처럼 스스로 거짓말 하는 자들이 될까? 한번쯤 고민해볼 문제 아닌가?

* 성경에서 환생에 대한 언급이 감춰진 것을 긍정적으로
  해석한다면?

신약성경 355 페이지에 히브리서, 그러니까 히브리 사람들에게 보낸 바울의 설교 가운데는 예수 그리스도가 이 땅에 오신 목적을 다음과 같이 묘사하고 있다.

"자녀들이 혈과 육에 속하였으매 예수 그리스도, 그도 또한 한 모양으로 혈과 육에 속하심은 사망으로 인하여 사망의 세력을 잡은 자 곧 마귀(自我)를 없이 하시며 또 죽음이 두려워 일생에 매여 죽음에 종노릇 하는 모든 자에게 자유를 주기 위함이라" (히브리서 2:14-15)

멋있고 분명하고 속이 시원한 말씀이다.

인간에게는 자유의지가 있고 비교의식과 선택권이 있다. 육체가 양식을 필요로 하듯 정신과 영혼도 질 좋은 자양분을 섭취해야 한다. 그러기 위해서는 속된 욕심이나 집착, 두려움, 기타 거슬리는 모든 것들을 제거하고 만물과 하나 되는 곳까지 성숙해야 한다. 즉 그리스도를 따르는데 저해되는 장애물을 스스로의 힘으로 극복해야 한다는 것이다. 세상 사는데 그 어떤 것도 두려움의 대상이 될 수 없는 용병들, 미련도 애착도 없고 미움도 사랑도, 좋고 싫음도 없고 삶과 죽음에 관한 어떤 염려로 모두 사라진 상

태가 되고, 수천 생을 살며 길들여도 노예의 멍에, 까르마를 죽기를 각오하고 혈과 욕심을 십자가에 죽이고, 단번에 죽고 부활한 사람이라면 물론 환생과 상관없는 천상에 태어날 사람일 것이다.

종교 심리학에서는 다음과 같이 말한다.

"사람이 저속하고 악한 습관을 하나 고치는 데는 몇 년에서 몇 십 년 걸린다. 그것도 그 습관으로 인해 엄청난 손해를 보고 심신의 상처를 있는 대로 입고 나서야 변화된다 한다."

동물만도 못하다는 것이 증명되었다. 개는 한번 굴러 떨어진 낭떠러지에 다시는 가지 않는다고 한다. 예수의 삶은 특별하다 생각하는 생각이 문제다. 예수 역시 혈관에 피가 흐르고 굶주리면 시장한 육체를 가졌다고 히브리서는 말한다.

그가 이 땅에 오신 목적은 진리를 거스르는 비겁한 마음과 죽음 문제로 종노릇 하는 사람들을 해방 시키려고, 혈과 육적인 것들을 이번 생에서 단번에 목숨 걸고 좁은 문을 통과하여 윤회를 종식하자는 데에 그 깊은 뜻이 있다는 이야기다.

이 길은 좁고 험하고 세상이 몰라주는 음침하고도 외롭고 쓸쓸한 길이기도 하다. 그러기에 찾는 이가 심히 적다고 예수는 생전에 분명히 말했다. 떡을 만들어 먹이고 병자를 기도로 고치고 물로 포도주를 만들어 먹일 때는 4-5천 명씩 따르던 군중들이, 예수께서 진정한 하늘소식을 전할 즈음엔 어디론가 다 떠나고 골고다 사형장엔 몇몇 여인들과 젊은 청년 요한(당시나이 추정 19-20세)만이 죽음을 목도하며 눈물을 뿌렸다.

칸트는 말하길 기독교인 천 명 중에 목숨 걸고 예수 그리스도를 사랑할 사람은 약 2명 정도 된다고 말했다.

회오리바람 한번 불면 가랑잎처럼 날아갈 사람들이라면 수천 명 수만 명 모여서 아무리 할렐루야! 아멘! 을 외쳐도 소용없다

"존 녹스"를 보라. 당시 메리 여왕을 재판 석상에서 음행한 여자라고 꾸짖고 목숨을 걸고 호령을 하여 간담이 서늘하도록 외쳤다. 개혁의 횃불 존 녹스에게 메리 여왕은 스코틀랜드와 바꿀 수

없는 인물이라고 오히려 격려했다.

　사도 바울은 다시 말했다. 우리가 이 귀중한 복음을 듣고 흘러 떠내려 보내면 어찌 하려느냐고.

"그러므로 우리가 들은 복된 소식을 간절히 삼가라
혹 흘러 떠내려갈까 염려 하노라
우리가 이 같이 큰 구원을 등한시 여기면
어찌 심판을 피하리요." (히브리서 2:1-3)

　예수께서는 이미 영혼의 자유에 대한 묘리를 충분히 교훈 하셨다. 이 자유의 가르침을 믿고 그대로 순전히 따른다면 이생을 마지막으로 신의 성품의 경지에 오를 수 있는 진리의 길을 툭 터놓았다. 마태복음 5장-7장 산상수훈에서 충분한 교훈을 남겼다고 본다.

　너무나 수많은 겉치레 기독교인들이 자기의 생각과 이상을 가지고 예수라는 이름만 이식해 놓고 자기의 Ego는 털끝 하나 상처 받지 않으려 한다.

　십자가는 예수께서 인간의 죄를 담당하기 위해 대신 지셨으니 주여! 주여! 하고 믿기만 하면 구원을 받는다는 것이다.

　예수는 분명히 선언했다. 나더러 주여! 주여! 한다고 다 천국에 들어가는 것이 아니고 하나님의 뜻을 깨달아 행해야만 천국에 들어간다고 신약성서에서 예수의 가르침은 충분히 언급되어 있어 필자는 생략한다.

　이 글은 설교가 아니기 때문에 독자들은 마태복음 5-7장을 참고해보기 바라며 사도 바울서신인 고린도전서 13장을 상고해보길 바란다.

　아무리 초 종교적인 삶을 추구하고 지식적으로 또는 관념적으로 깨달았다 해도 생활 속에서 열매가 없다면 소용없는 일 아닌가?

　부뚜막의 소금도 집어넣어야 짜다면 머무르지 말고 행동하고 씨 뿌려야 한다. 생각으로 어찌 상상만으로 마시고, 먹고, 밭 갈고, 사랑하고, 용서하고, 일하고, 여행하고, 출 퇴근 할 수 있겠는가?

오늘날 사람들이 진리의 삶을 깨달아 알면서도 행치 못하니 날이 갈수록 양심의 화인으로 종교가 문화의 일부분처럼 교인 아닌 사람 없고 불자 아닌 사람 드물다. 한국 인구 중 등록된 종교 교적부의 명단을 맞춰 보면 인구가 모자란다고 하는 발표를 읽었다.

그렇다면 어떤 결과가 나와야 하는가?

벌써 지상낙원이 되고 100% 이상 회개하고 거듭난 사람들의 천국이 되고도 남아야 한다. 그러나 날이 갈수록 죄악은 더 증가하고 형무소는 방이 모자라고 도덕성은 수십 배로 떨어지고 있고 온갖 추악하고 악독한, 예전에 없던 사건들이 증가한다.

여기서 우리는 생각하게 된다. 종교는 이미 맛을 잃고 교회나 사원은 가난뱅이의 눈물과 피를 짜서 세운 희생의 피라미드이며 신도들은 영혼의 구원과 해탈은 현생에서 어김없이 낙오하여 환생의 재수생이 될 수밖에 없다는 결론이 나온다. 유대는 종교로 망했고, 로마는 스포츠로 망했고, 소돔과 고모라는 섹스로 망했고, 러시아는 국교라는 기독교로 망했다.

"영생이란 유일하신 참 하나님과 그의 보내신 자 예수 그리스도를 아는 것이니라." (요한복음 17:3)

영생이란 영원한 생명을 의미한다. 우리가 누구를 잘 안다는 것은 깊은 관계를 맺고 유지해야 한다. 그리고 서로 부탁을 들어주고 교감하고 신뢰가 있어야 한다. 여기서 사랑이란 말이 형용된다. 아니 사랑이 뒤따른다.

사랑은 자기의 유익을 구하는 것이 아니다.

예수는 '친구를 위하여 목숨을 버리는 사랑보다 더 큰 사랑이 없다'라고 설명했다. 옳다고 느낀 그 무엇이 생각나거든 즉각 시행해야 한다.

거기에 반드시 모험이 뒤따를 것이며 그 뒤 경험이 쌓여 마음은 윤택해지고 정신은 건강해진다.

오늘이라는 이생에 윤회, 환생, 죽음을 끝내려면 그 라운드에서 앞만 보고 아랫입술을 깨물고 한눈팔지 않고 전속력으로 달리는 마라토너처럼 깨어 있어야 한다.

우리 예수쟁이들 입술만 천당 간다는 말이 떠돈다.

과연 본인 자신들이 변화되어 새로운 부활의 삶을 살고 있는지의 여부에 대해서는 자기가 가장 명확히 알고 있다.

너무 영혼이 어리고 무지하여 착각하고 있는 사람도 있으나 그 사람의 품성은 투영된 생활 속에서 증명될 것이다.

"하늘나라는 말에 있지 않고 능력에 있다." - 바울

초대교회 교부들 중 상당수는 그노시스(영지주의자들) 사상의 영향을 받았고 상당부분 긍정하기도 하였다. 역시 환생에 대한 문제는 공식적으로 언급되지 않았으며 기독교 신학에서 서서히 일몰처럼 세상바다에 묻혀 버렸다. 당시 일부 깨어있는 교부들은 성경에서 환생이 빠진 문제와 수많은 외경들이 정경에서 제외된 것을 안타까워하였다. 성경이 편집된 것은 다음 장에 언급할 것이다. 일단 66권의 성경이 정경으로 편집되고 역사가 흐름과 동시에 하나의 기독교 세계가 구축되고 확장되었다. 초대교회 설교자들은 사람의 사후세계와 환생문제를 물어오면 다음과 같이 말했다.

"과거는 지나가고 없다. 아무리 즐거워도 미래를 너무 믿지 말라 현재 충성을 다해서 신을 찬양하고 서로 사랑하라. 오직 오늘이라는 현재 생을 마지막으로 살아라. 두 번 다시 기회는 없다. 단생으로 끝내고 회개하고 신의 성품을 닮아야 한다." (작자미상)

이 설교는 사람들의 게으른 성품을 고려해서 현재라는 삶의 중요성을 강조한 듯하다.

3. 지옥의 장소개념

수백만 명의 사람들이 각자의 종교에서 '지옥'이라는 고초의 장소가 있다고 가르치고 있다.

'가톨릭 프로테스탄트 교회'에서 가르치는 지옥은 악한 자들이 가는 곳이라고 한다(브리태니커 백과사전). 이 지옥은 영원히 존속하며 그 고통은 끝이 없다고 한다. 불교, 힌두교, 이슬람교 역시 지옥은 고통의 장소라고 말한다.

이제 성경 문자로 묘사된 상징적 지옥의 개념을 조사해보자. 누구나 한번쯤은 "전능하신 하나님이 그러한 고초의 장소를 만들었는가?" 하는 질문이 반드시 생긴다. 고대 이스라엘의 악한 풍습을 예레미야 선지자의 입을 통하여 책망한 구절이 있다.

'힌놈'의 아들 골짜기에 '도벳사당'을 짓고 그 자녀를 불살랐나니 내가 명하지 아니하였고 내 마음에 생각지도 아니한 일이니라. 나는 여호와 너희 하나님이라. (예레미야 7:31)

이스라엘 백성이 이웃나라의 풍습을 배워 못되고 이상한 짓을 하였다. 그것은 자녀들을 불에 태워 바치는 악행이었다. 그러나 하나님의 심정은 전혀 그런 잔인한 행위가 아니었다. 신에게 예배를 드리는 것은 상한 마음과, 겸손한 가슴, 자아를 태워 드리는 것이었지 사람을 재물로 드리는 것이 아니었다. 여기서 우리는 상식적으로 생각을 해보자.

사람을 불에 태우고, 화형 시키고 끓는 물에 처넣는 것이 하나님의 뜻이 아니라면 하나님이 생각지도 않은 일이라는데 그분께서 무지한 사람들이 자기를 섬기지 않았다 해서 자기가 창조한 사람들을 보내기 위해 지옥을 만들었다는 것이 이치적으로 맞는가? 하나님은 사랑이시라고(요한1서 4:8) 하는 말씀에 부합되는가?

지옥에 대하여 조사해보자.

필자는 지옥을 부정하는 것이 아니라 지옥의 개념을 연구해보자는 것이다.

지옥을 언급하는 종교마다 천국관이 있고 구원, 해탈 등 교리가 있다. 이 땅에서 윤회, 환생을 면하는 길은 성경에 말하는 좁은문이라 할 수 있다. 길이 협착하여 찾는 이가 적다고 했다.(마 7:13-14, 히13:12-13, 눅9:23-24, 잠14:12, 히2:13-15, 롬6:3-7)

"너희는 예루살렘 거리로 빨리 왕래하며
그 넓은 거리에서 찾아보고 알아보라
너희가 만일 공의를 행하며 진리를 찾는 자를
한 사람이라도 찾으면 내가 이 성을 사하리라
그들이 하나님의 사심으로 맹세할지라도
실상은 거짓 맹세니라
여호와여! 주의 눈이 성실을 돌아보지 아니하시나이까?
주께서 그들을 치셨을지라도 그들이 아픈 줄을 알지 못하며
그들을 거의 멸하셨을지라도 그들이 징계를 받지 못하고
그 얼굴을 반석보다 굳게 하여 돌아오기를 싫어하므로
내가 말하기를 이 무리들은 비천하고 우준한 것뿐이라
신에게로 가는 길. 하나님의 법을 모르는 무지한 백성이라 말하리라."
(구약성서 예레미아 5:1-4)

성경에는 좁은 길, 넓은 길 두 갈래 길을 제시하고 있다. 눈물의 선지자 예레미아가 신의 입을 의탁해서 외친 것처럼 당시 종교상황이 얼마나 썩고 낡았는지 예루살렘 수도 서울거리에서 통찰력 있는 선지자의 눈으로 아무리 살펴도 진리를 찾아 공의를 행하는 이를 찾지 못했다고 처절한 심정을 호소하고 있다. 물론

여기에서 말하는 주요대상은 귀족들과, 제사장, 장로들, 종교 지도자들을 말한 것이다.

　기독교가 파생된 성경의 주요 내용들과 사건의 현장은 이스라엘이란 특정 무대에서 여러 선지자들과 사도들을 통해서 기록되었다. 지도자들은 거의가 율법을 지키지 않았다. 수많은 왕들 중 다윗과 몇 명의 왕을 제외하곤 전부 타락하였고 허망한 우상(미신)을 숭배하였다.

　백성들은 참된 가르침이 없어 비척거렸고 지도자들은 욕심과 타락으로 찌들어 있었다. 내란, 외란의 전쟁을 900회 이상 겪으며 위의 예언대로 신의 분노를 사서 여러 차례 포로생활과 나라 없이 유리방황을 하며 거의 멸망을 하게 되었는데도 그들의 에고는 변함이 없었고 얼굴색 하나 변하지 않았고 화강암보다 더 단단하였다고 기록하고 있다. 회개하지 않고 넓은 길로 가는 당시 유대 민족들에게 선지자는 다시 경고한다.

"예루살렘아! 예루살렘아!
네 마음의 악을 씻어버리라. 그리하면 구원을 얻으리라.
너의 악한 생각이 네 속에서 얼마나 오래 머물겠느냐." (렘 4:14)

　선과 악, 천국과 지옥은 사람의 마음 작용으로 시작된다. 고통을 느끼는 감정도 마음이며 기쁨을 느끼는 기관도 마음이다. 예수도 마음이 청결한 사람은 하나님을 볼 것이라 했다. 그럼 이제 성경에서 답을 찾아보도록 하자.

　이스라엘이 의인 한명이 없어 예수를 때려죽이고 그 업보로 600만 명이 학살을 당하고 예루살렘은 멸망하고 로마군인의 발치에서 희롱당하고 온갖 지옥고초를 겪었다. 수용소에서 남녀노소를 막론하고 뼈와 가죽만 남아 죽어가던 현장의 그림을 시청했을 줄로 안다. 그것이 지옥인 것이다. 그것은 그 민족이 그토록 죄악을 초래한 결과였던 것이다. 숱한 선지자들과 예언자들을 가두고 극형을 시킨 이스라엘 왕들과 지조 없는 군중들이 받은 형벌이었던 것이다. 칼을 쓰는 자는 칼로 망하는 것이 아닌가?

이 땅에서의 천국과 지옥은 온전히 자기 자신들이 만든다. 그러기 때문에 애당초 힘들어도 좁은 길을 걸으며 선한결과를 낳으면 장수하고 서로 평화롭고 사랑이 넘치고 전쟁도 고통도 눈물도 없는 낙원을 만들 수 있는 것도 인간의 마음작용에 따라 결정된다.

성경은 전반적으로 지옥을 묘사할 때 죽을 고초 당하는 곳으로 표현하지 않았다. 히브리어로 지옥은 '스올' 한글판 성서에는 '음부', 즉 빛이 없는 어두운 마을이란 뜻이다.

헬라어로는 '하데스' 라는 말을 사용했는데 아래 기록된 성구들을 보면 알 수 있다.

'시편 16:10, 사도행전 2:31'은 하데스, 음부란 말을 쓰는데 여기서는 단순한 무덤으로 묘사되었다. 창세기 37:35절에서는 야곱이 말하길 자기 아들 요셉이 죽은 줄만 알고 아들을 따라 '스올' 지옥으로 내려갔다는 말 아닌가? 절대로 그럴 리가 없다. 여기서는 단순히 '스올' 지옥은 무덤으로 생각했던 것이다. 동방 아라비아 '우스'땅의 의인 욥이란 사람이 있다. 그가 신앙의 훈련을 받을 때의 일이다. 온갖 시험과 시련으로 패가망신하고 육체마저 병들어 죽게 되어 다음과 같은 노래를 했다.

"주는 나를 음부(스올)에 감추시고 나를 위하여 기한을 정하셨도다."
(욥 14:13)

여기서 욥은 현재의 삶이 힘들어 무덤에 차라리 묻히길 바랬던 것이지 '스올'이란 지옥이 유황불 고초당하는 곳으로 생각하지 않았다 만일 그런 곳이라면 어떤 정신 나간 사람이 농담이라도 그런 말을 한단 말인가?

좀 더 조사해보자. 성경 전체적으로 보아 지옥은 무덤으로 간주된 것이 확실하다. 어디를 보아도 인간이 고통당하는 곳이라고 기록된 곳은 없다. 요한 계시록에 기록된 유황불에 대해서는 부차적 설명을 할 것이다.

솔로몬의 지혜 철학서 전도서에 기록된 구절을 참고해보자

"무릇 네 손이 일을 당하는 대로 힘을 다하여 할지어다.
네가 장차 들어갈 '스올' 음부에는 일도 없고 계획도 없고
지식도 없고 지혜도 없음이니라." (전도서 9:10)

그렇다면 대답은 간단하다. '스올'이 상징적 지옥으로 인류 그 누구나 들어가는 무덤을 말한 것이 분명하다. 지위고하를 막론하고 인간은 누구나 들어가는 곳이 곧 무덤(음부)인 것이다.

구약성경에 '요나'라는 인물이 나온다.
그는 '니느웨'라는 성으로 선교를 떠나라는 신의 계시를 받고 준비를 하다가 그 성 사람들이 악하여 멸망하는 것이 합당하다 하여 니느웨성으로 가는 것을 꺼려하였다. 그는 신의 음성을 무시하고 다시스로 가는 배를 타고 여행을 떠났다. 그러나 얼마 안 되어 요나 선지자가 탄 배는 심한 폭풍우를 만나 침몰 위기에 놓였다. 선장은 천기(天氣)를 분별할 줄 아는 사람이었는데 느닷없는 태풍에 당황하게 되었다. 선원 중 한명이 다음과 같이 말했다.
"우리 중 누군가가 하늘에 죄 지은 자가 틀림없이 있소! 신의 이름으로 제비를 뽑아 그를 가려냅시다."
"좋소! 그렇게 합시다!"
사람들의 만장일치로 제비를 뽑았다.
그 중 영감 있는 한 사람이 하늘을 향해 기도하고 외쳤다. 잠시 후에는 죄인을 구별해낼 것이며 폭풍은 잔잔해 질것이요. 성난 파도는 배를 삼킬 듯 범람하였다. 그런데 요나 선지자가 정확히 지목되었다. 선원들은 인정사정없이 그를 들어 바다에 던져버렸다. 요나의 고백은 다음과 같다. 그는 어마어마하게 큰 물고기

의 뱃속에 들어가 3일 동안을 기절하듯 지냈다고 진술했다.

"그는 물고기 뱃속에서 기도하여 참회하고 자신이 약속을 저버린 서원을 갚겠다고 호소하였다"
"내가 '스올'의 뱃속에서 부르짖었삽더니 주께서 나의 음성을 들으셨나이다. 나는 이제 감사하는 마음으로 주께 제사를 드리며 나의 서원을 주께 갚겠나이다.
구원은 여호와께로서 말미암나이다. 하니라.
이 기도를 마치자 큰 물고기는 요나를 니느웨성 육지에 토하였다."
(요나서 2:1-10)

　요나가 어떻게 삼일 밤낮을 물고기 뱃속에서 기적적으로 살았는지는 알 수 없으나 그는 그 고기 뱃속을 '스올' 즉, 무덤으로 생각했던 것이지 유황불 고초의 지옥으로 말하지는 않았다.
　예수도 삼일동안 무덤에 계셨다. 부활한 다음에도 예수께서는 지옥고통 겪은 얘기는 전혀 언급하지 않으셨다.

4. 예수께서 상징적으로 언급한 지옥

　성경에서 지옥으로 상징된 장소는 '게헨나'라고 하는 곳인데, 예루살렘에서 고속버스로 40분가량 달려서 닿을 수 있는 곳이다. 그곳에서 옛날 자녀를 불에 살랐던 힌놈의 골짜기처럼 죄수들의 시체와 일반 쓰레기를 소각시키는 거대한 쓰레기장이었다. 이 게헨나에서는 늘 유황불이 타고 있었고 불길이 미처 닿지 않은 시체에는 구더기가 득실거렸다.

"거기는 구더기도 죽지 않고 사람마다 불로써 소금 치듯 함을 받으리라." (마가복음 9:48-49)

'스올'이나 '하데스'가 무덤을 의미한다면 '게헨나'는 불을 의미한다.

게헨나는 힌놈의 골짜기로써 사람을 제물로 불태우던 못된 행위를 요시아 왕 시대에 와서 왕의 명령으로 이 끔찍한 행위가 금지되었다. 짐승의 시체, 죄수들의 시체가 늘 유황불에 타는 곳이었다. 그러므로 지옥이란 자유롭지 못함과, 어두움, 어두운 구덩이, 무덤 등으로 해석하는 것이 적절하다.

한자로는 다음과 같다.

지옥 (地獄)

犭 : 사랑이 랑 - 살쾡이과의 동물

言 : 말씀 언

犬 : 개 견 -의 세 개의 글자가 합성되어 '가둘 옥'자가 탄생된 것이다. 가정집에서 기르는 가축 늑대와 개들이 진리의 말씀을 왜곡하여 짐승들 틈에 가두어 전통과 유전으로 깨어나지 못하는 자승자박의 결과다. "즉" 땅에서 갇힌 생활이 지옥이라는 것이다.

힌놈의 골짜기에 대해서는 구약성경 열왕기하 23:10 참조하길 바란다.

성경은 지옥과 불꽃이라는 단어가 기록되어 있는 것은 사실이다. 흠정역에서는 지옥이란 말이 12회 나온다. 예수는 하늘나라에 대하여 묻는 백성에게 다음과 같이 대답했다.

"그때 바리새파 사람들이 예수께 묻되, 하나님의 나라가 어느 때 어떻게 임하나이까? 예수께서 가라사대, 하나님의 나라는(천국) 볼 수 있게 임하는 것이 아니리니 또 여기 있다 저기 있다 못하리니 하나님의 나라는 너희 안에 있느니라." (누가복음 17:20-21)

그러니까 지옥이란 마음의 상태가 형벌에 대한 죄책감으로 시달리는 상태를 비유함이며 의념이 만들어 낸 것이지, 어느 별 어느 낭떠러지 구덩이에 마련된 장소가 아닌 것이다.

타 종교나 사자의 서, 기타 종교적 지옥도 마찬가지다. 신이 전지전능 하실진대 사람을 빨리 참회하는 마음을 갖도록 인도하여 천국을 만드는 것이 서로가 좋은 일이지 사람을 도덕적으로 뭘 좀 잘못했다 해서 유황불 지옥에, 칼산지옥에, 펄펄 끓는 기름 가마에 집어넣고, 그것도 시작도 끝도 없이 무시무종으로 고초를 겪게 하여 즐긴단 말인가?

독자들의 이해를 돕기 위해 다시 한 번 설명한다.

지옥이란 옥(獄) 시랑이와 개 같은 짐승들이 말씀, 진리, 우주의 로고스를 잘못 해석하여 가두어버리는 결과로 자유롭지 못한 상태를 말한다.

이 땅에서도 말씀 = 言(언) = 진리 = 정의를 행한 사람은 감옥에 갈 일이 없다. 어떤 이유로든지 고통을 받는 사람들은 말씀을 지키지 않아서 얻은 결과다.

콩 심으면 콩 나고, 팥 심으면 팥 나는 것이 자연법칙의 뜻.

생사윤회의 경계를 넘지 못하고 태어나는 이 땅이 곧 지옥인 것이다. 좋은 환경에서 고 없이 사는 사람도 있고 극심한 장애를 극복하고 뛰어넘어 지옥 같은 삶의 고초를 이겨내는 의지의 용병도 있고 더 나쁜 지옥의 늪에 빠져들어 돌이킬 수 없는 생지옥으로 자신을 던지는 사람도 많고, 인간이 상상을 불허하는 소름 끼치는 일들이 얼마든지 일어나고 있다.

토막살인, 독극물, 흉기살인, 사형, 무기징역, 독방생활, 인신매매, 망명, 빚 더미에 시달림, 이름 모를 병으로 시달림, 악화된 병마로 당하는 고통, 살 수도 죽을 수도 없는 삶의 형편들, 그 밖의 필설로 못 다할 사기당함, 억울한 누명, 재산 탕진, 오랜 법정싸움 등, 이러한 일에 휘둘리는 것들이 분명 이 땅의 생지옥이다.

다른 별이나 사후세계에 구태여 지옥을 만들지 않아도 그가 뿌린 씨앗은 선악 간에 싹이 나는 것이다. 죄책감이나 불안감, 양심의 상처들은 곧 의념을 키워 인간의 뇌 송과선(松科腺)을 점령하여 상상과 환상의 지옥을 만들어 기약 없이 고통을 당하게 된다.

물론 때와 장소는 없다. 성경에 12회 언급된 지옥도 바로 그러한 상태를 문자적으로 형상화해놓은 기록이다.
다음 성경구절을 참고해 보자.

"칼을 면한 자들이여! 서있지 말고 행하라.
원방에서 여호와(神)를 생각하며 예루살렘(평화)을 너희 마음에 두라."
(예레미야 51:50)

위와 같이 예루살렘을 마음에 두듯 지옥도 마음에서 시작되고 마음으로 느끼고 그다음 육체로 느끼는 것이다.
누가복음 17:21절에도 "천국은 여기 있다 저기 있다 못하리니 천국은 너희 안에 있느니라." 라고 한 예수의 교훈과 일치하는 말씀인데, "칼을 면한자여!"라는 말은 복역의 때가 끝난 부활된 의식 곧, 승리자를 말한다.
신지자 이사아의 기록을 살펴보자.

"너희는 위로하라 내 백성을 위로하라.
너희는 정다이 예루살렘에 말하며 그것에게 외쳐 고하라.
그 복역의 때가 끝났고 그 죄악의 사함을 입었느니라.
그 모든 죄를 인하여 여호와의 손에서 죄 값을 배나 받았느니라.
외치는 자의 소리여!
너희는 광야에서 신에게로 가는 길을 준비하라.
사막에서 우리 하나님의 대로를 평탄케 하라.
골짜기는 돋우어지고 봉우리들은 낮아지며 고르지 않은 곳이 평탄케 되며 험한 곳이 평지가 될 것이요, 신의 영광이 나타나고 모든 육체가 그것을 함께 보리라." (이사야 40:1-5)

너무 높고, 자고(自高)하여 교만한 봉우리 같은 사람들은 낮아지고, 너무 낮은데 처하다 자신감을 상실한 사람들은 진리와 정의의 힘으로 일어서고, 카르마의 결과로 고통 받는 사람들은 자신의 삶을 원망 없이 수용하고 그럴수록 더욱 깨어 있으면서 정도에 머물기를 힘쓰면 이 땅에 살면서 그 죄값을 치름으로 그 복역의 때를 면케 된다는 것이다.

높은 마음은 낮추고, 사막 같은 삭막한 마음에서 생명수 같은 진리를 찾아 힘쓰면 머지않아 그 수고로움으로 평탄한 길이 열리는 것이다.

5. 오늘의 종교인들 너무 착각한다

오늘날, 기독교인들 너무 너무 착각한다.

천국이란 장소에 입으로만 주여! 주여! 하면 예수그리스도가 공짜로 업어다 보내주는 줄 안다. 그리고 타 종교인들은 아무리 착하고 선행을 베풀고, 크리스천을 도와준다 해도 전부 지옥 보내는 줄 안다.

예수는 천국 가는 길, 지옥을 벗어나는 길, 축복받는 길을 그의 설교 산상수훈 마태 5-7장의 요지 등에서 자세히 언급했다. 그리고 그 길을 수강료 받지 않고 값없이 안내해주셨다.

그러나 그 길을 걸으면서 부르트는 발, 고난의 역경, 자아 극복의 인내, 배고픔, 자신과의 싸움, 불의와의 싸움, 사랑의 실천 등의 피 뿌림은 어디까지나 자기 자신의 몫인 것이다. 오늘날 정의로운 사람은 악마들의 표적이 되니 박해가 뒤따를 수밖에 없다. 물론 전쟁에 능한 장수들이야 웬만한 시험은 건강한 사람이 산책하다 작은 돌부리에 걸리는 것과도 흡사하다.

그러므로 천국이든, 지옥이든, 악마든 천사든, 우리가 살고 있는 이 작은 지구에서 다 일어나는 일들이다. 여기서 결정되고, 여기서 태어나고, 여기서 갇히고, 여기서 부활하고, 여기서 심판 받는다. 기독교 창조론으로 성경전체를 아무리 조명해 봐도 지옥은 지금 여기 우리가 살고 있는 이 땅이다.

장소개념에서 벗어나 비유가 아니면 아무것도 말씀하지 않더라

하신 마태 13장의 예수 말씀을 다시 새김질해야 할 것이다. 종교적 교훈이나, 신의 전지전능이나, 영적세계나, 사후세계나, 그 무엇이든 인간이 주인공임을 잊지 말라. 인간의 성숙된 사고와 신앙심이나 상식을 통해서만 전지전능이신 것이다. 막연한 것을 믿는 것은 신앙이 아니다.

사실을 믿는 것은 신앙이고, 사실을 믿지 않는 것은 불신이며, 사실이 아닌 것을 믿는 것은 미신이다. 오늘의 실제적 재판관은 과학이란 도구인 것이다.

인간은 현대인의 신들을 창조했다.

스크린과 컴퓨터를 만들었고, 복제 인간과 온갖 동식물을 탄생시키고 은하계 별들의 수를 헤아리게 되었다. 온갖 DNA분석과 유전공학, 생명과학분석, 줄기세포 배양, 산삼을 만들고, 사람을 만듦으로 아담의 갈빗대로 여인을 만들었다는 창세기의 기록이 과학으로 재조명된다.

그러므로 갈릴레오를 이단자로 단죄한 재판은 잘못된 것 아닌가? 잔다르크를 마녀로 몰아 부친 교회는 어찌 됐는가?

'셀베드'를 스위스 샴펠 사형장에서 장작불로 태워 죽인 종교재판은 그 후 2년 뒤 '칼빈'은 그 사형장에 비석을 세워주고 후회하였다. 수많은 종교 지도자들 너무너무 허상을 가르친다.

교회 역사 속에는 수많은 비화가 있다. 아무도 의식하지 않는다. 진실의 역사를 숨기는데 성공했으나 지금은 밝혀지고 있지 않은가?

성경도 이젠 '외경' '위경' 다 공개되고 고등 비평가들, 사학자, 고고학자들을 통해서 멸망한 소돔 고모라 유적들을 무더기로 발굴해내고 탐지기를 개발하여 화산으로 묻힌 지하세계의 문명을 찾아내어 화면으로 보도된다.

---

* 셀베드 : 신학자, 수학자, 철학자로서 칼빈에게 공개장을 보내어 오류를 지적하다 미움을 사서 스위스 샴펠 사형장에서 화형을 당하여 초연히 기도하며 세상을 떠났다.

오늘의 교회, 뼈가 녹는 회개를 해야 한다. 이대로 가면 정말 미구에 큰일 난다. 집에 불이 났는데 처마 끝에 제비 새끼들은 입을 짝짝 벌리고 어미가 물어다주는 먹을 것만 찾고 있다.

성서해석을 문자적으로 뇌까려 사람들 맹인 만든 죄! 그릇된 부활 가르쳐 막연하게 헛갈리게 가르친 죄! 타 종교를 전부 이단 또는 악마로 보는 것! 공자, 노자, 붓다, 크리슈나, 마하비라, 그 어떤 성인들도 전부 지옥 갔다고 가르치는 어린아이 같은 속죄관, 성경은 한권으로 묶어놓고 교파마다 교리가 다르고 서로 인사조차 꺼려하며 이단시하는 것, 기독교 역사 속에 너무 많은 전쟁과 화형, 마녀사냥, 온갖 악행, 공산주의를 만들어 낸 것(볼세비키 혁명 원인 제공), 그리고 수 천만 명의 대학살, 면죄부 팔아서 세운 교회를 자랑하는 행위! 성직자들의 기름진 생활, 교인들은 죽어가며 십일조하고 있는데 온갖 외제 승용차를 타고 컴퓨터를 검색하면서 새로운 신학의 발견이나 통합운동이나 그 낌새만 봐도 뉴에이지 운동이니 뭐니 하면서 교인들 꽁꽁 묶어두고 지적장애와 지체장애인 만드는 행위들! 설교 6차례하고 400만원에서 800만원 이상 강의료를 받고도 만족 없는 부흥사님들, 맘모스 교회 건축, 희생의 피라미드에 천국을 꿈꾸며 미라가 되어가는 수백만 신도들, 교회를 웃돈 받고 팔고 사는 행위! 눈이 퉁퉁 붓도록 울고 회개해야 한다.

아! 그러나 어느 날 갑자기 찾아온다.

플라스틱 문명처럼 허상을 좇던 허망의 관념이 무너질 날이! 그 찬란한 큰 성 바벨론이! 버스비오스 화산이 터지기 5분 직전까지 사람들은 연락하고, 먹고 마시고, 스와핑, 그룹섹스에, 최고의 시설에서 스포츠와 온갖 오락에 젖어 최고의 행복을 누리고 근심 없이 지상천국을 누리고 있었다. 그들에게 멸망이란 상상조차 할 수 없는 환경들이었다.

전설에는 이 도시가 곧 심판이 올 것이니 회개해야 한다고 외친 선지자가 3명이나 있었다고 한다. 그러나 한사람은 권력자에

잡혀 감옥에 갇히고, 한 사람은 맞아서 죽고, 한 사람은 혀를 잘렸다. 며칠 뒤 갑자기 도적같이 그날이 왔다. 순식간에 도시는 사라졌다. 집에 불이 났는데 처마끝에 제비새끼들이 재잘거리고, 웅장한 기와집의 추녀에서 평화롭게 놀고 있다가 갑자기 없어졌다. 대도시가 사라져버렸다.

오늘의 기독교, 원자탄 창고에서 불장난하고 있다. 어떤 아이가 스위치를 누를지, 성냥불을 그을지 모른다. 빨리 회개하고, 양심 선언하고 "희생의 피라미드"에서 고난의 십자가를 지고, 너무 살찌운 기름기를 골고다로 등산하여 삼베옷 입고 기름 거품 걷어내고 다윗왕처럼 눈물이 주야로 음식이 되고, 뼈가 녹도록 참회하고 무위도식하며 장사꾼 행위로 축적한 재산을 천애고아들에게 환원하고, 온몸에 쌓인 지방을 분해하고 제단에 피 뿌려야 한다.

역사적 종말도 지구 부분부분 계속적이다. 안전지대는 없다. 교회당 건물 자랑하지 마라. 만리장성이나 피라미드, 앙코르와트, 타지마할 석조왕국, 아우랑가바드 템폴, 아우랑가바드의 석궁전, 현재 인류에게 무슨 유익을 주는가? 그 곳에 가봐야 아스피린 한 알 없고, 포도 한 송이 사탕 한 조각도 없다. 모두가 희생의 피라미드들 그 쓸모도 없는 건축하는데 600년 이상 수만 명이 죽어갔다. 그릇된 신학, 그릇된 안식의 개념, 세속적 고층 건물들, 그릇된 속죄관, 정부와 야부한 짓, 고아와 과부 주머니 털어 세운 건물… 뼈저리게 참회해야 한다.

결과는 뻔하다. 60년대 70년대 현재의 도덕성과 인간성들을 교도소를 보면 알 수 있다. 어떠한가? 사람들은 교회나 다방이나 카페나 그냥 하나의 삶의 쉼터나 장소로 보는 것이지 이 몸의 소망, 고난 받으신 예수나 창조의 원리나 사후세계나 부활과 환생 등에는 별 관심 없으며 막상 있다 해도 극소수에 불과하다. 러시아 교회가, 로마가, 독일이, 전 유럽 교회들이 그랬다.

이젠 어찌 됐건 간에 전 세계 1위를 차지하고 기네스북에 오른 교회가 2개나 있는 한국교회가 신의 분노를 사고 있다면 공영

길* 씨 죽이듯 나를 미워할 것이다.

그러나 나는 죽지 않는다. 더 이상 왕따 당할 것도 없고 내가 노동해서 매실밭을 가꾸고 헌금으로 호구지책 하지 않는다. 단돈 10원도 강요한 적 없고 연보통도 없다. 자발적으로 몇 분이 헌금 하셨는데 교회 천정 향나무 판에 붓글씨로 써서 나사못으로 굳게 박아 놓았다. 당신들의 피가 이 예배당에서 흐르고 있다고! 그 당시에 모금된 헌금 700여만 원 그리고 황토방 만드는데 150만원 헌금하신 우리 교우들의 수고가 있었다.

6. 환생이 정립되지 않는 무지로 인한 엄청난 시행착오

사람들이 아주 옛날에는 신앙도 종교도 예배대상도 없었다. 세월이 흐르면서 부족이 형성되고 그들 중에 족장이나 지도자가 있어 마을을 지키고 다스려 나갔다.

그들에게 종교가 있다면 큰 아름드리 고목나무나, 기암절벽, 강이나 바다, 천둥 번개, 태양, 밤하늘의 별들, 기타 대상을 두려움, 혹은 감사의 대상으로 숭배했다.

동물로는 호랑이나 큰 뱀, 용을 영물로 생각했다. 이러한 서물(庶物)숭배는 꼭 종교는 아니지만 인간의 마음속에서는 항상 다른 동물과는 달리 성스러워 보이는 사물이나 영물 '즉' 위엣 것을 섬기고 숭배하려는 원시 종교적 신앙심이 감추어져 있다는 것이다.

위에 열거한 신심을 토테미즘이라 한다.

성경으로 돌아가도 창세기 2-3장의 주인공 아담과 하와는 에덴동산에서 그냥 먹고 마시며 쉬고 즐기는 생활로 묘사되었다. 예배나 숭배 같은 것은 언급된 적이 없었고 몇 가지 규칙만 주어져 있었다.

---

* 공영길 : 사재를 털어서 기독교 정화 운동하다가 성직자들의 미움을 사서 감금 당하고 수많은 시련을 겪은 사람인데 결국 행방을 알 수 없게 되었다.

그들은 자기 신과도 아버지와 아들 같은 관계였다.

뱀이라는 영체의 유혹으로 어린아이 같은 순수를 상실해버리고 벌거벗었다는 수치를 처음으로 느꼈고 선과 악에 대한 고뇌가 그들에게 뒤따랐다. 통증이 수반된 해산과 저주받은 땅의 가시덤불과 땀 흘리는 수고로움이 그들에게 뒤따른다. 그 뒤 본래 낙원의 목적과는 다르게 사람들이 탄생되고 한 피로 탄생된 형제끼리 살인사건이 일어난다.

이때부터 속죄에 대한 예배나 제사제도가 발전했다. 구약성서의 제사제도는 동양의 천제나 조상 숭배시의 제사제도와 크게 흡사하다.

① 동물을 제물로 드림
② 기름에 구운 전병
③ 누룩 없는 흰 진설병
④ 향불과 향루불, 젓가락, 촛대, 촛불
⑤ 제사장, 대제사장, 그들이 입는 예복 도포 등.
⑥ 손 씻는 물그릇과 제단 등이다.

성서적으로는 가인의 동생 아벨 시대이후 제사를 드리던 율법이 수천 년 간 전통으로 이어져 오다 그것도 결국 형식만 남게 되었다.

동양의 원시 부족들의 몇 가지 제사가 있다.

① 천제(天祭) : 씨를 뿌리고 가꾸는 농사나 혹은 가축이 잘되기를 빌었고 백성들의 안녕을 위하여 왕과 신하 백성이 함께 지내던 제사 '즉' 예배였다.
② 기우제(祈雨祭) : 가뭄으로 산천이 타들어갈 때 임금과 백성이 함께 하늘에 제사하며 기도하였다. 인간이 사회를 이루며 문자가 생기고 법과 질서를 만들고 규율 같은 것이 생활양식으로 발전했지만 이 제사제도는 없어지지 않았다.

그 밖의 제사로는 산신제, 용왕제, 위령제 등 크고 작은 수많은 제사가 있고 유교가 도덕과 학문의 준칙으로 자리를 잡으면서 조상 숭배가 시작되어 지금까지 동양은 제사를 지내고 있다.

본시 제사의 제도란 주문공 당시에는 주로 하늘에 제사하고 평안과 백성의 안녕을 기원하였으나 공자의 비 정통파들이 부모 '즉' 조상숭배로 제사를 전가시켰다.

"왜" 제사를 지내는가? 제사란 대개 속죄 의식을 치루는 행위인 것이다. 생전의 불효한 행위, 미안하고 죄송함, 마음에 걸리는 가책이나 아니면 세상을 떠나고 없지만 조상님께 효도를 하는 마음으로 뿌리를 생각하며 마치 살아있는 사람에게 섬기듯 음식을 차리고 정성을 들여 대접하고 예를 올리는 것이라 생각하면 될 것이다.

다만 대상이 문제일 뿐이지 예배나 제사를 지낼 때의 절을 하는 행위는 방불하다. 무릎을 꿇고 기도하며 머리를 숙였을 때와 엎드려 절을 할 때의 행위적으로 머리를 숙인 상태는 30cm 차별도 없다.

제사를 지내는 사람들은 대개 조상의 영혼이 존재한다고 믿었다. 유교에서는 환생에 대한 자료나 언급은 별로 없으나 영혼이 천상, 아니면 구천을 떠돌든가 아니면 육체는 없으나 항상 곁에서 함께 살아간다고 생각했다.

예수가 짐승의 마구간 구유에 태어날 적에 동방박사 세 사람이 찾아왔다. 그들이 이 어린 아기예수 앞에 예물을 드렸는데 다음과 같다. 그들 중 한 사람은 황금을 드렸고, 한 사람은 몰약을 드리고, 한 사람은 유향을 드렸다. 이 예물들은 하나같이 값진 보물들이었다. 하나는 라마승으로서 신비주의 점성 학자였고, 조로아스터 교도였다. 한 사람은 페르시아의 천문학자였고, 또 한 사람 역시 유프라데스 강가에서 기도하며 살고 있는 마기승려 배화교도였다. 이 승려들은 알았다. 별의 움직임을 보고 말이다.

이 어린 아기예수 영혼의 왕인 메시아가 앞으로 비상한 가르침으로 황금만능주의를 깨우칠 것이라는 사실을 동방박사들은 정확히 점쳤다.

또한 몰약을 바쳤다 몰약이란 인간의 사후세계를 못 믿고 늘 불안하던 사람들이, 사람이 죽으면 그 시신을 '미라'를 만들게 되는데 이 몰약을 발라서 시체에서 수분을 제거하고 마치 북어를 말리듯 썩지 않게 보관한다.

앞으로 이 예수가 환생과 부활, 사후 왕국을 가르치고 전할 것을 분명히 알아 이 동방에서 온 세 명의 박사들은 몰약을 바쳤다.

유향이란 이방인들이 제사지낼 때 혹은 유대교 성전이나 기타 사원에서 제사 드릴 때에 사용하는 향기로운 기름이다. 아름다운 이름이 보배로운 기름보다 낫다는 전도서 7장의 솔로몬왕의 비유는 영적으로 신령한 소식을 민감히 접하며 기름처럼 부드러우면서도 향유처럼 온 세상에 유익을 주는 깊은 상징으로 이 아기 성자 예수가 이 모든 걸 해결해 줄 수 있는 열쇠임을 알아 그에게 이 희귀한 예물을 드린 것이다.

※ 復活 (부활)이란
復 = 다시 부, 活 = 살 활이니
확철(確哲)한 깨달음과 새로운 의식혁명으로 거듭남을 말함이니 영적 = 정신적 부활이며 육체의 부활은 또 다른 모습으로 탄생되는 것 '즉' 환생이라 할 수 있다. 이것은 각 시대를 통 털어서 종교적으로 중대한 교리적인 문제이기 때문에 그냥 얼렁뚱땅 간과해서 될 일이 절대 아니다.
성직자들마저도 수박 겉핥기식으로 대강대강 지나치며 자기 자신들도 개인 연구나 명상에 전념하지 않고 밥벌이에 급급하여 영혼을 도적맞고 있다.
기독교의 부활이나 불교의 환생이 정립되지 않으면 엄청난 시행착오에 더 나아가서는 빗나간 우주선처럼 우주의 미아가 되고 그 허망에 자승자박(自繩自縛) 되어 결국 무신론, 무력, 무의미, 무가치, 무목적에 좌절하여 맛 잃은 소금처럼 타락하고 만다.
우리가 세속에 살되 뿌리를 알고 꽃과 열매의 유기적인 결실을 자각 인식하여 흔들림 없이 일생을 잘 살고 사후까지 이어지는 죽음이 아니다. 또 다른 생으로 연속되는 삶을 믿는다면 그는 틀림없이 진솔하며 용기 있는 생활을 할 것이다. 그 사람의 생활을 보면 틀림없이 영적 수준을 말해 줄 것이다.

※ 이 땅에서의 인수인계 마감 심판 = 심사
※ 이 세상 떠나는 날 = 사자들의 심판대 앞에 서는 날
알곡인가, 쭉정이인가? 선악 간에 결판날 것이다.
부디 변화하시길. 그리고 기도하시고 명상하시길.

제7장 플라톤의 이데아(Idea)의 뉘앙스(還生說)

플라톤의 Idea 사상은 형이상학의 모체를 이루는데 육안으로 보이는 한정된 세계가 아니라 영안, 즉 형이상학적 세계를 말함이다. 형이상학이란 말은 말뜻 그대로 형태 배후에 있는 이상을 엿보려는 인간의 시도라 할 수 있고 보이지 않는 세계에 대한 탐구정신이라 할 수 있다.

아프리카의 신학자 성 어거스틴이 플라톤 사상을 받아들여 초기교회의 교리형성을 집대성하였다. 어거스틴 이전에도 그러한 시도가 있었고 오리겐, 그레고리우스도 플라톤 사상을 받아들여 철학적 교리를 집대성하는데 공을 세웠다. 플라톤에 따르면 눈에 보이는 인간세계는 이데아의 투영일 뿐 본질적이지도 진실한 것도 아니라고 한다. 이는 눈에 보이는 것과 그리고 생성 소멸하는 자연물에 근거를 부여하는 어떤 영원불멸의 존재계가 있다는 것을 가정하고 그것을 체계화시킨 시도였다.*

플라톤의 이데아를 필자가 요약하면 다음과 같다.

인간이 피상세계를 보는 육안이 있고 영적인 세계를 보는 자각의 눈이 있듯 썩어질 육체가 있고 썩어지거나 죽어 없어지지 않는 신성한 '또 다른 나'가 있다는 것이다. 이 주장을 오리켄 교부가 크게 공감하였다.

오리겐은 드프린시퍼스(Deprincipiis)에서 다음과 같이 말했다.

모든 영혼은 전생의 성숙과 승리에 의해 강해지거나 성스러워지거나 낙

---

* 그리스 철학의 형이상학은 절대적인 유일신을 인정하는 초기 기독교에 잘 맞아 떨어졌다. 그것은 '아리스토텔레스'에 의하여 제시된 계층적 우주 개념이다. 즉 천상과 지상 사이에는 위계적 질서가 성립되어 있다는 것인데, 상학과 하학, 높음과 낮음 등 상호부정과 대극적(對極的)인 대립성 속에 자신의 질을 내포한다는 것이다. 여기서 사도바울의 편지로 추정되는 히브리서 기자의 기록이 생각난다. "보이는 것은 잠깐이요 보이지 않는 것은 영원하리로다."

오자가 되고 약해지거나 하여 이 세상에 다시 돌아온다. 현세에 명예나 불명예를 겪는 것처럼 다음 생에도 그럴 것이다. 현재의 형편과 처지, 지위고하, 명예, 불명예는 전생의 선업이나 악업의 카르마에 의하여 분명히 결정되며 이번 생에서 하는 일이 다음 생에 또다시 결정되는 것이다. 오리겐은 이러한 사상을 그대로 초기 기독교에 접목시켰다. 후일 이러한 문제로 이단시비에 걸려 박해의 원인이 되었고 수많은 공로에도 불구하고 결국은 파문을 당하였다.*

1. 에드가 케이시의 윤회관

1) 최고의 영매자 에드가 케이시의 생애

"K. 폴 존슨 / 박태섭 (정신세계 2000년 3월호 참고)
심령치료사, 대 예언가 혹은 기적의 사나이로 불렸던 불가사의한 사람 에드가 케이시는 시공간을 넘나들며 인간의 비밀을 파헤친 '20세기 정신과학의 기적'으로 불린다. 이 글은 〈그노시스(Gnosis)〉지(紙) 1997년 겨울호에 실린 기사를 번역한 것이다."

에드가 케이시의 생애와 사상은 19세기 미국에 중대한 영향을 미쳤던 여러 종교 신비주의 선각자들의 삶과 사상을 거의 모두 담고 있다. 참 신비한 일이다. 케이시는 몰몬교를 창도했던 조셉 스미스(Joseph Smith)처럼 유년시절에 천사와 만나는 특별한 체험을 했고, 어린 시절부터 가족들에게 영매(靈媒)적 재능을 인정받

---

* 유스티니아누스 황제는 환생을 비난하는 파문을 공표하였고 그 뒤 교회는 환생의 교리를 금지하기 시작했다. "만일 누구든지 터무니없이 영혼의 선재(先在)를 주장하거나 영혼의 환생을 주장한다면 그를 파문하라."
유스티니아우스는 이 파문을 553년 경 콘스탄티노플에서 열린 제2차 대종교회의 예비회의 석상에서 제출하였다. 그리하여 신 플라토니즘의 마지막 보루였던 아테네대학을 강제로 폐교시켜 버리고 신학의 대부 오리겐을 파문시켜버렸다. 찬반론이 팽대했으나 투표도 성립되지 않은 채 황제의 명령으로 결국 환생에 대한 교리는 공식석상에서 거론되지 못했다.

에드가 케이시

왔다. 또 케이시만이 보고 읽을 수 있었던 하늘의 문서들이 있었는데, 이 문서들을 읽어냄으로써 새로운 미래 역사관을 우리에게 알려주었던 것이다. (역주: 케이시가 최면에 걸려 잠을 자듯 트랜스 상태에 들어가 이 하늘의 문서들을 읽고 말하는 것을 리딩(reading)이라고 하고, 그 리딩을 받아쓴 기록들 또한 리딩(readings)이라고 한다. 여기서는 "어록"이라고 번역한다.)

켄터키주에 있던 케이시의 집은 19세기 초기 이래로 기독교 부흥회의 영향력이 컸던 지역에 있었다. 마치 몰몬교가 발생했던 뉴주 북부가 몰몬교의 영향을 크게 받았던 것과 마찬가지였다 케이시의 생애에서 전환점은 자기 자신의 병을 고치는 능력을 발휘했던 때였다. 기적이었다. 그로부터 그는 남들을 치유하는 일에 나서게 되었던 것이다. 이 점에서 그는 매리 베이커 에디와 쌍벽을 이룬다. 매리 베이커 에디는 기독과학(Christian Science)협회를 설립했고 독자적으로 성공한 능력자였다.

케이시는 제7일 예수재림교(seventh-Day Adventism)의 여류 예언자 엘렌G 화이트 (Ellen G. White)처럼 성서 중심적인 세계관을 건설했다.

그 중심축은 '건강을 위한 다이어트 요법' 사상이었다. 이것은 겉보기에는 과학적 탐구로 보이는 것이었으나, 실은 그가 트랜스(trance) 상태에서 받은 계시로 이루어진 작업이었다.

케이시는 서구 사람들의 의식에서 오랫동안 잊혀져 왔던 윤회사상을 일깨웠던 사람이었다. 이 점에서 케이시보다 선구자로 꼽을 수 있는 가장 중요한 사람은 신지학(Theosophy)의 명인 마담 블라바츠키(H. P. Blavatsky)가 있었다. 블라바츠키가

설파했던 이야기들 중에 상당 부분이 케이시의 예언 어록과 상응하고 있다. 대 심령가 앤드류 잭슨 데이비스(Andrew Jackson Da-vis)처럼 케이시 역시 수없이 의료진단을 하고 치료방법을 알려주었다. 모두 트랜스 상태에서 이루어진 일이었다.

2) 트랜스 상태에서 케이시가 얻은 어록

그러나 케이시가 여타 종교 지도자들과 다른 점이 두 가지 있다. 바로 이 두 가지 이유 때문에 케이시를 여타 종교인들과 같은 부류로 묶을 수가 없는 것이다. 케이시와 그의 추종자들이 설립했던 '연구계몽협회(the Association for Research and Enlightenment)'는 몰몬교나 기독과학협회, 제 7일 예수 재림교, 신지학회, 그리고 앤드류 잭슨 데이비스의 심령회(spiri-tualism)처럼 독자적인 종교적 색채를 표방하고 추진하지 않았다는 것이다.

케이시의 연몽회(A.R.E)에서는 추종자들에게 각자의 종교적 믿음을 그대로 지키라고 격려했으며, 케이시의 '어록(readings)'에서 영적 지혜와 실용적으로 쓸모 있는 방법을 얻어 응용하도록 했다. 그리하여 케이시의 영향력은 당시에 뉴에이지 운동에 관심이 있던 사람들에게 큰 영향을 미쳤던 것이다. 당시 뉴에이지 조류(潮流)는 어떤 정통적 계보나 주된 세력이 없이 산만한 형편이었다. 사실, '채널(channel, 주파수대)'이나 '뉴 에이지'라는 말들이 제대로 의미를 가지고 쓰였던 것은 케이시의 어록이 최초였다.

또 한 가지 이유는 매우 특이한 사실인데, 저 엄청난 분량의 케이시 어록은 49,000쪽이나 되는 것으로서, 그 어떤 영적지도자들이 말한 내용보다도 분량이 많으며, 그럼에도 불구하고 케이시 자신은 자기가 트랜스 상태에서 무슨 말을 했었는지 전혀 기억하지 못했다는 것이다.

케이시는 죽는 날까지 14,500 항목의 예언을 했다. 그는 한 번 트랜스에 들어갈 때마다 한 가지의 메시지를 말했는데, 대개 개

별적인 사람들에 관한 것이었다. 그의 리딩어록에 있는 이런 말들은 각개인의 질병을 치유하기 위한 조언들이었던 만큼 각개인의 특수한 상황을 말해주는 경우가 대부분 이었으므로, 그런 그의 어록 속에서 일반 원리를 정리해내는 일은 상당히 오랜 세월이 걸렸다.

3) 케이시, 그는 누구였나?

에드가 케이시는 1877년 3월18일에 켄터키 주의 크리스찬 카운티에 있는 한 농장에서 태어났다. 양친의 이름은 레슬리 케이시와 캐리 케이시였다. 부친 레슬리는 그 지방의 평화를 지키는 치안 판사였으며, 소규모 지주였다. 레슬리는 여러 번 벤처사업에 손을 댔다가 연거푸 실패를 거듭하고 있었다. 모친 캐리는 에드가를 낳은 뒤로 네 명의 여동생들을 낳았는데, 올라, 사라, 애니, 그리고 매리였다. 케이시 집안 식구들은 독실한 기독교 신자들이었으며, 에드가 역시 기독교에 깊은 관심을 보였다.

13살이 되자 에드가의 일생을 암시하는 영적 징조가 나타나기 시작했다. 에드가는 성서의 말씀에 너무나 몰두해서 강박관념을 가질 정도가 되었고, 이런 경향은 그의 일생토록 이어졌다. 13번째 생일날이 돌아올 무렵에 그는 이미 성서를 벌써 수십 번이나 정독한 상태였다. 1890년 5월, 집 근처의 숲에서 깊이 몰두하여 성서를 읽던 중에 에드가는 어떤 아름다운 여성의 환영을 보았다. 그 여성은 노래하는 듯한 목소리로 에드가에게 말했다. "너의 기도가 하늘에 들렸단다. 네가 가장 소망하는 것이 뭔지 말해보렴. 들어줄 수 있는 것이라면 들어주마." 에드가는 그녀의 등 뒤에 날개가 달려있는 것을 희미하게 식별할 수 있었으므로, 천사가 나타난 것임을 즉각 깨달았다. 에드가는 대답했다. "저는 무엇보다도 남들에게 도움이 될 수 있는 사람이 되고 싶어요. 특히 병든 아이들에게요."

"평안할지어다"라는 말을 남기고 천사는 곧 사라졌다. 에드가는 곧장 집으로 달려가서 자기에게 일어났던 일을 어머니에게 그대로 알렸다. 그 다음날 에드가는 학교에서 어제 일어났던 일로 인해 넋이 나간 채 집중을 할 수 없었으므로 받아쓰기 시험을 제대로 치루지 못했다. 선생님은 삼촌 루션이었다. 삼촌은 아버지에게 어린 몽상가인 조카 에드가한테 강도 높은 학습을 시켜야겠다고 일렀다. 에드가의 부친은 에드가에게 낱말 철자들을 학습시키려고 했으나, 학습 결과가 신통치 않자 너무나 실망한 나머지 에드가를 두들겨 패서 쓰러뜨려버렸다.

그때 에드가는 다시 천사가 말하는 목소리를 들었다. "잠을 좀 자거라. 그러면 우리가 도와줄게." 그래서 에드가는 낱말 사전을 베개처럼 베고 잠깐 낮잠을 잤다. 그리고 잠에서 깨어나자 마치 사진을 찍은 듯이 사전을 통째로 줄줄 외울 수가 있었다. 부친은 에드가가 갑자기 사전을 통째로 외우자 너무나 놀랐다. 에드가의 학업 성적은 나날이 향상되기 시작했다. 책을 베고 잠을 자기만 하면 시험에 합격했던 것이 한 두 번이 아니었다.

그에게는 2년 뒤, 또 다른 능력이 발현되기 시작했다. 에드가가 야구공에 척추를 얻어맞는 사건이 일어났던 때였다. 그는 야구공에 부상한 뒤로 한동안 정신착란을 일으켰다. 그래서 부친은 에드가가 일찍 잠자리에 들도록 했다. 그는 잠이 들자 찜질 약을 제조하는 방법을 말하면서, 그 찜질 약을 바르면 아침이면 나을 것이라고 말했다. 부모님들은 황당해했으나 다음날 아침에 에드가가 아무 일도 없었던 듯 일어나자 몹시 기뻐했다.

1892년부터 1901년까지 에드가에게 별다른 초자연적 현상은 나타나지 않았다. 그는 그 지방의 한 사회인으로서 여러 가지 직업을 전전하며 평범한 사람의 삶을 살았다. 그는 1897년에 거트루드 에반스라는 여인과 약혼했으며, 1903년에 그녀와 결혼했다. 1900년, 그의 나이 23세 때에 에드가는 보험 회사의 영업사원으로 일했다. 가정집을 방문하는 보험 설계사였다. 그러나 병에 걸려 목소리를 잃어버리고 말았다. 그는 직업을 포기할 수밖에 없었다.

1901년 3월31일, 그는 처음으로 놀라운 재능을 보여주었다. 그리고 그 사건으로 일약 세계적인 유명인사가 되었던 것이다. 그는 당시 홉킨스빌(Hopkinsville)의 회계사였던 앨 레인의 암시에 따라 최면상태로 들어갔다. 앨은 통신 교육으로 안마요법을 터득했던 사람이었다. 에드가는 최면 상태에서 자신의 질병을 진단했다. 그 진단은 이러했다

"이 육체는 깨어 있는 정상적인 상태에서는 말을 하지 못합니다. 하등 조직인 성대근육의 일부가 마비되어 있기 때문입니다. 신경 조직이 긴장되어 있는 것입니다. 이것은 심리적 요인이 신체에 영향을 미친 것입니다. 이 질환은 이러한 무의식상태에서 계속 암시를 줘서 환부의 혈액순환을 원활하게 해줌으로써 치유될 수 있습니다."

레인은 이 말에 따라 암시를 주었다. 에드가의 부모도 역시 입회해서 보고 있었다. 그들은 모두 에드가의 목구멍에 혈액이 돌아 성대 부분이 빨갛게 되고 정상상태로 돌아오는 것을 보았다. 그렇게 암시를 주고난 뒤에 에드가의 의식이 깨어났다.

에드가는 십 개월간 침묵을 지켰다. 그리고 목청이 제대로 돌아오자 치유의 초능력자로서 새 삶을 시작했다. 그는 사진사의 조수로 일하는 한편 레인의 환자들을 위해 초능력으로 "리딩"을 해 주었다. 1902년에는 저명한 지역 명사의 딸, 에이미 디트리히의 치료에 결정적으로 공헌했다. 거트루드와 1903년에 결혼한 이후로 에드가 부부는 켄터키 주의 보울링 그린에 정착했고, 에드가는 사진사로 개업했다. 그들은 4년 뒤에 아들 휴즈 린 케이시를 낳았다. 1909년, 케이시는 알라바마로 갔다. 사진 일을 하러 간 것이었다. 아내와 아들은 켄터키에 남아 있었다.

그는 돌아오는 길에 홉킨스빌에 들렀다. 그때 그의 부친이 그를 웨슬리 케첨 박사에게 소개했다. 동종요법 의사인 케첨 박사는 케이시의 초능력을 시험해보았다. 박사는 상당히 좋은 느낌을

받았고, 그 실험결과를 뉴욕 타임스(1910년 10월 9일자) 신문에 소개했다. 정확하지는 않았지만 어쨌든 그 기사의 제목은 이러했다. "문맹자가 최면에 걸려 의사가 되다."

뉴욕 타임스의 기사는 전국적으로 여러 신문에 재차 소개되었다. 그때까지 간혹 쓰일 뿐이었던 그의 재능은 이제 부업이 아니라 전업이 되었다. 케이시는 홉킨스빌로 돌아와서 케첨 박사와 손을 잡고 초능력진찰 전문역할을 맡게 되었다. 계속된 성공이 보도되고 유명해지자 1911년에 하버드 대학교의 휴고 뮨스터버그 박사가 조사하러 왔다. 그 역시 케이시의 기묘한 능력에 대해 호의적인 보고서를 써 주었다.

1912년에 에드가는 케첨 박사와의 관계를 정리하고 알라바마주의 셀마로 이주했다. 사진사로 다시 개업할 참이었다. 이번에는 아내 거트루드와 아들 린도 함께 데리고 이주한 것이었다. 그리고 거기에서 11년간을 살았다. 1918년에 둘째 아들 에드가 에반스 케이시가 태어났다. 그리고 2년 뒤, 에드가는 맏아들 휴즈 린을 데리고 데이빗 칸과 함께 텍사스로 갔다. '케이시 석유 회사'를 차리기 위해서였다.

칸은 켄터키 주에서 5년 동안 알고 지냈던 사람이었다. 케이시의 초능력이 석유 탐사사업에서 상업적인 성공을 거둘 수 있을 것이라는 희망을 가진 사람들이 많았다. 그러나 2년 동안의 노력에도 불구하고 그 사업은 실패로 돌아가고 말았다. 그 이후로 케이시는 전국을 순회하며 강연을 했다. 뉴욕, 피츠버그, 시카고, 덴버 등등의 도시에서 대중 앞에 나서 최면상태에서 예언하는 '리딩'을 시연해 보였던 것이다.

1920년대 중반은 케이시의 일생에서 가장 불안한 시절이었고, 또 가장 중요한 축을 이루는 시절이었다. 1923년 9월 10일, 셀마에서 케이시는 글래디스 데이비스를 비서로 고용했다.(역주: 그녀는 케이시 사후에도 연몽회의 핵심 연구원으로 일했다.) 그녀가 할 일은 케이시의 남은 생애 동안 모든 '리딩'을 꼼꼼히 기록하는 일이었다. 그러나 셀마에 정착해서 종생토록 '리딩'에 전념하려던 케이시의 계획은 아더 래머스가 조사차 찾아옴과 동시에 곧 중단되고 말았다.

1923년 후반은 케이시가 의료적 치유의 목적으로 '리딩'을 시작한 지 22년이 되던 해였다. 어쨌든 그 해는 그가 초능력 '리딩'을 행하는 사람으로서 전체경력의 절반에 다다른 시점이었다. 바로 그 해에 케이시는 그의 생애를 뒤바꿀 전환점에 도달한 것이었다. 그 전환점은 아더 래머스와 함께 찾아왔다. 래머스는 오하이오 주의 데이튼에서 큰 출판업을 하는 사람이었다. 아더 래머스는 강연회에 참석했고, 직접 '리딩'을 받았다.

래머스는 신지학자였다. 그는 케이시의 '리딩'이 치유 목적으로 쓰일 것만은 아님을 곧 눈치 챘다. 그의 관심은 백색형제단(the Great White Brotherhood), 마담 블라바츠키, 아틀란티스와 레무리아(Lemuria) 등의 고대 문명들 동서예언방 참고), 고대 신비주의학파, 점성술 등에 이르기까지 폭이 넓었다. 케이시는 깨어있는 의식상태에서 래머스의 이야기를 듣고 몹시 당황했으나, 최면상태에 들어가자 곧 래머스가 묻는 모든 질문에 대해서 술술 대답을 내놓았다.

그 이후로 22년간 에드가 케이시의 초능력은 오로지 한 가지 목적에 초점이 맞춰졌고, 그럼으로써 그의 초능력 또한 최고조에 달했다. 그렇게 해서 한 초능력자의 특수지각능력으로 본 것을 기록한 것으로서 인류 역사상 "가장 철저한" 기록이 탄생하게 된 것이었다.

이 모든 것은 물론 래머스의 질문들이 촉매가 되어 불러 일으켜준 덕택이었다. 래머스는 케이시의 '리딩'에 너무나 매료되었으므로 셀마까지 케이시를 따라왔다. 그리고 비밀스러운 주제들에 관해서 수많은 '리딩'을 듣고 정리했다. 래머스는 케이시에게 데이튼으로 올 것을 종용했다. 점성술의 신비를 탐구해 보자는 것이 그 이유였다. 그렇게 해서 케이시는 점성술에 관해 '리딩'을 하게 되었는데, 대뜸 튀어나온 말은 래머스가 '전생에 수도승'이었다는 것이었다.

　윤회사상은 일상 의식 상태에서의 케이시에게 전혀 낯선 사상이었다. 그러나 그가 데이튼에 살 때 행했던 '리딩'에 잘 나와 있듯이 우주진화과정에서 아주 중요한 부분이었다. 하지만 케이시는 윤회사상이 자신의 성서에 대한 믿음과 어긋나는 것일지 모른다는 생각과 부담감에 노심초사하며 걱정했다. 왜냐하면 자신은 열렬한 성서 애독자인 동시에 기독교 신앙인이기 때문이었다.

4) 케이시의 말년

　래머스가 고대 신비의 판도라 상자를 열어젖힌 이후로 케이시의 '리딩' 어록에서 밝혀진 신비 중에 점성술은 단지 일부분에 지나지 않을 뿐이다. 래머스는 곧 사업에 실패했고 더 이상 케이시의 작업을 계속 밀어줄 힘을 잃고 말았다. 그때 월 스트리트의 젊은 사업가 모튼 블루멘톨이 케이시에게 관심을 갖고 돕기를 원했다.
　블루멘톨의 도움으로 케이시 가족은 버지니아주의 버지니아비치로 이주했다. 케이시의 '리딩'에서 케이시 자신이 리딩작업을 하기에 가장 길(吉)한 곳으로 점찍어 두었던 곳이었기 때문이었다. 1927년 5월 블루멘톨은 '전국연구인협회(the Association of National Investigatiors)'라는 명칭의 조직체를 창설했다. 케이시의 작업을 후원하고 그 결과를 탐구하려는 목적으로 만들어진 단체였다.
　18개월 뒤에 버지니아 비치에 케이시병원이 설립되었다. 이 병원에서는 유능한 의료진의 감독 아래 케이시의 리딩에 따라 환자들을 치료했다. 1930년에는 어틀랜틱대학교가 설립되었다. 그리하여 블루멘톨과 케이시의 협력 관계는 한층 더 광범위하게 확대되었다. 그러나 1931년 2월에 대공황의 여파가 밀어닥쳤고, 엄청난 지출문제 때문에 블루멘톨과 그의 동료들 사이에 갈등이 끊이지 않았다. 결국 병원은 문을 닫았고, 협회는 해산되고 말았다.
　한편, 1931년은 케이시에게 전혀 새로운 삶이 시작된 해였다.

그해 6월 6일에 한 무리의 후원자들이 케이시를 만나러 왔다. 새 조직을 만들기 위해서였다. 그 조직의 명칭은 '연구 및 계몽협회'였으며, 바로 다음 달에 사단법인 조직으로 결성되었다. 그 해 9월 14일에 처음으로 '연몽회' 내에 연구그룹이 결성되었으며, 케이시 '리딩'어록을 탐구하기 시작했다. 그 결과, 『신의 탐구(the Search for God)』시리즈가 나오게 되었고, 이 시리즈가 전 세계 수천 개의 연 그룹에 속한 회원들이 교과서로 사용하게 된 것이다.

1932년에는 계속 재정적 압박을 받아오던 애틀랜틱 대학교가 드디어 문을 닫았다. 1980년대가 될 때까지는 다시 문을 열 수 없는 운명이었던 것이다. 그러나 또한 이 시기는 연몽회 연구그룹에서 엄청난 분량의 '리딩' 문서들을 끊임없이 정리해냈으며, 치유를 위한 기도그룹(a healing prayer group)을 위해서 '리딩'한 문서들이 묶어져 나왔던 시기였다. 그리고 케이시의 남은 인생동안 연몽회는 점점 발전해서 그의 업적이 세상으로부터 더더욱 많은 관심을 받도록 만들었다.

케이시는 그의 생애 마지막 10년 동안 안정된 생활을 누렸으며, 그때까지 수십 년 동안 아쉽기만 했던 재정적 지원을 충분히 받을 수 있었다. 그의 가족은 버지니아 비치의 악틱 크레슨트에 눌러 살았으며, 케이시도 역시 그곳에서 함께 살며 정원을 가꾸고 낚시를 즐기는 여유로운 생활을 즐겼다. 1940년에는 연몽회 규모가 점차 커졌으므로 케이시의 집에 사무실을 하나 더 덧붙이게 되었다. 그로부터 2년 뒤에 노포크 제1연구그룹(Norfolk Study Group No. 1)이 『신의 탐구(A Search for God)』를 책으로 출간했다. 연구그룹의 '리딩' 어록 탐구와 여러 해에 걸친 내용 검증에 입각해 발행된 책이었다.

1943년 3월, 토마스 수그루가 대단히 공감하는 입장에서 케이시의 전기 『강이 있네(There is a River)』를 써냈다. 이 전기는 대단한 갈채를 받았으며, 수많은 독자들이 케이시 '리딩' 어록에 대해 관심을 가지게 되었다. 그리고 잡지 〈코로넷(Coronet)〉에 케이시를 '버지니아비치의 기인(奇人)'이라고 부르는 기사가 실렸다. 이 기사로 인해 케이시의 일은 더 많이 늘어났다. 케이시는 이미 자신에 관한 '리딩'에서 스스로 경고했었다. 건강을 위해서 무리하지 말고 하루에 2회 이상 작업하면 안 된다는 것이었다. 그러나 케이시는 대중의 요구에 따를 수밖에 없었다. 하루에 8회씩 '리딩'을 해야만 했던 것이었다. 과중한 일이었다. 이렇게 한 해를 보내고 나자 건강에 무리가 왔다.

1944년 9월 과로에 겹친 그는 뇌졸중으로 쓰러졌다. 그리고 버지니아주의 로우녹으로 휴양을 떠났다. 그러나 그는 의사들의 말을 듣지 않고 곧 버지니아비치의 집으로 돌아왔다. 그는 1945년 1월 3일에 세상을 떠났다.

그리고 3개월이 채 되지도 않은 4월 1일에 아내 거트루드도 암으로 남편의 뒤를 따라 세상을 떠났다. 당시에 두 아들 휴즈 린과 에드가 에반스는 모두 군에 복무하고 있었다. 그러나 '연몽회(A.R.E.)'에는 해박한 연구자들이 핵심에 있었다. 글래디스 데이비스, 하먼과 쥰 브로(June Bro) 부부, 그리고 메이 김버트 세인트 클레어였다. 그들은 2차대전이 한창이던 전쟁 중에도 또 전후에도 지칠 줄 모르고 작업을 계속했다. 그리고 드디어 1956년에 예상치 못했던 선물이 있었다. 전에 케이시 병원으로 쓰였던 건물을 연몽회 명의로 다시 얻어 본부로 쓸 수 있게 된 것이었다. 그리고 1975년에는 현대식 도서관과 회의장이 본부 옆에 증축되었다.

지난 30년간 연몽회 회원은 3,300명에서 28,000명으로 늘어났고, 수십 권의 책이 출판되었다. 이로써 케이시는 뉴 에이지 독자들에게 아주 널리 알려진 인물이 되었다. 오늘날 케이시 '리딩' 문서들은 그 전체 내용이 씨디롬에 수록된 것으로 구해볼 수 있다. 아울러 145,000쪽에 이르는 서신과 보고서들이 있다. 의료적 목적으로 행하지 않은 '리딩' 문서들은 『에드가 케이시 라이브러리 시리즈(Edgar Cayce Library Series)』 24권 전집으로 출판되었다. 그러나 케이시의 업적에 대한 학자들의 관심은 대중의 관심보다도 훨씬 뒤떨어져 있었다. 1998년은 케이시가 뉴에이지 시대가 도래하는 시기로 점찍은 때였다. 이제는 대학 강단의 학자들이 케이시의 업적에 대해서 객관적이면서도 공감하는 입장에서 관심을 보여줄 때가 되지 않았나 생각한다.

비록 케이시 자신은 일상 의식 상태에서 자신의 '리딩' 문헌들에 나타난 사상에 관해서 거의 알지 못하고 있었다는 증거가 있기는 하지만, 그의 '리딩' 문헌들에는 다양한 사상들이 들어 있음을 부정할 수 없다. 영지주의에서 부터 현대 신비주의에 이르는 기독교적 신지학 사상이 들어있으며, 블라바츠키, 구르지예프(Gurdjieff), 융(Jung) 같은 신비주의 심리학 사상, 정골 요법(osteopathy) 같은 대안의학, 기독과학 사상, 유니티(Unity 파(派), 20세기 미국의 종교운동; 건강과 번영을 지향함) 사상, 카이로프랙틱(chiropractic, 척추 지압요법) 요법, 건초 다이어트(Hay diet) 요법 등의 사상도 들어 있다.

선사시대 문명에 관해서는 블라바츠키, 슈타이너, 익나시우스 도넬리(Ignatius Donnelly) 등이 말한 적이 있었는데, 그들의 말은 모두 케이시어록에서 메아리처럼 울리고 있다. 그렇다면 케이시 자신이 그 많은 이론과 업적을 언제 그토록 명확히 터득하고 익혔단 말인가? 이러한 이론이나 사상과 의학상식들은 무수한 과거 생을 통하여 저 무의식의 바다에 깊이 가라앉아있던 기억들과 지식들임에 분명한 것이다.

앤드류 윅스(Andrew Weeks)는 케이시에 대해 다음과 같이 정의해 말한다. "케이시는 그 이전의 모든 사상적 흐름이 모여든 크나큰 호수다. 그는 그 모든 사상을 영감(靈感)의 힘으로 융화시켰으며, 또한 그를 통하여 이 모든 흐름이 세상에 널리 퍼져나가게 되었다." 에드가 케이시의 '리딩' 문서들은 19세기에 부흥기를 맞이하여 다시 일어난 '고대의 지혜'로부터 현대의 뉴 에이지 사조(思潮)를 향하여 전체(holism)적이며 치유적 목적을 가진 접근방법에 불을 댕긴 이 시대의 중요한 전달자였다.

2. 중국 운남성 공죽사(筇竹寺)에 소장된 예수 나한상
(*〈월간불교〉 표지 참고)

(위로부터)
*중국 운남성에 있는 공죽사 일주문
*공죽사 제3실에 소장된 나한상, 가운데가 예수존자상이다.
*공죽사 대웅전 전경

중국 운남성 비명 공죽사 나한당 3실에 소장된 오백 나한 존자상 가운데 1백 9번째인 예수 나한존자의 모습이다. 서기 950~980년 사이에 조성된 것으로 추측되는 이 나한상의 출현은 기존 종교계의 가치관을 크게 흔들어 놓을 것으로 예상된다.

중국 운남성 비명 공죽사 나한당 3실에 소장된 오백 나한 존자상 가운데 1백 9번째인 예수 나한 존자의 모습이다. 서기 950-980

년 사이에 조성된 것으로 추측되는 이 나한상의 출현은 기존 종교계의 가치관을 크게 흔들어 놓을 것으로 예상된다.

이 오백 나한상들의 정확한 제작 연대는 밝혀지고 있지 않으나, 나한신이 활발하였던 954년 도참선사가 정자사(淨慈寺)에 오백 나한당을 창건한 것과 985년 송나라 태종이 오백 16존 나한상을 조성, 천태산 수창사에 봉안한 기록들이 있어 이에 공죽사 오백나한 역시 이 시대에 조성된 것이라고 중국학자들도 추정하고 있다.

본지에서 만나본 공죽사 조실 청현(淸賢)스님은 "예수도 부처님이다. 불교니 기독교니 하는 것도 중생들이 우매하여 종교를 분리해서 전했기 때문이다. 예수의 진리 전달은 깨우침이 부족했던 때문으로 알면 된다."고 말했다.

공죽사 대웅전 양편으로 모셔진 오백 나한상들은 천태만상의 형상들로 조성되어 있어 그 유물적 가치와 역사적 중요성은 가히 상상을 뛰어넘는 것이라 할 수 있다.

특히 예수 나한상은 여느 나한상과는 달리 얼굴상에서부터 옷차림까지 다른 나한상들과 대별된다. 얼굴은 흙빛의 아랍권 이미지를 담고 있으며 서양 문화권의 옷차림 역시 뭔가 다르게 보인다. 머리모양, 곱슬거리는 수염, 나무막대기를 든 모습은 기존의 기독교 성화에 나오는 형상 그대로이다. 다만 보살(菩薩)의 지위에 올라야 거느릴 수 있는 흰 코끼리(白象)를 나한의 지위에서 타고 있다는 것이 특이하다 할 것이다.

이 나한존자의 사진을 촬영했던 중국 운남성 공죽사는 공개되지 않은 오백 나한의 국보급 역사적 자료가 보존되어 있는 곳이다. 이곳은 '촬영 금지구역'으로 중국 정부의 허가를 받아야 할 정도로 엄격히 통제되어 왔었는데, 이번에 대웅전 확장공사로 인해 최초로 외국인 출입이 부분적으로 허용된 기회를 포착, 어렵사리 촬영에 성공한 것이다. 이는 불교세계의 쾌거로서 본지 독자들에게 최초로 공개하는 것이다.

(중국 현지에서 임완수 편집위원)

제8장 전생을 기억하는 사람들

1. 성철 스님 이야기(性徹 1912-1993)

성철 스님은 1912년 경남 산청에서 태어났으며 속명은 '이영주'이다.

진주 중학교를 졸업했으며 결혼을 했으나 삶의 의심과 영적인 고민으로 병약하게 되고 슬하에 딸을 하나 낳았으나 결혼생활은 원만치 못했다. 날마다 깊은 심연에 사로잡혀 오로지 구도에만 전념하고 싶을 뿐이었다.

어느 여름날 이 영주는 기도 중 식은땀이 나며 이상을 보았다. 인과에 이끌려 종처럼 태어나 나고 죽기를 수백 생을 하던 전생을 보았다. 자신의 유골이 작은 산을 이루고 있었다. 허공에서 소리가 들렸다. 앞에 보이는 저수지를 보라는 것이었다. 수백 생에 걸쳐 나고 죽으며 빨아먹은 모친의 젖이 저수지를 이루는 것이 아닌가? 심장은 뛰고 맥박은 요동쳤다. 아무리 남가일몽이지만 사바세계의 애착이 뚝 떨어졌다. 등에 땀이 흘렀다. 아내를 설득하여 양해를 구하고 어린 딸을 하늘에 맡기고 입술을 깨물고 출가를 결심했다.

속세와 인연을 끊고 오로지 구도에만 몰입하였다. 파계사에서 행한 '장자불와'는 8년 동안 유명한 일화이다. 종단의 분규가 아물지 않은 가운데에 조계종 종정에 추대되었고 해인사 백년암에서 구도를 계속하였다. 돈오점수(頓悟占守, 해인사 성철 문하의 교리) 돈오돈수(頓悟頓修, 송광사 보조국사 지눌의 교리)를 주장하여 불교계에 뜨거운 논쟁을 불러일으키며 조계종을 이끌었다.

2. 전생을 보는 이상한 소년
- 신병영 선생의 이야기(前 부산한의사협회 사무국장)

필자가 부산에서 성서모임을 이끌 때 연산동 대명 한의원 원장이며 목사였던 한의사 김수관 씨의 소개로 알게 된 분이었는데, 인품이 너그러운 인상에 종교적 구도심이 깊은 분이었다.

조용기 목사 밑에서 신앙생활을 하던 분인데 우리 모임에 두 부부께서 참석하셔서 성경연구를 하였다. 서로 마음이 열려 종종 식사도 같이 하고 내가 초대를 받기도 해서 가정방문을 하기도 했었다. 당시 두 부부는 부산 아미동에 거처하였고 상윤이라는 아들과 은지라는 고등학생 딸이 있었는데 정다운 오누이였다.

이들이 필자를 잘 따르고 한창 놀기 좋아할 중·고등 학창시절에 성경 배우기를 좋아해서 신병영 사무국장의 부탁으로, 태어나서 처음으로 성경 가정교사를 6개월 했다. 나는 이들 오누이와 몇몇 학생들을 데리고 해운대 용두산공원 시계탑 등에서 만나 두 시간씩 성경을 가르쳤다. 만남이 거듭될수록 이 가족은 의식이 확장되어 독선적인 사고를 버리고 어느덧 초 종교인이 되어가고 있었다.

그러던 어느 날 신병영 씨에게 전화가 왔다. 내가 수화기를 들자마자 흥분이 고조된 목소리로 놀라운 일을 보았다고 열변을 토했다.

점잖은 사람이 무슨 일인가 하고 이야기를 들었더니 다음과 같은 말을 하였다. 한의사 협회 모임을 마치고 어느 식당엘 갔는데 그때에 친구 되는 사람이 6살짜리 사내아이를 데리고 왔던 모양이었다. 그 아이가 다짜고짜 벽에 걸린 사진을 보고 "어! 전생의 내 친구인데 왜 여기에 사진이 있어?" 하면서 한참을 들여다보더니 고개를 갸우뚱하더란다. 그래서 다른 한의사와 식당주인이 "그분이 큰 스님인데 네 친구라니 무슨 말이냐?"고 물으니 다시 큰소리로 "저 애가 경봉이야 경봉! 옛날에 한동네 살았어. 그래, 그래

스님 되기 잘했어" 하더란다. 부모가 입장이 난감해 하니 그때 다른 사람이 덕산스님(당시 통도사 큰스님)의 사진을 보여주니 "오~ 덕산이네! 해탈했네, 해탈했어~!" 하더니 까르르 웃으면서 사탕을 달라고 보채더라고 했다.

이 아이는 평소에는 평범한 아이들과 별반 차별 없이 잘 뛰놀다가 스님들만 보면 갑자기 진지해진다고 하였다. 신 국장 댁에 성경연구차 들려서 한참을 더 이야기했다. 기회가 되면 나와 친분이 깊은 스님(법풍대사)을 모시고 그 어린이를 만나볼 생각이었는데 그해 가을에 금산으로 이사를 오는 바람에 기회를 놓쳐버렸다.

그 뒤 다음 다음 하다가 세월이 흘렀다. 2005년 금산 인삼 엑스포 행사가 9월 달에 25일간 열린 적이 있었다. 우리 흑삼 홍보를 한참하고 있는데 어느 건장한 젊은이가 "장 목사님 안녕하세요? 저 상유입니다" "저 은지구요" 라고 인사를 했다 "아! 상윤날 알아보는군." 나는 손을 내밀어 악수를 했다.

"이게 얼마만이야?"

"15년이 훨씬 넘었지요."

"그래, 아버지 신 국장님은?"

"아버지께서는 암으로 돌아가셨어요."

저런! 나는 만감이 교차했다. 그때 학생들이 30대 건장한 청년이 되고 구도심 많은 그들의 부친은 세상을 떠나고, 그 신동인 소년은 어디서 어찌되어 어떤 사람으로 변했는지… 아마 사이비 교주는 안 된 것 같다. 뉴스나 신문이 잠잠한걸 보니. 어쨌든 사람의 전생을 보는 아이가 부산 초량에 있었다 한다.

3. 오쇼 라즈니쉬의 이야기

1931년 12월 11일 인도의 Ma-dhya Pradesh에서 자이나교 상인의 장남으로 태어나 1990년 1월 인도의 뿌나에서 이 세상을 떠난 오쇼 라즈니쉬는 금세기에 그 누구와도 비교할 수 없는 성자로서 지구상 구석구석 이분보다 더 큰 정신계의 혁명의 바람을 일으킨 사람은 없다.

수제자 산야신만 해도 100만 명이 넘고 강의나 논문, 명상이나 독서를 통하여 영향을 받은 사람은 전 세계에 3억 명이 넘는다. 그가 14세 되던 해에 처음으로 삼매를 경험했고 날이 갈수록 그의 명상은 깊어만 갔다.

그의 영적 탐구는 보통 사람과는 현저히 달랐다. 몇날 며칠 식음을 전폐하고 골방에서 꼼짝 않고 명상을 했고 어떤 날은 나무에 올라가서 하루 종일 내려오지 않았다. 나무에 올라간 그는 나무밑의 또 하나의 자기를 보게 되었고 과거 여러 생의 자기를 보게 되었다. 이러한 경험을 하면서 그의 건강은 악화되었고 부모나 친구들은 그가 얼마 살지 못할 거라 생각했다. 그의 의식은 날로 예지에 빛났고 보통사람의 상식을 뛰어넘는 문제아처럼 뛰어났다.

1952년 3월 21일 21세가 되던 그는 인간의 최후 소망인 강렬한 깨달음을 얻었고, 외적인 공부나 수행은 끝이 났다. 내적인 변형, 즉 무아의 경지에서만 살았고, 무아의 의식으로 사람을 대했고, 백문 백답으로 지성인과 석학들의 질문에 명쾌한 답변으로 혁명을 일으켰고, 열반하는 시간까지 깨어있는 의식으로 살아있는 혁명적 메시지를 전했다. 뿌나 명상센터 머릿돌에는 그의 전생의 애인인, 서양 여인의 웃는 얼굴이 컬러로 새겨있다. 오쇼 라즈니쉬의 연보를 참고하라.

*나의 스승 오쇼 라즈니쉬(Rajneesh Chandra Mohan Jain) 연보

〈유년시절〉
1931년 – 바그완 쉬리 라즈니쉬는 1931년 12월 11일 인도의 Madhya Pradesh에서 쟈이나교도인 한 소박한 직물 상인의 장남으로 태어났다. 그는 7살이 될 때까지 그의 할아버지와 함께 살았다. 그의 할아버지는 그가 마음껏 행동할 수 있도록 절대적 자유를 허락했고, 삶의 진리에 대한 그의 조숙하고 강렬한 탐구를 전면적으로 지원했다.

1938년 – 할아버지가 돌아가신 후 그는 인구 2만의 읍인 Gadawara로 가서 부모와 함께 살았다. 그의 할머니도 같은 마을로 이사를 왔고, 그녀는 스스로 손자의 제자라 자처하며 1970년에 죽을 때까지 그의 가장 관대한 친구가 되어 주었다.

1946년 – 14살 때 오쇼는 처음으로 사토리를 경험했다. 해를 거듭할수록 그의 명상 실험은 깊어져갔고, 그의 영적 탐구의 강렬함은 그의 육체적 건강을 손상시킬 정도였다. 그 부모나 친구들은 그가 오래 살지 못할까봐 두려워했다.

〈대학시절〉
1952년 – 3월 21일, 21살의 오쇼는 인간 의식의 최고 정점인 깨달음을 얻었다. 그는 여기에서 그의 외적 전기는 끝났다고 말한다. 이후 그는 삶의 내적 규율을 갖고서 일체성이라는 무아의 경지에서 살아왔다. 외면적으로는, Saugar 대학교에서 학문을 계속하여 1956년 졸업할 때는 철학 부문의 최고상을 받았다. 그는 인도 토론대회의 우승자이며, 졸업반에서도 금메달을 획득했다.

1957년 – 오쇼는 Raipur시의 Sanskrit 대학에서 교편을 잡는다. 1년후 그는 Jabalpur 대학교의 철학교수가 되었다. 1966년 그는 현대인에게 명상기법을 가르치는 일에 전념하기 위해 교수직을 버렸다. 60년대를 통해 그는 '아챠리아 (교사) 라즈니쉬'로서 인도전역을 빠짐없이 여행했고, 가는 곳마다 체제측의 분노를 불러 일으켰다.

그는 특권계급의 위선을 폭로했고, 인간이 인간으로서의 최대 권리 – 자기 자신일수 없는 권리– 를 획득하는 것을 방해하려 하는 그들의 기도를 폭로했다. 그는 수만 명의 청중과 이야기했고 그들의 가슴을 어루만졌다.

〈봄베이 시절〉
1968년 – 그는 봄베이에서 정착해 살며 가르침을 계속했다. 그는 주로 고원의 피서지에 정기적으로 '명상캠프'를 열었다. 그는 거기에서 혁명적인 '다이나믹 명상'을 도입했는데, 그것은 먼저 카타르스를 시도함으로써 상념의 정지를 돕는 기법이었다. 1970년부터 그는 애정과 개인적 지도로써 사람들을 자기탐구와 명상으로 들어서는 길인 N대 – Snnyas로 인도하기 시작했다. 그는 축복받은 자라는 의미인 '바그완 Bhagwan'으로 불리기 시작했다.

1970년 – 서양으로부터 최초의 구도자들이 도착했다. 그들 가운데는 많은 전문가들이 있었다. 바그완의 명성은 유럽, 미국, 오스트레일리아, 일본에까지 퍼지기 시작했다. 매달 명상캠프가 열렸고, 1974년에는 뿌나 Poona에 새로운 장소가 물색되었다. 그곳에서 그의 가르침은 강화될 수 있었다.

〈뿌나 시절〉
1974년 – 오쇼의 깨달음을 기리는 21번째 기념일에 뿌나에서 아쉬람이 열렸다. 오쇼의 영향력의 범위는 이제 세계적인 것이 되었다. 동시에 그의 건강은 쇠약해지기 시작했다. 그는 점점 자신의 방에 칩거하게 되었고, 아침에 설법을 할 때와 저녁에 구도자들의 입문을 전수하거나 조언을 줄 때 두 번밖에 나타나지 않게 되었다. 동양의 명상에 대한 통찰과 서양의 정신요법의 결합에 기초한 치료집단이 창설되었다. 2년 이내에 아쉬람은 '세계에서 가장 우수한 성장과 세라피의 센터'라는 명성을 얻었다. 오쇼의 설법들은 세계의 모든 위대한 종교적 전통을 포괄하고 있었다. 그리고 서양의 과학이나 사상에 관한 그의 해박한 지식, 언사의 명증성, 논의의 깊이는 그의 청중들 사이에서 오랜 동서양 간의 단절을 해소시켰다.

70년대 후반까지는 뿌나에 있는 오쇼의 아쉬람이 현대의 진리 탐구자들의 메카였다 열렬한 전통적 힌두교도인 인도 수상 Morarji Desai는 아쉬람을 인도의 변방으로 옮기려 하는 오쇼의 제자들의 모든 시도를 방해했다. 그곳에서는 오쇼의 가르침을 응용하여 명상, 사랑, 창조성, 웃음 속에 살아가는 공동체를 창설하기 위한 실험이 가능했을 것이다.

1980년 – 설법중의 오쇼를 암살하려 한 기도가 어떤 전통적 힌두교파의 일원에 의해 일어났다. 동양과 서양의 공적인 종교, 교회들은 그를 반대했지만, 그때까지 바그완은 전 세계에 25만명이 넘는 제자를 갖고 있었다.

〈새로운 국면 – 미국, 라즈니쉬 푸람〉
1981년 – 5월 1일 오쇼는 침묵하기 시작했다. 그리고 기관지 상태가 심각하게 악화됨에 따라 그의 육체가 휴식을 취하는 동안 '가슴과 가슴의 침묵의 교감'이라는 새로운 국면에 들어갔다. 그는 그가 긴급수술을 받아야 할지도 모른다고 생각한 의사와 돌보는 사람들에 의해 미국으로 보내졌다. 그의 미국 제자들은 센트랄 오레곤의 불모지에 있는 6만 4천 에이커의 목장을 구입하여 오쇼를 초대했다. 그곳에서 그는 신속하게 건강을 회복했다. 그리고 동물들이 풀을 너무 많이 뜯어 먹어서 고갈되어 버린 황무지를 재생시켜 5000명이 사는 마을을 먹일 수 있는 녹색의 오아시스로 바꾸는 모범적인 농업공동체가 괄목할 만한 성과를 거두며 급성장했다.

해마다 전 세계의 오쇼의 친구들을 위해 여름 축제가 열렸고, 2만명이 넘는 방문객들이 라즈니쉬 푸람이라는 이 새 도시에서 숙박하며 음식을 제공받았다. 오레곤 공동체의 급성장과 함께 주요 서방국가들과 일본에서도 대규모 공동체가 형성되어 독자적 사업으로 생활을 꾸려가게 되었다.

오쇼는 종교적 지도자로서 미국정부에 영주권을 신청했지만 미국정부는 이를 거절했다. 그 이유 중 하나는 공적인 침묵이라는 그의 서약이었다. 오레곤주 정부와 다수파 기독교인들이 점증하는 법률적 공격에 직면하게 되었다. 원래 환경보호를 위해 재정되었던 '오레곤주 토지 이용법'이 불모지를 개간하고 환경을 개선하는데 막대한 노력을 기울인 동시에 반대하는 투쟁의 주요한 무기가 되어버렸다.
사실 이 시위야말로 전 세계를 위한 하나의 생태학적 모델이 되어왔는데도 말이다. 1984년 10월 오쇼는 자신의 저택에서 소수그룹에게 이야기하기 시작했다.
1985년 7월 그는 라즈니쉬 만디르에서 매일 아침 수천 명의 구도자들에게 공개설법을 하기 시작했다.

1985년 - 9월 14일 오쇼의 개인비서와 공동체 관리를 담당하던 몇 명의 구성원이 갑자기 사라졌고, 그들에 의해 자행된 모든 비합법적 행위의 유형들이 밝혀졌다.
오쇼는 이 문제를 전면적으로 조사하기 위해 미 당국자들을 시로 불렀다. 그러나 당국자들은 이 기회를 공동체에 반대하는 싸움을 촉진하기 위한 것으로 이용했다.
10월 29일 바그완은 노우스 캐롤라이나(North Carolina)주의 샤르트에서 영장 없이 체포되었다. 보석심문 때 그는 밧줄에 묶여있었고 그의 법정출두를 위해 마련된 오레곤의 귀로는 통상 비행기로 5시간 걸리는 거리인데도 8일간이나 걸렸다. 수 일 동안 오쇼는 행방불명이었다. 나중에 그가 밝힌 바에 의하면 그는 오클라호마주 연방형무소에서 '데이비드 와싱톤'이라는 이름으로 서명하도록 강요받았고, 그에게 치명적일 수 있는 전염성 헤르페스를 앓고 있는 죄수와 함께 격리감방에 수용되어 있었다.
12일 동안 감금당하고 결박당하는 수난을 겪은 후 석방되기 바로 1시간 전 오쇼가 수감되어 있던 오레곤주에서 보안시설이 가장 잘 되어있던 포틀란드 감옥에서는 폭탄이 발견되었다. 오쇼 이외의 죄수들은 모두 대피했는데도 오쇼는 1시간 동안이나 안에 갇혀 있었다.
11월 중순 오쇼의 변호사들은 미 사법제도의 손 안에 놓인 그의 생명의 위기를 모면하기 위해 고발된 34개의 죄목 가운데 비교적 가벼운 '출입국 관리법 위반' 등의 두 항목에 대해 유죄를 인정하도록 그를 설득했다. 오쇼는 묵인했고 '알프레드 항변'에 들어갔다. 그 항변은 미국 사법제도의 특이한 것으로, 그에 의해 무과실을 주장함과 동시에 그 죄상의 취지를 받아들일 수도 있었다.
그는 40만 달러의 벌금을 물 것, 미국을 떠날 것, 5년 동안 돌아오지 않을 것을 명령받았다. 그는 자가용 제트비행기를 타고 인도로 날아갔고, 거기에서 히말라야 산 속으로 들어가 휴식을 취했다.

기자회견에서 미 연방검사 찰스 터너는 "바그완의 비서에 대해 이루어진 고발이 왜 오쇼에게는 적용되지 않았는가?"라는 질문에 답하며 세 가지의 요점을 열거했다. 터너는 정부의 첫 번째 관심사는 공동체를 파괴하는 것이었고 당국자들은 바그완의 추방이 그것을 촉진시킬 수 있다는 것을 알고 있었다고 말했다. 그리고 둘째, 그들은 오쇼를 결코 순교자로 만들고 싶지 않았다. 셋째, 바그완이 어떠한 범죄에 연루되었다는 증거는 전혀 없었다.

〈세계여행 – 인권에 대한 탐구〉
1985년 12월 – 오쇼의 비서와 반려자, 의사는 인도에서 떠날 것을 명령 받았고 그들의 비자는 취소되었다. 오쇼는 네팔의 카트만두로 떠나 그곳에서 강의를 재개했다.

1986년 2월 – 오쇼는 30일 간의 관광비자로 그리스에 갔다. 그는 그곳에서 한 그리스인 영화제작자의 집에 머물며 매일 2회씩 강의를 시작했다. 그의 이야기를 듣기 위해 제자들이 모여들었고 그리스 정교의 성직자들은 그를 국외로 추방하지 않는 한 유혈사태가 벌어질 것이라고 정부를 협박했다.

1986년 3월 5일 – 경찰이 별장에 난입하여 영장도 없이 오쇼를 체포했고 곧이어 아테네로 이송했다. 아테네에서는 2만 5천 달러의 금액으로 당국을 움직일 수 없어 그를 인도행 배에 태우지 못했다.

1986년 3월 6일 – 오쇼는 자가용 제트기로 스위스를 향해 떠났다. 그러나 도착하자마자 무장경관들에 의해 7일간의 비자를 취소당했다. 그는 '합중국 출입국 관리법 위반'을 이유로 '탐탁치 않은 인물'로 선언되어 떠나도록 요구 받았다.
그는 스웨덴으로 향했는데 그곳에서도 같은 방식으로 라이플총으로 무장한 경관들에 의해 포위되었다. 그는 '국가의 안전상 위험하다'는 이유로 경고를 받고 즉각 출국하도록 명령받았다.

그는 영국으로 갔다. 이번에는 법률상의 이유로 비행기 조종사가 8시간의 휴식을 취해야만 했다. 오쇼는 일등급 통과 여객용 라운지에서 대기하기를 원했지만 허용되지 않았다. 호텔에서 1박하는 것도 허용되지 않았다. 대신 그와 그 일행은 난민들로 북적거리는 작고 더러운 방에 갇혀야 했다.

1986년 3월 7일 – 오쇼와 그 일행은 아일랜드로 날아갔다. 그곳에서 그들은 관광 비자를 받았다. 그들은 리메릭 부근에 있는 호텔로 갔으나, 다음날 아침 경찰이 와서 그들에게 즉시 떠날 것을 명령했다. 그러나 이것은 불가능 했다. 그때 까지도 캐나다 정부는 오쇼의 비행기가 예정지인 카리브해의 안티구아로 가는 도중 연료를 보급받기 위해 캐나다 공항에 착륙하는 것을 금지하고 있었기 때문이다. 연료보급의 권리에 대한 이 이상스러울 정도의 거부가, 오쇼가 비행기 밖으로 나오지 않는다는 것을 조건으로 보증을 했던 런던의 로이드 보험협회의 보증서에도 불구하고 이루어졌다. 당국을 난처하게 만드는 공표는 일체 하지 않겠다는 조건으로 다른 채비가 마련될 때까지 아일랜드에 체재하는 것이 허용되었다.

이 대기 중에 안티구아는 오쇼의 입국허가를 철회했다. 홀란드도 타진했지만 오쇼를 거절했다. 독일은 이미 바그완의 입국을 허가하지 않는다는 내용의 저지법을 통과시키고 있었다. 이탈리아에서는 그의 관광비자 신청의 심리가 연기된 상태였고 10개월이 지난 후에도 여전히 연기되고 있었다.

1986년 3월 19일 – 마지막 순간 뜻밖에 우루과이가 초청장을 가지고 나타났다. 3월 19일 오쇼와 그 동반자들은 세네갈의 다카르를 경유하여 몬테비데오로 날아갔고, 우루과이는 영주 가능성까지 밝혔다. 그런데 그 우루과이에서 모든 나라들이 그의 입국허가를 거부한 이유가 밝혀졌다. 오쇼 일행이 '밀수, 마약취급, 매춘'에 연루되어 있다는 내용의 국제 형사경찰기구의 루머에 대해 언급한 '외교상의 비밀정보'(모든 것은 NATO의 정부 정보원으로부터 나온다)에 관한 텔렉스가 그들에 앞서 입국 예정국에 도착하여 경찰이 경계태세를 갖출 시간적 여유를 주었던 것이다. 그리고 우루과이도 곧 같은 압력을 받게 되었다.

1986년 5월 14일 – 우루과이 정부는 기자회견을 통해 오쇼가 우루과이의 영주권을 얻었다고 발표할 예정이었다. 그런데 바로 그날 밤 우루과이 대통령 상귀네티는 오쇼가 우루과이에 체류한다면 현재의 미국 차관 600억 달러는 회수될 것이고 앞으로 어떤 차관도 주어지지 않을 것이라고 말하는 워싱턴 DC의 전화를 받았다. 6월 18일 오쇼는 우루과이를 떠나야 했고, 다음날 새로운 미국 차관이 우루과이에 주어진다고 발표했다.

1986년 6월 19일 – 자마이카는 오쇼에게 10일간의 비자를 허용했다. 그러나 그가 도착하자마자 미 해군의 제트기가 오쇼의 자가용 제트기 곁에 착륙하더니 두 사람의 비 전투요원이 내렸다. 다음날 아침 오쇼와 그 일행의 비자가 취소되었다. 오쇼는 마드리드를 경유하여 리스본으로 날아갔고, 잠시 동안 발견되지 않고 머물렀다. 수주일 후 경관들이 그가 쉬고 있는 별장을 포위했다.
오쇼는 다음날 인도로 돌아갈 것을 결정했다. 이렇게 모두 21개의 국가들이 그를 국외 추방하거나 입국을 거부했다.

1986년 7월 29일 – 오쇼는 인도의 봄베이에 도착했다. 그는 그곳에서 인도인 친구의 개인적인 손님으로 6개월간 체재했다. 그는 그 친구의 집에 은둔하며 매일 강의를 재개했다.

1987년 1월 4일 – 오쇼는 1970년대의 대부분을 보냈던 푸나 아쉬람의 집으로 돌아왔다. 그가 도착하자마자 푸나의 경찰서장은 '시의 평화를 어지럽힐 염려가 있는 문제인물'이라는 이유로 그에게 떠날 것을 명령했다. 그러나 그 명령은 같은 날 봄베이의 고등재판소에 의해 무효화되었다. 그러자 1980년 5월 공개강의 중 칼을 던져 오쇼를 살해하려 했던 그 힌두교 광신자들이 오쇼를 푸나에서 추방하지 않는다면 격투기로 훈련된 200명의 기습부대로 아쉬람을 침입하겠다고 협박하기 시작했다.

1987년 8월 – '자유세계'의 정부들이 사실상 연금 상태로 오쇼를 고립시키려 했음에도 불구하고, 수천 명의 제자들은 다시 한 번 스승과 함

> 께 하기위해 푸나로 향하곤 했다. 사악한 이 세상의 사탄세력은 이 평화주의자를 그냥 살려두지 않았다.
> 곧은 나무는 일찍 베임을 당하고 충신은 간신에게 미움을 사서 모함을 당하는 법이다. 그의 영혼은 흔들리지 않았지만 어리석은 인간들에 대한 연민으로 가슴아파하며 마지막 설법을 마치고 아무래도 내가 떠나는 것이 낫겠다는 짧은 한마디와 옅은 미소로 1990년 1월 수많은 가르침을 남기고 인도의 푸나에서 영원히 이 세상을 떠나 어머니의 품인 바다로 돌아갔다.

4. 바라나시 갠지스로 떠나는 평화스런 죽음 여행

2000년 2월 초순 나는 인도여행 중 잊지 못할 경험을 많이 하였는데, 그 중 지금도 눈에 생생한 기억 하나가 문득문득 무단침입을 하고 있다.

3개월 여행 막바지에 '뿌나'에서 바라나시행 열차를 타고 지친 몸을 이끌고 창 너머로 퇴색된 건물들을 바라보며 생각에 잠기고 있었다. 승무원한테 물어보니 바라나시까지는 35시간이 소요된다고 하였다.

조급할 필요가 없으니 서두를 일도 없고 해서 마음을 비우고 늘 TV화면으로만 그리던 갠지스 강을 생각하며 열차에 몸을 맡기고 눈을 감고 휴식하였다. 침대에 눕다가 창으로 들어오는 풍경을 구경해가면서 5시간을 달렸다 끝없는 사탕 수수밭이 보이다가 사막이 보이기도 했고 가끔씩 말라 죽은 짐승들과 소의 사체가 보이기도 했다.

어느 간이역에서 젊은 사나이가 병약해 보이는 노인 한 사람을 부축하며 승차하더니 우리 옆 좌석에 기대앉았다. 노인은 어깨로 숨을 쉬고 있었다.

눈언저리는 움푹 들어가서 푸른빛이 났고 눈을 감았을 땐 마치 죽은 사람처럼 보였다. 열차가 한 시간쯤 달리자 노인은 조금 안정이 되었는지 숨을 약간 고르게 쉬는 듯했다. 노인의 눈이 점차 빛나고 있는 걸 나는 느꼈다.

대체 저토록 병약한 노인과 젊은이는 지금 어디를 가고 있는 걸까?

잠시 후에 나는 광주리에 식료품을 들고 다니는 장사를 불러 망고주스와 마른 빵을 사서 나누어 젊은이에게 권했다. 그는 웃으며 사양했다. 내가 웃으며 자꾸 권했더니 마지못해 받으며 고맙다는 인사를 영어로 하였다.

잠시 후에 내가 말을 걸었다 저 어른이 아버지 입니까? 하고 물으니 그렇다고 하며 고개를 끄덕였다. 어디를 가느냐고 했더니 아버지의 임종이 가까워져서 아버지의 소원대로 어머니의 품인 갠지스로 간다고 하였다. 그동안 모아놓은 돈으로 죽음을 기다리는 강가에 가서 천막을 임대하고 음식을 끊고 명상하다가 떠날 것이라 한다.

나와 대화를 하다가도 문득문득 노인을 살펴보며 괜찮으냐고 젊은 아들은 확인했다. 그럴 때마다 노인은 괜찮다며 고개를 끄덕이며 묘한 미소를 머금었다. 나는 괜히 가슴이 두근거렸다. 죽음여행을 아들과 함께 떠나다니. 그것도 살아있는 목숨을 버리러 수천리 길을 떠난다.

아! 내가 참 특별한 경험을 하는구나 생각하며 노인을 눈여겨 바라보고 있었다. 마른 빵을 천천히 먹더니 땅콩을 버무린 엿 비슷한 과자를 사서 나에게 권했다. 내가 건넨 음료수에 부담을 느꼈는지, 아니면 인정을 전하고 싶었는지 모른다. 아무 말 없이 나는 웃으며 과자를 받아들고 이야기를 조금 더했다. 그의 영어를 절반도 못 알아들었으나 천막촌에 가면 천막을 임대하고 임종이 오면 장작을 사고 자신은 하루 한 끼만 요기할 것이라 했다.

아버지를 어머니 품에 보내고 나면 다시 고향에 돌아가 열심히 장사를 할 거라고 말했다.

　노인이 아들을 눈짓으로 불렀다. 아들은 아버지의 손을 잡는다. 아버지는 아들에게 고맙다는 말을 여러 번 하고 기운이 없는 듯 눈을 감았다. 밤이 되어 나는 담요를 꺼내어 덮었다. 그들도 낡은 숄 같은 천으로 몸을 두르고 젊은 아들은 아버지 곁에 꼭 붙어 살피고 있었다.

　얼마나 열차가 달렸는가. 날이 새고 있었다. 바라나시가 얼마 남지 않았다. 열차가 요란한 소리를 내며 어느 철교를 건너고 있다. 창을 내다보니 수백 개의 천막이 강가에 펼쳐져 있다. 아! 저 곳이 죽음을 기다리는 사람들의 천막촌이구나! 갠지스 강줄기다. 아! 갠지스…. 노인은 무엇에 이끌리듯 환희에 찬 얼굴로 마치 극락세계라도 온 듯이 눈을 크게 떴다. 아들이 뭐라고 힌디어로 말하니 아버지는 웃으며 아들의 몸을 의지해서 일어나더니 그들은 거기서 천천히 내렸다.

　헤어질 때에 나는 합장을 하며 '라마스떼' 하고 힌디어로 인사를 했다. 그들도 '라마스떼!' 하며 손을 흔들며 열차에서 내렸다.

　아! 무엇이 저들을 죽음과 그토록 친숙하게 만들었는가? 관념이 아니고 실제적인 죽음의 순간 앞에서 저렇게 초연할 수가 있을까? 우리 일행도 조금 더 가서 바라나시에 도착했다. 숙소를 정하고 다른 일행들이 여기저기 관광을 할 때에 나는 강가에 화장터에서 4일을 보냈다.

　타다 남은 시신들, 살코기 탄 냄새가 진동을 하는 곳에서 퉁퉁 불은 나체 시신이 춤을 추며 떠내려가는 곳에서 나흘을 지냈다. 열차에서 만났던 이름 모를 아버지와 아들을 보고 나는 상당부분 마음을 정리하였다.

　우리는 노후대책을 위해서 연금이니 보험이니 적금을 부을 때 조금만 아프면 수술을 하고 보약을 먹고 툭하면 입원을 하고 단 10분을 더 살아보려고 갖은 몸부림을 치는데 저들은 갠지스에 가서 죽으면 어머니 품에 돌아간다는, 그리고 사후에 더 좋은 성품으로 환생한다는 것을 의심치 않고, 평안하게 죽을 수 있는 것을 최고의 행복으로 생각한다.

내가 욕심이 틈탈 때마다 나는 이 두 사람이 떠오른다. 아마 내가 이 땅에 살아 있는 동안에는 그 두 사람의 모습을 지울 수가 없을 것이다. 나이 60이 얼마 남지 않은 내 인생사에 그리고 영적인 면에서 잊지 못할 영성의 모티브요 상당부분 욕심을 버리는 데에 위 두 사람이 그 텅 비운 검은 눈동자로 성큼성큼 침입을 하고 있다. 그 때마다 나는 초심을 회복한다.

5. 해씨의 혼이 왕씨의 몸에 들어감

중국 길림성 만국 도덕회 길림지 회장 해인 박 씨의 아들인 20세 진원 군이 비 오는 날 밤에 변소를 갔다가 지붕에서 기왓장이 떨어져서 그 자리에서 즉사하여 숨을 거두었다. 부모와 온 가족들은 슬피 울며 사자는 불가부생이라고 초상을 치렀다. 집에서 죽었다고 장사를 지냈는데 진원 군은 웬일인지 자다가 깬 것처럼 눈을 뜨고 보니 곁에는 절세미인이 앉아있고 방안 치레와 둘러앉은 사람들을 살펴보니 전연 모르는 사람들뿐이었다. 이것이 꿈인가? 생시인가? 이게 웬일일까 하고 그 미인에게 "여기가 어디며 그대는 누구십니까?" 하고 물으니 또 정신없는 소리를 한다며 "우리 집이지 어데요?" 왜 그리 헛소리를 하느냐고 한다.

"허! 날더러 헛소리를 한다고? 당신은 대체 누구시오?"

"날 몰라서 물어요? 이편 처 권을 몰라요?"

"처 권이라니? 참 이상도 하군요. 분명히 이 집은 우리 집이 아닌데… 당신은 알 수 없는 사람인데요."

벽에 걸린 거울을 보니 비친 얼굴도 예전의 자기모습이 아니었다. 내가 저승엘 왔나? 아님 꿈을 꾸고 있는가? 정신이 어리둥절하였다. 미인의 말이

"당신이 오래 아프더니 요사이 며칠 동안 숨이 끊어졌다 살아 났다 하더니 좀 이상하네요. 조금 전에도 죽었다가 막 살아났습니다." 한다.

"나는 아파서 누운 적도 없었는데 참 이상하군요. 대관절 이 집 성씨가 무엇이라 하는지요." 하고 물으니

"이집은 왕대석씨 댁입니다."

"그래요? 나는 해진원이란 사람입니다." 하면서 주소를 정확히 불러주었다.

한편 왕씨 집에는 아들이 되살아 난 기쁨은 어디로 가고 알 수 없는 큰 수수께끼로 집안이 온통 뒤숭숭하였다. 그 집 보모가 진원의 말대로 주소를 갖고 찾아갔더니 과연 해인 박이란 사람의 아들 진원이란 청년의 집이었는데 3일전에 사고로 즉사하여 초상까지 치렀다고 하였다. 그래서 이 사실을 그대로 전하니 그러면 가서 봅시다. 하고 문에 들어서니 알 수 없는 사람이 아버지 어머니 오십니까 하며 반겼다. 말소리는 틀림없이 진원의 소리였다. 왕씨가 볼 때는 분명 자기 아들인데 해씨를 보고 부모라 하니 이 부사의 대 사건을 어찌 누가 해결할 것인가?

해씨의 가사와 여러 가지 사정을 물어보면 분명하게 아는데 왕씨 집을 물어보면 전혀 모른다. 이것은 해씨의 죽은 혼이 왕씨의 시신에 들어온 걸 의심할 수 없는 사건이었다. 그래서 해씨는 데리고 가자 하고 왕씨는 눈에 보이는 게 분명 내 자식인데 그럴 수 없다 하였다. 서로 옥신각신 주장하다가 두 사람이 나이도 비슷한데 피차 자식이 없으니 한집으로 합가하여 형제의 의를 맺고 진원이는 그 미인과 부부되어 살기로 했다는 이 얘기는 진기한 사실로 1923년 8월 6일 조선일보에 기재했었고 뉴스에도 보도된 바 있는 실화다.

6. 김대성의 양세 부모와 석굴암

불국사는 신라 제 23대 법흥왕 15년에 이차돈의 순교함, 그 이듬해에 법흥왕의 어머니 영제부인이 화엄대찰 불국사를 초창하였다는 것이, 일본 사람 중전 감차 랑지(重田勘次郎 滑) 불교대 연대표에 기재되어 있으며 계림 본기에도 기록되어 있는데 혼히 김대성이 불국사를 창건했다는 말은 잘못된 듯하다.

신라 제31대 신문왕 때에 김대성이란 사람이 출생하였는데 어려서 부친이 세상을 떠나고 그 어머니 밑에서 양육을 받고 자랐다. 어머니는 아비 없는 자식을 보란 듯이 잘 길러서 훌륭히 키우려고 고심하였으나 살림이 가난해서 넉넉하게 글방에 보낼 수가 없었다. 그리하여 모양리 복안이라는 부잣집에 침모로 들어가 심복하고 몇 해를 지내면서 대성이를 글방에 보내고 그것이 장성해서 출세할 것만을 기대하고 항상 희망을 품고 기쁘게 세월을 보내며 살았다. 복안 가에서도 맘 놓고 대성이를 공부시키라고 전답 몇 마지기를 주어서 재미있게 세월을 보내고 살아오는데 대성이 나이가 들어차자 샘이 나게 되었다.

어느 날 경주 흥륜사에서 점개라는 스님이 복안가에 와서 흥륜사를 중수한다고 시주를 하면 생전에 만사가 뜻대로 성취되고 복도 많고 명도 길어지고 사후에는 틀림없이 왕생극락 할 것이라는 설법을 어머니 곁에 있던 대성이도 듣고 있었다.

그날 밤에 대성이가

"어머니 우리도 흥륜사 불국사에 시주합시다!"

"야! 말은 고맙다만 무엇을 가지고 시주를 하겠니?" 하며 어머니는 딱한 생각이 들었다.

"어머니 제가 주경야독해서 공부하고 품이라도 팔아서 굶지는 않을 터이니 우리에게 주신 전답을 팔아 사주합시다."

하고 어머니를 설득하여 결국 전답을 시주하였다. 만사가 형통하고 명도 길고 복도 많이 받을 것이라더니 어느 날 대성이 나이가 20세쯤 되어 우연한 병으로 덜컥 죽어 버렸다. 대성이의 어머니는 슬피 울며 비통하였다. 시체를 밤새껏 붙들고 눈물로 낮을 새웠다. 대성이 죽던 날 밤 이웃동네 김문양이란 사람의 꿈에 신령한 천사 같은 사람이 와서 모양리 김대성을 이제 너의 집에 부탁한다는 말을 남기고 얼굴이 사라져버렸다.

김문양은 하도 이상하여 아침 일찍 모양리로 가서 김대성이 실재하는 사람인지 알아보게 하였다. 그랬더니 어젯밤에 죽어서 아직 초상도 치르지 않고 있는 외아들이라 하지 않는가? 그때부터 김문양의 아내는 태기가 있어 신라 32대 효소왕 8년 2월 15일에 아들을 낳았다. 그러나 왼편 손을 주먹을 꼭 쥐고 펴지 못하였다. 그러던 것이 7일 만에 손이 펴졌는데 신기하게도 손바닥에 '大成'이란 두 글자가 분명하게 손금으로 나타나 있었다.

그것을 본 김문양은 확실히 모양리 김대성이 환생하여 자기 집에 탄생한 것을 의심하지 않는다. 그리하여 그대로 김대성이라고 이름을 불렀다. 그 뒤 모양리 김대성의 전생 어머니까지 김문양의 집에 모셔다가 전생 어머니, 금생 어머니가 같이 키우기로 하였다.

그렇게 대성이는 장성하고 고관대작의 벼슬에 올랐고 철저한 불교신앙심에 불탔다. 여러 가지로 전세숙인을 깨닫고 현세 부모를 위하여 불국사를 수축하고 다보탑과 석가탑을 조성하였으며 모양리의 세 부모를 위해서는 석굴암을 창건하고 불상을 조성하여 세계적으로 유명한 불국사요 석굴암 불상이다. 그리하여 김대성이란 이름의 대 효자는 양세 부모에 효성을 바쳤다는 이름이 오늘날 세계 각국에 떨쳤다.

7. 진주 김재희 씨의 환생

진주시 서봉에 사법서사 김창호 씨의 부친 되신 김재희 씨(당시 78세)가 있었고 또한 진주 시내 또 다른 이름의 김재희 씨 37세가 있었다. 37세의 젊은 김재희 씨가 우연히 1934년 갑술 11월 4일 세상을 떠났으니 집안 식구들이 슬픔에 빠져 울음소리가 낭자하였고 이웃에서도 젊은 김재희 씨의 죽음을 슬퍼하며 안타까워하였다.

그날 새벽 2시경이었다. 죽었던 젊은이가 후~! 하고 숨을 내뿜으며 깨어난 것이었다. 이러다가 또 기절할까 하고 반가운 중에도 염려하였는데 점차 정신을 차리더니 말도 하고 움직이기 시작했다. 기운을 차린 뒤에 영문을 물었더니 다음과 같이 말을 하였다.

"꿈인지 생시인지 웬 가마조군 같은 사람들이 집에 와서 가자 하여 억지로 끌려가다시피 하여 어디인지 궁궐 같은 큰집이 있고 마치 재판소 같은 곳에 다다랐다. 판검사 같은 이들이 둘러앉은 곳으로 그를 데리고 가서 옆에 앉히더란 것이었다. 그 점잖은 어른이 김재희의 주소 성명을 묻고 평생에 하던 직업을 죄다 물어 보더니 서봉정 김재희를 데려올 것을 딴 사람을 데려왔구나 하면서 너는 돌아가거라 하고 하인 같은 사람들을 불러서 이 사람을 빨리 보내고 서봉정 김재희를 데려오너라 한즉 그 하인을 따라 산을 넘고 물을 건너고 어느 외나무다리를 건너다 나무 다릿발이 기우뚱하며 흥청 하는 바람에 놀라서 깨어나니 가족 모두가 울고 있다고 한다.

아마 전해오기만 하던 염라국이었나 보다. 집안사람들을 시켜 서봉정에 김재희란 사람이 있는가 하고 알아보니 과연 김재희란 노인이 있었는데 어젯밤에 별세하였다고 하며 초상을 치르느라 울고 북적대는 것이 아닌가? 이 글은 1938년 무인 5월 불교신문에 김재성 기자가 직접 취재하여 기록한 실화였다.

이러한 사실은 필자 역시도 10여명에게 들었다. 나의 신앙의 동지인 서울 고척교회 20년 종지기로 봉사하던 김금석 집사의 장모 이야기와 같은 사실이다. 부리면 경당교회 송명용 장로에게도 비슷한 내용을 들었다. 부산 대명교회에서 김명남 전도사에게도 같은 경험을 들었다.(당시 장안 중학교 이사)

 이러한 스토리를 믿던 불신하던 간에 참으로 인간의 생사는 수레바퀴처럼 돌아간다. 눈에 안 보인다고 거짓으로 생각하는 것은 가엾은 인간의 어리석음이다.*

8. 선율의 환생설

 옛날 신라의 서울 경주에 망덕사(望德寺)라는 절에 선율(善律)이라는 스님이 시주를 받아 600부 반야경을 이루고자 하다가 성공하지 못하고 염부에 갔더니 "너는 생전에 무슨 일을 하였느냐?" 하고 묻기에 "말년에 대품 반야경을 이루고저 하다가 완성하지 못하고 왔나이다." 한 즉, "그것 참 안 됐구나. 네 수명을 다했다마는 소원을 이루지 못하였으니 인간 세상에 돌아가서 보전을 성취하라" 하고 돌려보냈다.

 돌아오는 중에 웬 여자가 절을 하며 울고 "나도 남염부주의 신라 사람인데 우리 부모가 금강사 전답 한마지기를 감추어 먹은 죄에 같이 관련되어 오랫동안 여기서 무거운 고초를 받고 있으니 지금 스님이 고향에 돌아가시거든 우리 부모에게 속히 돈을 돌려주라 하시고 내가 세상에 있을 때 참기름을 짜서 찬장 밑에 묻어두고 가는베를 짜서 농 사이에 간직해 두었으니 기름은 부처님

---

* 스위든 보르크는 여러 차례 영계를 다녀오며 사후세계를 기록하여 전 세계의 영성(靈性)있는 크리스천이나 기타 독자들에게 성서 다음 가는 지침서가 되었고 유럽에서는 스위든 보르크의 학회가 설립되기도 했다.
 그의 저서는 전 세계적으로 몇 천만부가 팔렸고 우리나라의 목회자들도 그의 저서 《천국과 지옥》이라는 책 한 권 정도는 거의가 소장하고 있다.

앞에 등불을 켜고 가는 베는 팔아서 경폭을 하여주시면 황천에서도 그 은혜를 입어 고뇌를 벗을 수 있을까 하옵니다."라고 하였다. "너의 집이 어디인가"하고 물은즉 사양부 구원사 서남쪽이라는 말을 남기게 되었는데 선율 스님은 깨어나서 그 여자의 하라는 대로 하고 또 평생에 못하였던 보전도 무사히 완성했다. 그 경전은 경주 "승사 서교"에 지금까지 간직되어 있다고 한다.(삼국유사에서)

9. 재생한 부부

당나라 때에 젊은 선비가 있었다. 나라에 전쟁이 일어나 싸움터에 나갔다가 국력이 약하여 산산이 패전하고 끝내 포로가 되어 본국에 돌아올 수도 없고 결국 거기서 살게 되었다. 그리하여 산중에서 고민 고민하던 중 세월이 흘러 고향을 떠난 지 어느덧 3년이 지나갔다. 부모형제 처자에 대한 그리움은 뼈에 사무치던 어느 날 고향생각이 간절하여 조국 고향 쪽을 향하여 걷고 또 걸어서 며칠을 홀로 걷다가 도중에 깨끗한 냇가에 앉아서 고향생각을 하고 있다가 저 건너 산봉우리를 쳐다보니 하얀 수건으로 머리를 덮어쓰고 설령(雪嶺)을 넘어오는 여자가 있으니 마치 천사와 같이 보였다. 가까이 오는 것을 보니 수 천리 고향에 있는 아내가 창백한 얼굴로 눈앞에 나타났다.
"아! 이게 웬일이요? 꿈이요 생시요?" 살을 꼬집어보았다. 반갑게 만난 두 부부는 사흘 동안을 여관에 머물며 쌓이고 쌓인 회포를 이야기하면서 날 새는 줄도 잊어버리고 사흘을 하루같이 보내고 있었다. 사흘 만에 아내는 남편에 말했다.
"나는 이 세상 사람이 아닙니다. 나라는 적의 손에 넘어가고 집안은 산산이 흩어져서 망해버리고 소첩 역시 적군에게 잡혀가다가 차라리 투강 자살을 해서라도 죽은 혼이 되어 당신을 만나겠다는 결심을 가지고 끌려가다가 마침 길가에 깊은 내(川)가 있어 몸을 던져 죽었더니 별로 선행은 없었으나 정절을 가진 과보였는지 다시 인간 세상에 태어났습니다. 내일은 중음(中陰) 삼년을 마치고 부중안에 있는 유우청이란 사람의 딸로 태어나게 되었습니다. 당신이 나를 아직도 생각하시고 사랑하시고 버리지 않으시려거든 내일 어느 때쯤 찾아오시면 나는 울고만 있다가 당신이 오는 것을 보면 즉시 울음을 그치겠습니다. 그리고 나는 방긋방긋 웃겠습니다."

이러한 자초지종을 유우청이란 사람에게 말해 설득하세요. 이러한 약속을 남기고는 아내는 물거품처럼 사라져 버렸다. 일장춘몽 같은 시간이 허망하고 한편 떨리고 신기하기도 하여 뛰는 가슴으로 한동안 멍하니 앉아 상념에 잠혀있었다

'아! 이것이 참일까 거짓일까? 이것은 환상일 것이다'라고 의심하여도 도저히 생각을 떨쳐버릴 수가 없었다.

이튿날 부중안의 유우청이란 사람의 집을 물어물어 찾게 되었다. 과연 여인이 말한 대로 아이가 태어났는데 무슨 연고인지 울음을 그치지 않는다는 것이다. 자초지종을 말한 뒤 아기를 보니 죽을 듯이 울던 애기가 울음을 뚝 그치고 방긋 방긋 웃는 게 아닌가? 집안사람들은 놀라며 신기해하였고 결국 의심 없이 이 사실을 믿게 되었으니 그리하여 유 씨에게 양자가 되어 다시 만혼으로 부부연을 맺게 되었다. 이 이야기는 중국 열녀전기에 기록된 실록이다.

사람들은 자기가 경험하지 못한 세계는 믿으려 하지 않는다. 두 사람의 사랑이 순결하고 일구월심하니 하늘과 염라국도 감동을 하여 못다 이룬 사랑을 이루라고 여인을 이 땅에 다시 보낸 것이다. 현대인들은 욕망에 찌들어 내 코앞도 모르니 어찌 이런 신비를 의식하랴.

10. 김성근 대감의 전생사

　김성근 대감은 구한말 고종 시절에 이름이 높았던 재상인데 김송간의 둘째 아들이다. 김송간의 꿈에 큰 바위가 집 가운데 날아 들어오는 꿈을 꾸고 태기가 있어 열한달 만에 김성근을 낳았다. 성근 대감은 생전에 소변을 보다가 생식기에서 찬란한 사리가 70개가 나왔다 하여 말년에는 참선하다가 돌아가신 후에 화장을 하였는데 사리가 다시 나와서 대각교당 용성 화상에게 드렸다고 한다.
　이 대감은 용성화상과 친밀하였고 글씨가 명필이어서 지금도 각 사원에 주련, 액자가 많이 남아있는데 지금으로부터 약 120여 년 전에 세상을 떠난 대감인데 이 김성근 대감에 대한 이전 사연이 세상에 널리 알려져 있어 불교인들은 거의 다 알고 있다.
　전라북도 전주 소양에 원등사(遠燈寺) 나한전 뒤 석벽 속에 석함이 있었는데, 이것은 누구나 뚜껑을 여는 사람이 없었고 전해오는 말에 이 석함은 전라 감사가 언젠가 뚜껑을 연다는 전설이 있었는데 그동안 부임한 감사들이 아무도 열지 못했다.
　전라감사로 부임하면 꼭 한번 열어보리라 마음을 먹고 있던 차 김성근 대감이 부임하게 되었다. 이 전설의 돌 상자를 김 대감도 한번 열어보려고 원등사로 찾아가 이 절의 스님을 친견하고 안내를 받아 석함 있는 곳에 가서 석함 뚜껑을 열으니 쉽게 열렸다. 막상 열어놓고 보니 별 다른 큰 물건은 아무것도 없고 다만 '갑오년 전에는 해봉이란 중이, 갑오년 뒤에는 김성근(甲午年前 海峰 僧 甲午年 後 金聲根)'이란 글씨만 들어있었다. 이것을 보고 김성근 대감이 전생에 원등사에서 수도를 하며 승려생활을 했다는 말이 의심 없이 퍼져나갔다. 사실 잡념을 쉬고 선정의 힘을 길러 영식(靈識)이 맑아지고 영안이 열리면 전생과 내생이 환히 알려진다는 것이 고승들의 통념이다.
　여기에 따라서 김성근 대감을 두고 이런 글들이 떠돌고 있다.

遠岩山上 一輪月 影 陰 都城 作帝身
원암산 위에 한 바퀴 둥근달의 그림자가 장안에 떨어져 재상의 몸을 받았도다.
甲午年 前 海峰 僧 甲午年後 金聲根
갑오년 전에는 해봉이란 중이였는데 그가 갑오년 후에는 김성근이 되었다.

김성근 대감의 호를 해사(海士)라고 한 것도 전생의 해봉이란 海자와 금생에는 유사(儒士)라는 士자를 합해서 海士라 하였다. 근세에 알려진 전생사 이야기 중에 가장 많이 알려진 이야기가 김성근 대감의 이야기다.

11. 왕수인(王守仁)의 전생사

중국 명나라에 왕수인이란 학자가 있었는데 호는 명양(陽明)이다. 강성 여조(江省餘佻) 사람으로 명나라 현종 성화 8년인, 1529년 55세에 별세했다.
왕수인을 잉태할 때에 그 조모의 꿈에 수천 명의 천녀가 오색이 찬란한 영롱한 구름을 타고 집으로 내려오더니 그 중의 한 천녀가 옥동자를 아듬고 와서 고함을 지르며 아이를 받으라고 하는 꿈을 꾸고 그 뒤 양명 선생을 낳았다 한다. 왕양명은 중국 유학계에 광명을 비추어 준 사람이다.
원나라의 대로부터 명나라의 중간쯤까지는 주자학(朱子學)이 성행하여 사서오경의 주소에만 끌리었고, 혹은 송유(宋儒)가 씹다 남은 찌꺼기만을 맛보면서 공연히 철리(哲理)만을 담론하고 실행을 가벼이 여기는 경향이 물들어 있었는데 명대 중간에 왕양명이 출세하여 양지양능(良知良能)과 지행합일(知行合一)의 실학을 계몽, 주장하여 사상계에 일대 변혁을 일으킨 학문이 바로 왕양명의 양명학(陽明學)이다.

　왕양명은 달마대사의 선(禪) 맥인 돈오선풍(頓悟仙風)에 이미 전세부터 마음을 밝혔던 선장(禪匠)인가 싶을 정도로 불교의 선종과 속세의 인연설에 이렇게 전해지고 있다.

　중국 절강성에 금산사(金山寺)라는 절에 일심으로 수도 수련하여 선을 닦아 생사해탈을 자유자재하는 수도 선지식이 계셨는데 그가 하루는 점심 공양을 마치고 목욕하고 옷을 갈아입은 뒤에 가사를 착복하시고 조용한 법당으로 들어가시면서 이 문을 열지 말라 이르고는 들어가 다시 나오지도 않고 몇 날이 지나도 소리도 없고 해서 밖에서 아무리 문을 두드리고 소리쳐도 말이 없었다. 그렇다고 문을 부수고 들어갈 수도 없고 해서 약속대로 기다리게 되었다. 위엄 있는 선지식의 부탁을 함부로 깰 수 없어 오랫동안 문을 열수 없었다. 그러한 가운데에 세월이 흘러흘러 지났다.

　사람들은 수군거리고 긴장되었다. 그런데 어느 해 봄에 왕양명 선생이 제자들을 수백 명 거느리고 금산사로 봄놀이 소풍을 나가게 되었다. 절에 당도하여 보니 도량 환경이 수려하고 마음에 들어 언제 많이 보았던 것처럼 산천이 이상하리만큼 낯설지 않고 눈에 익었다. 그리하여 이곳저곳 돌아보며 참배를 하다가 법당 앞에 가서 문을 열려하니 안내하던 주지 스님이 "그 문은 못 엽니다. 손대지 마십시오."라고 하자, 왕양명이 무슨 연고냐고 물었다. 스님은 전후 사실을 설명해 주게 되었다.

　그 소리를 들은 왕양명은 더욱 궁금하고 열고 싶은 마음이 간절하여 문고리를 잡고 당기니 문이 덜컥 열렸다. 그 수도선사는 가사 입은 그대로 가만히 입정(入定)하고 그대로 좌탈하였다. 문이 열린 것을 보고 대중들이 놀라며 우르르 몰려들고 왕수인의 제자들도 이 광경을 목도하였다. 한쪽 벽에 글이 써져 있었는데,

"오십년 전에 내가 이 문을 닫았는데 50년 뒤에는 왕수인이가 와서

이 문을 열 것이다. 문 닫은 사람이 딴 사람이 아니고 이 문을 여는 사람이 곧 문을 닫은 그 사람이라. 생사와 고금이 본래 없는 것이며 영영스러운 정령이 껍질을 바꿔 입고 다시 와서 보니 불문(佛門)에서 불 괴신이라고 말한 것이 이것인줄 알겠노라"

라고 써있었다. 그리하여 좌탈 열반한 시신을 대중들과 화장을 하였는데 왕수인은 전생의 자기 몸을 장례식하는 특별한 운명의 사람이었고 그 뒤로도 양수인은 양지양능설도 불가의 선리에 가깝고 왕양명은 그 뒤로도 선 공부를 게을리 하지 않았다고 한다. 이 글은 유학의 대부 이상필 선생의 기록에 남은 실록이다.

12. 달마대사의 총령(蔥嶺)의 신비

생사해탈을 자유자재하던 달마대사 같은 분을 전생설에서 거론하는 것은 죄송한 일이지만 의심 많은 세인들의 영성을 생각해서 간단히 기록해 보기로 한다. 가련한 인연위에서 기멸하는 육신은 바닷물 위 거품 같고 불생불멸(不生不滅)의 일영진성(一靈眞性)은 바닷물과 같다는 의미에서 전신의 영이 껍질을 벗고 후신의 몸으로 바꾸었다는 것만을 증명하기 위하여 달마대사의 행적을 조심히 기록해 본다.
달마대사의 도동설(渡東說)이나 입적설이 같지 않아서 어느 것을 확정하기는 어려우나 여기서는 역사적 연대를 밝히려는 역사 스페셜이 아니니 신비한 설화 전설을 말하려는 것이다.
전등록에 실린 대로 기록해 보면 다음과 같다.
달마대사는 동토(東土)에 인연이 있어 양부제 때에 중국에 와서 일화개오엽(一花開五葉)의 열매를 남기고 위의 태화(太和) 19년 10월에 입적하여 그 해 12월 28일에 웅이산에 장사하였다. 그 때 위의 송운(宋雲)이란 사람은 위의 사신으로 서역에 갔다가 달마대사가 돌아가신지 3년 만에 서역에서 본국으로 돌아오던 중 도중에 총령(葱嶺)이란 재를 넘어 오다가 달마대사가 신 한 짝을 단장에 꿰어 매고 가는 것을 보았다.

"스님! 어디를 가십니까?" 하고 물은 즉 동토에 인연이 다 하여서 본국으로 돌아 가노라며 너의 임금도 그동안 별세하였다는 말까지 듣고 작별하고 돌아와 보니 과연 임금도 죽고 달마대사도 벌써 전에 돌아가셨다고 했다. 이게 무슨 일인가 하여 총령을 넘으면서 달마대사와 주고받은 이야기를 하고나서 장사한 관을 열고 보니 신발이 한 짝밖에 없었다. 신 한 짝은 증표로 들고 가버린 것이다.

이렇게 육체위에서 보면 안인악과 선인선과로 육도의 거리에서 윤회전생하고 불과를 증득한 제불보살은 인연 있는 중생을 제도하기 위하여 연극배우처럼 가장하여 이 옷 저 옷을 갈아입고 벗고 입는 것을 마음대로 하니 이 정신세계를 불생불멸이라고 한 수 밖에.

달마대사에 대한 일화나 자료는 불교계에 수많은 문헌과 자료를 통해 전해오기 때문에 인상 깊은 한 토막으로 짧게 소개를 마친다.

13. 범어사 명학동의 전신 설화

이 이야기는 신라시대의 전설로서 강원도 금강산에 영원 암이라는 절이 있고 그 절 있는 골짜기를 영원동이라 하였다. 옛날에 영원조사(靈原祖師)가 여기서 입선 공부를 하던 곳으로 영원암이라 불렀다 한다.

영원조사는 경주 사람으로 속가의 성씨는 김 씨인데 어려서 동래 범어사 명학(明學)이라는 스님을 찾아가서 머리를 깎고 중이 되어 차차 불교의 취미를 알게 되어 스님이 사판승으로 돈과 쌀을 모으고 지나는 것이 그리 옳게 여겨지지 않아 중이 되었으면 진정한 부처님의 가르침을 따라 근본적인 신앙을 해야 하겠다는 결심을 갖고 발심하여 이름난 산과 도덕이 높은 선지식들을 찾아 참배하며 명심달도(明心達道)의 자기수행도 점차 높아져 갔다. 그리하여 홀로 금강산에 와서 영원암에 들어가 선정을 수습하고 있었다.

하루는 정(定)에 들어있는데 그 곳 남혈봉 밑에서 죄인 다스리는 소리가 천지를 뒤흔들 듯 하므로 귀를 세우고 가만히 들어보니 시왕봉 아래에서 염라대왕이 범어사 자기 스님 명학을 잡아다가 생전의 죄목을 세어가며 엄형을 내려 지옥에 가두는 것을 보았다.

영원조사가 선정에 들어 가만히 생각해보니 스님이 평생 수행은 아니하고 탐욕만 부리더니 업장이 심중하여 죄보를 받는구나 하고 매일 세 번씩 금사굴 앞에 가서 눈물로 경을 외우며 기도했다. 하루는 홀연히 금사가 간 곳이 없었다. 다시 정에 들어 살펴보니 전생의 탐욕의 업력으로 그 몸을 가지고 범어사에 가서 창고 가운데 누워 있는 것을 보았다.

영원조사는 "아! 불쌍하다. 우리 스님을 구제해야겠다"고 49일을 짚어서 행장을 차려가지고 범어사로 내려갔더니 대중 스님들은 "허허! 저 중은 스님 생전에는 시봉하기 싫어서 공부합네 하고 나가더니 어데서 죽은 줄은 알았는지 논마지기나 타러온 모양이지?" 하고 빈정대는 소리가 여기저기서 들려왔다. 그러거나 말거나 49제를 마치고 나서 문중 권속들을 시켜 죽을 끓이게 하여 죽 그릇을 손수 들고 가서 창고 문을 열어 제치니 커다란 구렁이가 머리를 두드리고 있었다.

영원조사가 "스님! 스님! 스님이 생전에 재물의 탐욕을 크게 부리고 덕을 베풀지 않고 인과를 믿지 않아서 이런 보를 받았습니다. 이 법식을 받으시고 속히 해탈을 구하소서!" 했더니 뱀이 법어를 듣고는 몸을 움직여 일주문 밖으로 이동을 했다. 그러더니 머리를 스스로 돌층계에 미어치기를 세 번 하더니 그만 죽어 버렸다. 그리하여 영원조사는 그 영혼을 인도하여 금강산으로 돌아오는 도중에 짐승들 교미하는 것을 보면 그리로 들어가지 못하도록 여러 차례 말렸다.

그리하여 강원도 삼척 고을에 이르렀다. 강원도에 도착하던 날 밤 촌부 전 씨의 태중으로 들어가도록 인도했다. 그 이튿날 영원조사가 전 씨 부인을 찾아가서 일렀으되 10개월 뒤에는 틀림없이 아들을 낳을 터이니 그때 내가 다시 와서 데려가겠노라 하고 영원암으로 돌아왔다. 7년이 되던 해에 찾아가보니 7살배기 아이가 자라고 있었다. 약속대로 데리고 와서 수도의 이치를 탐구케 하였으나 업력이 두터워 도무지 깨우치기가 어려웠다. 하는 수 없이 한 방편을 세웠다.

뒷방에 가둬두고 바늘로 문구멍을 뚫어 놓고 "이 구멍으로 큰 소가 들어와서 네 목숨을 해칠 것이니 그 소가 들어오는 것을 꼭 바라보고 오거든 못 들어오도록 단단히 지키고 방어하여라." 그 소리를 믿고 소 들어오는 것만 생각하고 세월이 흘렀다. 언제 들어와 목숨을 해할지 모르니 정신 똑바로 차리고 깨어서 지키라는 말을 수시로 각인 시켰다.

7년이 되던 어느 날 "스님! 스님! 창 밖에서 큰 소가 들어오려고 합니다." 하고 고함을 지른다. 스님은 그제는 기연이 점점 익어감을 알고 "오냐! 가만히 앉아서 못 들어오게 지켜보아라." 한즉 더욱 용맹정진 한지 7일 만에 소가 창구멍으로 쫓아들어 왔다. 아~ 이리하여 활연대오(豁然大悟)하였다. 그러고 보니 고마운 전생의 상좌의 덕으로 대도를 깨달았다.

그리하여 뒷방에서 일구월심 정진하여 깨쳤다 하여 "후원조사"라는 말이 생겨났다. 이것이 불가에서 말하는 업과 윤회란 것인데 대관절 탐욕을 부려 모을 줄만 알고 남에게 덕을 베풀지 않으면 결국 써보지도 못하고 남의 창고나 지키는 빈 수레꾼이 된다는 것이며 그나마 구도의 심지가 있는 이는 이런 기회가 한 번

주어지는데 무지한 인생은 항상 진리의 눈이 어둡고 욕심의 눈만 밝아 스스로 생지옥을 만들어 자승자박으로 허우적대고 번뇌하고 있다. 위의 글은 불교 잡지 55호에서 발췌한 실화임을 밝혀둔다.

이 글을 읽고 아마 느끼는 바가 있을 것이다. 마음에 결단이 생기거든 지체 말고 실행하여 마음을 붙잡으라. 기회는 자주 있는 게 아니다. 오직 오늘이라 일컫는 이 순간뿐이다. 넘쳐나는 형무소 죄수들과 우리가 별반 다를 바 없다. 하늘이 자유를 줘도 스스로 지옥에 떨어져 갇힌 이가 있고 구차한 생활 속에서도 자유하는 이가 있으니 이것이 모두가 마음의 작용에서 좌우되는 일체유심조(一體 唯心調)의 묘리인 것이다.

14. 전생의 잃어버린 가락지를 찾다

중국 전 나라에 양우(羊右)라는 사람이 있었다. 양우가 5살 되던 해에 하루는 돌연히 그 유모를 향하여 내 가락지를 가져다 달라고 떼를 썼다. 유모는 뜻밖이라 가락지는 웬 가락지냐고 딴소리한다고 마음을 달래려고 다른 곳으로 마음을 돌리려 애썼으나 허사였다. 한편 양우는 대문 앞 담 옆에 뽕나무 사이에서 떨어뜨렸다고 했다.

그러면 네가 가서 찾아보라고 하며 아이를 데리고 담 밑 뽕나무 사이에 데려다 주니 어린것이 이웃집 담장 밑에서 고개를 갸웃갸웃하며 기웃거렸다. 한참 동안을 기웃거리더니 뽕나무 사이에서 가락지를 찾아 올리려 하는데 마침 이웃의 이 씨 집에서 부인이 그것을 보더니 우리 집 죽은 아이가 가지고 놀다가 잃어버린 것인데 네가 어찌 그 가락지를 갖고 있냐며 놀라는 눈치다.

"아니여. 이거 내꺼여! 이것 내꺼야" 하며 아이는 꼭 움켜쥐고 안 주려 한다. 이 씨 부인은 "이것은 우리 죽은 애기 꺼야!" 하면서 내놓으라 하니 양우가 울어 버리니 양친부모가 나왔고 유모가 가서 자초지종을 말하였다. 사실을 모두 이야기 하니 그 부모들이 죽은 아들과 양우의 태어난 햇수를 보니 분명히 자기 아들의 재생임이 틀림없다 하여 크게 반가워하고 그것 말고도 여러 가지 기억들을 더듬어내자 환생한 자식임을 의심하지 않았다.

그리하여 양우를 양아들로 삼게 되자 양우는 친부와 양부 사이에서 아주 효도하며 잘 살았다는 이야기인데 이 글은 중국불교 밀교종(密敎宗) 종밀선사 저서 〈원인론〉에서 발췌했다.

몸은 바뀌어도 마음만은 없어지지 않았으니 심령이 밝은 사람은 이보다 더 정확한 것들도 기억해 낼 수 있는 것이다.

15. 윤웅열 대감의 삼생일

구한말 광무 7년 계묘춘(光武 七年 癸卯春) 1903년 당시 군부대신 윤웅열 씨가 그 아들 윤치호와 기타 가족 및 호위병 10여명을 데리고 석왕사에 와서 수군당에 사처를 정하고 그 이튿날 아침 후 산중승려를 전부 모으고 나서 한 백년 전후해서 해파여순(海波輿淳)이란 대사의 권속이나 혹은 그 이의 행장을 아는 이가 없소? 하고 묻자 아무도 아는 이가 없었다.

대감은 무척 답답해서 심기가 편치 않았다. 군부대신 윤웅열 대감이 왜 이렇게 해파여순의 행적을 알고 싶어 하였을까? 이 이야기를 거슬러 보도록 하자. 구한말 고종 시절에 조정에서는 대원군과 민 중전 사이에 한참 전쟁이 생겼을 때 윤웅열 대감은 남의 참소를 입어 전라도 섬인 완도에서 3년이나 있게 되었으니 얼마나 답답했겠는가?

하루는 몸종이 밖에서 놀다가 들어오더니 이웃집에 명두*가

---

* 명두 : 아직 거짓말을 모르는 어린이 1-5세 미만의 죽은 영혼이 그의 모친이나 가족에 빙의되어 대로 점을 치는 것인데 필자도 30-40년 전에는 이 광경을

점을 치는데 백발백중이라고 온 동네 사람이 법석거린다고 하였다. 윤 대감도 미신일줄 알면서도 하도 갑갑해서 한번 가서 시험 삼아 물어보기로 했다. 이튿날 찾아가서 여기 점치는 사람이 누구요? 하고 물으니 소위 명두라 하는 것이 공중에서 음성으로만 "여기 있습니다." 하고 말한다.

그래서 대관절 내가 어디 사람이며 무슨 일로 여기 와서 있을까? 하고 물어보니,

"예. 영감이 서울사람으로 여기 귀향을 왔소이다."

"그러면 언제나 풀려나가겠는가?" 하고 물었더니

"큰 죄를 진 것도 아니니 한 보름만 더 기다리면 좋은 기별이 올 것입니다."

"꼭 틀림없는가?"

"나는 거짓말을 모릅니다." 라고 한다.

대감은 아들 윤치호를 빙자하여 말했다. 내가 아들이 있는데 이렇게 와서 있으니 자식은 어느 곳에서 무엇을 하는지 좀 알려다오 한 즉 "예~ 가서 보고 오겠습니다." 하며 휙 소리가 나며 나가는 소리가 들렸다. 한참 뒤에 바람소리가 나더니 명두가 돌아왔다. "영감! 영감의 자제가 미국 서울에 가서 공부하고 있습니다. 그런데 청국에서 유학 온 청국 여자와 혼약이 되어 내년 가을에는 상해에 나와 결혼식을 하겠고 얼마 안 되어 부자가 상봉할 것입니다."

"오 그래? 그것은 미래사라 내가 당해봐야 알겠고 내가 전생에는 어떤 사람이었는가를 알겠는가?" 하고 물었더니 "예 내가 어디를 좀 가보고 오지요." 하더니 한참 있다가 와서 "영감이 전생에는 중노릇을 하였습니다." 하므로

"중노릇을 하다니 어디서인가?" 하니

"예 함경도 안변 석왕사에서 했어요." 하기에

여러 차례 구경한 적이 있다. 그것도 뚜렷하게! 지금은 시대가 타락하여 물질로 썩어 점쟁이도 가짜 천국이다.

"그러면 그때 그 승려의 이름을 알겠는가?" 하니

"예! 법호는 해파(海波)이고 승명은 여순이라고 했습니다."

"그러면 중노릇은 잘 했는가?" 한즉

"영감 형제가 다 중이 되어 영감은 수행을 잘하셔서 그 다음에 중국에 가서 태어나 일품대신으로 천하에 드날렸고 두 번째는 조선에 태어나 오복이 구족하므로 얼마 안가서 대감 소리를 듣겠소이다. 그러나 영감 형님은 중노릇을 아주 잘못하였습니다. 법전을 중수하느니 개금불사를 하느니 청탁하고 신도들의 주머니를 털어 많은 재물을 소모하여 사적인 복을 채워 죄업이 두꺼워 지옥에 들어가 고초를 받다가 인도에 수생(受生)하였으나 가난한 보를 받아 지금 강원도 통천군 '새술막'이라는 곳에서 술장사를 하고 있습니다. 더우기 두 손이 조막손인데 성명은 이경훈이라고 합니다."

"음! 자네 말을 잘 알겠네" 하고 대감은 몇 가지 약속들을 기록하였다.

그 뒤 14일 만에 해배문자가 오고 그 이듬해 가을에는 아들이 결혼식을 한다고 상해에서 전보가 오고 또 얼마 안 되어 부자가 상봉을 하고, 다시 얼마 뒤에는 군부대신이 되어 복귀했으니 명두의 말이 한 구절도 틀림이 없었다. 이 네 가지는 모두 맞았으나 남은 석왕사 사건 두 가지를 알아보려고 애를 썼으나 알 도리가 없었다. 가족과 수행원을 데리고 승지 수양한다는 핑계를 위해 주달하고 석왕사를 와서 산중원로 설하대사(雪河大師)와 여러 승려들을 모으고 물어봐도 아는 이가 없어 답답했다.

그래서 뒷산에 올라가 사냥이나 한다고 행적골로 올라가는데 내원암 입구에 가서 잠깐 쉬다가 보니 마침 부도*가 나란히 서 있었다. 웅열 대감이 부도에 덮인 풀을 단장으로 헤치고 보니 해파당 여순이란 글자가 뚜렷이 나타났다. 대감은 "애! 치호야! 어서

---

* 부도(浮圖) : 이름 있는 승려가 죽은 뒤에 사리나 유골을 안치하여 두는 소형 탑의 하나로 절 근처에 세우는 돌탑이다.

올라와 봐라. 어서! 너 아이들 데리고 이리 오너라. 이 부도에다 절을 하여라." 하니 윤치호는 그저 아버지 명대로 절을 하고 나니 "너 이것 보아라" 하며 협랑*에서 십십봉지 한 종이를 꺼내어 보이는데 '해파여순'이란 문구가 쓰여 있었다. 명두에게 받아 적은 문구다. 그 절로 다시 내려와서 대중을 모으고 완도에서 명두 점 친 것을 설명한 즉 모두가 신기하여 탄복을 하였다.

이제는 강원도 통천으로 사람을 보내려 하며 금택여관 주인 윤오(允旿)를 불러 사람을 구한 것이 '유대방'이란 사람이었다. 통천 새술막집 주인은 손도 조막손이라 찾기가 쉬울 테니 빨리 가서 데리고 오너라 한즉 4일 만에 데리고 왔다.

수행원이 대감께 절을 하라 한즉 절은 그만두고 그저 앉으라고 권한 뒤에 전생담을 이야기하고 살기가 곤란한 듯하니 돈 100냥과 광목 10필을 주는 것이니 돈은 두 내외의 호구로 논이나 몇 마지기 사고, 광목은 옷이나 지어 입고, 모든 것이 부처님의 은덕이니 과거사를 뉘우치고 이후부터는 염불을 많이 하고 이 땅에서 죄업장(罪業障)을 소멸하고 깨우치도록 권했다. 이 노인은 하염없이 눈물을 흘리며 하늘에 사죄하고 입술을 깨물고 명심하였고 전생의 아우가 이승의 부모보다 낫다고 하며 돌아갔다.

다시 석왕사 대중을 불러 모으고 대감은 말했다. 내가 전생에 복을 지은 절이니 내 사유재산 이백 냥을 적은 정성이나마 표하는 것이니 부처님 향촉 비에 보태라면서 하방하고는 이튿날 서울로 환가했다.**

---

* 협랑 : 장삼팔목 아래 주머니처럼 늘어진 곳. 스님들은 염랑이라고 한다.
** 이 글은 석왕사지에 기록된 실화임을 밝혀둔다. 이 사건은 유명한 실화로 불교대중들은 모르는 이가 거의 없다.

16. 내 인생의 갈림길이었던 1974년

1974년도 머슴살이 막노동으로 생계를 이어가며 9가지 병으로 시달리던 때였다. 나의 유일한 자위행위는 독서와 노래 부르는 것이었다.

아마 마을에 있는 이웃집 책들은 모조리 빌려다 읽은 듯하다. 금산 중앙극장 앞에 화신서점에 가서 책을 사다 몰두하기 시작했다. 젊은 나이에 좋은 취미를 가졌다고 그때의 주인 김중배 사장(장로)님은 '언어교양대백과' 1700p에 달하는 교양백과를 선물하셨다. 이 책은 내게 혁명을 일으켰고 잡학과 지식을 습득하게 했고 종교적 관심을 일으켰다.

1974년 2월 중순 어느 날 마을의 만학도 임병순 선생의(대원고등학교 교사) 권유로 마을에 있는 사랑방교회를 따라갔다. 4-5명이 둘러앉아 이웃 교회에서 매주 목요일 저녁에 심방을 하여 예배를 인도하는데 당시의 강사님은 송도종 목사였다.

"태산을 넘어 험곡에 가도" "갈 길을 밝히 보이시니" "복의 근원 강림하사" 등 찬송을 따라 불렀고 마태 5장 산상 수훈을 교독하였다. 유년시절 교회에서 따라하던 찬송가의 기억들과 추위를 피하여 교회에서 잠을 자던 기억들이 새록새록 솟구쳤다. 무얼 하나 잡으면 포기 않고 매달리는 내 성미는 이튿날부터 삼태성 새벽별을 시계 삼아 새벽 3시 30분이면 어김없이 일어나 이 사랑방교회를 찾아가서 간절히 기도하고 서투른 설교로 우리를 인도하는 고 장은현 집사에게 순종하며 성경을 읽기 시작했다.

화투 치기와 도박, 오락을 미련 없이 끊어버리고 오로지 신앙과 공부에만 전념하였고 주경야독으로 영혼을 단련시켰다. 그 해 8월 13-15일 서울 여의도 광장에서 엑스플로 74 기독교 전도집회가 있었다. 김중배 장로님의 인도로 장석칠 형제와 몇몇 교우들이 서울 나들이를 했다. 당시 대회장은 CCC 선교회장인 문과 출신 김준곤 목사였다.

200만 인파가 전국에서, 세계에서 모여든 기독교 사상 최대의 축제였다. 관악구 봉천동 봉천국민학교 교실을 숙소로 정하고 배급주는 묵은 쌀밥 한 덩이와 짜디짠 단무지 반 토막으로 요기를 하고 열심히 이 집회에 참석하였다. 육영수 여사가 서거하던 날 밤 여의도의 하늘은 만감이 교차했다.

전라남도 해남에서 왔다는 어느 처녀의 도움으로 얇은 담요를 쓰고 밤새워 나는 통곡으로 참회하고 두 주먹을 쥐고 다짐하였다. 본래 꿈은 소설가였으나 3일 동안 마음이 바뀌어 목사가 되기로 굳게 결심했다. 나는 차별 없이 대우하며 사람으로 대접해 주는 정중한 분들이 당시에 대다수가 그리스도인들이었고 무지와 억압, 문맹을 일깨우는 곳이 바로 여기구나 하는 확신이 나를 강하게 사로잡았다.

역사적으로 보면 60-80년 당시는 기독교의 부흥시기였다고 할 수 있다. 신도수가 천만이 넘어서고 300여개의 군소 신학교가 세워지고 육영사업, 아동복리, 문맹퇴치, 선거, 평등, 병원 등 외향적으로 나무랄 데 없이 발전하는 시기였다. 어쨌든 이러한 가운데 나는 고향에 돌아와서 낮에는 주인댁에서 노동을 하고 결국은 주인 장인천 씨(필자보다 12살 위)를 전도하여 주인과 머슴이 함께 손잡고 새벽기도를 다녔다. 장석칠, 필용, 석전, 인수, 수철, 병욱, 상길, 유덕, 인관, 김금석, 임정순, 성대분, 장남현, 천병무 주조자, 장백현, 장수철 씨 등 70여명의 사람들과 합심해서 사랑방이 좁아 마당에 멍석을 펴고 기독교 복음을 배웠다.

장은현 집사께서 토지(土地)를 헌납하여 우리는 달밤에 모래를 리어카로 운반하고 벽돌을 찍어 30여 평의 예배당 건축을 시작했다. 자금이 없어 쉬고 중단하고, 쉬고 중단하기를 여러 차례 해가며 나는 가진 것이 없으니 머슴살이로 약간 모은 돈을 전체로 헌금했다. 시멘트라도 준비하기 위해서다. 당시 유년부 학생을 모아 주일학교를 설립했는데 임정순 누나의 도움을 받았다. 아이들이 100명이 훨씬 넘었고 중고등부가 30여명, 청년부가 15명이 넘어

100여 가구의 인구 절반 이상이 교인이 되었다. 2년 만에 작은 시골마을은 일대 혁명이 일어났다.

장석칠 형제가 검정고시로 공부를 시작하고 추문기 씨가 검정고시로 공부하여 교도관이 되고, 심신이 병든 사람들이 강건해지고 게으르던 사람들이 새마을 운동에 참예하고 다수확 재배에 성공하고 마을 회관에는 새마을 독서회가 생겨 책도 4-500권이 소장되기도 했다.

74년 8월 여의도 광장의 다짐은 변하지 않았다. 남몰래 공부를 시작하여 목사가 되기 위한 준비를 시작했다. 여러 가지 난관에 부딪치는 일이 한두 가지가 아니었으나 단 한 번도 꿈을 포기하지 않았다. 다음해 75년도 8월이었다. 서울 한성교회 선교봉사단이 우리 시골교회에 방문하였다.

그 중에 만물박사란 별명을 가진 안영민 전도사와의 운명적인 만남으로 몬테소리 한국의 개척자인 이강무 목사를 만나 신학공부를 시작하여 4개의 신학교를 마치고 기독교의 실체를 깨닫게 되었다. 그 뒤 수많은 변화를 거듭하여 개인연구와 무수한 독서 등으로 이론무장과 종교적 양심선언에 이르기까지의 여정은 1974년의 여의도 광장에서 흘린 눈물과 당시의 질서 있는 순수 기독교의 사랑과 추억이 삶의 모티브가 되었기에 현재 나의 자유와 역동적 에너지가 멈추지 않는 것이다.

당시의 교회는 부흥기였고 사랑이 있었다. 지금은 유물론으로 죽어가며 빛을 잃어가지만 당시에는 때 묻지 않은 기도의 순결이 있었다. 80-90년대에 들어서면서 맘모스 교회들의 세속화, 종교지도자들의 기름진 생활, 고난 없는 종교, 십자가 내려놓은 제단, 돈(money) 장로, 돈 집사가 판치는 세상이 되어버렸고 알지 못하는 것을 훼방하고 터무니없는 독선으로 단군 목이나 부러뜨리고, 공중파 방송에 뉴스나 내보내고 타 종교와 원수나 맺고, 지나친 독선으로 유일신을 믿는다는 미명하에 어디서 못된 것만 배워 틀에 박힌 맹목적 신앙을 생각하면 가슴이 아프다.

그리고 내가 여기까지 온 여정을 뒤돌아보면 놀랍다. 30년 동안 일기를 쓰면서 나는 나의 종교 변천사를 세밀히 살펴보았다. 이젠 진정 잠에서 깨어날 때다. 1990년 2008년 현재까지 목사, 전도사 우리 수도원 성서연구에 180여명 정도 다녀갔다. 현재 교류 7~8명 정도. 내가 위험한 인물로 여겨진다 한다. 장미로 때려도 상처받는 나 같은 선한 사람이 무섭다니… 1974년과 2008년, 34년이 지난 지금을 넘나들어 본다. 눈물로 기도하던 순결과 일심으로 하나님을 찾던, 그리고 수많은 응답을 받던 그가 바로 내 자신인데 지금은 내 의지와는 상관없이 이런 글을 쓰는 사람이 되어있다.

이것이 생명의 진화과정일 게다. 진리의 강은 머무르지 않는다. 그 생수의 강은 지금도 여전히 흐른다. 낮은 곳을 찾아서 그리고 또 흐를 것이다.

17. 인민군 장교의 영혼과 유골

1976년 초봄이었다. 영혼이 성숙하면서 의심과 방황은 더욱 강하게 일어났다. 사후세계, 죽은 자의 부활, 창조론, 유일신교에 대한 독선, 공산주의 파생, 빈부귀천, 질병 등을 마치 내가 홀로 해결을 해야 할 것 같은 압박감이 밀려와 심신은 더욱 고달팠다. 지병인 기관지 확장으로 항상 겨울철은 맥을 못 썼다. 마을에서 6km 떨어진 경골이라는 골짜기에 일제시대에 형석을 채굴하던 광산 석동굴이 있는데 나무하러 가서 발견하였다. 길이는 25-30미터 중간이 십자형식으로 되어있다. 겨울에는 따뜻하고 여름에는 시원하다.

당시 신앙의 후배들인 집안 동생들 석추, 석재를 데리고 약간의 간식 라면 몇 봉지와 담요, 성경책을 싸들고 올라갔다. 동굴 안쪽에 들어가서 촛불을 밝히고 바닥을 고르고 청소를 시작했다.

한참 청소를 하는데 동굴벽 옆에서 소련제 총기가 부식되어 있고 총알이 30여개 녹슬어 있고 그 밑에는 머리뼈 일부와 대퇴부와 골반 일부의 유골이 누워 있었다.

처음에는 섬뜩했으나 당시 상황을 연상해보니 기가 막히고 가슴이 아팠다. 마을에서 가장 높은 산 550m 양각산에서 치열한 전투가 있었다고 들었다. 그리고 지금 이 동굴 입구에서도 인민군 재판이 있었고 학살이 있었다고 전해 들었다. 아우들이 섬찟 놀라는 걸 내가 진정시켰다.

유골 조각들을 모아서 밖으로 들고 나와 양지쪽에 땅을 파고 묻어 주었다. "명분 없는 전쟁으로 희생당한 분이시여. 부디 죄 많은 이 세상을 떠나 좋은 곳에 태어나소서. 부디 이 습기 차고 눅눅한 곳에서 숨을 거두실 때 얼마나 외로웠습니까? 나의 기도 들으시고 위로 받으세요." 하면서 묻어주었다.

그날 밤 라면 하나를 끓여서 나눠먹고 각자 기도하고 성서연구를 하였다. 개 짖는 소리 대신에 간혹 산짐승 우는 소리가 적막을 깨는 깊은 골짜기다. 새벽 2시쯤 되었을까 동굴 밖에서 소변을 보려고 나오니 푸른 달빛이 얼마나 밝은지 환상적이다. 정화된 마음으로 다시 들어가 촛불 앞에 앉았다.

요한복음을 읽기 시작하는데 순간 인기척이 났다. 아직 아우들은 자고 있다. 뒤를 돌아보니 웬 군인이 서 있는 게 아닌가? 흠칫 놀랐으나 단전에 힘이 들어가면서 담력이 생겼다. 내가 말을 걸었다. "누구십니까?" 했더니 그는 오른쪽 허벅지와 어깨에서 피를 흘리며 총기를 지팡이 삼아 절뚝거리며 걸어오고 있었다. 왼손에는 생고구마를 절반쯤 먹다가 들고 들어왔다.

그는 인민군 장교였다. 내게 고개를 숙이고 고맙다는 말을 하며 웃었다. 작전 중 부하들은 후퇴하고 본인은 총에 맞아 고구마 밭에 쓰러져 낮에 숨어 있다가 밤에 산속으로 숨어 들어와서 이 동굴에 쓰러졌다고 한다.

고향은 해주이며 이름은 최명춘이라 하였다. 나는 피를 흘리며 서있는 걸 보고 가슴이 쓰려 이 장교를 부축하려고 일어났다. 내가 눈물을 흘리니 장교는 당신이 나를 양지바른 곳에 묻어 주었으니 은혜를 어찌 갚아야 할지 모르겠다고 한다. "아닙니다. 부디 이곳 미련 버리시고 하나님의 빛을 따라서 좋은 곳에 태어나세요. 시절을 잘못 만난 것입니다. 원망하는 맘 버리시고 모든 미련 버리시고 영계로 떠나세요." 라고 위로하였다.

그는 연신 고개를 숙이고 감사하다는 인사를 했다. 내가 부축하려 하자 그는 동굴 벽에 기대는 듯하더니 총자루를 떨구고 풀썩 주저앉았다. 내가 얼른 붙잡았다. 순간 허공에서 소리가 들렸다. 총소리와 단발마의 신음소리를. 비몽사몽 이 뚜렷한 의식의 경험이 무엇일까? 나는 아무 말 없이 담요를 뒤집어쓰고 엎드렸다.

새벽꿈에 최명춘 장교는 빛을 따라서 하늘로 올라간다고 하며 건강한 모습으로 웃으며 인사를 하였다. 나의 기도와 연민이 하늘에 사무쳐 자기 영혼이 천도되었다고 말하며 감사의 인사를 하였다. 그리고 틀림없이 꿈을 이룰 것이며 반드시 성취할 것이라며 작별 인사를 하였다.

날이 밝았다. 아우들은 아직 자고 있다. 이들을 흔들어 깨우고 동굴 밖으로 나와 산나물 새순을 한줌 뜯고 바람을 쐬었다 잠시 뒤에 동굴 입구에서 냄비에 물을 끓여 나물을 삶아 국수를 조금 넣고 아우들과 죽을 쑤어 먹었다. 간밤의 일들을 말하지 않았다.

이 사건 후에 하여간 나는 담력이 강해졌고 어떤 공포나 두려움도 사라졌다. 동물 뼈만 봐도 섬뜩하던 내가 이제는 시신과 영혼들을 보며 무슨 성자나 된 양 연민을 느낀다. 어찌 됐든 간에 나는 이 동굴에서 말로 다 할 수없는 체험과 깨달음과 확신으로 제2의 혁명을 경험했다.

훗날 나의 후배들과 제자들이 기도 처소로 더러 왕래했다. 선배 김진회 목사와 그의 동료들 몇 분, 박지영 씨, 주현정 씨, 안영대 목사, 최배송 씨 등 몇몇 경건파들의 홀로서기 훈련장이 되었다. 지금은 아무도 찾지 않아 숲이 우거지고 동굴 문설주도 노후 되어 쓸쓸한 폐허가 되고 있다. 불원간 필자가 다시 청소를 하고 명상원으로 이용하려 한다.

18. 치료한 뱀이 인간이 되다
 - 약왕(藥王) 손사막(孫思 邈)

중국에는 화타, 편작과 더불어 명의 손사막이 있다. 손사막은 의사로서 도덕성이 높고 성품이 고상하여 많은 사람들의 존경과 숭배를 받았으며, 자연스럽게 사람들은 손사막을 신명(神明)한 존재로 받들었다. 따라서 일찍이 인간세상에서의 상계(上界) 약왕(藥王)으로 되어 사람들은 사당을 세워 제사를 지냈다. 이때부터 손사막에 관한 많은 신화고사(神話故事)가 널리 퍼져나갔다.

손사막은 성품이 매우 인자하여 사람들에게 의료행위를 하였을 뿐 아니라 때때로 가축이나 동물에게까지 그의 자비로운 손길이 미쳤다. 언젠가 손사막이 길을 가는데 목동이 작은 뱀 한 마리를 잡아 돌멩이로 내리치고 있었다. 땅에는 핏자국이 낭자했다. 이를 본 손사막이 목동에게 말했다. "그 뱀을 놓아 주어라!" 그러나 목동이 말을 듣지 않자 손사막은 몸에 걸치고 있던 옷을 벗어서 목동에게 건네주었다.

그리고 말하기를 "나에게는 지금 돈이 없다. 너는 이 옷을 가지고 가서 사탕과 바꾸어 먹어라" 하였다. 목동은 그제야 비로소 작은 뱀을 땅바닥에 집어 던지고는 사라졌다.

손사막이 약 광주리에서 약을 꺼내어 뱀의 상처에 발라주자 피가 멈추었다. 그리고 난 후 그 뱀을 수풀 속에 놓아 주었다. 집으로 돌아온 후 손사막은 그 일을 까마득히 잊고 있었다.

한동안 지난 어느 날, 손사막이 환자를 진맥(診脈)하고 귀가 하는데 앞에서 흰옷을 입은 한 소년이 말을 타고 질풍처럼 달려왔다. 손사막이 그 소년에게 길을 양보하려고 비켜서는데 그 소년이 손사막의 면전에서 말을 멈추고는 말에서 뛰어 내렸다.

아주 공손하게 예절을 다하여 절을 한 후 "저의 동생이 선생님의 치료를 받고 이제 완쾌하였습니다. 이 은혜를 어떻게 보답(報答)해야 좋을지 모르겠습니다." 라고 말하였다. 이에 손사막이 웃으면서 대답했다. "병자가 건강을 회복하는 것이야말로 가장 좋은 보답이다. 이 밖에 달리 무엇을 구하겠는가?" 소년이 그 말을 받아서 "저의 집은 이곳에서 멀지 않습니다. 선생님께 따뜻한 밥 한 그릇, 맑은 차 한 잔 대접해 드리고 싶은데, 잠시 좀 쉬어 가시면 어떻겠습니까?" 라고 하였다.

손사막은 소년이 정성스럽고 간절히 청하는 바람에 그렇게 하자고 하였다. 소년이 손사막을 자기의 말 위에 태우자 말은 다시 질풍처럼 내달았다. 잠깐 만에 커다란 성문 앞에 도착했다. 이곳은 도처에 꽃나무와 수목이 가득하고 건축물들은 황금빛과 푸른 빛이 휘황찬란하여 완전히 다른 세계에 온 듯하였다.

소년이 손사막을 모시고 큰 대문으로 들어가자 앞쪽에서 마주하여 빠른 걸음으로 한 사람이 다가오는데 옷차림이 화려하면서도 품격이 있고 은은히 풍겨나오는 그 기품(氣品) 또한 예사롭지 않았다. 그 사람이 손사막을 보자 허리를 숙이면서 "선생님의 두터운 은혜를 입었사옵니다. 이 때문에 저의 아이를 보내 선생님을 모시게 하였습니다." 하였다.

이어서 자기 옆에 서있는 푸른 옷을 입은 아이를 가리키며 "일전에 이 아이 혼자서 외출을 하였습니다. 그때 목동에게 잡혀 하마터면 목숨을 잃을 뻔하였습니다. 손 선생님께서 자신의 옷을 벗어서 목동에게 주어 이 아이를 구출해 주셨습니다." 라고 하는 게 아닌가.

사람이 성인의 도에 이르면 만물과 통함은 물론 하찮은 풀벌레까지도 일부러 죽이지 못하고 부러진 제비다리를 고쳐준 흥부처럼 생명에 관한 모든 것에 연민을 느낀다. 전설의 고향에 소개된 사연들은 대개 실화였으며 다만 기록보다는 구전이나 기타 자료로 입증된 내용이 많다.
　성인의 눈과 귀에는 만물의 소리가 들리고 보인다. 성품이 인(仁)에 다다르면 설명 불가한 일들이 예사롭게 벌어진다. 기독교에서 상징적으로 뱀을 사탄이라 했으나 뱀은 영적으로서 지혜를 뜻하기도 한다.
　이 이야기 말고도 소림의 계보에 등장하는 '관사이홍'은 세상 사람이 믿지 못할 세계에 살고 있다. 그는 사람 앞에서 순식간에 두꺼비로 변하기도 하고 저수지에 들어가서 한 달 이나 있다 나오기도 한다. 이것이 현재 이야기다.*

19. 소로 태어난 왕중주(王中主)

　1950년 9월 중국의 상해에서 아주 기이하고 놀라운 광경을 보고 돌아온 이혜명(李慧明) 스님의 기록과 증언을 참고로 기록해본다.
　당시 상해에 오진(悟鎭)이란 부자가 있었고 죽마고우 격인 그의 친구 왕중주란 사람이 같은 마을에 살고 있었다.
　부자 오진은 다른 사업을 벌여 놓은 게 있어 둘도 없는 친구 왕중주에게 모든 살림을 맡기고 생업에 걱정 없도록 한 살림을 떼어주고 모든 살림을 부탁하였다.
　그 후 여섯 달 뒤에 오진이 돌아왔다. 그가 돌아와 보니 기가 막힌 일이 벌어졌다. 왕 씨는 오진의 재산을 기가 막히게 가로채서 모든 명의이전까지 자기 앞으로 해놓았다. 몇 날 며칠을 싸우고 난리가 났으나 오진은 법적으로 권리가 없게 되어 거의 분노와 배신감으로 미칠 지경에 이르렀다. 이 사실을 주변 사람들이

* 둔갑술이나 몸을 감추는 은신술 같은 것은 도가의 수행자들 중에는 흔한 일이였다. 물론 위험은 따른다. 기를 집중하여 다시 인간으로 변하기 전에 순식간에 몸을 다치면 안 되기 때문이다. 사명당, 서산대사 도술은 유명한 예다.

알게 되어 소문이 퍼져나갔다. 왕중주는 그 뒤 둘도 없는 죽마고우 친구를 잃고 한순간의 미친 욕심으로 양심의 가책을 얻었는지 아니면 하늘의 벌을 받았는지 2년을 시달리다가 죽고 말았다. 오진은 이 천벌 받은 놈의 무덤을 파헤치리라고 진노하였다.

왕중주가 죽은 다음 몇 개월 뒤에 오진의 집에서는 아주 기이하고 희한한 일이 생겼다. 기르던 암소가 새끼를 낳았는데 옆구리 쪽 배에 '王中主'란 글씨가 보이는데 조각가가 마치 서각을 새겨놓은 듯 뚜렷하게 나타나 있었다. 오진은 소스라치게 놀랐다.

오진과 그의 가족들은 왕 씨가 자기 집의 소로 환생했음을 의심치 않았다. 그는 송아지를 노려보며 "네이 쳐 죽일 놈! 남의 재물을 훔친 놈은 그 집소로 태어난다는 말이 빈 말이 아니구나. 이 때려죽일 놈아!" 하고 매일 괴롭히며 "내가 너를 당장에는 안 죽인다. 너를 키워서 매일같이 궁둥이 살을 한 근씩 떼어서 삶아먹으리라." 하고 저주를 퍼부으니 송아지가 잘 자라지 않고 바짝 말라가고 있었다. 그러던 어느 날 왕 씨의 두 아들이 오 씨를 찾아와 무릎을 꿇고 사죄하며 눈물로 용서를 구하는 게 아닌가?

"어르신! 부디 용서하시고 가엾은 저희 아버지를 모셔가게 해주소서!" 하면서 눈물로 호소하였다. "아버지께서 꿈속에 자주 나타나셔서 재산을 모두 돌려드리고 용서를 구하라고 하시며 어르신 집에 소로 태어나서 일평생 속죄를 하시리라 했으며 믿을 수 없거들랑 옆구리 배를 보면 금방 알 수 있을 거라고 하셨습니다."

오 씨도 과거야 어찌됐든 이 놀라운 인과의 오랏줄에 당황하며 "그래 알았도다. 어서 눈물을 거두거라. 아무리 생각해도 네 아비가 틀림없으니 너희들이 모시고 가거라" 하고 고삐를 물려주니 소가 눈물을 하염없이 흘리며 천천히 뒤를 여러 차례 돌아보며 돌아갔다.

이 기이한 소를 보려고 많은 사람들이 찾아와서 여간 신경이 쓰이는 게 아니었다. 그리하여 두 아들은 아예 저자거리에 가서 매달 초하룻날과 보름날은 아버지 소를 몰고 나가서 "이분은 소가 아니고 우리 부친입니다. 이만 저만해서 이러한 인과에 떨어져 과보를 받는 것이니 길손들께서는 모쪼록 경각심을 갖고 부디 정직하게 사시기 바랍니다." 라고 대신 참회를 했다는 이 실화는 1968~70년대에 각색되어 초등학교 바른생활 교과서에도 수록된 바 있다.

20. 백성을 학대한 죄로 돼지로 환생한 조한(曹翰)

조한은 송나라 초기의 무관이었다. 일찍이 병사들을 이끌고 넉 달에 걸쳐 강주(江州)를 공략할 때 백성들의 재물을 마음대로 노략질하거나 불태우거나 살해하도록 했다. 이로 인하여 무고하게 피를 흘리며 피살된 백성이 부지기수였다. 나중에 조한이 사망한 후 몇 달이 지나지 않아 자손들은 유리걸식하는 거지로 전락되었다.

한편 조한과는 반대로 당시 대장이었던 조빈(曹彬)은 인자하고 백성들을 사랑했기 때문에 자손들이 모두 부귀하고 현달했다. 이로써 선과 악에는 반드시 보응이 따른다는 것을 알 수가 있다.

소주(蘇州) 사람 류석원은 명나라 만력(萬曆) 임자년 가을에 귀주에서 방고관을 맡아보게 되었는데 집에 돌아갈 때 배가 호남을 지나가는데 꿈속에서 어떤 귀인 한 사람이 나타나 그에게 말을 했다. "저는 송나라 때 장군이었던 조한입니다. 전생인 당 나라 때 상인(商人)이 되어 어느 사찰을 우연히 지나가다가 법사님이 불경 강론하시는 것을 보고 들어 마음을 내어 공양하고 아울러 반나절 동안 불경을 들었습니다. 바로 이런 선한 인연 때문에 일찍이 몇 생 동안 작은 벼슬을 하며 송나라 때에 이르러서는 장군이 되었으니 조한이 바로 저였습니다. 하지만 강주를 공격할 때 성이 쉽게 함락되지 않아 화가 나서 전 성을 도륙했습니다. 이런 살생의 업을 지었기 때문에 그 후 세세생생 돼지로 환생하였습니다.

지금 당신이 정박하시는 곳에서 내일 처음으로 도살되는 돼지가 바로 저 조한입니다. 이렇게 인연이 있어 당신을 만나게 되었으니 부디 자비심을 내주셔서 가련한 저의 생명을 구해주십시요! 류석원은 깜짝 놀라 꿈에서 깨어났다. 그가 자신의 배가 정박한 곳을 찬찬히 눈여겨 살펴보니 꿈속에서 본대로 거기엔 과연 도살장이 있었다.

잠시 후에 돼지 한마리가 끌려왔는데 울부짖는 소리가 마치 천둥소리처럼 컸다. 류석원은 꿈속의 일이 생각나고 신경이 쓰여 돈을 주고 돼지를 산후 소주로 돌아왔다. 그리고 성문밖에 풀어주었는데, 누구든지 조한이라고 부르기만 하면 그 돼지는 꼬리를 흔들며 머리를 치켜들고 사람 흉내를 냈고 사람의 말을 다 소통하고 응답했다고 한다. 이처럼 조한은 악업을 지어 수많은 생을 돼지로 환생했다는 이야기는 중국민간에 널리 퍼져 전해지고 있다.*

---

* 조한은 924~992년 북송시대 대명 사람이다 송나라에 들어와 이균의 반란을 진압하기도 하였던 사람으로 유명하다.

[부록] 역경을 물리친 나의 유년 시절 그 천형(天刑)

이 글을 통하여 지면으로 만날 독자들께 진심으로 사랑의 가슴을 전한다. 이 글을 가볍게 대하면 전설 같고 웃음거리처럼 될 것이며 열린 마음으로 읽으면 이 책이 "논픽션"임을 독자들은 금방 알아차릴 것이다.

아스피린으로 폐렴을 고치며, 표범과의 싸움, 선녀와의 사랑, 용을 만났다는 이야기, 동물들과의 대화, 다른 별에 대한 유체이탈, 우주인을 만난 이야기 등은 자칫하면 정신병자 취급을 받을 소리다. 그러나 조용히 생각해보면 인간은 모두가 신비주의자들이다.

인간은 탄생의 과정부터 신비하다. 그대와 내가 이 땅에 태어날 확률을 명상해 보라. 3억대 1이라는 신비가 두려우리만큼 놀랍다. 비록 양친부모님이 개입하였다 하지만 수많은 사람이 천태만상의 길을 걸으면서 수만 가지 경험을 하면서 저마다 살아간다. 전자 망원경을 만들어 별들의 세계를 관측하기도 하며 심령수술로 불치의 병을 고치기도 하며 스티븐 호킹 박사는 우주의 블랙홀을 발견하기도 하였다.

나는 10세 때부터 구태의연한 것을 싫어하였고 모험을 좋아하여 엽기적 삶을 즐겼다. 수영을 못하면서도 강에 뛰어들어 허우적대다가 수영을 배우고 네 번의 자살기도의 실패로 생명의 소중함을 깨달아 지금은 생명의 실체를 전하는 사람이 되고 초등학교 3년의 세속 교육이 전부였던 나는 항상 공부에 대한 열망이 절실하여 어느 날 20세가 넘어서 독학을 시작했고 9가지 질병을 안고 살면서 약초와 침술, 동양 의술과 무술에 관심을 갖고 익히기 시작하였다. 70년대 초부터 신비의 세계를 체험하기 시작하여 80년 말까지는 말로 다 할 수 없는 체험을 하면서 때로는 미칠 것만 같았다.

부산 해운대에 살 적의 경험은 내 인생을 완전히 변화시켰다. 나는 그때에 금성과 달에 사람이 살았었다고 하여 비웃음을 산 적이 있고, 85년도에는 다른 별에 수많은 자유인들이 살아가고 있더라고 설교를 하다가 이단으로 규정되기도 하였다. 여하튼 독자들에게 원컨대 만화책 본다 셈치고 끝까지 한번쯤 읽어주길 부탁한다. 아마 당신 영혼에 큰 평화와 넓혀진 시야를 가져다주고, 수용의 가슴이 되어있을 것이다.

그리고 나는 유치하리만큼 진실한 사람이다. 때로는 상황윤리마저도 거부하여 손해를 보며 즐기는 사람이다. 대상을 의식하는 위선적인 사람은 나와 친구가 될 수 없다. 형식에서부터 자유로운 사람만이 자유의 세계에 노닐 수가 있고 삶을 무차별 수용할 수가 있다.

이 글을 통하여 진실된 영혼들과의 만남을 나는 알기에 가슴 벅찬다. 고차의 의식과 능력을 개발하여 천지와 통하고 우주와 통하여 또한 천지와 우주의식을 우리 내면으로 귀결 하고자 피상적인 언어를 동원하여 나의 나 된 만큼 써내려 가는 것이다.

지구인들은 문명의 한계에 부딪쳐 있고 대책 없는 과학에 오히려 병을 앓고 있다. 수많은 지식인들이 밀림의 원주민을 부러워한다. 그들은 지구를 해치지 않고 평화롭게 살아간다.

세계적인 명상가 "오쇼 라즈니쉬"는 무식한 사람만이 신비주의자가 되며 자연과 하나 될 수가 있다고 하였다. 부탁컨대 나의 유년 시절 가족에 대한 이야기를 이해해 주길 바란다. 텅 빈 마음을 가지고 주시하며 쓰는 것이 일기이기 때문이다. 30년 써온 일기를 바탕으로 잊을 수 없는 일들을 간추려 수기 형식으로 기록해 본다.

1. 출생에 얽힌 이야기

1953년 12월 18일 밤 9시에 나는 210일 칠삭둥이로 모친의 자궁을 찢고 나왔다. 태어날 때 세상을 보기 싫어 눈을 감았다. 내가 이 땅에 온 것은 오고 싶어 온 것이 아니다. 하늘의 뜻이며 신의 부르심으로 온 것이다.

당시 조부(장익재)께서는 역학에 밝은 분으로 훌륭하신 선비셨다. 한 때 법풍(法風) 대사와 친하여 심오한 동양철학의 교감을 가졌다고 한다. 내가 이금홍 씨 모태에 태벽 되는 날 조부께서는 팔삭둥이가 태어날 것과 눈을 감고 태어날 것을 예지하셨다고 한다. 내가 모태에서 자라고 있을 때에 지어준 이름이 장석열(張錫悅) 여섯 자의 글이 합을 이루는 "옴마니반메훔"이다.

나는 기독교 신앙의 신비주의자지만 이름이라는 것은 자기의 운명을 바꾸는 최대의 신앙이라고 말하고 싶다.

"모세"는 물에서 건졌다는 뜻이며, 웃었다 하여 "이삭"이라 하였고 "아브라함"은 많은 사람의 아버지가 된다는 뜻이며 "예수"는 죄에서 구할 자라는 뜻이다. 위와 같은 위인들은 이름값을 치룬 분들이다. 문제는 아무리 좋은 이름이라고 하나 자신이 이름값을 하지 않으면 쇠똥이나 복돌이나 다를 바가 없다. 물론 나 역시 내 이름값을 하고 있고, 앞으로도 할 것이다.

張 = 글자 그대로 활을 멀리 쏘듯 베풀 것이며 심장 나누어 주던 제비왕자처럼 살 것이며 현재도 그렇게 산다고 나는 자부한다. 잠자는 시간 4~5시간과 논밭 가꾸는 여름날의 몇 시간씩 제외하고는 비교적 이타적 삶을 산다고 생각한다. 물론 그 생각 자체도 없는 것이지만….

성서에 십일조라는 것이 있다. 근본 뜻은 성스러운 뜻을 담고 있지만 오늘날에는 너무나도 형식적이며 조건에 의한 십일조가 되어간다. 나는 세끼 먹고 마시며 사는 것과 잠자는 순간 나의 몸뚱이까지도 바쳐버린 나머지 더 바칠 것도 없고, 받을 것도 없는 신인합일(神人合一)의 원리 안에 숨 쉬며 포도나무와 가지처럼 동질성을 나의 자아에 회복시키길 무한히 몸부림쳐왔다.

錫 = 쇠를 달구어 용광로에 연단하고 녹여서 은백색 보석으로 바뀌었다. 피나는 머슴살이, 이산의 아픔, 자살기도, 사랑의 아픔, 집 없던 설움, 신앙생활의 연단, 그리고 배고픔과 영적인 고독, 방황과 배신의 긴 밤, 사방이 막힌 듯한 어둠의 터널, 차라리 용광로에 녹아 없어졌다면 얼마나 확실한 요양이었을까? 죽고 싶어 여러 번 자살을 기도했으나 죽음이 피해간 내 인생은 고목나무처럼 모진 비바람을 안고 견디어야 했다.

"보라 내가 너를 연단(鍊鍛)하였으나 은처럼 하지 아니하고 고난의 풀무에서 택하였노라"(이사야 48;10 -농부 이사야 선지자의 예언서 中에서)

悅 = 삶 자체를 무차별 수용하여 기뻐해야 할 글자다. 그리고 '복종할 열'로도 쓰는데, 나는 마땅히 하늘의 부르심에 기뻐하여 복종하는 쪽으로 거부할 수 없이 인도되어 왔다. 그 깊은 고독의 늪에서도 노래와 운동, 독서 등을 게을리하지 않고 비교적 기쁨을 잃지 않고 잘 버티어 왔다.

신은 어느 날부터 나를 삼키고 나는 그 분을 삼켜 생과 사의 일여한 낙원에 이끌려 다시는 눈물이나 고통이나 영혼의 아픔이 없는 절대세계에서 눈에 보이는 현상세계를 주시하며 사는 연습을 하게 된 것이다.

그러므로 그는 기뻐한다. 호흡하는 공기, 물결, 그리고 푸른 숲과 자연의 신비, 그리고 고난도 견디면 축복의 경험이 되는 것을 깨달아 기뻐한다.

이것이 곧 어둔 밤과 태양이 작렬하는 대낮의 밝음이 24시간 하루라는 사실이며 극과 극의 만남에서 황홀한 日=月 밝음과 남성의 에너지와 여성의 에너지가 조화된 생명의 신비요 곧 "마하무드라"의 노래이기에 기쁘고 즐거워 춤추고 노래해야 할 이유이다.

"땅이 싹을 내며 동산이 거기 뿌린 것을 움돋게 함같이 하늘이 의와 신기한 노래를 많은 사람으로 하여금 부르게 하셨도다." (이사야 61:11)

이것이 나의 이름 장석열(張錫悅)의 가는 길이다.

나는 15일 동안 눈을 뜨지 않았다. 이웃 사람들은 소경을 낳은 줄 알고 혀를 찼다고 한다. 당시 군의관 출신 장영준 씨가 눈을 살펴보니 미꾸라지 눈만큼의 구멍으로 세상을 보더라는 것이었다. 그 분은 소독된 주사기로 나의 눈을 찢어 벌려 억지로 눈을 뜨게 했다고 하였다. 나는 항상 눈이 부어 작은 계란처럼 언제나 부풀어 있었다. 그러다가 나이 30이 지나면서 많이 부기가 빠졌다. 조부의 예언을 살피면 張錫悅의 이름이 육체의 질병을 몰고 올 것이라는 불쾌한 소리를 어머니께서 초등학교 시절에 종종 내게 말씀하셨다.

초등학교 들어가기 전 5세 때에 만성기관지 확장이라는 호흡기 병으로 40년을 마지막 잎새처럼 살아왔다. 조부께서 지어주신 '포공영'(浦公靈) 민들레라는 아호처럼 어쩌면 내 인생 절반 이상은 숙명적으로 민들레의 삶을 살아온 것 같다. 구체적인 이야기는 뒤에 기록하겠지만 지금 생각건대 이 포공초 민들레의 끈질긴 생명, 그리고 정조, 여성적이고 동양적이며, 아름다운 이미지, 자동차가 지나가도 살아나는 소생력을 배워 내 나름대로 내가 그리던 영적인 히말라야 시온산에 오를 수가 있었다.

求道日記 첫 번째 노래

씨앗 민들레

태초에 민들레 씨앗이 있었습니다.
그 씨앗은 세상에 태어나고 싶었습니다.

신의 뜻이었습니다. 세월이 얼마나 지났는지 모릅니다.
어느 날 어느 민들레의 기를 받고
어느 팔자 센 여인의 자궁을 발견하여
나는 그곳에 안주하여 억겁이 지난 어느 새벽
닭 울음소리와 동시에 태어난 것입니다.
민들레 인생이 태어난 것입니다.
민들레는 길 = 道입니다. 그래서 길가에만 피어납니다.
세월이 바뀌어도 그 꽃은 피어납니다.

이 노래는 나의 끈질긴 삶을 애절하게 연작시로 기록해 나가는 첫 번째의 노래다. 어느 문학사에서는 한마디로 멸시를 당한 원고인데 성남에 계신 림영창 불문협회 회장께서는 매우 좋은 시라면서 다듬어서 발표하자고 하시기에 80평생을 문학에 몸을 바친 어른의 말에 힘을 얻어 부끄러움을 버리고 구도일기 각 단원마다 기록하려 한다. 민들레 이야기 서른 번째까지만 읽으면 나의 위상에 감을 잡을 것이다.

2. 유년 시절

성경 욥기에는 주인공 욥이라는 사나이가 원치 않는 병마와 환란으로 자녀가 다 죽고 목장의 짐승들이 다 죽어버리자 처음에는 초연하던 사람이 나중에는 자기의 생일을 저주하며 태어남을 원망하는 구절이 나온다. (욥기 3:1~16)
가난했던 유년 시절 초가움막에서 태어나 세살 때에 홍역을 치루던 중 기관지 확장이라는 합병증으로 나는 매일 죽음의 문턱을 넘나들게 되었다.
현대의학으로도 치료 불가능한 저주의 병이 곧 기관지 확장이라는 균 없는 병이다. 나의 선친은 병든 나를 붙잡고 독경을 외우며 날을 지새울 때가 많았다. 토박한 밭떼기 몇 마지기 외에는 짐승 한 마리 없는 가난의 둥지 속에서 먹거리를 위해 아버지는 약초를 캐러 자주 산에 오르셨다.

허기진 배를 끌어안고 해질녘 돌아오시는 아버지를 나는 뚜렷이 기억한다. 하수오, 시호, 창출, 도라지, 맥문동 같은 약초를 읍내 장에 내다 팔아서 물물교환 형식으로 그날그날 살았다. 당시 어머니와 아버지는 뜨겁게 사랑하는 사이는 아닌 듯하였다. 어머님은 유달리 승부욕이 강한 분이었다. 아침"朝"자 한자 획이 틀렸다고 아버님과 다투는 것을 나는 잊지 못한다. 아마 어머니께서 외조부님에게 한자공부를 조금 하신 것 같았다.

약하고 박력 없는 가난한 사위에 대하여 늘 불만이셨던 외조모님은 나와 내 여동생을 별로 반겨주지 않았고 늘 표독스러웠고 만나면 핀잔과 귀찮은 눈길을 보내며 단 한 번도 칭찬을 하지 않으셨다.

1958년 낡은 트럭을 타고 지금 금산읍으로 이사를 갔다. 개떡만한 이부자리 하나 양은솥 하나 궤짝 하나 선친의 낡은 고서 몇 권이 전 재산이다. 남의 집에서 인삼을 지켜주는 조건으로 방을 얻어 살았다. 뒤란에는 공동묘지가 있었는데 매일 시체를 들것에 메고 와서 묻는 것을 보며 나는 밤마다 열을 내고 기침을 몇 시간이고 하여 눈은 벌 쏘인 것처럼 통통 부어 있었고 하루에 몇 차례씩 코피를 흘렸다.

어머니는 몇 차례 민간요법으로 날 살리려고 애를 쓰셨다. 은행나무 껍질을 달여 먹이시고 배를 불에 구워 즙을 짜서 먹이시곤 하였다.

어머님은 가난과 무능한 아버님에 대한 권태로움, 병든 자식에 대한 부담감 등으로 마음은 벌써 우리 품에서 멀어져가고 있었다. 내가 초등학교 2학년 때까지 부친은 10km가 넘는 큰 산에 가셔서 당시 일본어로 마루타라고 하는 통나무를 몰래 벌목해서 목재소에 팔아 식량을 구했다. 나는 아버지께서 아름드리 통나무를 지게에 짊어지고 그것도 밤중까지 기다렸다가 목재소에 넘겨주고 돌아오실 때까지 기다리다 보면 밤 열시가 다되어서야 잠들 때가 많았다.

한번은 학교 갔다 돌아와서 진악산 밑에까지 걸어서 마중을 갔는데 해가 지도록 아버지가 오시지 않아 걱정하고 있는데 어둠속에서 발자국 소리가 난다. 나는 필사적으로
"아버지세요?" 하고 불렀다.
"누구냐?" 하는 낯설고 짧은 목소리가 들릴 뿐 아버지 목소리가 아니다. 낯선 사람은 밭둑에 지게를 받쳐 놓고 "너 누구 찾느냐?" 하면서 얼굴을 들여다본다.
"아버지 마중 나왔어요. 아저씨는 누구세요?
"느 아부지가 누구냐?"
"장기원 씨예요."
"아하! 니가 그 사람 아들이냐? 야 임마! 머하루 여기럴 왔어? 너 절대루 이 나무 베오는 것 아이들한테 말하지 마라. 알았냐?"
"예 알았어요. 아무한테도 말 안하께요."
"조금만 기다려 봐라 느네 아부지 곧 올꺼다."
그로부터 오 분쯤 기다리니 건기침 소리와 함께 몇 사람이 무겁게 고개를 내밀고 걸어온다. 세 사람이 걸어온다. 나는 아버지를 불렀다. 아버지는 깜짝 놀라시며 조심스럽게 묻는다.
"너 웬일이냐 어떻게 여기까지 왔어?"
"그냥 아부지 마중 나왔어요."
세 사람이 밭둑에 지게를 받치고 쉬고 있었다. 초겨울 밤하늘은 맑고 쌀쌀하였다. 말없이 담배들을 피워 물고는 나를 걱정들 하신다. 당시에 점퍼나 내의가 귀할 때라 군수물자 국방색 바지정도 하나 걸치고 저고리는 밤색 한복을 걸치신 나의 아버지 옷이 제일 허술하였다. 아버지는 한손으로 담배를 물고 한손으로 나의 손을 잡으시며 네가 어떻게 알고 여기까지 왔느냐며 내심 놀라시는 표정이시다. 나는 600고지 (금산읍에서 10키로 미터 이상 떨어진 고산지대), 그리고 진악산 등에서 나무를 구해서 밤중에 사람들의

눈길을 피하여 옮겨 오는 것을 훔쳐들어 알고 있었다.

당시는 "애림녹화"라는 슬로건을 내걸고 범국민 적으로 나무를 숭상할 때라서 낙엽도 긁어다가 부엌아궁이에 넣으면 벌금에 구류를 살 때였다. 벌목을 했다는 것이 아버지는 마음에 걸리셨는지 "네가 군대 갈 때면 알 것이다. 일단 아무에게도 말하지 말아라."

"예 알겠습니다."

싸늘한 아버지의 손을 느끼는 순간 나는 가슴이 미어질 것만 같았다. 국민학교 1학년 8세 소년의 아픔은 바로 가난이라는 죄 아닌 죄의 결박 속에서 모진 병고와의 싸움에서 시작되었다. 그 날 아버지의 무거운 통나무를 짊어지고 삐걱삐걱 소리와 함께 걸어서 사람들의 눈을 피하여 목재소에 도착했을 때는 이미 밤 9시가 지나서였다. 목재소에서도 제값을 쳐주지 않음을 나는 눈치 챘다. 무뚝뚝한 사나이가 잣대로 사이를 재고 분펄칠을 한다. 몇 푼의 돈을 받아들고 피주 몇 개를 사서 짊어지고 방아고개라는 마을을 지나 공동묘지로 돌아왔다. 찬바람을 쐬어 그런지 나는 기관지 천식과 기침이 발작하여 밤새 기침을 하였다. 아버지는 밤새 나를 안고 괴로워 하셨다.

무슨 시럽 종류를 어머니께서 수저로 떠먹였으나 나의 병은 전혀 차도가 없었다. 겨울철에는 학교 가기가 무서웠다. 방학 말고도 15일 이상 결석을 하게 되었다. 당시 학생수가 3600명에 달하였다.(금산 중앙국민 학교)

3. 귀신을 보다

초등학교(당시 국민학교) 1학년 늦겨울 아버지는 벌목을 그만두고 몇 푼 모은 돈으로 생선을 몇 상자씩 사서 지게에 짊어지고 이곳저곳 시골마을을 찾아다니면서 팔았고 현금 아니면 곡식과 물물교환으로 서툰 장사를 하셨다.

생활은 전보다 조금 나아졌다. 가끔 명태국도 먹고 물오징어도 맛보고 어떤 날에는 돼지고기 국도 먹었으니까 말이다. 그런데 이상한 일이 생겼다.

아버지가 장사 떠나시고 없는 날은 밤 열시쯤 되면 나보다 5살 위인 정님이라는 이모가 웃으며 소리 없이 문을 열고 나타난다.

나는 반가워서 일어서면 지독한 빈혈로 쓰러지고 앓기 시작하고 이튿날은 기운이 너무 없어 어김없이 학교에 못 간다. 이모는 어디 갔느냐고 어머니께 물으면 언제 이모가 왔느냐며 날더러 기운이 없어 헛것을 봤다면서 정신을 차리라고 항상 말씀하셨다. 밤마다 벽에 서있는 정님이 이모를 귀신이라고 생각해 본적이 없었던 것은 얼굴 윤곽이 곱고 틀림없는 이모였기 때문에 의심할 수가 없었던 것이다.

어느 날엔가 장사를 떠난 아버지께서 일찍 들어오셨다. 명암리라는 마을에 갔더니 어느 집에 초상이 났더라는 것이다. 상가 집 마당에 모닥불을 피우고 사람들이 웅성거리면서 만장을 쓰기 위해 먹과 붓을 갖고 와서는 쓸 사람이 없어 걱정을 하더란다. 그래서 아버지가 "저, 실례가 안 된다면 제가 한번 붓을 잡아 볼까요?" 하니까 옆에 섰던 초상집 문상객들이 형색이 초라한 아버지를 멸시하며 나무라더란다.

"에게~! 이사람 어디서 온 놈여 건방지게~!" 하면서 불이나 쬐고 냉큼 가라고 하더라는 얘기였다. 형색이 상거지 차림이니 누가 이 사람이 천자문, 명심보감, 사서삼경, 맹자, 공자, 대학을 마쳤다고 믿겠는가? 때 마침 동네 노인 한 분을 데려왔는데 아마 그 분이 마을 훈장쯤 되는 모양이었다. 지팡이를 잡고 걸어오는 모습이 기력이 쇠하여 보였다. 그분이 붓을 잡는 순간 아버지께서 노인에게 말을 걸면서 눈길을 맞췄다.

"저, 어르신 제가 한번 써볼까요?" 하고 양해를 구하니 그 노인께서 아버님의 눈을 자세히 바라보시더니 두말도 없이 붓을 주면서 "어허~ 이 집에 도인이 오셨구먼, 뭣들 하는가? 빨리 술상 좀 보지 않고."

　노인의 말이 끝나자 사람들은 술렁거리더니 조롱하는 줄 알고 웃는 사람도 있더라고 했다. 붓을 받기가 무섭게 순식간에 힘 있게 써내려가니 글씨가 살아서 움직이는 것 같더라는 것이다. 이 낯선 거지가 나타나서 글자 몇 자로 사람을 놀라게 하니 대접이 달라지더라는 것이다. 막걸리 한 잔과 고기 한 점을 안주로 얻어먹고 말없이 생선상자를 짊어지고 나오니 집주인 상제가 붙잡으며 도인을 몰라봐 죄송하다며 생선상자를 뺏다시피 하여 비싼 값으로 계산해주더니 그 마을에 와서 서당을 운영해달라는 부탁까지 하더라는 말씀을 들려주시며 오랜만에 웃으신다.

　지금 생각건대 장난을 한번 치신 것 같다. 살기 위해서 말이다. 그날 밤 여동생 석례와 젖먹이 석년이 모두 아버지가 사 오신 손가락 과자를 먹으며 오랜만에 아버지 이야기를 들으며 행복했다.

　그런데 그날 밤 잠들기 전에 정님이 이모가 또 문을 소리 없이 열고 들어왔다. 오른쪽 구석에 서서 눈짓으로 인사하며 나를 오라고 손짓했다.

　나는 "이모!" 하고 벌떡 일어나 이모 품에 안기려는 순간이었다. 아버지께서도 이모로 가장한 귀신을 보신 모양이셨다. 이상한 방언 주문을 하시니 이모가 아닌 더럽고 무서운 모습으로 변하더니 나를 이상한 눈으로 노려보더니 쏜살같이 도망갔다.

　나는 너무 놀랐고 부들부들 떨려 잠을 이룰 수가 없어 아버지 옆에 바짝 붙어 쭈그리고 앉았다. 아버지는 밤 깊도록 옥추경과 반야심경을 독송하시고 "옴마니반메훔"을 내가 잠들 때까지 외우셨다. 그 뒤 얼마 후에 우리는 공동묘지 집에서 나와 어느 병원집 농막에서 살았다. 이삿짐이라야 아버지께서 지게로 두 번 옮기시니 살림의 전부였다.

　그 곳은 신작로에서 조금 떨어진 곳이었으며 공동묘지 통로이긴 했으나 아침저녁으로 들것에 들려와 묻히는 시체를 보지 않아도 돼 덜 무서웠다. 어떤 날에는 가난한 폐병환자가 죽어 묻힐 때 시체 덮었던 회 포대 종이에 핏덩이가 묻어 바람에 날리기도 하였다. 당시 생각에도 얼마나 가난하면 천 조각 하나 걸치지 못하고 시신을 종이로 덮여 들것에 들려오나 생각하면 어린 나이에도 마음이 무척 쓰라렸고 가슴이 미어지게 아파 견딜 수가 없었다.

그 뒤로도 나는 몹시 아파 학교생활이 어려웠고 결석이 잦았다. 성적은 상위권이었는데 기침이 심하여 어느 날에 꼬박 쪼그리고 밤새 기침을 한다. 눈은 빠질듯하고 코피를 자주 흘렸다. 많이 아플 때는 곧 죽을 것만 같아서 아버지가 곁에 계셨으면 했다. 그런 날에는 틀림없이 귀신이 이모로 가장하고 나타난다. 여러 번 속았으나 다정히 다가오는 이모의 모습에 나는 항상 속아 무시무시한 가위에 눌리며 코피를 쏟고 앓아눕는다.

학교는 2-3일씩 가지 못하고 어느 때는 15일까지 못 갔다. 어머님은 바느질품을 나가시고 나는 뜰팡 양지에 쭈그리고 앉아 80노인 해소 환자처럼 익숙한 기침을 토해낸다. 이러다가 죽어서 나도 공동묘지에 묻힐 것 같은 생각이 자주 스쳤다. 어느 날 오후 지독한 기침으로 코피가 나고 목에서 피가 넘어오는데 아버지께서 빈 생선상자를 지고 오셨다. 문지방에 엎어져 신음하는 나를 보시더니 아버지는 소리 내어 통곡을 하신다. 그 통곡소리가 골짜기에 울려 퍼졌다. 아버지의 우시는 모습을 처음으로 보았다.

아버지는 영혼을 바쳐 나를 품에 안고 한시도 내 곁을 떠나지 않고 간호하시며 무슨 약초 달인 물을 수저로 입에 떠 넣으시고 무명천에 물을 묻혀 얼굴과 코를 문지르며 수분조절을 해주시며 하늘에 기도하셨다. 아버지의 기도 때문이었는지 그날 밤은 아버지 품에서 잠을 좀 잤다. 나는 집안 형편이나 아버지의 가난한 사정도 모르고 떼를 썼다.

"아버지! 우리 이사 가요! 여기도 무서워요. 나도 죽으면 뒷산 공동묘지에다가 파묻나요?"

"아가~! 너는 안 죽어. 너는 하늘의 기운을 받고 태어난 훌륭한 사람이야. 아무 걱정하지 마라. 곧 네 병도 나을 것이다. 그리고 아버지가 학교 가까운 곳에 방을 구할 것이니 며칠만 기다려라."
 그 순간 나는 가난이 한이 맺힌 젊은 시절의 아버지의 근심어린 모습을 훔쳐 읽었다. 그 뒤 얼마 후에 "하옥리"라고 하는 비석공장 옆으로 우리는 이사를 했다. 학교 거리도 훨씬 가까웠고 공동묘지와도 많이 떨어졌다. 어떻게 집을 구하였는지는 모르겠지만 나는 기분이 좋았다. 몸도 조금은 회복되어 학교도 잘 가고 성적도 좋아졌다.
 아버지는 밤마다 주문과 불경을 독송하였다. 밤에 나타나던 귀신도 거의 보이지 않았다. 겨울이 지나고 초등학교 2학년이 되었다. 2학년 여름은 학교생활에 잘 적응하였다. 몸이 덜 아팠기 때문이다. 당시 나의 선생님은 "김봉겸" 이라는 선생님이셨다. 군사혁명 후에 "혁명공약"을 전교생이 외우는데, 내가 제일 먼저 외우는 바람에 칭찬도 받았고 공부 잘 한다는 말도 들었다. 주일날에는 교회에 따라 나아가 "간 길을 밝히 보이시니"라는 찬송가를 배우기도 하였다. 밤에 나타나던 귀신은 여름방학이 끝날 때까지 나타나지 않아서 공포심도 서서히 사라지게 되었는데 나는 아버지의 기도와 주문의 힘이라고 굳게 믿었다.

求道日記 두 번째 노래

민들레는 싹을 내기 시작했다.
꽃은 피우지 못했다. 꽃을 피우기엔 일렀다.
몇 년을 기절했던지 노란 꽃을 볼 수 없었다.
잎새가 돋아나는 대로 모질게 짓밟혀 꽃은 피울 수가 없었다.
세월이 얼마나 흘렀는지
어느 날 민들레는 노오란 꽃을 피우기 시작했다.
수많은 홀씨를 사방에 날렸다.
벌 나비가 모여들었다
새로운 인연들을 통하여 밟혀죽던 꽃은
수 천 수 만으로 환생하여

홀로서기를 한다.
또 다른 민들레 위하여!
상처를 달래어 진주를 만든다.

4. 찢겨진 가슴들

초등학교 2학년 여름방학이 끝날 무렵 이상하게도 어머니는 아버지에 대한 불평이 많으신 것 같았다. 때로는 내게 상상을 불허한 욕설을 퍼부었다. 같은 읍내에 외가가 있었는데 외할머니 역시 나와 동생 아버지를 싫어하셨다. 어린나이에 이유를 몰라 억울하고 슬퍼서 공부가 하기 싫었다.

그 해 초가을 어느 날 아버지께서 장사를 떠나신 뒤에 이웃 동네에 살던 아버지 친구가 방문하였다. 밤 자정이 가깝도록 어머니와 이야기를 나누고 있었다. 나는 눈을 감고 자는 체하고 도란도란 나누는 말을 놓치지 않고 다 듣고 있었다. 아버지 친구는 장병우라는 사람인데 눈이 크고 건장한 태음체질의 옥리백이 난 봉꾼이었다. 그날 밤 그는 돌아가고 거의 밤마다 출근하였다. 들어올 때는 "장형 계쇼?" 하면서 헛기침을 하며 으레적인 헛인사를 하며 체면 없이 단칸방을 열고 들어온다. 그토록 인사를 잘하던 내가 어느 날은 인사를 하지 않고 앉아서 "아저씨는 아버지도 안 계신데 왜 그리 자주 오세요?" 하고 약간 반항조로 말을 했다.

그랬더니 어머니께서 호되게 나를 나무라며 지독한 폭언을 하였다. 나는 이때부터 어머니와는 사실상 인연이 끊어졌다. 잊을 수 없는 말은 '간을 내서 송송 썰어 먹어도 시원치 않을 씹어 먹을 놈'이라는 욕을 퍼부으면서 눈을 부릅뜨고 저주하던 여인. 원망을 하기 전에 너무나 현실이 슬펐다.

그 뒤 어느 날 장병우라는 아버지 친구가 저녁에 왔는데 과자를 사왔다. 나는 그 과자를 쏟아버리고 뛰쳐나가 버렸다. 그랬더니 나의 행동이 반사가 되었는지 장병우 씨는 헛소리로 나를 달래면서 딴전을 부린다.

어리석은 인간들처럼 느껴졌다. 조숙한 아이 앞에서 그들은 아랑곳하지 않고 사의 찬미 전주곡을 부르고 있었다. 몰래 먹는 떡이 맛있고 도적질한 물이 달다는 말이 있다지만 이 무슨 업보로 내가 고통스러웠을까? 그것은 아버지에 대한 나의 사랑이었을 것이다. 그 뒤로도 그들은 금산 중앙극장에 종종 영화를 보러가는 둥, 기타 만나는 건수가 잦았다.

나는 어느 날 장사를 하고 돌아오신 아버지한테 모든 사실을 말하였다. 나를 물끄러미 보시면서 내 말을 끝까지 들으신 아버님은 "그래 잘 알았다. 그런데 다음부터는 절대로 그런 말 하지마라. 아버지 친구하고 엄마가 친한 것도 좋은 것이다. 알겠느냐?"

마을 사람들은 수군거리면서 아버지를 조롱하였다. 한일자로 입을 다무신 아버지는 답답하리만큼 미동도 않으시고 또 장사를 떠나셨다.

비린내 나는 생선 상자 몇 짝을 짊어지고 시골 구석구석을 물물교환으로 먹거리를 위해 헤매고 다니셨다. 잡곡과 기타 농산물을 지게에 지고 돌아오시는 아버지는 언제나 힘겨운 모습이셨고 거기에다 위장병까지 겹쳐 날로 수척해지셨다. 시골 사랑방에서 베어 묻은 촌부들의 냄새가 밤색바지와 회색 저고리에 항상 풍겼다.

감이 익어가는 그해 늦가을 아버지가 장사 떠나신 이튿날 학교에서 돌아온 나는 6살 난 여동생 석례가 혼자 울고 있는 모습을 보았다. 엄마가 어디 갔느냐고 물으니 동생은 고개만 저었다. 3일 동안 어머니는 장병우 씨와 여행을 떠난 것을 나는 알고 있었다. 먹을 것은 아무것도 없었다.

대나무 바구니 안에 쌀이 조금 있었다. 생쌀을 한 입 씹어 먹고 굶고 학교를 갔다 왔다. 어린 마음이 너무나 슬프고 가슴이 찢어지는 것 같아서 이튿날을 학교에 가지 않았다. 공부에 취미가 없어지고 나는 수시로 뒤란 무덤가에 올라가 생각에 사로잡히는 시간이 많아졌다. 어머니는 왜 부처님 같은 아버지를 속이며 날 미워할까? 그리고 외할머니는 마녀처럼 왜 자기 딸의 행위를 감싸며 아버지를 싫어할까? 나로서는 참으로 큰 고민거리였다. 장병우 씨와 어머니와의 관계를 동네사람들이 모르는 사람이 없었다. 어디론가 떠나고 싶었고 아버지가 바보처럼 느껴졌다. 어느 날 장병우 씨 부인이 찾아와 어머니와 머리채를 잡고 싸움이 시작되었다.

온갖 악담과 욕설이 오가며 사력을 다하여 소리를 지르며 한나절을 싸우다가 서로 지쳐 쓰러졌다. 마을 사람들은 누구하나 말리는 사람도 없었다. 얼마나 불안했을까 해질녘에 아버지께서 오셨다. 병우 씨 아내는 아버지의 멱살을 잡고 소리쳤다. 아버지는 침묵으로 일관하였고 며칠 동안 말을 않으셨다. 외조모께서는 살짝살짝 다녀가면서 뭐라고 어머니한테 귀띔을 해주면 어머니는 이내 고개만 끄떡였다.

시간은 흘러 겨울방학이 되었다. 아버지는 부처님처럼 말없이 낮에는 장사 아니면 수십 리 길이 되는 600고지에 가서 통나무나 땔감을 해서 시장에 내다 팔았다. 어머니와 아버지 친구는 여전히 국경 없는 사랑이 익어가고 있었다. 장병우 씨는 여전히 아버지를 보고 장형! 장형! 하면서 능청을 떨고 있었고, 아버지 역시 예전처럼 그분과 친하게 지냈다.

겨울이 지나고 나는 초등학교 3학년이 되었다. 학년이 바뀌면서 몹시 앓았다. 역시 기관지염 때문이었다. 당시 "이춘자"라는 여선생님이 우릴 가르쳤다. 항상 나의 건강에 관심을 가져주셨다. 머리를 한 번씩 만져주시는 사랑으로 학교에 간 것 같다. 그만큼 나는 어머니의 사랑을 몰랐다.

어느 날 나는 아버지에게 대들며 따졌다. 그리고 그동안 내가 보고 들은 어머니의 행위를, 그리고 지난해에 여행했던 얘기들을 모두 낱낱이 말하면서 공부하기 싫으니까 시골로 가자고 하였다. 아버지는 담배를 한대 피워 물더니 나를 엎드리라고 하시기에 엎

드렸다. 그랬더니 다듬잇돌을 허리에 얹어놓고 하시는 말씀이,
"나는 네가 최소한 대통령하고 악수하는 귀중한 인물이 되길 바란다. 세월이 흘러가면 정직한 사람이 대접받고 복받는 날이 올 것을 아버지는 믿는다. 석열이 네가 스무 살쯤 되면 아버지가 얼마나 멋있는 사람인지 알 것이다. 약속해라. 다시는 아버지 앞에서 엄마 얘기 않겠다고…!"
나는 엎드려 끙끙거리며 빌었다.
"아버지! 잘못했습니다."
"네가 잘못한 것은 없다. 우리 여기를 떠나 고향으로 가자."
"예 아버지!"
아버지는 일어서서 내 허리에 얹혀있는 다듬잇돌을 내려놓고 내 손을 잡고 물끄러미 보고 계셨다. 짙은 눈썹에 검은 눈을 크게 뜨고 말없이 나를 보신다. 나는 그때 아버지께서 얼마나 찢어지는 가슴으로 내게 많은 파장을 보내셨는지 안 다. 그날 오후 늦게 사건이 생겼다. 장병우 씨가 남의 인삼을 훔쳐 팔다가 들켜 유치장에 갔다는 소식을 들었다. 나는 그가 왜 목돈이 필요했는지 안다.

인삼 사건이 일어난 지 1주일 되었다. 맨 먼저 달려온 것은 그 집 가족이 아니라 나의 외조모였다. 그 마녀 같은 노파는 어머니와 함께 면회준비를 하고 있었다. 내게 힘이 있었다면 나는 이 죄 많은 인간들을 죽이고 싶었다. 외조모와 어머니는 뭔가 깊은 얘기를 주고받으며 심각한 표정을 하고는 아버지 몰래 면회를 종종 다녔다. 재판 날짜가 되어 법원에 갈 때는 어린아이의 배냇저고리를 준비하고 있었다. 젖먹이 아이의 배냇저고리를 죄수가 허리에 두르면 형벌이 가볍게 떨어진다는 미신을 믿는 것 같았다. 그는 6개월 선고를 받고 감옥엘 갔다. 그 뒤 어머니는 몇 차례 외조모와 아버지 낯을 피하여 면회를 다니는 것을 나는 보았다.

형기를 마치고 어느 날 그는 수척한 얼굴로 돌아왔다. 아버지는 어디선가 오리 두 마리를 구해다가 잡아서 요리를 만들어 장

병우 씨를 초대하여 아무 일 없는 듯 저녁식사를 같이 하였다. 마을사람의 수군거림은 여전했고 아버지는 그러한 소문에도 별로 마음 쓰지 않는 것 같았다.

그 해 여름 칠월 달쯤 되었다. 주일날 오전 열시쯤 아버지는 한복을 갈아입고 나와 여동생 석례 그리고 등에 업힌 네 살 난 석연을 데리고 어머니와 함께 금산읍에 있는 남산 민주탑(4·19 혁명 때 희생된 학생들의 추모비)에 올라갔다. 아버지는 호박엿을 한 움큼 사서 나와 동생에게 내밀면서 하시는 말씀이, "석열아! 동생하고 엿 먹고 여기서 잠시 놀아라. 엄마와 할 말이 있어서 그러니 따라오지 말고 여기서 놀고 있어라" 하시고는 민주탑 뒤 오리목 나무 밑으로 자리를 옮기셨다. 동생은 엿을 먹으며 침을 흘리고 있었고, 나도 엿을 먹다가 문득 생각이 달라졌다.

아버지가 평소하고 다르신 것 같았다. 나는 가만가만 민주 탑 쪽으로 소리를 죽여 걸음을 옮겼다. 나도 모르게 아버지의 말씀을 엿들었다. 가슴이 뛰기 시작했다. 어머니는 처음에는 억울한 듯 큰 소리를 내는 듯했는데 차츰 고개를 떨구고 눈물을 훔치고 있었다. 아버지는 어머니의 모든 것을 알고 계셨던 것이다.

마지막으로 자리에서 일어나시기 전 하신 말씀은 생생하다. "잘 사시오. 제발! 당신 가는 길에 꽃다발을 걸어주지 못하는 내 마음이 유감이오." 하시면서 지폐뭉치를 손에 들려주시고 계시지 않은가? 나는 얼른 자리를 떨치고 돌아와 땅바닥에 앉아서 생각에 잠겼다. 손에 들고 있던 엿이 녹아 끈적하게 흐른다. 잠시 후에 아버지께서는 어머니의 손을 잡고 나오셨다.

이별의 순간이다. 아버지는 말씀하셨다.

"너희들은 아버지의 말을 잘 들어라. 아버지와 어머니는 돈을 더 많이 벌어서 좋은 집을 사고 너희들을 훌륭한 사람이 되도록 준비하기 위해서 당분간 헤어지게 된다. 그러니 아버지 따라서 시골에 갈 사람은 아빠 손을 잡고 엄마 따라갈 사람은 엄마를 따라 가도록 해라." 하시고는 나를 물끄러미 보신다. 아버지의 눈길은 나를 끌어당기고 계신 것 같았다. 나는 즉시 아버지의 옷소매를 잡고 7살짜리 동생 석례에게 말했다.

"엄마 시집간다. 가시내야 빨리 이리와." 하면서 동생을 내가 끌었다. 그러나 동생은 어머니를 따라 갔다.

그날 뒤 나는 아버지의 손을 잡고 아버지의 낡은 고서 몇 권과 몇 벌의 옷가지와 낡은 궤짝 하나를 짊어지고 15Km가 넘는 길을 걸어서 내가 태어났던 고향으로 5년 만에 다시 돌아왔다. 마을 사람들은 수군수군했고, 작은아버지는 아버지를 원망까지 하였다. 백부님도 근심어린 눈빛으로 염려가 이만 저만 아니셨다.

"이 사람아! 어찌 살랑가?"

"형님! 면목 없습니다. 용서하시오."

아버지는 죄인처럼 큰 아버지에게 빌었다. 여름방학이 끝날 무렵 나는 동생이 무척 그리워졌다. 지금 어디에 있을까? 미우면서도 보고 싶은 어머니, 그리고 막내 동생 석연이, 왜 우리는 이렇게 살아야하며 무슨 죄로 집 한 칸도 없을까? 나와 아버지는 얼마 동안 큰댁에서 함께 살다가 인심 좋은 친구 선님이네 사랑방을 얻어서 냄비 하나와 수저 몇 개를 구하여 생활을 시작하였다.

아버지는 낮에 산에서 풀을 베어다가 팔아 잡곡을 조금 구하고 찬거리는 얻어온 된장 아니면 소금국을 끓여서 하루 두 끼 죽으로 생활을 했다. 밤에는 매일 불경과 주문을 외우며 좌선을 하시는 모습이 어린 가슴에 고독해 보였다.

부친은 종종 내 손을 잡고는 나직히 "석열아! 너 엄마 안보고 싶냐?" 하며 물으셨다. 나는 냉정히 고개를 저었다.

"보고 싶지 않아요. 동생이 보고 싶어요. 아부지! 동생 석례 데려 오세요."

"그래, 알았다 조금만 기다려라. 함께 살 날이 올 것이다." 하시며 "그만 자자." 하시고는 석유등잔 호롱불을 입으로 불어 끄셨다.

달빛이 방에 문틈으로 들어왔다. 우리가 살던 사랑방은 동향집이며 대문 옆에 있었다. 나는 어떻게 살 것인가 어떤 때는 밤새 생각에 잠겨 닭 울 때까지 혼자 옆으로 누워 밤을 새웠다. 아버지는 아무런 번뇌도 없는 듯 때로는 코를 골고 주무셨다. 창호지에 비친 달빛이 밝을 때에는 아버지의 얼굴 윤곽이 선명하게 드러나 보였다. 매일 여위어가는 아버지의 모습…. 이마에는 날이 갈수록 정맥이 퍼렇게 드러났다.

학교도 가고 싶고, 흰 쌀밥 먹는 사람이 부럽기도 하고 모든 것이 부러웠다. 아버지의 심정은 어찌했을까? 땅 한 평 없으니 농사를 지을 수도 없고 짐승 한 마리 기를 외양간 하나가 없으니 일어서서 자립할 지팡이가 아예 없다. 남의 집 날품팔이도 선택 받은 사람만이 할 수 있었다.

초가을이 되었다. 마을에서 3Km 떨어진 금동국민학교가 있었는데 당시의 학생수가 300여 명 되었다. 이 학교에 정해룡 선생이라는 독실한 기독교인이 있었는데 나의 고향 마을 출신이었다. 그 분이 교장선생님과 상의하여 내가 학교를 다닐 수 있도록 도와주셨다. 3학년 학생들에게 몇 십 원 모금을 하고 정 선생님 자신의 주머니를 털어서 내 옷을 한 벌 사고 연필 몇 자루와 공책 교과서를 가지고 오셨다. 나는 꿈같이 행복했다. 아버지도 정해룡 선생의 배려에 고맙다고 허리 굽혀 인사를 하셨다.

그러나 반면에 아버지의 안색 깊은 곳에서는 어떤 형용할 수 없는 운명의 예시적인 그늘이 스치고 있음을 나는 느꼈다. 아버지 말씀이, "그래 선생님 말씀 잘 듣고 다니는 데까지 학교를 다니기 바란다. 어차피 너는 이담에 귀인이 될 것을 나는 믿는다."

아침에 잡곡에 소금을 넣고 끓인 죽 한 그릇을 먹고 학교를 걸어서 간 다음은 기운이 없어 항상 힘들었다. 심한 기침에 영양이 모자라 어지러워 하루에 한 두 번은 넘어지든가 주저앉았다. 도시락 싸온 아이들을 보면 가슴이 저리도록 부러웠지만 나는 책을 한 권 들고 운동장에 나와 수돗가나 나무 밑에 앉아서 교과서를 읽었다.

어느 날 우리 반 담임 명복환 선생께서 "죽을 먹고 학교 다니는 사람 손들어 봐요!" 하고 환경조사를 하였다. 망설이다가 손을 들었다. 11명이 손을 들었는데 그 11명은 공부 끝나고 교실에 남으라고 하셨다. 수업이 끝나자 선생님은 우리 11명을 데리고 학교 창고로 가시더니 옥수수가루를 한 되씩 봉지에 싸주시며 가난한 사람에게 정부에서 무료로 주는 배급이라고 하셨다. 그 뒤로도 1주일에 한 번씩 옥수수 분말을 1되씩 배급을 받았다.

어느 날은 나 혼자 남으라고 하시더니 두되가 넘는 분량을 싸주셨다. 명복환 담임선생님은 나를 격려 하면서 "열심히 살아라. 응? 그리고 가난을 이기고 건강히 살아남아 훌륭한 사람 되기를 바란다." 하시며 검은 얼굴에 눈이 검은 선생님은 항상 자비스러운 모습으로 내게 파장을 보내셨다. 나는 순간순간 그분의 에너지를 다른 아이들 몰래 받아들였다.

그러나 그 행복도 결국은 추억으로 끝나고 말았다. 겨울 방학이 되면서 내가 죽음 직전까지 아파 도저히 공부를 더 할 수 없게 되었다. 기관지병이 악화되어 지독한 기침에 시달려야 했다. 방은 춥고 먹을 것은 없고 큰댁에서 주신 작은 이불 한 채를 겨우내 펴놓고 앉아서 밖을 나가지 않았다.

어느 날엔가 선님이 엄마가 돈을 조금 빌려주면서 아버지에게 배 장사를 해보자고 하자 아버지는 고맙다고 인사를 하면서 그 아주머니를 따라 왕복 60리가 넘는 배골이라는 재를 넘어 충청북도 영동군 광평이라는 곳에서 배를 사서 여인들은 광주리를 이고 남자들은 지게에 짊어지고 험한 준령을 넘어 오셨다. 아버지와 동네 몇몇 여인들은 첫 새벽에 배를 받으러 떠났다.

그 날 오후부터 눈이 쏟아지기 시작했다. 아버지가 걱정되었다. 밤 열시가 되어도 아버지가 오시지 않았다. 옆집의 선님이라는 내 동갑 친구 여자와 동네 몇몇 사람들이 횃불을 만들어 눈길을 걸어 마중을 나갔다. 엷은 옷가지에 바람이 살을 에이듯 스며든다. 강둑까지 걸어 나갔다. 귀가 떨어져 나갈듯 시리다. 인기척이 전혀 없다. 아이들은 "엄마!" 하고 부르고 나도 "아버지!"하고 소리를 질러보았다. 배골이라는 골짝에 막 들어서려는데 눈길에서 사람들이 내려오고 있다. 상상해보라. 눈이 30cm쯤 쌓였는데 얼마나 힘들겠는가? 더구나 어두운 산길을 생명줄과 같은 과일 광주리를 짊어지고 이고 오는데 넘어지면 큰일이다. 어른들이 방앗간에서 얻어온 폐유로 만든 횃불을 밝히고 앞장서서 집에 돌아올 때는 자정이 다 되었다.

방에 들어와서 초롱불을 밝히고 보니 아버지의 얼굴은 벌겋게 얼어 있었다. 신발은 낡은 고무신이 미끄러워 칡넝쿨로 칭칭 동여매어 한참이나 풀었다. 나는 이 젊은 날에 청춘의 날개가 부러진 아버지의 처절한 모습을 보고 이불 속에서 밤새워 소리죽여 울었다.

이튿날 아버지는 다시 배 상자를 짊어지고 40리길 금산장을 걸어가셔서 배를 팔아 이익금으로 좁쌀을 구해오셨다. 그리고 그날 어찌된 일인지 아버지께서는 동생 석례를 데리고 오시지 않는가? 놀라운 기쁨이었다. 몸은 수척했으나 키는 조금 자라 있었다.

"석례야 너 어디서 있었냐?"

내가 말을 걸면서 손을 잡았다.

"오빠! 나 외갓집에 있었어. 엄마는 어디 갔는지 나도 몰라, 우리 오빠랑 아빠랑 여기서 이제 사는 거야?"

"그래!"

나는 눈물이 나와 말을 못하고 고개만 끄덕였다.

그해 늦겨울 아버지는 동네 청년들을 모아놓고 천자문과 명심보감을 가르쳤다. 학부형들이 가끔씩 생고구마와 약간의 곡식을 가져다 부엌 앞에 놓고 가는 경우도 종종 있었다. 특별히 그해 겨울은 우리에게는 꿈결 같은 순간들이었다. 그래도 동생 석례와 아버지, 나 세 식구는 죽지 않고 모질게 겨울나기를 했다. 나는 생각이 달라졌다. 학교 가지 못하는 것이 전혀 슬프지 않았고 그저 아버지 곁에 있는 것만으로 감사했고 특별히 방을 빌려준 선님이네 집에 대한 고마움에 항상 부담을 느꼈다.

5. 쑥으로 연명을 하다

이듬해 봄이 되었다. 나는 아버지와 쑥을 캐러 다녔다. 쑥을 캐서 씻어 밀가루에 묻혀 소금과 사카린을 섞어 쪄서 주식을 삼았다. 어느 때는 마을에서 1시간을 걸어서 큰 산 밑 소바탕(소에게 길마나 수레 등을 얹어 풀이나 장작을 운반하느라 만든 우마의 정거장)까지 가서 쑥을 한 망태씩 뜯어서 일부 말리기도 하였다. 나와 아버지의 별명은 쑥망태였다.

나는 서서히 아버지의 산 생활에 익숙해졌다. 쑥을 뜯으면서 아버지는 명심보감 말씀이나 성자들의 명언 같은 것을 항상 들려주시고 한문도 틈틈이 가르쳐주셨다. 풀이름, 들꽃, 나무 이름, 약초 등을 가르쳐 주셨다. 내가 지금 동양의학과 약초와 치료에 약간의 상식이 있는 것은 거의가 아버지 영향이다.

쑥 한 가지만 해도 종류가 많다. 열거하면 다음과 같다. 참쑥, 개쑥, 머리쑥, 제비쑥, 약쑥, 개약쑥, 인진쑥, 쑥부쟁, 개쑥부쟁인데 전부다 식용 아니면 약용으로 쓸 수 있는 것이다.

봄나물로는 취, 수리취기, 개취, 뚝갈, 화살나무 잎새, 다랫순, 잔대싹, 고사리, 고비, 지보, 천남성, 원추리, 두릅, 광대 싸릿순, 삿갓, 수멍넝쿨, 구기자싹 등이 이 대표적인 산나물이며, 들나물로는 냉이, 꿩냉이, 광대풀, 꽃다지, 구수뎅이, 벌금자리, 돌나물, 달래, 자운영, 참쑥, 승겁초, 둑새, 어린보리 등이다.

나는 이러한 풀들을 먹고 살았다. 어떤 부자보다 나는 부자인 것은 나는 지금 산속에 버림받아도 1년은 충분히 맨손으로 살 수가 있다. 식용할 수 있는 뿌리는 하수오, 잔대, 칡, 도라지, 돼지감자, 나리뿌리, 산고구마, 산마늘 등이 있다. 과거를 회상하는 시 한편을 소개 한다. 나의 시집 '마하무드라의 노래'에 발표한 내용이다.

求道日記 3번째 노래

아버님 무덤가에서

사십 세 피 끓는 날에
아내를 빼앗기고
늦은 봄날을
쑥으로 연명하던
그 참혹했던 시절
아버님과 나의 별명은 쑥망태
굶어 죽다시피 했던 아버님 무덤가에서
객혈이 솟구친다
오! 그래도 개 같은 세상이라고 욕하지 말자
죽음!
차라리 얼마나 아름다운 요양인가?
양지 바른 산골
할미꽃이 피고
말없이 잠든 무덤가에
노을이 내린다.

6. 아버지의 죽음

1963년도 여름. 아버지는 마을 장제현 씨라는 먼 친척집에 날품으로 생퇴비 풀을 베러 가셨는데 해질녘에 돌아오신 아버지의 몸을 보고 나는 심장이 멎을 것만 같았다. 오른쪽 다리를 칡넝쿨로 칭칭 동여매고 작대기로 땅을 짚고 절뚝거리며 삽짝문을 열고 오시지 않는가? 나는 동생과 함께 놀라서 왜 다리를 그러시느냐고 했더니 아버지는 조금 다쳤다고 말하셨다. 마을 사람들이 와서 수군거리며 걱정을 하였다. 그날 저녁 늦게 나는 부친께서 독사에 물렸다는 사실을 알았다. 당시에는 해독제도 귀하고 우리로서는 병원 같은 곳은 상상도 못할 처지였다.

큰아버지와 작은아버지가 달려왔다. 엄청나게 퉁퉁 부은 다리를 보고 백부님 안색이 변하였다. 아버지는 우리 손을 잡고 괜찮다고 하시며 고통을 그냥 안고 계셨다. 작은 아버지가 발목을 걷어 올리고 뱀에게 물린 흔적을 찾아내어 소독된 인장도로 열십자로 찢고 입으로 엎드려서 빨아내고 있었다. 큰아버지는 밀가루로 둥근 화로를 만들고 그 위에 약쑥과 지의초라는 약초와 지렁이를 잡아서 넣고 불을 붙였다. 발등에서 노란 연기가 피어올랐다. 그날 밤 아버지는 입술을 굳게 닫고 밤새 앓았다. 몸에 열이 많이 나고 땀이 비 오듯 하셨다. 쑥뜸을 뜬 상처에서는 약간 누런 액체가 계속 흘러 내렸다.

고통스러운 밤이 가고 새벽이 되었다. 동생 석례는 구석에서 새우처럼 자고 있다. 바짝 마른 잠따지를 보니 가슴 아프다. 새벽녘에야 부친께서는 지쳐서 그런지 신음소리가 줄더니 잠이 드신 것 같았다. 나는 일찍 일어났다. 누가 시키지 않았는데도 아버지가 보시는 경전을 머리맡에 놓고 북두주와 만사태통령 옥추경을 아는 대로 외웠다. 여느 때 같으면 자정에 반드시 기도를 하셨는데 어젯밤은 통증과 싸우느라 기도를 못하신 것이다.

내가 태어나서 말을 배우게 될 때부터 들어온 경전이다. 강약의 리듬에 맞춰 점점 빨리 경을 외웠다. 알 수 없는 에너지가 내 몸을 감싸는 느낌이 들었다. 나는 경전을 외우고 하늘에 빌었다. 내가 당시에 종종 천주교 주일교회 학교에 다니면서 배운 "갈 길을 밝히 보이시니" 라는 찬송가를 부르며 예수님을 부르기도 하였고, 아버지가 믿는 부처님을 부르며 아버지의 몸에 퍼진 독을 치유해달라고 빌었다. 진실하고 절실한 기도를 난생 처음으로 드렸다.

그때! 주무시는 줄 알았던 아버지가 기침을 하면서 나를 불렀다. 아버지 흉내로 기도를 마친 나는 아버지의 부르는 소리에 너무 반가워서 "예!" 하고 대답을 했다.
"아가! 이리 오너라."
나는 아버지 옆으로 가까이 갔다. 나를 한참 말없이 쳐다보시는 눈빛이 이상하게 빛나고 있었다.
"석열아! 너 언제 그렇게 경을 외웠느냐?"
"아버지 매일 하시는 것 듣고 저절로 외워졌어요."
"음… 그래! 참으로 놀랍고 장하다. 너는 반드시 우리 문중에서 용처럼 뛰어난 도인이 될 것이다. 아버지는 너를 안다." 하시며 물을 좀 떠오라고 하셨다. 나는 알루미늄 양동이를 들고 50m쯤 떨어진 공동우물에 가서 두레박으로 두 번 물을 떠서 들고 왔다.
마을 아주머니들이 쯧쯧쯧 혀를 차며 "아이구! 고생이 많구나!" 하시면서 옥수수를 몇 통 주셨다. 옥수수를 주신 아주머니는 장창진 씨 부인인데 지금도 건강히 살아계시며 나와 친하게 지내고 계신다. 나는 정성스럽게 쪽 바가지에 물을 떠서 두 손으로 아버지께 드렸다. 아버지는 물 한 바가지를 거의 다 마셨다. 밤새 열로 인해 목이 많이 타신 모양이었다.
아침에 큰어머니께서 오셔서 좁쌀죽을 끓여서 아버지께 드렸다. 아버지의 다리는 부기가 많이 빠진 것 같았다. 그러나 발등은 아직도 터질듯 부어 있었고 상처에서는 계속 누런 액체가 흘러내리고 있었다. 아버지는 큰어머님께서 끓여주신 좁쌀죽을 조용히 떠서 넘기시고 계셨다. 먹을 것이 너무 귀한 때였다. 보릿겨를 먹을 정도였으니 말이다.
이러한 민간요법으로 약 15일 정도 치료를 하는 중 아버지 상처는 점차 아무는 듯했다. 아침에 내가 공동 샘가에 물을 뜨러 가면 아주머니들이 채소 같은 것을 조금씩 주기도 하였다. 어떤 부인은 된장을 한 사발 떠주기도 하시며 나를 위로하였다.
"어린 것이 고생이 많구나." 하시면서 혀를 차는 아주머니들을 보며 미우면서도 그리운 어머니를 생각했다.
어느 날 나는 사촌형님과 함께 아버지 상처에 쓸 약초를 구하기 위해 산엘 올라갔다. 지의초라는 풀을 찾아 그 뿌리를 채취하는 것이다. 싸리 바구니에 약초를 한 움큼 구해서 돌아오다 10여 미터 낭떠러지에서 떨어져 얼굴과 갈비 부분을 심하게 다쳤다. 아버지를 위해서 약초를 구하다가 부친의 마음에 부담만 안겨드린 것 같았다. 아버지는 날 보시고는 눈물을 흘렸다.

8월 초쯤 되어 아버지는 지팡이에 의지하며 겨우 몇 발씩 걸으시며 가까스로 변소 출입을 하셨다. 극도의 영양실조에 얼굴은 허옇게 말라 있었고, 이마에는 푸른 정맥이 튀어나와 곧 돌아가실 사람 같았다.

아버지는 밤이면 여전히 기도와 경문 암송을 계속하였다. 어떤 날은 나도 따라서 경을 외웠다. 그럴 때마다 아버지는 대견하다는 듯 나를 칭찬하셨다. 그리고는 수시로 명심보감의 말씀들을 가르쳐 주셨다.

어느 날 내가 밖에서 돌아오니 아이들이 개구리를 잡으러 가자고 하길래 따라가서 논두렁과 강변풀밭을 회초리로 휘저으면서 헤매 다녔다. 해가 질 녘까지 헤매다가 30마리쯤 잡아서 버드나무에 꿰어 돌아왔다. 껍질을 벗겨 소금을 넣고 삶아서 아버지에게 드렸다. 아버지는 어찌 그런 생각을 다 했느냐면서 국물도 마시고 개구리를 드셨다. 나와 동생도 뒷다리를 뜯어먹었다. 오랜만에 먹는 고기 맛이다. 동생 석례가 날 보면서 말한다.

"오빠 내일 또 잡아와?"

"응, 또 잡아올게! 맛있냐?"

"응, 오빠 맛있어"

그때 아버지가 말씀 하셨다.

"석열아! 오늘은 어차피 잡아 왔으니까 먹어보고 내일은 그만 잡아라." 아버지는 살생하는 것을 원치 않으시는지 아니면 내가 안쓰러워서인지 말렸다.

이튿날 새벽에 나는 앞산 중턱 남의 감나무 밑에 가서 곯아 떨어진 감을 소쿠리에 주워다가 익혀서 먹었다. 소금물에 하루쯤

담갔다가 먹으면 떫은맛이 없어진다. 그런데 동생 석례가 몸이 작은 드럼통같이 부었다. 단벌 원피스가 조일 정도로 영문 모를 병에 걸려 퉁퉁 부어 누워서 숨을 헐떡거렸다. 아버님은 한숨을 길게 쉬면서 어린것을 살려주시고 본인의 생명을 취하라면서 하늘에 빌었다. 손가락 하나가 가래떡보다 굵게 부었다. 나는 뒤안 감나무 밑에서 울었다. 혹시 동생이 죽으면 어찌할까 하고 너무나 속을 태우니 죽고 싶었다. 우리는 무슨 죄로 이토록 저주를 받아야 하는가? 하고 알 수 없는 원망과 배신이 끓어올랐다.

나는 동생을 간호하며 입에 물을 먹여 주었다. 석례는 헛소리를 하다 눈을 감기도 하고 앓기도 하였다. 큰일이다. 침을 놓는 동네 노인이 맥을 짚더니 땡감을 먹고 창자가 막힌 것 같다고 하면서 돼지고기 비곗살과 신 김칫국을 먹이고 배를 문질러야 한다면서 침을 찔렀다. 그리고는 빨리 돼지고기를 구해서 삶아 먹이지 않으면 죽을 수도 있다고 하였다.

그 말을 듣고 나는 땅이 꺼지는 듯하였다. 그런데 참으로 고마운 일이 벌어졌다. 어느 집 제사에 돼지를 잡는다고 가서 사정을 해보라고 어떤 아주머니가 귀띔을 해주었다. 아버지는 지팡이를 짚고 힘겹게 그 댁에 가서 사정을 하니 비곗살 몇 점과 내장 순대 몇 점을 호박잎에 싸주더라면서 가져 오셨다. 소금에 찍어서 돼지기름을 동생에게 먹여주시는 아버지를 보면서 목이 메었다.

그 냄새를 나는 지금도 못 잊는다. 먹고 싶어 미칠 것 같았으나 동생의 생명이 달려있으니 제발 먹고 죽지 말았으면 하는 바람이 더욱 컸다. 옆집에서 신 김치 국물을 사발에 담아 주어서 그 국물을 수저로 떠먹이고 얼마 있으니 트림을 하면서 동생은 잠이 들었다. 아버지는 자신도 아프면서 동생의 배를 쓸고 계셨다. 경전과 주문을 외우면서 열심히 간호를 하셨다.

그날 밤 나도 밖에 나가서 밤하늘을 보면서 기도하였다. 제발 석례를 살려달라고 열심히 빌었다. 선님이네 월하감나무에 별빛이 걸려왔다. 머리 위에까지 쏟아질 듯 빛나는 별들은 아무런 근심 걱정도 없이 밝기만 하다.

하늘에서 아무 소리는 없지만 동생의 병이 나을 것 같은 확신이 조금 생겼다. 나는 장독대 감나무 밑에서 조용히 일어나서 방으로 들어갔다. 동생은 자고 있었다. 나는 아버지 옆에서 조용히 동생을 바라보았다. 숨결이 고른걸 보니 증세가 조금 나아진 듯 싶다. 나도 심한 기침을 하면서 밤을 지새우다시피 하였다.

아침이 되었다. 동생은 부기가 조금 빠졌다. 그리고는 눈을 뜨며, "아빠! 오빠!"를 동시에 외쳤다. 병이 나았나 보다. 나는 "석례야! 괜찮니?" 하고 물었더니 괜찮다고 고개를 끄덕였다. 너무나 감사했다. 나는 동생의 손을 잡고 왈칵 눈물을 흘렸다. 이틀 후에 동생은 완전히 나아서 일어나 걸어 다녔다.

며칠 후에 큰아버님께서 오셨다. 오셔서 아버님과 나누시는 말씀 중에 아이들도 몸이 약하고 자네도 몸이 위험할 정도로 상했으니 회복할 때까지 한집에서 살자고 하셨다. 아버지는 정중히 거절하셨다. 목수 일을 해서 8식구를 거느리시는데 그것도 일거리가 많지 않아서 퍽이나 가난한 생활인데, 우리 세 식구가 얹혀 살면 빤한 일이기 때문에 아버지는 거절하셨다. 그러나 큰아버님의 강권으로 인하여 우리는 일단 큰댁으로 들어갔다.

아들 오 형제에 딸 하나 연로하신 조부님, 논 두 마지기 밭 때기 몇 백 평이 고작 재산이며 북통만한 방 3칸의 초가집이었다. 조부님 젊은 시절은 머슴을 3명씩이나 두고 살던 부자였다는데 아버지 3형제는 빈대 같은 가난을 안고 살아야 했다. 우리는 선님이 집에서 그동안 고맙다고 인사를 하고 냄비 하나, 작은 양은 솥 하나, 수저와 사기그릇 몇 개를 들고 큰댁으로 돌아왔다.

큰형님은 저녁이면 친구 집이나 사랑방에서 자고 아침에 돌아왔으며 큰댁 식구들은 아랫방에서 조부님을 제외한 온 식구가 골박아서 잠을 잤다. 우리는 윗방을 썼다. 나와 석례동생은 기운 없는 아버지 곁에서 지냈으나 왠지 한편으로는 불편하였다.

아버지가 생활능력이 없으니 조숙한 나로서는 자격지심에 눈치가 보였다. 큰댁으로 옮긴 뒤로는 형님을 따라서 들에 나가 낫질 하는 것을 눈여겨보고 배웠다. 왼쪽 둘째손가락을 수도 없이 베여서 피가 마를 날이 없었다. 왕매미가 기운차게 우는 음력 칠월이면 인삼수확기로 접어들면서 골목마다 엿장수가 감나무 그늘에 자리를 잡고 아이들을 유혹했다. 인삼 한두 뿌리 혹은 미삼 한주먹이면 호박엿을 두 뼘 이상 떼어주던 시대였다. 1년 전 금산 남산에서 아버지와 어머니의 헤어질 때 아버지가 사주시던 호박엿이 생각난다. 나는 얼른 고개를 돌려 꼴망태를 메고 돌아왔다. 그 해 여름은 퍽 지루하게 느껴졌다.

집에 돌아오니 사람들이 웅성웅성 모여 있다. 큰어머니는 머리를 풀고 곡을 하고 계신다. 가슴이 덜컥 내려앉는다. 무슨 일일까? 불안하다. 외양간 앞에 꼴망태를 내리고 들어가니 집안 아저씨 한 분이 말씀하시길 조부님께서 돌아가셨다고 하신다. 나는 어찌해야 되는 줄도 모르고 그냥 어른들의 심부름만 하였다. 그러면서도 할아버지의 죽음이 조금도 슬프거나 가슴 아프지는 않았고 그 분의 영혼이 꼭 내 곁에 있는 것 같았다.

서예, 시조, 역학에 대가라는 칭송을 들으며 중국을 넘나들고 학문만 하시던 어른이 가신 것이다. 모태에 내가 있을 때 이름과 아호를 지어주신 예언자였다. 장례식은 그분이 생전에 자리를 잡아 놓으신 곳, 원통골〈말바탕〉이라 하는 높은 산 절벽 사이에다가 안장함으로 치렀다.

상복을 입고 상여를 따라가는 아버님의 얼굴은 비교적 무표정에 가까웠고 어쩌면 부친의 죽음을 수용하는 듯하였다. 20리가 육박한 험산준령을 걸어서 갔다 오신 아버님은 몸이 파김치처럼 늘어졌고 가쁜 숨을 몰아쉬고 밤새 앓았다. 점차 여름이 지나고 추석이 얼마 남지 않았다.

음력 8월 5일. 사촌형들과 고구마 싹을 따가지고 돌아와 보니 아버님이 보이지 않는다. 아무도 느낄 수 없는 어떤 예감이 나를 당황시켰다. 어제 마루에 걸터앉아 백부님과 나누는 얘길 내가 들었기 때문이다.
 "형님! 용서하시고 들어주세요. 아무래도 추석 전에 제가 떠날 것 같습니다."
 "이 사람아 떠난다니 어디로 간단 말여!"
 "다른 세상으로 갈 것 같습니다."
 "아니! 자네 미쳤나? 쓸데 없이 헛소리를 햐! 그리구 아버님 영전에서 그게 할 말인가? 어린 것들이 고생하고 있는디 악착같이 살 생각을 해봐! 가을 지나서 송아지 새끼 낳으면 부엌 한 칸 방 한 칸 지어줄 생각이니 딴소리 하지 마, 이 사람아!" 하시며 백부님이 안경을 고쳐 쓰시며 아버지 손을 잡으신다.
 "손이 얼음장 같구먼!!"
 문짝을 만드느라 대패질을 하다말고 큰아버님은 헛간으로 가시더니 달걀을 하나 가져다가 아버지 손에 들려주시며 뼈와 가죽만 남은 아버지를 보시며 쌈지에서 담배를 꺼내시고 곰방대에 눌러 넣고 불을 붙였다. 아마 아시는 것 같았다. 아버지의 운명을……. 백부님은 긴 한숨을 담배연기와 함께 토하시며 말없이 먼 산을 바라보신다.
 큰아버님이 침묵을 깨고 "동생! 지팽이 짚고 살살 바람이나 쐬고 와. 내일은 내가 열 일 제치고 미꾸랭이를 좀 잡아다가 끓여줄 테니, 기운 내게."
 "형님! 감사합니다. 기운을 내 보겠습니다."
 그것이 백부님과 마지막 대화가 될 줄은 아무도 몰랐다. 해질 녘까지 아버지가 오시지 않는다. 나는 아버지를 찾아 나섰다. 강변 쪽에 계실지 모른다는 생각이 스쳤다. 숨을 헐떡이며 달려가는데 어떤 아주머님이 소리친다.
 "야! 석열아! 느아부지 느네 증조할아버지 산소에 누워있다. 빨리 가봐라."
 "예! 알았어요. 아줌마."
 나는 불길한 예감으로 뛰었다. 증조부 묘지에 도착하니 아버지는 스스로 임종을 준비하고 계셨다. 마른 풀 뭉치로 베개를 만들고 반듯하게 누워 계셨다.

내가 "아버지" 하고 귀에 대고 부르니 아버지는 눈을 떴다. 아버지는 나만 알 수 있는 힘든 언어로 유언을 남기셨다.

"착하게 살아라. 열심히 도 공부하고 아버지가 외우던 경 꼭 외우고 너희 엄마를 원망하지 말고, 힘들어도 참고 살아라. 아버지가 천상에서 너를 지켜보며 도와 줄 것이다." 하시며 나의 손을 힘겹게 잡으시고는 이내 손에서 힘이 빠졌다. 누가 전달했는지 사촌형님 중에 큰형님이 달려와서 아버님을 업고 뛰었다.

사람들이 몰려들었다. 마을 태고종 암자에서 대원 스님이 오셔서 대충 맥을 짚어 보시더니 사람들에게 장사 준비하라고 하고, 아버지 귀에 대고 "장 선생 이승의 인연 잊고 편히 본향으로 가라." 하고 마치 산 자에게 하듯 말하였다. 아버지는 몇 분 뒤에 방안에 모인 사람들을 찬찬히 보시면서 약간의 거품 같은 액체를 흘리며 마지막으로 나를 바라보시고는 눈을 스스로 감으셨다.

큰어머님이 혼잣말을 하신다.

"편히 가요. 아부지 옆으로 가서 잘 살어! 어린것들 걱정 말어. 내가 잘 봐주께. 아이고 쯧쯧 망할 놈의 에펜네. 죄받을 년. 아이구 원통해서 워트게 눈얼 감어!!" 하시며 통곡을 한다.

대원 스님이 잠시 곡을 못하게 하시며 무슨 경전인가를 읽어 주셨다. 그리고는 큰 아버님께 말하였다. 영혼이 완전히 떠났으니 3일장을 하지 말고 내일 바로 매장하라고 지시하고는 대원스님은 떠났다.

우리는 당시 그 스님이 결혼을 하고 술 고기를 먹고 화투도 치고 할 짓 다 하길래 땡중이라고 놀려주곤 했는데 세월이 수십 년 지나면서 나는 조금씩 그 분의 실체를 깨달았다. 그는 틀림없이 사자를 인도하는 공부를 한 사람이었다. 42세를 일기로 그렇게 한 많고 죄 많은 세상을 아버지는 떠난 것이다. 아버지의 시신은 광목천으로 쌓여 큰아버님의 정성스러운 매장(염)으로 윗방에 누위계셨다.

그날 밤 아버지 곁에서 나는 뜬눈으로 새우면서 숱한 상념에 빠졌다.

'사람이 태어나서 왜 죽어야만 하는가? 어제까지 살아있던 아버지가 어디로 가셨는가? 지금 일곱 매장으로 묶여 싸늘하게 누워 있는 이분이 나의 부친인가? 아니다! 나는 지금 누굴 아버지라고 불러야 하나? 본래 아버지는 누구며 지금 아버지는 누군가?'

나는 아버지의 시신을 만져 보았다. 살은 거의 없고 뼈만 집혔다. 이 여윈 시신마저도 오늘이 마지막이다. 동생 석례도 내 옆에서 눈물을 흘리고 있다. 나는 동생의 손을 꼭 쥐면서 마음속으로 맹세를 했다.

'나는 죽지 않고 살아서 삶과 죽음 문제를 해결하고 집 없는 사람들 병들고 가난한 사람들을 위해서 많은 일을 하고 돈도 벌어 가난한 사람에게 먹을 것도 나누어 줄 것이다. 반드시, 반드시.'

이상하게 그날 밤 기침 한번 나지 않고 슬프지도 않았다. 날이 밝았다. 가난한 큰댁에 몇 개월 간격으로 초상이 두 번이나 났으니 어찌 일을 치루겠는가? 어린 나이지만 걱정이 태산 같았다. 너무 어려워서 관도 만들지 못했고 상여 들것에 아버지의 시신을 올리고 밧줄로 요동치 못하게 묶고 곧바로 뒷골 문중 선산으로 떠났다. 사촌형님이 할아버지 상 때 만든 상복을 입고 뒤를 따르고 나와 석례 동생도 10리길 선산을 향하여 상여 뒤를 따랐다.

소리꾼의 요령에 맞춰 회심곡을 부르며 마을 사람들은 정성껏 아버지를 잘 모셨다. 마지막으로 아버지의 몸에 나는 앞섬으로 흙을 담아서 뿌리고 보이지도 않는 그분의 영혼과 슬픈 대화를 나누며 참을 수 없는 눈물을 한없이 흘렸다. 10세 된 소년의 뜨거운 눈물. 그 눈물은 실로 차원이 다른 눈물임을 아는 사람만 알 것이다.

음력 8월 6일.

장례를 마치고 돌아오니 사람들이 우리 남매를 두고 모두가 걱정을 하며 연민의 눈길을 보냈다. 여동생 석례는 기가 많이 죽어 있었다.

동생과 나란히 윗방에서 누워 밤을 지냈다. 온 지구상에서 우리가 제일 불행한 듯싶었다. 나는 이때부터 구도여행이 시작된 듯하다. 가난과 병고 문제 사촌들 틈에 얹혀살면서 겪는 부대낌, 먹는 날보다 굶는 날이 더 많던 큰댁의 가난, 앞으로 어떻게 살아야 할 것인가? 동서남북 어디를 봐도 뾰족한 묘책은 없다. 저녁만 되면 아버님께서 누우셨던 자리에서 나는 참으로 간절한 기도를 열심히 드렸다.

아프지 않고 건강하게 살아서 아버지의 유언대로 성숙하고 싶었다. 낮에는 형님들을 따라다니며 농토에 나아가 일을 배웠고 밤에는 작은아버지한테 가서 천자문을 배웠다. 여러 차례 매를 맞으며 열심히 익혔다.

목수였던 큰아버지가 만들어준 나무지게를 지고 다니면서 농사일을 배우고 대장간을 하며 목공예를 하던 작은아버지가 만들어준 30cm 되는 끝이 뾰족한 쇠꼬챙이를 오른편 지게목발에 못을 박아서 걸고 다녔는데, 그것은 작은 아버지에게 배운 한자와 나의 이름과 배운 글을 잊을까봐 연필대신 사용하는 철필이었다. 틈나는 대로 나는 땅바닥에 글을 쓰고 또 썼다.

늦가을 어느 날, 마을 인삼장수 아주머니를 통해서 어머니 있는 곳을 알게 되었다. 전라북도 완주군 동상면에서 어머니를 만났다고 귀띔해 주면서 찾고 싶으면 가보라면서 주소를 연필로 담뱃갑 껍질에 적어주셨다. 집이 가난한 것 같고 배가 부르더라고 했다. 그 소식을 듣자 동생은 자주 애가타서 엄마가 보고 싶다고 울었다. 나는 매일 밤 어머니 주소를 보고 갈등하다가 편지를 한 통 썼다.

7. 어머니를 만나다

어느 늦은 밤 다음과 같은 편지를 썼다.

미우면서도 그리운 어머님 전상서
나와 동생은 당신에게 버림받고 아버지는 독사에 혈관을 물려 고생하시다가 돌아가시고 가난한 큰댁에서 농사 심부름을 하면서 살고 있습니다.
동생 석례가 가여워 어쩔 도리가 없습니다. 어머니를 너무나 보고 싶어 하니 내가 찾아가도 된다면 답장을 주세요. 더 이상 할 말은 없어요. 행복하세요.

연필글씨로 편지를 쓰고 겉봉에 주소를 썼다. 편지를 보낸 지 열흘이 좀 지나서 답장이 왔다.

'불쌍한 석열아! 나도 네가 보고 싶다. 못난 엄마를 많이 원망해라. 큰아버지와 상의해서 이곳으로 오너라. 올 때에는 동생 석례 데리고 이불 하나 가지고 오기 바란다.'

이상이 어머니의 답장 전부였다. 아! 밉지만 어머니도 나를 한편 생각하시는구나 하는 안위가 생겼다.
나는 백부님에게 편지를 보여드리고 동생을 데리고 어머니한테 다녀오겠다고 말씀을 드렸다. 늦가을이자 초겨울 새벽 큰어머님께서 지폐 40원을 손에 쥐어주시고는 나와 동생 석례를 데리고 금산읍까지 동행해주셨다.
15km가 넘는 거리를 등에는 이불을 멜빵끈으로 묶어서 짊어지고 나와 동생은 피난을 가는 아이들처럼 총총걸음으로 큰어머니 뒤를 바싹 따라갔다. 내가 헉헉거리자 큰어머니께서 입을 여시면서 걸음을 늦추신다.
"느덜 말여! 느 어머니한테 가서 영 불편하거들랑 언제든지 오너라 알었지?"

나는 그 음성을 귀담아들으며 대답했다.

"예 큰어머니."

"그런디 빤하다, 빤햐."

"뭐가요?"

"생각해 보면 모르건냐? 이불을 각구 오라쟌야? 보나마나 느덜 고생하겠어! 쪼끔 살어 보다가 고향으로 오거라. 니 손으로 느 아부지 벌초도 하구 말여."

"예 알겠어요, 큰어머니."

"그라구 너 올겨울 워트케 살란지 걱정이다. 그노무 지침 때미 걱정이다, 걱정. 아플 때는 고향 음석을 먹어야 병이 낫는건디 말여. 부모 잘못 만나 느덜 고생이 말이 아니구나. 에구~ 베락 맞을, 쯧쯧…."

"괜찮아요, 큰어머니. 큰어머니가 보살펴 주셔서 그동안 잘 지냈어요. 어머니 찾아갔다 영 힘들면 고향에 다시 찾아오겠습니다."

"그랴, 그렇게 햐. 그런디 너 고향 주소 알구 있냐?"

"걱정 마세요, 큰어머니. 한문으로도 쓸 수 있어요. 작은아버지한테 배웠어요."

"에구! 그래그래. 니가 누구 아들인디 글쟁이들 핏줄답구나! 가거덜랑 편지해라."

"예, 큰어머니."

나는 고마우신 큰어머니 얼굴을 자주 바라보며 대답에 힘을 주었다. 동생 석례는 큰어머니와 나를 번갈아 쳐다보며 엄마를 찾아간다는 믿음으로 콩나물처럼 가늘어빠진 다리로 열심히 총총걸음을 하며 따라온다.

아버지가 돌아가시기 전에 사서 신긴 꽃신 좌우에 작은 나비모양의 리본이 붙어 있는 신발. 밑이 거의 달아서 오른쪽은 구멍이 나 있었다. 창평이라는 마을을 지났을 때 동생이 지쳐서 말했다.

"큰엄마! 다리 아파요. 쪼꼼만 앉았다 가요!"
"그래, 알았다. 쪼꼼 쉬었다 가자."

아침 해가 서서히 떠오르고 있었다. 우리는 햇빛이 드는 밭둑에 쪼그리고 앉았다. 석례 어린 녀석이 '후유' 하고 한숨을 쉰다. 낡은 반팔 원피스 여름옷을 하나 걸치고 천로역정을 하는 동생을 잡고 큰어머니께서 굵은 눈물을 하염없이 흘리신다. 나는 큰어머님의 마음을 훤히 읽을 수 있다.

"큰어머니 그만 우세요. 제가 죽지 않고 굳세게 살아서 공부하고 훌륭한 사람이 되어 돈도 많이 벌어서 큰어머니 좋은 옷도 사드리고 우리 같은 사람들도 많이 도와주겠습니다."

"그래 그래, 신통하구나. 신통해 우리 석열이…" 하시면서 큰어머님은 무명천 옷소매로 눈물을 훔치신다. 큰어머님께서 동생을 업으시고 걸으셨다. 얼마쯤 걷다 보니 석례는 큰어머님 등에서 잠이 들어 있었다. 큰어머니 등이 따뜻하니 지친 상태에서 즉시 평안한 휴식에 들어간 것 같다.

동생을 등에 업은 큰 어머니은 "어서 따라오너라 아가!" 하면서 앞장서서 걸으셨다. 등 뒤에 햇빛이 조금씩 느껴졌다. 창평이라는 마을에서 수당리라는 마을까지 왔다. 조금만 더 걸으면 금산 읍내다. 얼마나 걸었는가? 금산읍에 도착했다. 금산국민학교를 지나 지금의 상리(향교)옆 외가댁으로 아침에 우리는 들어갔다.

예감이 불길하다. 큰어머님이 뭐라고 소리하니 안에서 외조모님이 나오신다. 나를 보시고 등에 업힌 동생을 보시더니 뭣 하러 왔느냐며 서릿발처럼 쌀쌀하게 냉대하였다. 삽짝문 밖에서 서성이는데 외할아버지가 나오시더니 큰어머님을 의례적인 인사로 안으로 들어오라고 하시니 큰어머님은 사양하시며 뭐라고 내가 모르는 말씀을 나누시고 죄 없는 어린것들을 돌봐달라면서 눈물을 흘렸다. 그리고는 내게 말하셨다. 너무 힘들면 주소 아니까 고향으로 돌아오라고 하셨다. 그리고는 무명천 목도리를 내게 감아 주시고는 석례 얼굴을 손바닥으로 한번 감싸시고 불편한 마음으로 40리 길을 물 한 모금 못 마시고 내려가셨다.
 큰 어머님이 가시자 외할머니는 다짜고짜 야단부터 치신다.
 "이것들아! 느네 장가 문중에서 살지 왜 끄대 왔어?"
 할머니의 눈꼬리를 보니 악독이 기름처럼 흐르고 있다. 만주에서 17세 때 세례를 받고 하나님을 믿었다는 여자가 어찌 그리도 천인공로한가? 사위를 죽음으로 인도하고 딸을 파멸시키고 자신도 죄악 속에서 죽으려 하는가? 겉으로는 인자해 보이는 외할아버지는 뭣 하는 노인인가? 이 죄 많은 인간들은 삼강오륜도 모르는가? 그리고 아들이 어머니를 만나러 가는 것이 왜 그토록 미울 필요가 있는가?
 나는 아무 말 없이 할머니를 약 1분쯤은 눈길 한 번 바꾸지 않고 노려보듯 쳐다보았다. 그의 마음이 보였다. 째지는 소리로 욕을 걸러 부으면서도 그의 양심은 괴로웠다. 그러나 화인 맞은 그 마음은 이미 참회라는 것은 상상할 시기가 훨씬 지나 죄의 열매가 익어가고 있었다. 외할아버지의 배려로 방에 들어가서 무슨 국물인가를 조금 얻어먹는데 울화로 목이 메어 넘어가지 않았다. 굵은 고구마 익힌 것을 몇 개 얻어서 광목천에 싸고, 어머니한테 가서의 주의사항을 할머니한테 한 시간은 설교를 들었다. 할아버지가 머리를 빗더니 떠날 준비를 하자고 하신다. 나는 알았다 하고 즉시 일어나 석례 손을 잡았다.
 "오빠! 진짜 엄마한테 가는 거야?
 "그래, 그렇단다. 오늘 가면 엄마를 볼 수 있어 조금만 기다려!"
 등에 이불을 멜빵으로 짊어지고 할아버지를 따라 나섰다. 금산읍 중도리 좁은 주차장에 시외버스가 하루에 몇 번 금산에서 전주를 왕래하고 있었다. 140리길 비포장도로. 버스 유리에 보니 "운주-고산-전주"라고 붉은 글씨로 안내표가 보인다. 고산 어느 곳에 어머니가 살고 계신다.
 일단 떨렸다. 난생처음 장거리 버스를 타보는 것이다. 내 주머니에는 큰어머님이 들려준 지폐 40원이 있었다. 할아버지가 사정을 해서 나는 5원을 주고 차를 탔고 동생은 그냥 탔다. 10분쯤 지나서 심한 멀미로 나는 죽을 것만 같았다. 안내양 누나에게 말했더니 유리창을 열어주는데 다른 사람들이 찬바람 들어온다고 닫으라고 하자 할아버지가 창 너머로 토하라고 하여 약간 요기한 음식물을 전부 토하며 기침을 지독하게 하였다.
　지금의 대둔산쯤 지나서 안내양 누나가 말을 걸었다.
　"너희들 어디 가니?"
　"엄마 찾으러 가요."
　"엄마가 어디 있는데?"
　"잘 몰라요 고산 어디에 계시대요."
　"학교는 다니니?"
　"지금은 안다녀요."
　"딱하구나! 이거 하나 먹어봐 박하사탕이야!"
　안내양은 나와 동생에게 박하사탕을 하나씩 주고 무슨 껌도 하나씩 주었다. 나는 너무나 고마워서 감사하는 인사를 연신하며 두 손으로 받았다. 참으로 오랜만에 맛보는 사탕이다. 어지러운 증세가 조금은 완화된 듯싶다.
　흙먼지 비포장도로를 달려 고산에 도착했을 때는 오후 세시쯤 된 것 같았다. 고산국민학교 앞 담배 가게에서 어느 노인에게 동상면 수만리라는 동네를 물으니 멀리 검은 산을 가르쳐주는데 까마득하게 보인다. 늦가을이자 초겨울 들녘에는 짙은 단풍이 추위를 재촉하듯 바람에 우수수 떨어져 날린다.
　단지재 라는 12Km의 높은 산길을 앞에 두고 개울가에 주저앉았다. 무명천에 싸서 들고 온 찐 고구마 몇 개를 끄집어내어 개울물을 떠서 목을 축이고 먹었다. 서늘한 바람이 불며 오후의 해는 서산으로 기울고 있었다. 할아버지는 내가 짊어지고 가던 이불 보따리를 받아 짊어지고 나는 동생의 손을 잡고 걸었다.
　얼마쯤 가니 큰 산 아래 개울과 징검다리가 보인다. 징검다리

위로 물이 흐르고 개울가에는 엷은 살얼음이 얼어 있다. 외할아버지가 먼저 옷을 걷고 건너면서 업어서 건너 줄 것이니 기다리라고 했다. 나는 검정 양복 낡은 바지를 걷고 동생을 업고 내를 건너기 위해 몇 발짝을 내딛었다. 순간 전신이 찢어질듯 시리고 따가워 이를 악물고 건너다가 미끄러져 주저앉고 말았다. 정신이 들어 눈을 떠보니 할아버지는 잔디밭에 불을 피우고 동생은 나의 얼굴을 감싸고 있다. 햇빛은 아직 있지만 몹시 추웠다. 할아버지가 업어 건너 준다는 것을 나와 동생은 손을 잡고 입술을 물고 냇물을 건넜다. 고구마 쌌던 광목천으로 물묻은 장딴지를 닦았다. 눈물이 쏟아진다.

말없이 외할아버지를 따라갔다. 숨이 차고 힘이 달려 어깨로 숨을 몰아쉬며 총총걸음으로 따라갔고 동생도 열심히 그리고 바삐 거의 필사적으로 따라온다. 30리길 산골짝을 진땀을 흘리며 걸었다. 산중턱에서 나무꾼들을 만나 할아버지가 뭐라고 한 번 더 묻는다. 우리는 그저 열심히 따라 걸었다. 그 높은 산 단지재 정상에 올라서니 붉은 해가 완전히 숨어버렸다.

몇 번인가 지쳐 쓰러지며 산 아래 마을을 찾아 내려갔다. 불빛이 하나둘 밝혀지고 있었다. 불빛을 따라 조심조심 외조부님의 뒤를 따랐다. 나와 동생은 아마 열 번은 넘어진 듯하다. 여하튼 산을 내려와서 어머니 집을 물어물어 찾았을 때는 이미 밤이 깊어서였다. 할아버지가 날보고 어머니를 부르라고 한다. 나는 목이 메고 떨려 말이 나오지 않아 망설였다.

할아버지는 큰소리로 부르라고 하신다. 나는 "어머니!" 하고 크게 소리쳤다. 순간 "이게 뭔 소리여?" 하는 소리와 함께 방문이 열리며 어머니가 얼굴을 밖으로 내민다.

틀림없는 어머니다. 죽도록 미운 어머니. 그 어머니를 왜 그리도 그리워했는가? 나는 순간 이상한 긴장이 풀리며 빈혈 비슷한 증세로 쓰러진듯하다. 눈을 떠보니 아랫목에 내가 누워있고 어머니는 눈물을 흘리고 있으며 할아버지는 뭐라고 훈계를 하는 듯하다. 그리고 그 옆에는 아버지의 친구 새아버지 장 씨가 앉아있다. 심장이 쿵쿵 뛴다. 죄 없이 왜 마음이 그토록 불안했을까?

나는 일어났다. 나는 능청을 떨고 "그동안 안녕하셨습니까? 라고 인사를 했다. 장씨는 "그래! 오느라고 애썼다!" 하면서 어디론가 나갔다.

길고 지루한 밤이 지나고 날이 밝았다. 주일날이었던지 교회에서 종소리가 난다. 외할아버지는 서둘러 떠나시면서 나와 동생을 그리고 자기의 팔자 사나운 딸을 번갈아 물끄러미 보시더니 뒤도 돌아보지 않고 떠나셨다. 어린 소견에 어쩌면 외조부님과 마지막일 것 같은 예감이 스쳤다.

멀어져가는 외조부님의 흰 두루마기 뒷모습을 보면서 나는 마당에서 겸연쩍게 서성이고 있었다. 밝은 대낮에 둘러본 어머니의 집은 실로 충격이었다. 만화책에서 보던 오막살이에 사방 8자 방 한 칸 반 평쯤 되는 부엌 한 칸에 지붕은 갈대와 억새 비슷한 풀을 베어 올린 움막이었다.

먹을 것이 없어 날품을 팔아 생활을 하는 것 같았다. 그 오막집에서 우리 삼남매와 그 쪽에서 데려온 둘째아들 영석이라는 우리보다 아래가 있었다. 영석이라는 아이는 나보고 형이라고 하면서 철없이 따랐다.

"한창 사랑받을 나이에 너와 나는 무슨 죄로 이토록 기구한 운명의 게임을 하고 있는지 모르겠다." 라고 나는 조숙하게 중얼거렸다. 그 녀석도 어머니한테 늘 눈치를 먹었다. 어머니는 젖먹이 딸을 안고 또 임신을 하고 있었다. 단칸방에 젖먹이까지 7명이 골 박아 잠을 잔다. 나는 결심하였다. 이왕에 가난하여 공부도 못하고 이렇게 개보다 못사느니 적절한 기회에 떠나서 도시로 나가 할일을 찾아보고 구걸이라도 하는 게 낫겠다고 생각했다.

시간은 흘러 그렇게 여러 날이 지났다. 새아버지는 나와 동생을 볼 때마다 고향으로 돌아가라고 하였다. 나는 그저 "예" 하고 대답만 하였다.

그러나 막상 떠나려하니 겁도 나며 갈 길이 막막하였다. 물론 돈도 없었다. 큰어머니가 들려주신 40원 중에 20원이 남아있을 뿐이었다. 나는 그 돈은 큰어머니의 손 기운이 묻은 마지막 정성 같아서 쓰지 않기로 하고 종이로 싸서 주머니 속에 깊이 넣어 두었다.

그 해 겨울은 불안한 바늘방석 같은 단칸방에서 눈치를 받아가며 지냈다. 날씨가 너무 추워 어디로 떠날지 자신감이 없었기 때문이다. 그리하여 일단 무슨 묘책이 생길 때까지 눈 딱 감고 눌러앉아 볼 생각으로 그 날부터 새끼줄로 멜빵을 만들어 마을에서 좀 떨어진 큰 산에 올라가서 마른 나뭇가지를 모아 묶어서 메고 돌아와서 헛간에다 놓고 갈고리로 낙엽 같은 것도 긁어다가 부엌에다 모아놓고 부지런히 뭔가를 거들었다. 그렇게 매일 오전 오후 나무를 하러 산에 올랐다. 다행히 기침은 덜 나는 것 같았다.

새아버지 장 씨는 아무 말 없이 지내면서 눈길은 주지 않았다. 살아남기 위해 머슴처럼 일을 하였다. 어느 날 나는 하루 동안 아무것도 먹지 않고 지내는 어머니가 이상하여 물어보니 식량이 떨어졌다고 하였다.

참으로 기가 막혔다. 모두가 불쌍하였다. 감나무가 수천 주 있고 농토도 많고 너른 마당에 좋은 고향집도 있다고 자랑하더니 만물의 영장이라는 사지가 멀쩡한 인간이 먹을 것이 없어 추운 겨울날에 굶고 있다니 무슨 저주인가? 아마 며칠 동안 먹지 못한 것 같다. 어머니는 빈 솥에 물만 끓였다.

부엌에 쭈그리고 앉아 부지깽이로 알 수 없는 글씨만 땅에 쓰면서 아무 말도 안 했다. 화로에 불만 가득 담아 단칸방에서 추위를 이기고 있었다.

그날 밤 열시도 되지 않았는데 그들은 초롱불 심지를 낮추더니 그 짓을 하였다. 나는 모르는 체하고 있었다. 인격이 무시당하는 나 자신이 서러워 속히 이 집을 나가야 한다고 늘 다짐을 하면서도 벌써 두 달이 지나고 있었다.

며칠 뒤 장 씨는 자정 가까운 시간에 옷을 주섬주섬 챙겨 입고는 어디론가 사라졌다. 새우잠을 자면서 간헐적으로 기침을 하다가 인기척에 눈을 떴다. 장 씨가 들어왔다. 어머니더러 불을 켜라고 하자 등잔불이 밝혀졌다. 그리고는 자루를 갖다가 벌리더니 뭔가를 쏟아 놓고 있었다. 나는 자는 체하고 곁눈질로 슬쩍 슬쩍 보고 있었다. 알고 보니 어딘가에 부잣집에 가서 쌀을 훔쳐온 것 같았다. 더욱 기가 막힌 것은 자신의 속옷 내의 양끝을 묶고 쌀을 담아 옆구리에 끼고 오느라 얼마나 시려웠겠는가?

이튿날 아침 그 쌀밥을 먹으면서 나는 뼛속 깊이 홀로 맹세한 바가 있다. 차라리 구걸을 하더라도 도둑질은 하지 않겠다고 굳게 하늘에 다짐을 하였다. 그 날 오전에 종소리를 듣고 앞집에 태현 씨라는 젊은 부부를 따라서 마을 교회를 참석해 보았다. 아이들 10여명과 노인과 장년들이 15명 정도 예배를 드리고 있었다. 교회당은 낡은 목조건물에 불을 때는 구들방이 이상적이었고, 60세가 지난 할아버지 전도사가 전도서 3장을 강론하였는데 꾸벅꾸벅 조는 사람들도 있고 아이들은 떠들었다. 나는 그분의 설교를 끝까지 빼놓지 않고 다 들었다. 그날 주제는 천하의 모든 범사는 기한이 있다는 것이었다. 그날 마태복음과 요한복음이 기록된 쪽 복음서를 하나 얻어서 늘 가까이 놓고 읽었다.

며칠 후에 나는 다시 산에 나무를 하러 어른 지게를 지고 올라갔다. 지게 무게만도 무겁고 지게가 커서 멜끈을 줄여서 지고 갔다. 부러진 통나무 몇 개를 지고 오다가 비탈길에 쓰러져 왼쪽 무릎에 옷이 찢어지며 심한 상처를 입었다. 그 때 나를 바라본 마을의 노총각 평수라는 사람이 혀를 차면서 자기가 나무를 챙겨 산 아래 평지까지 내려주더니 말을 걸었다.

"너 고향은 어디냐?"

"금산입니다."

"어쩌다 여기를 와서 이렇게 고생을 하니? 공부할 나이에."

"엄마 찾아 왔어요."

그 평수라는 사람은 말이 어눌하고 게을러 보이고 어딘가 모자란듯했으나 나에게는 친절한 사람으로 기억된다. 그 분은 그날 내 상처에 바를 약을 주겠다며 자기 집을 가르쳐주고 저녁에 오라고 하였다. 그리고 잠자리가 불편하면 자기 옆에서 자도 좋다고 하였다.

저녁에 무슨 나물죽 비슷한 것으로 요기를 하고 약간 다리를 절며 평수 씨 집으로 찾아갔다. 마당에 들어서서 '아저씨' 하고 불러보았다. 몇 차례 부르니 사랑채 쪽에서 나이 많은 중노인이 문을 열었다. 마을에서 몇 번 안면이 있는 사람이었다. 나는 인사를 하고 평수 아저씨를 만나러 왔다고 하였다. 그랬더니, "아직 안 왔다. 한참 있어야 올 것인디…." 하면서 그 사람을 왜 찾느냐고 물었다. 나는 무릎을 나무하다 다쳐서 약을 얻어 바르려고 왔다고 했더니 그 노인은 "저런! 안됐구나. 일단 방으로 들어와라. 추운디 떨지 말고." 나는 고맙다고 인사를 하고 방에 들어갔다. 담배냄새와 건초냄새, 촌부들의 퀴퀴한 체취가 물씬 풍겼다. 노인은 나의 사정을 대강 알고 있었는지 나를 동정하였다.

"너도 참 부모 잘못 만나 고생이 많구나. 어디가 아프냐? 웬 숨소리가 그렇게 거치냐? 그리고 올 때보다 꼴이 틀렸구나. 쯧쯧쯧!"

노인은 담배를 한대 피우더니 어디를 다쳤는지 보자고 한다. 나는 무릎을 걷어 올렸다. 앙상한 다리에 무릎 한 복판이 5cm 찢어지며 뭉개져 있었다. 상처가 겁은 났지만 배고픈 것에 대한 신경이 예민하여 별로 아픈 줄도 몰랐다. 그 아저씨가 잠시 밖으로 나갔다. 얼마 뒤에 놋 양푼 비슷한 그릇에다 뭔가를 들고 왔고 깡통을 하나 들고 왔다.

"우선 이것 좀 먹어라" 하고 그릇을 내밀었다. 그릇을 보니 곶감 대여섯 개와 홍시 몇 개가 있고 큼지막한 생 무가 하나 부엌칼과 함께 들어 있었다. 정신이 번쩍 들었다. 나는 순식간에 그 감들을 다 먹어치웠다. 그 중노인 아저씨는 알고 보니 그 동네 교인이었다. 머리맡에 두꺼운 성경책이 있는 것으로 보아 짐작이

갔다. 걸신들린 사람처럼 먹어치운 나를 보고는 조금 더 줄까? 하고 묻는다. 나는 너무 감사하여 눈물이 핑 돌았다. 그래서 곶감 두 개만 더 달라고 하였다. 그랬더니 나를 조용히 바라보다가 밖으로 나갔다. 낡은 포대종이 비슷한 봉지에 감 껍질 말린 것과 곶감 몇 개를 넣어 가져다주시면서 가져가서 내일 먹으라고 하였다. 나는 머리 숙여 절을 하며 감사의 뜻을 전하고 평생 잊지 않겠다고 말씀을 드렸다. "아니다 너를 도와주지 못하는 우리 형편이 원망스럽구나" 하면서 담배에 불을 붙였다. 훗날 알고 보니 그분도 혼자 사는 날품꾼이었다.

그 아저씨가 나의 상처에 무슨 동물성 기름을 듬뿍 바르고 낡은 헝겊으로 싸매고 있는데 평수 아저씨가 "아저씨 계쇼?" 하면서 들어온다. 나를 보고 "언제 왔냐?" 하면서 주머니에서 뭘 끄집어낸다. 전형적인 빨간약 머큐롬과 오징어 뼈를 한 조각 들고 왔다. 그리고 내 다리를 내밀라고 하더니 헝겊을 다시 풀었다.

그러자 두 사람이 말다툼이 벌어졌다. 젊은 사람은 상처에 무슨 썩은 기름을 발라 놓으면 상처가 곪아서 불쌍한 아이 죽인다고 하며 자기가 가져온 약을 바르는 게 좋다고 하고, 나이 드신 아저씨는 "모르는 소리 말어, 이놈아! 오소리기름은 만병통치나 마찬가지여! 떠들지 말어, 이놈아!"

그러자 청년은 자신이 가져온 약을 주면서 "겨울에 상처 덧나면 큰일이여! 이거 가지구 다니면서 발러라." 라고 말했다. 나는 말없이 약을 받아서 주머니에 넣었다. 평수라는 노총각도 알고 보니 그 댁에서 얹혀서 잠을 자는 사람이었다. 낮에는 땔감 같은 것을 해서 팔고 이집 저집 다니면서 일거리가 있을 때는 노동을 하고 저녁에는 이 나이 드신 홀아비 성자의 집에 머무는 것 같았다. 나는 그날 밤 오랜만에 실컷 간식을 하고 평수 아저씨 옆에서 잠을 잤다.

이튿날 아침에 어머니 집에 들어갔다. 어디서 자고 왔느냐고 새아버지 장씨는 말을 하였다. 그래서 사실대로 말을 했더니 오늘 밤에도 거기 가서 자라고 한다. 나는 입장이 곤란했지만 알겠다 대답을 하고 그날 밤 다시 그 댁을 찾아갔다.

그 나이 드신 홀아비 성자에게 사정을 했다. 얼마 뒤에 떠날 것인데 그때까지만 여기서 잠을 좀 잘 수 있느냐고 물었다. 그랬더니 그렇게 해도 좋다고 하였다.

어떤 때는 그 분이 삼태기 같은 것을 만들기도 하면서 생무를 깎아먹으며 몸에 좋을 거라며 한쪽씩 주기도 하였다. 어머니 댁에서의 생활은 그렇게 흘러가고 있었다.

설이 지나고 보름 때가 되었다. 장씨와 어머니는 작은 소쿠리를 주면서 밥을 얻어오라고 하였다. 나는 끝 간 데까지 온 나의 운명의 날들로 간주하고 고개를 끄덕이며 알겠다고 하고 소쿠리를 받아들고 마을 집집마다 다녔다. 한번은 어느 집에 갔는데 쌀을 조금 주기도 하였다. 몇 수저씩 떠준 밥이 한 소쿠리가 조금 못되었다. 몇 시간 뒤에 집에 들어갔더니 많이 얻었구나 하면서 장씨의 눈치가 조금 완화된 듯하다. 기가 막혔다.

그 뒤 매일 동냥을 시켰다. 이 마을 저 마을 다니면서 곡식을 얻으러 다녔다. 지독한 기침을 연신하면서, 그러나 막상 돌아올 때는 보리쌀 반 되도 못 얻고 허탕 칠 때도 많았다. 고향생각이 나기 시작했다. 그러나 반년도 못 견디고 고향으로 갈 수도 없다. 큰어머니와 형님들 그리고 고향 사람들 국민학교 몇몇 선생님들이 너무 보고 싶고 종종 죽고 싶은 마음도 들었다. 이렇게 만감이 교차하는 11세의 나이에 꿈의 날개가 부러져 더 이상 인내할 기운이 없었다.

이러한 나의 생활과 구걸을 다니는 오빠가 측은한지 8세 동생은 "오빠! 우리 큰엄마 집에는 먹을 거 많은데, 그지? 응?" 하면서 녀석도 고향생각을 하는 듯했다.

어느 날 나는 더 이상 동냥질을 못하겠다고 하였다. 그랬더니 새아버지 장씨는 노한 얼굴로 나를 쏘아보고는 어디서 말대꾸냐며 호통을 쳤다. 그때 나는 처음으로 반항을 했다. 아저씨는 이담에 죽어서 지옥불에 갈 것이라고 내가 악담으로 도전하였다.
 "아저씨는 좋은 친구를 속이고 우리 엄마를 **빼앗아** 갔으니 그보다 큰 죄가 어디 있느냐."고 따졌더니 나를 끌고 방으로 들어가서 부들부들 떨면서 그런 소리 한번 더 하면 아무도 몰래 죽이겠다고 하며 어디론가 밖으로 나가 버렸다.

8. 죽을 고비를 넘기다

 그 뒤 장씨는 매우 부드러워진 듯하였다. 가끔씩 웃기도 하며 "석열아!" 하고 나의 이름을 부르기도 하였다.
 하루는 홀아비 성자 아저씨 집에서 자고 좀 늦게 돌아왔다. 햇볕은 맑았으나 바람이 차가운 날로 기억된다. 장씨는 경칩 개구리를 잡으러 가자고 하며 괭이와 큰 깡통을 준비하였다. 나는 이상하게 기분이 거북하였다. 경칩 개구리를 볶아 먹으면 나의 병도 치료될 거라고 하였다. 나의 건강까지 관심 가져주는 배려가 한편 놀랍기도 하고 해서 따라간다고 대답을 했다.
 오전 10시쯤 수만리라고 하는 마을 윗 골짝으로 들어갔다. 그는 괭이로 돌을 떠들어 얼음 속에서 몇 마리의 개구리를 잡아서 깡통에 넣었다. 나는 처음으로 돌아가신 아버지에게 개구리를 잡아 드린 뒤 개구리를 잡지 않겠다고 약속했는데 이상하게 아버지가 아닌 아버지 옆에서 누굴 위해 다시 개구리 소년이 되고 있는가? 싶었다. 그는 점점 깊은 골짜기로 들어갔다. 종종 얘기도 들려주면서 나도 의례적으로 "예! 예!" 하면서 순종을 했다. 날씨가 추워 그런지 생각보다 개구리는 없었다. 가재 몇 마리와 개구리 10여 마리가 전부였다. 나는 손이 시려서 깡통을 오른손 왼손으로 번갈아 들고 따라다녔다.
 "추운데 집에 갈꺼나?" 하고 장씨가 물에서 올라왔다. 그는 여기저기를 여러 차례 둘러보고 있었다. 어디 다른 곳으로 가려나 보다 하고 생각하는 중, 순간 나는 정신이 캄캄해져옴을 느꼈다. 아버지 상여가 보이고, 동생이 보이고 안경 끼고 망치를 들고 있는 큰아버지도 보이고 숨이 막혀 버둥대는데 내가 어느 인간에게 죽고 있다는 생각이 불현 깨달아졌다.

나는 처음으로 간절히 신을 불렀다. 하나님이 있다면 나를 한번만 살려달라고, 그러나 하나님도 천국도 지옥도 아무것도 없다면 고통 없이 날 죽게 해달라고 필사적으로 바둥대며 부르짖었다. 순간 장씨는 무슨 생각을 했는지 목을 놓아주었다. 나는 그 자리에서 꼬꾸라져 몇 미터 아래 도랑물에 쳐 박혔다. 상체가 물구덩이에 흠뻑 젖었다. 순간 살았구나 생각이 들었다. 그러나 몸을 움직일 수가 없다. 숨은 쉬는데 침이 넘어가질 않았다. 그는 허둥지둥 내려오더니 나를 안아 들고 올라갔다.

장씨는 나를 들쳐 업고는 마을로 내려왔다. 원수의 등에 업혀 내려오는 이 악연, 불쌍한 사람이다. 돌아오니 어머니는 왜 그러냐고 하였다. 장씨는 말이 없다. 내가 얼른 말을 했다. 넘어져서 빠졌다고…. 그날 밤 몹시 앓았다. 헛것도 많이 보고 귀신도 보고 검을 들고 나타나서 나를 지키시는 아버지도 보았다.

날이 밝았다. 장씨는 누군가의 부탁으로 통나무를 짊어지고 목재소엘 간다고 가고, 어머니는 바느질하러 떠나고 나와 동생들만 남았다. 6세 아래인 나의 자매 석연이와 젖먹이는 어머니가 데리고 떠나고 장씨의 아들 영석이와 석례 나의 여동생만 남았다.

9. 또 한 번의 이별

나는 동생에게 설교를 했다.
"너 오빠 말 잘 들어라. 지금 있는 사람은 아버지가 아니다"
"알아 오빠. 우리 아버지 돌아가셔서 상여 뒤에 따라갔다 왔잖아?"

"그래 그래! 잊지 마!"
"아버지가 내 꽃신발 사줬는데…."
"그런데 석례야! 오빠가 오늘 떠나서 공부하고 돈 많이 벌어서 큰집 지어놓고 데리러 올 테니까 너는 여기서 기다려."
"싫어! 나도 따라 갈래. 오빠 혼자 큰집에 갈려구 그러지?"
"아니야 고향에는 이담에 가고 우선 서울에 가서 공부해서 너를 꼭 찾으러 올게. 하나님 앞에서 우리 약속하자. 우리가 둘 다 떠나면 둘 다 죽을지도 몰라. 내 말 잘 들어 알았지?"

어린 동생은 고개를 끄덕이면서도 걱정되는지 눈물을 줄줄 흘렸다. 목이 메어 아픈 가슴을 끌어안고 나는 발을 동동 구르는 동생을 남기고는 아랫입술을 깨물면서 동상면을 떠났다. 따라오며 죽어라 울어대는 나의 핏줄의 울음소리가 점차 멀어진다.

지금의 전북 동상면 선들이라는 마을에 도착했다. 이 골목 저 골목 기웃기리고 다니다가 오후가 되었다. 그 날은 아무것도 얻어먹지 못했다. 해가 기울고 있는데 두려웠다. 어디서 잠을 잘 것인가?

어떤 노인이 마을 건너편 밭둑 호두나무에 쌓아둔 보릿짚을 지게에 지고 온다. 순간 나는 지혜가 떠올랐다. 아이들과 장난칠 때에 보릿짚에서 숨은 적이 있다. 나는 혼자 보릿짚이 있는 밭둑으로 건너가서 굴을 파고 들어가 가만히 쭈그리고 엎드려 보았다. 가만히 있으니까 춥지는 않은 것 같으나 배가 너무 고팠다. 그날 밤은 거기서 자고 일어나보니 날이 새려면 아직 먼 것 같다. 싸늘한 밤하늘에 별만 빛난다.

다시 보릿짚에 들어가서 슬픈 생각에 사로잡혔다. 동생 생각, 어머니 생각, 둘째 동생 석연이, 새아버지, 고향 사람들… 목이 멘다. 보릿짚 찌꺼기 먼지로 온몸이 간지럽고 껄끄러웠으나 무사히 하룻밤을 지냈다.

해가 뜨기를 기다렸다. 밤새 몇 번인가를 밖을 내다보며 날이 새기를 기다렸다. 한 시간이 천년같이 길다. 마을에서 사람들이 오가며 개 짖는 소리가 나고 기침 소리도 난다. 맛있는 밥 한 그릇과 국 한 그릇만 먹었으면 얼마나 좋을까? 그러나 동서남북 어디를 둘러봐도 나는 그런 호강을 할 운명이 아닌 것 같다. 서서히 나쁜 생각만 나기 시작한다.

오전 10시쯤 된 것 같다. 콧물과 재채기 기침이 나기 시작하며 조금만 움직여도 숨이 차다. 이러다가 죽을 것인가? 아니다 나는 결코 죽지 않는다. 나는 굳세게 살아서 아버지의 유언대로 공부를 하여 이 지옥 같은 병고와 가난을 이기고 많은 사람에게 도움을 베푸는 천사가 될 것이다.

이러한 다짐을 하고 또 하면서 이집 저집 기웃거리고 다녔다. 대낮인데도 대문과 사립문을 닫고 있다 용기를 내서 어느 집 사립문을 열고 들어갔다. 어떤 청년이 쇠죽을 끓이고 있다. 사실 얘기를 하니 불이나 좀 쬐고 점심때 다시 오라고 조금 친절하게 말한다. 나는 고맙다고 말하고 불을 쬐고 나왔다. 마을 집들이 띄엄띄엄 떨어져 있는데 약 40호쯤 되는 것 같았다.

춥고 몸이 쑤시고 아파서 다시 보릿짚으로 돌아와서 햇볕이 비치는 쪽에 무릎을 세우고 웅크리고 앉아 무릎에 얼굴을 묻고 생각에 빠졌다. 사는 것이 무서웠다. 정말 두렵다. 아무리 다짐을 하고 용기를 갖자고 암시를 해도 아프고, 고프고, 추우니까 불안한 생각이 나를 사로잡았다.

'내가 이 보릿짚 속에서 얼어서 굶어 죽으면 누군가가 땅에다 묻어 주겠지! 아~! 안 된다. 나의 동생이 얼마나 나를 기다릴 텐데.'

어지럽다. 꺼먹 고무신 속에다 보릿짚을 넣고 억지로 일어났다. 맨발이었기에 발이 너무 시렸는데 아까보다 훨씬 덜 시렸다. 다시 아까 그 청년의 집엘 갔다. 삽짝문은 열려 있는데 사람이 없다. 나는 용기 내어 힘껏 소리를 질렀다.

"계세요 아무도 안 계세요?" 하고 사람을 불렀다. 아무 소리도 없는걸 보아 사람이 없었다. 나는 힘없이 나와서 몇 집을 더 돌았으나 먹을 것을 얻지 못하고 몇몇 아주머니에게는 집에 돌아가라고 야단만 맞았다. 그들이 내게 잘못한 것은 없지만 사람들이 야속하였다.

　점차 기운이 없다. 해는 짧아 벌써 저녁때가 된 것 같다. 공동 샘가에서 물을 한 모금 먹고 서성이고 있었다. 5~6세쯤 되어 보이는 여자아이가 오징어 다리를 빨아먹으면서 젊은 여자의 물동이 뒤를 졸졸 따라온다. 여인은 물을 떠서 이고 돌아간다. 아이도 뒤따라간다. 오징어 다리를 보니 침이 넘어간다. 나는 천천히 아이에게 접근하여 생각할 겨를도 없이 그 오징어 다리를 낚아채고 개울가로 뛰었다. 아이가 놀라더니 이내 소리 높여 울었다. 불과 몇 초 뒤에 나는 개울가 어느 뽕나무 옆 바위 뒤에 숨어서 그 오징어 다리를 입에 넣었다. 다리 두 개가 퉁퉁 불어있다. 아이가 울어대니 그 애 엄마가 물동이를 그대로 머리에 이고 돌아서서 "이놈의 가시나 왜 울구 지랄여!" 하고 아이를 나무라자 여아는 "뺏어 갔어, 뺏어 갔어!" 하면서 우니, 엄마는 사방을 두리번거리더니 아이를 데리고 골목으로 사라졌다.

　휴우! 일단 안심이다. 들키면 어쩔 것인가 하고 가슴이 뛰었는데 퉁퉁 불은 마른 오징어 다리를 씹어먹고 개울물을 손으로 떠서 여러 번 마셨다. 약간 기운이 나는 듯하였다.

10. 감 씨를 주워 먹다

　개울가에서 일어나 다시 마을 안으로 들어갔다. 여기저기서 저녁연기가 새어나온다. 날씨가 추워진다. 어제 저녁부터 기침이 심하게 난다. 큰일이다 아프면 안 되는데, 나는 여기 저기 기웃거리다가 어느 기와집으로 들어갔다. 40세쯤 되어 보이는 털보 아저씨가 굴뚝 옆에서 장작을 쪼개고 있다가 내가 서있으니 도끼를 멈추고 왜 왔느냐고 말을 걸었다. 나는 대강 이야기를 하고 며칠 동안 먹지 못하여 배가 고프고 아파서 죽을 것 같다고 하였다. 그랬더니 차근차근 솔직하게 말하면 도와주겠다고 하였다.

그리하여 전부 얘기하였다. 며칠 전 수만리에서 나온 얘기까지 전부 털어놓았다. 그랬더니 이야기를 다 듣고는 해 떨어지기 전에 어머니 옆으로 돌아가라고 야단을 치는 게 아닌가. 나는 이 털 많은 중년 사나이를 야속하게 서서 노려보고 있었다. 그랬더니 집에서 걱정하고 기다릴 테니 빨리 가라고 하였다. 나는 그 기와집을 나오면서 생각했다.

'다시 어머니 집으로 돌아갈까? 아! 그럴 수는 없다. 어찌하면 좋을까?'

마음속으로 하늘에 빌었다. 골목을 나와 큰길에 들어서서 망설이고 서있었다. 깨끗한 옷을 입은 젊은 신혼부부 비슷한 사람들이 지나간다. 뭔가를 두 사람이 툭툭 뱉고 지나간다. 그들이 뱉은 불그스름한 무엇이 내 옆 잔디위에 떨어졌다. 여자는 꽃고무신을 신고 비단저고리에 털목도리를 하고 남자는 검은 양복과 넥타이를 맨 것으로 보아 부잣집 아들 같았다. 여자는 나를 힐끔 바라보고 뭐라고 소곤대고는 지나가 버렸다.

그들이 지나간 다음에 보니 그들이 뱉은 것은 홍시를 먹다가 뱉은 감 씨였다. 그 감 씨를 말없이 주워서 입에 넣었다. 살점이 붙어 있다. 또 하나를 주워서 입에 넣었다. 단맛이 입안에 퍼지면서 침이 고였다.

하늘이 어둡고 쌀쌀해지더니 싸락눈이 조금씩 내렸다. 다시 보릿짚으로 돌아왔다. 검은 양복저고리 안주머니에 돈 20원이 남아있다. 사탕을 사서 먹어버릴까? 아니야 이 돈을 쓰면 안 돼!

어머니 집에서 넣어온 성냥통에 성냥알이 20여 개피 남아있다. 호두나무 밑 바위 위에서 낙엽을 조금 긁어다가 불을 피웠다. 개울 건너 동네에서는 개 짖는 소리가 종종 나고 사람 소리도 들린다. 저들이 이토록 부러울 수가 있을까? 나는 그날 처음으로 태어난 것에 대한 회의가 느껴졌고 죽음을 부러워하기 시작하였다.

해가 완전히 기울고 여전히 싸락눈은 조금씩 내리고 날씨는 추웠다. 갈 곳이 없어 보릿짚 속으로 다시 들어갔다. 굼벵이처럼 엎드려 꼼짝 않고 있었다. 간헐적으로 터져 나오는 기침을 참느라 안간힘을 썼다. 기운이 없고 기침을 할 때마다 창자가 아프고 눈알이 빠질 듯 아파서였다. 교회에서 배운 찬송가를 마음으로 암송해봤다.

"갈 길을 밝히 보이시니 주 앞에 빨리 나갑시다. 천당에 계신 구세주를 영원히 모시리…."

아버지가 외우던 반야심경을 생각나는 대로 외우고 나서 마지막으로 북두주(北斗呪)를 염하였다.

북두구진 중천대신 상조금궐 하부곤륜
조리강기 통제건곤 대괴탐랑 거무녹존
문곡염정 무곡파군 고상옥황 자미제군
대주천계 세입미진 하재불멸 하복부진 (중략)

아버지가 보인다. 큰 칼을 들고 계시는데 굉장한 장수처럼 보인다. 아버지는 나를 보시고는 아무 일 없는 듯 빙그레 웃으시고는 구름 속으로 날아가셨다. 많은 사람들이 보이고 신이라고 느껴지는 존재들이 보이고 시장골목도 보이고 식당도 보였다. 누군가가 무료로 국밥을 한 그릇 줘서 맛있게 먹었다. 잠시 동안 행복하였다. 오랜만에 맛보는 콩나물 국밥을 얻어먹고 고맙다고 연신 허리 굽혀 인사를 하였다. 순간, 무슨 갈쿠리 같은 것이 오른쪽 어깨를 걸어 잡아당겨 나는 밖으로 딸려 나왔다.
"아니? 이게 뭐여! 사람 아녀?"
순간 나는 정신이 들었다. 유난히 광대뼈가 드러난 노인이 낫을 들고 보릿짚을 파내다가 나를 발견한 모양이다. 아마 많이 놀란 것 같다. 나는 죄송하다고 사과를 하며 대강 사연을 얘기 했다.

"저런… 얼어 죽지 않은 게 용하구나. 그래도 부모 밑으로 들으가야지. 어린놈이 동냥질을 하고 댕기다니 그러면 영영 으더박시 되구 마는겨. 못쓰는 것이여. 워디 할게 읍서서 비럭질얼 햐 이사람아!"

한참 타이르는데 나는 그 노인의 말이 귀에 들어오지 않았다. 꿈을 꾸다가 노인 때문에 깨어난 것을 늦게 깨달았다. 어쩌면 그대로 영원히 잠들었을지도 모르는데.

시간이 많이 지난 모양이다. 거짓말처럼 해가 기울고 있다. 노인이 말했다. 골목 뒤켠 나무대문 집으로 오면 저녁밥을 줄 테니 먹고 어머니한테 돌아가라고 힘주어 당부를 한다. 나는 그렇게 하겠다고 일단 대답하였다.

노인이 낡은 나무지게에 보릿짚을 짊어지고 개울을 건너간다. 숱한 상념이 교차하는 머리는 복잡하고 태산 같은 걱정과 불길한 생각만 스쳐간다. 천천히 노인의 뒤를 따라갔다. 다리에 힘도 없고 온몸이 으스스 떨린다. 개울은 전체가 얼어 있었다. 어젯밤에 매우 추웠는가 보다. 노인이 말한 나무 대문집 앞에 서 있다가 들어갔다. 옛날 기와집인데 소도 기르고 돼지도 먹이고 부자인 듯싶다.

저녁을 얻어먹을 생각을 하니 힘이 나는 듯싶고 안도의 한숨이 나왔다. 노인은 소에 여물을 넣고 구정물을 빠케츠로 퍼다 넣고 장작불을 피우면서 불을 쬐라고 하더니 저녁 먹고 자기가 수만리 어머니 집에 데려다 준다고 하였다. 아마 그렇게 할 모양이다. 어두워지면 자기 입장도 곤란하고 나의 형상이 아마 말이 아니던 모양이다. 그러나 절대로 어머니 집에는 갈 수 없다. 죽어도 가기 싫었다. 그 집의 며느리로 보이는 젊은 아줌마가 "안 됐구나. 한 시간만 기다려라. 저녁 해줄 테니. 할아버지 따라서 돌아가라. 옷도 그렇게 입고 얼어 죽으려고 집을 나와? 강기도 들었구나…. 아이고 어트가야올여, 거기서 불좀 쬐구 기달려. 저런!"

노인이 불을 피우는 사랑채 여물 부엌에서 쪼그리고 앉아 불을 쬐었다. 따뜻한 불기가 온몸에 퍼지면서 긴장이 풀어진다. 그대로 어디에서 눕고 싶고 추위가 녹으면서 발가락 끝이 무척이나 쿡쿡 쑤시고 아렸다. 음식냄새가 풍긴다. 잠시 후에는 맛있는 밥을 얻어먹을 수 있다. 밥만 얻어먹고 도망갈까? 노인 눈치가 나를 수만 리로 데리고 갈 모양인데 어찌할까? 부엌 앞에서 몽롱한 의식으로 저녁밥을 놓치지 않으려 끈질긴 애착으로 싸우고 있었다.

노인은 쇠죽을 퍼다가 모퉁이 외양간 구유에 부었다. 송아지가 딸린 암소는 고개를 흔들며 여물죽을 먹는다. 송아지도 어미 가랑이 사이에 머리를 묻고 젖통을 쿡쿡 받아가며 저녁을 먹는다. 노인은 외양간에 푹신한 보릿짚을 한 다발 깔아준다. 나는 힘없이 뇌까렸다.

"소야 소야! 나는 네가 지금 한없이 부럽구나. 행복하거라 이 집 부자 만들어주고…."

부엌 나무 무더기에 쇠 낯이 하 자루 얹혀있다. 나는 예정된 듯이 그 낫을 슬쩍 들고 옆구리에 감추고 아궁이 옆의 성냥갑을 주머니에 훔쳐 넣었다. 미루나무 대팻밥으로 만든 성냥갑에 호랑이가 한 마리가 그려져 있다. 노인께서는 나보고 사랑방으로 들어가라고 하더니 외양간 옆에서 소변을 보고 있었다. 나는 재빨리 대문을 빠져 나오면서 목이 메었다.

그것은 다름 아닌 다 된 밥을 못 먹는 억울함 때문이었다. 그러나 할 수 없다. 다른 곳으로 가보는 수밖에. 저녁 얻어먹고 노인에게 잡혀 어머니 집으로 가면 어떤 일이 닥칠지 모른다. 알고 보면 참 좋은 분인데….

마을 어귀로 나와서 재빨리 걸었다. 심한 기침이 쏟아진다. 얼마나 돌아서 약간 떨어진 외딴집 담 밑에서 서성였다. 아무도 없고 골목들은 어두웠다. 아무집이나 들어갈 생각이다. 먹을 것을 주지 않고 나를 나무라는 사람이 있으면 입을 낫으로 찍을 것이다. 그리고 맞아 죽든가 경찰서에 끌려가든가 할 것이다. 차라리 잡혀가면 행복할 것 같다. 나 같은 아이들을 길러주고 학교도 보내주는 고아원이라는 곳이 있다는데 누군가 그런 곳이라도 보내주는 이가 내겐 없을까?

11. 더런 놈의 개 같은 세상!

아버지도 무능하고 어머니는 죽이고 싶도록 밉다. 외가댁은 다 죽일 것이다. 특히 마귀 같은 외조모는 내가 안 죽여도 하늘이 천벌을 내릴 것이다. 어린 생각에 별의별 생각이 다 들었다. 해는 졌다. 또 밤이 찾아온다.

'오늘밤 내 영혼은 어디서 지낼 것인가? 아! 하나님 나 좀 살려주세요 장씨 손에서 나를 구하신 분이여! 나는 지금 갈 곳도 쉴 곳도 먹을 것도 없습니다.'

흙담 벽에 붙어 서서 원망과 배신의 감정을 기도 비슷하게 뇌까렸다. 어디로 갈까. 기와집을 찾아갈까? 아니다 부자들은 더 고약하다! 전에 쌀을 얻으러 다녀 봐도 큰 기와집에서는 허탕칠 때가 많았다.

눈을 옆으로 돌려보니 초가집이 한 채 보였다.

12. 천사가 준 고구마

굴뚝에 연기가 나는 걸 보아 불을 피우는 것 같았다. 나는 그 집 싸리문을 밀고 들어갔다. 깡통에 달아놓은 돌이 딸랑딸랑 소리를 낸다. 잠시 뒤에 내가 말을 꺼내기도 전에 부엌에서 무명치마를 입은 젊은 아주머니가 등에 두세 살 난 사내아이를 업고 나왔다. 나를 보자 "누구니? 어디서 왔어?" 하고 부드럽게 말을 걸었다. 나는 속으로 안도의 한숨을 쉬었다.

"안녕하세요? 나는 어머니를 찾아 헤매는 거지예요. 아주머니,

너무 배가 고파 죽을 것 같아요. 소금물이라도 좀 주실 수 없나요?"
"그래? 그래 어서 들어와. 쯧쯧쯧. 아이구 주여! 참으로 불쌍한 소년이로구나."
그 분은 내 손을 잡고 부엌문을 열고 들어갔다. 그 분의 손은 천사처럼 따뜻하였다. 통 참나무 앉을 것에 나를 앉히면서 구슬 같은 눈물을 한참 흘리시고 차근차근 말을 해보라고 하였다. 나는 숨김없이 얘기를 하고 어머니는 아직 못 찾았다고 거짓말을 하였다.
"세상에! 엄마가 무정하구나. 언제부터 굶었니?"
"예 3일 동안 아무것도 못 먹고 감 씨만 하나 주워 먹었어요."
"세상에! 이럴 수가, 주여!"
그 부인은 얼마나 눈물을 흘리는지 나도 소리를 죽여 한없이 울었다. 옆구리의 낫을 보더니 "왜 낫은 들고 다니냐?"
"누가 먹을 것을 주면 나무를 해다 주려구요." 하고 얼른 거짓말로 둘러댔다.
"응, 그래 그래. 참으로 착하구나! 그리고 밥은 없지만 우선 이거라도 먹고 기운을 차려봐 어서 이쪽으로 들어와." 하시더니 무쇠 솥뚜껑을 열고는 놋그릇에 담겨있는 고구마 3개를 부뚜막에 내어 놓았다. 하나는 크고 두개는 조금 작았다.
나는 고맙다는 인사를 하자마자 정신없이 고구마를 껍질도 벗기지 않고 먹었다. 알루미늄 그릇에 떠준 동치미 국물과 무, 고추를 다 먹어버렸다. 등에 업힌 어린 아이가 고구마를 달라며 칭얼대고 있다. 젊은 아주머니는 다음과 같은 잊을 수 없는 말을 남겼다.
"가만 있어 우리는 아빠가 돈 벌어 오면 또 사먹으면 되잖아? 하나님이 손님 주시려고 예비한 고구마야!" 하시더니 아이를 데리고 부엌에서 나갔다. 방에 들어가서 아이를 재웠는지 혼자 나왔다. 그 부인은 나더러 엄마를 찾는 일에 도와줄 테니 걱정 말고 자기 집에서 우선 지내라고 하였다. 너무나 고마워서 눈물이 앞을 가렸다. 그러더니 가마솥에서 물을 퍼서 함지박에 채웠다. 아주머니는 부끄러워 말고 옷을 벗으라고 하였다. 내가 괜찮다고 주춤했더니 엄마처럼 생각하라면서 나의 옷을 벗겼다. 갈비가 비치는 나의 몸을 보더니 계속 눈물을 흘렸다.

"어휴! 어쩌면 좋아. 어쩌다가 이렇게 몸이 말라요. 세상에, 주여주여!"

부인은 소리를 내어 울면서 내 몸을 씻겼다. 난생 처음으로 더운물로 목욕을 했다. 나의 팔뚝과 어깨 등에서 묵은 때를 밀어내렸다. 나는 두려우리만큼 감사해서 감동을 받았다. 슬쩍슬쩍 아주머니를 옆으로 훔쳐보았다.

"아빠도 예수님을 믿었니?"

천사 아주머니는 침묵을 깨고 말을 시켰다. 나는 고개를 끄덕이며 "예." 하고 대답했다.

"그래! 언젠가는 하늘나라에서 만날 거야! 희망을 잃지 마. 하나님이 도와 주실 거야. 엄마가 동상면에 산다는 말을 어디서 들었니?"

"인삼장수 아줌마한테요."

"알았어. 내가 도와줄게. 꼭 찾을 수 있을 거야. 힘들거든 항상 기도해요 응? 일어서봐. 많이 깨끗해졌어, 몸이."

그 분은 잠시 방에 가더니 어른 옷가지를 들고 나와서 내 몸에 입히고는 나를 데리고 방으로 들어갔다. 아랫목 선반목에 메주 3짝이 매달려 있다. 윗목 메꾸리에는 생고구마 몇 개와 생 무가 담겨 있었다. 아줌마는 내 옷을 빨아서 가마솥 뚜껑에 올려놓았다고 하셨다. 아랫목 측면 옷 궤짝 옆에서 사내아이가 조용히 자고 있다. 아무 생각 없이 이 젊은 천사를 마음속으로 불렀다.

'아주머니! 고마워요. 당신은 참으로 천사이십니다. 그리고 지금 천사를 도와주시는 거예요. 내가 죽지 않고 살아서 반드시 나 같

은 사람들을 위해 베푸는 일에 힘쓸 것입니다.'

혼자 속으로 뇌까리며 벽에 기대어 감사를 하고 눈을 감고 있는데 아주머니가 어디 아프냐고 묻는다. 나는
"아니요 너무 감사해서 기도를 드렸어요." 라고 했다. 그랬더니 "세상에…! 정말 믿음이 굳건하구나." 하면서 나를 꼭 안아 주는 게 아닌가? 그녀는 나를 안고 여러 차례 주님을 불렀다. 이 분에게서 참 어머니 냄새가 난다.

눈을 감았다. 시간이 얼마나 흘렀는지 모른다. 인기척에 눈을 뜨니 아침이었다. 내가 조용히 일어나니 젊은 아저씨가 세수를 하고 들어온다. 짙은 눈썹이었고 키는 좀 작은 편이고, 목소리는 굵었다.

"정신이 드니?"

아저씨가 먼저 말을 걸었다.

나는 "안녕하세요? 이렇게 신세를 져서 어떡하죠?" 하고 인사를 겸연쩍게 하였다.

"아니야 편히 있어. 너무 딱하구나!"

아저씨는 잠시 기다리라고 하더니 나뭇짐을 지고 어디론가 나가셨다. 어제 산에서 구해온 마른 나무를 마을 어느 부잣집에 팔아서 겨울 양식을 구하는 꽤 가난한 부부라는 것을 내가 눈치 챘을 때 나는 더욱 고맙고 미안하고 가슴이 저렸다. 몇 십 분 뒤에 아저씨가 돌아왔다. 부인은 아침상을 차렸다. 좁쌀에 고구마를 잘라 넣은 김치죽이었다. 아저씨가 간단하게 식사기도를 하였다.

"일용할 것을 주신 주님께 감사를 드립니다. 이 시간까지 건강히 인도하신 하나님께 감사드립니다. 형편이 어렵게 된 믿음의 소년 장군을 인도하소서!" 하면서 나의 염려까지 해주셨다. 나는 그의 기도에 진실로 '아멘!'을 동참하였다. 아주머니는 내 옷을 말려 주었다. 나는 감사하다는 인사를 연신 하면서 옷을 갈아입었다. 그리고 아주머니와 아저씨한테 작별 인사를 했다.

"밤새 도와주셔서 감사합니다. 어머니를 만나고 다음에 꼭 성공

해서 찾아뵙겠어요." 하고 머리를 숙였다. 아주머니가 손을 잡고 "엄마를 못 찾으면 다시 돌아와요. 내가 도와줄게 응? 알았지?"

"네! 그러겠습니다." 하고는 선들이란 동네를 벗어나서 동상면 재를 넘어 고향으로 발길을 돌렸다. 오후 2시쯤 재를 넘어 전북 고산에 도착하여 금산 행 시외버스를 타고 심한 멀미로 몸살을 앓으며 고향 금산시내에 도착했다. 금산에 도착하자마자 15km 거리를 열심히 걸어서 서산에 해가 기울 즈음 고향 큰댁에 도착하였다. 그리운 큰엄마 큰아버지 형님들을 보니 마음이 안심되어 한없이 울었다.

큰댁 가족들은 나를 온몸으로 반겨주셨다.

여기까지가 나의 유년 시절이다.

그 뒤로는 여기저기 풀 머슴으로 전전하며 생계를 이었고 사과 장수, 약초, 칡뿌리, 약쑥 등을 채취하여 팔기도 하였다.

두 여동생은 15년 뒤에 재회하였고 나는 머슴을 살면서도 일구월심 전심으로 신앙에 올인하였고 세월이 흘러 어머니는 나를 따라서 기독교 종교에 귀의하여 새벽마다 기도하는 새로운 인생으로 거듭난 생활을 하며 폐암을 신앙으로 극복하고 10여년 사시다가 2010년 추석날 79세의 일기로 소천하셨다.

지금 석례 석연이 두 여동생들도 신앙인으로서 광명의 길을 찾았고 말로 다 할 수 없는 천형을 물리치고 잘 살고 있으며 나를 도와 잠시나마 학교를 보내주신 주신 정해룡 선생님은 1977년도에 소천하셔서 고향에 묻히셨고 고구마를 주시던 천사부부를 74년도에 찾아갔더니 그곳에 댐이 막혀서 마을은 흔적도 없었다. 지금 살아계신다면 대략 75세~77세쯤 되셨을 것 같다. 내 생명이 다 하는 날까지 잊지 못할 분들이다.

내가 한때 그토록 미워하던 외조모님은 오래전에 세상을 떠나시고 잠시나마 나를 도와주시던 외삼촌 이범재 씨는 독실한 크리스천이 되어 이모들과 함께 구도의 길을 가고 있다.

살기가 힘들었던 1960년대 그 고난의 세월을 겪었기에 지금의 넘치는 감사가 있으며 유년기에 심지로 박힌 내 인생의 지침인 성서의 가르침은 분명한 나의 나침반이었다. 고난은 나에게 인내와 감사를 동시에 선물로 남겨줬다.

물론 지금 돌이켜보면 하나님은 나를 들어 용병을 만드시려고 고난의 용광로에 한동안 던지셨던 것 같다.(이사야 48;10 욥기 5;7 시119;71)

나의 모친이 세상을 떠나신지 반년도 안됐는데 이글을 남기는 나의 의도는 오로지 굳건한 신앙심만이 내 생의 전부였던 시대적인 당시의 상황을 고난당하는 이들에게 간증하고자 하는데 목적과 뜻이 있다 더욱 고통스러웠던 현장이야기는 대략 생략하였다.

소설가가 되는 게 꿈이었으나 기독교인의 도움을 잊지 못해 천신만고 끝에 목사가 되었다. 1994년 문단에 데뷔하여 글을 발표힐 수 있는 숙세의 면허증을 받았다 용서라는 말이 참 웃기는 말이 되어버린 지금 나의 서부전선은 이상 없고 모두 다 행복하다. 할렐루야!!!

원고를 틈틈이 손질해준 나의 아들 윤과 유미경 노래하는 별에게 고마움을 전하며 이 책을 쓰도록 여러 차례 자극을 주고 부추긴 기인 천재 피아니스트 임동창 뮤지션에게 맨 먼저 이 책을 선물하고 부산 모임 식구들에게도 이 글을 전한다. 그리고 나의 스승에게 감사를 드린다.

금강 변에서 浦公草 장석열 2011년 1월

〈참고 문헌〉

신구약성서
기타 외경들
티베트 사자의 서
그노시스 문서
法華經
윤민구『신흥종교와 이단』
Henny Lea『중세교회 재판의 역사』
엘렌지 화이트『각 시대의대 쟁투』
박상준 옮김『누구도 윤회를 부정할 수 없다』
어거스틴 참회록
Origen의 신학사상
장보넹의 마녀론
브리태니커 백과사전
EdgarCayce 에드카케이시 語錄
정신세계사 2000년 3월호
월간 불교
스위든 붉저『천국과 지옥』
오쇼 라즈니쉬의 문서들
기타 불교 잡지, 뉴스
젊은 시절의 석가
가톨릭 교회사
John Wesley의 연설문
간추린 교회사
필자의 靈感日記

성서속의 윤회와 환생

2011년 1월 15일 인쇄
2011년 1월 20일 발행
2016년 10월 28일 2쇄

지은이 | 장석열
펴낸이 | 장 윤
펴낸곳 | 도서출판 청진
주　소 | 충남 금산군 부리면 어재리 596-1
전　화 | 041)752-1261
이메일 | wkddbs@nate.com
등　록 | 2010년 3월 12일 제 455-2010-1호
정　가 | 15,000원

ⓒ 장석열 2011
- 저자와 협의로 인지 생략합니다.
- 파본은 구입처에서 교환해드립니다.
- 이 책은 저작권법에 의하여 보호를 받는 저작물이므로
  무단 전재와 복제를 금합니다.